ammann

Walter Dirks

Politik aus dem Glauben

Aufsätze zu Theologie und Kirche

Gesammelte Schriften Band 6

Herausgegeben von
Fritz Boll, Ulrich Bröckling und Karl Prümm

Mit einem Vorwort von
Walter Dirks und einer
Einleitung von Fritz Boll

Ammann Verlag

Die Herausgabe dieses Bandes wie die Realisierung der Ausgabe der »Gesammelten Schriften« ist erst durch die großzügige und freundliche Spende der Stadtsparkasse Dortmund ermöglicht worden, wofür der Verlag herzlich dankt.

Umschlagbild: Doris Demant, Baden-Baden
Gesamtherstellung: Clausen & Bosse, Leck
ISBN 3-250-10095-1

Vorwort

Den Titel von Band VI der »Gesammelten Schriften« habe ich den Herausgebern empfohlen: in der dankbaren Erinnerung an das Buch, das Ernst Michel 1926 unter eben diesem Titel veröffentlicht hat. Der Sozialtheoretiker, Erwachsenenbildner, Laientheologe und Psychotherapeut kann als ein Vater des »Linkskatholizismus« betrachtet werden; er hat auch sehr früh Momente einer »Theologie der Befreiung« vertreten. Dieser Mann war mein Lehrer und wurde mein Freund. Zum erstenmal bin ich ihm wohl 1923 begegnet. Wir hatten miteinander über die Sonderhefte der »Tat« korrespondiert, die später unter einem Titel erschienen sind, der für den Verfasser sehr bezeichnend ist: »Kirche und Wirklichkeit«. Dem damals 22jährigen Studenten haben diese Aufsätze viele Fragen beantwortet, die ihm seit dem Epochenjahr 1917 und in den erregenden ersten Nachkriegsjahren, in den Jahren des Theologiestudiums und vor allem der Jugendbewegung, sehr bedrängt hatten. Kein anderer außer Romano Guardini hat mich damals stärker beeinflußt als der Autor des Buches »Politik aus dem Glauben«.

Viele Katholiken begannen damals in der Richtung zu denken, die dieser Mann eingeschlagen hatte. Eine Zeitepoche war beendet, etwas ganz Neues mußte kommen. Die älteren Freunde hatten den ganzen Ersten Weltkrieg bewußt miterlebt, wir jüngeren immerhin seine letzte Phase, so auch die beiden Hungerwinter 1917/18 und 1918/19, dann den Zusammenbruch des Reiches, die Unruhen und Kämpfe der ersten Nachkriegsjahre, Putsche von rechts und Putsche von links, die Verhandlungen über die Verfassung in Weimar und mit den Alliierten, den Friedensvertrag, die Neuorientierung der Parteien, die sich ihren Reim auf das Kriegsgeschehen und die verzweifelte Situation des geschlagenen deutschen Volkes machen mußten. Sie bekämpften einander in Fronten, die zum Teil noch heute bestehen. Es war uns klar: der Krieg war unser Schicksal. Auch wir Katholiken in der Jugendbewegung lebten mitten im Prozeß der Umorientierungen. Was galt noch? Was galt nun? Was konnte, was durfte nicht mehr weitergelten? Was war jetzt zu tun? Der Christ in uns war gefragt, aber der Staatsbürger in der jungen Demokratie nicht weniger. Ich war bei Kriegsende in der Unterprima des Gymnasiums gewesen und war dann von 1920 an drei Jahre lang Theologiestudent, gleichzeitig ein sehr engagiertes Mitglied der katholischen Jugendbewegung im Bund Quickborn. In dieser Zeit reiften ziemlich rasch die Vorstellungen, die ich vom Verhältnis des Christentums zur Politik gewonnen hatte. Der Titel »Politik aus dem Glauben« deutet das Ergebnis meiner Überlegungen an. Ich bekenne mich noch jetzt zu diesem Ansatz.

Wir hatten uns ebenso theologisch wie politisch-theoretisch neu zu orientieren. Von der Monarchie hatte schon mein geliebter Großvater nichts gehalten; die Demokratie war akzeptiert, und ich suchte als mittelständisches Kind des Ruhrgebiets meinen Platz zwischen der katholischen Tradition und der sozialistischen Arbeiterbewegung, parteipolitisch zwischen dem Zentrum und der Sozialdemokratie. Es gibt eine schlechte, als Ausgleich zwischen zwei gegensätzlichen Positionen determinierte Mitte, und es gibt eine produktive, eigenständige Mitte, wie sie etwa Rosa Luxemburg und – ganz anders – Joseph Wirth entwickelt haben. Ich hoffe sehr, daß meine »Zwischenposition« im Grunde doch von dieser produktiven Art gewesen ist. Als Intellektueller mußte ich mich vor allem theoretisch zurechtfinden: ich weiß zwar, daß die Praxis der Intellektuellen die Theorie ist, habe aber vielleicht manchmal zu weit von der Praxis entfernt theoretisiert.

Daß es mit dem Kapitalismus nicht stimmte, hatte mir schon die Mutter beigebracht. Konnten, sollten wir Katholiken oder Christen uns nun für ihn oder für den Sozialismus entscheiden? Nach welchen Normen sollten wir diese Entscheidung fällen? Nachdem es sich erwiesen hatte, daß die »Politik unser Schicksal« war, reichten doch offenbar die katholische Soziallehre und die alte Lehre vom gerechten (und ungerechten) Krieg nicht aus. Die Soziallehre war unter dem Stichwort »Gerechtigkeit« viel zu sehr an ein statisches Denksystem gebunden, und so konnte ihre Antwort auf die Frage »Was ist zu tun?« nur lauten, die ein für allemal gesetzte Norm sei auf den einzelnen »Fall« anzuwenden. Mit diesem kasuistischen Modell, wie es für die Justizpraxis bezeichnend ist, konnte man die unerhört neue, durch den Ersten Weltkrieg und die Niederlage entstandene Situation nicht geistig verarbeiten. Es war notwendig, unbeschadet theologischer und naturrechtlicher Normen geschichtlich zu denken. Einige zeitgenössische Theologen schienen das begriffen zu haben. Neben Ernst Michel nenne ich hier meinen späteren Lehrer Theodor Steinbüchel. Sehr viel später wurde für uns in diesem Zusammenhang das prophetische Element des Alten Bundes wichtig. Die evangelischen Freunde hatten in der »Sozialethik« ihrer theologischen Schulen eine weniger stark kasuistische Überlieferung, – dafür machte ihnen das nationalbewußte Kulturchristentum Beschwer. Ich las damals begierig die Zeitschrift »Die Kreatur«, in der sich für kurze Zeit katholische, protestantische und – vor allem durch Martin Buber – jüdische Intellektuelle zusammenfanden. Sie dachten so, wie wir zu denken versuchten. Manche Männer, die sich »religiöse Sozialisten« nannten, – Frauen waren damals eher selten beteiligt – argumentierten ähnlich wie wir, einige eher »eschatologisch« – der Sozialismus als verwirklichtes Reich Gottes –, andere eher sozialethisch und religiös: von der Bergpredigt aus.

Im Kontext dieser Strömungen und Ereignisse muß man das Wort »Glaube« im Titel dieses Bandes verstehen. Im Katechismus war er durch »für-wahr-halten« definiert. Wir faßten den Begriff anders. Nicht die »Religion«, nicht das institutionalisierte Christentum, nicht die Frömmigkeit war und ist gemeint, sondern die Gottes-Beziehung. Das Christentum, so entdeckten wir, ist zwar in vielfachem Sinn eine »Religion« – eine der großen Weltreligionen –, aber es ist auch mehr und etwas anderes: die Annahme des Gottes, der sich uns offenbart hat. Das Christentum hat allerdings »auch« Religion; im Laufe der zwei Jahrtausende hat es sogar selber nicht nur verschiedene Kulte und theologische Systeme, sondern auch ziemlich verschiedene Religionen hervorgebracht, – die wir als »Stile« verstanden, in denen Menschengruppen beten und die metaphysischen Bedürfnisse stillen, die offenbar im Menschen angelegt sind. Im »Glauben« dagegen hatten wir im Verlauf unserer personalen Lebensgeschichte von Tag zu Tag auf den Gott zu setzen, der zu »Abraham, Isaak und Jakob« gesprochen hat und der in einem ganz und gar von seinem Geist erfüllten Mann, Jesus von Nazaret, zu uns spricht. Dieser aber verweist uns auf seinen Vater und auf den Nebenmenschen, den wir lieben sollen wie uns selbst. Pascal wurde für uns wichtig. Wir entdeckten in diesem Gott den Gott der Geschichte, der persönlichen wie der je kollektiven. Das gab der »Liebe« eine neue Färbung. Er hatte sie uns schon in der prophetischen Stufe des Ersten Bundes ans Herz gelegt, vor allem aber in jenem Jesus: In allen ihren Formen – von der Hingabe über die Solidarität bis zur kleinen, aber kostbaren Münze der Liebe, die wir »Wohlwollen« nennen. Wir hatten sie in den immer neuen konkreten »Situationen«, in die wir immer wieder und immer neu geraten oder gar verstrickt werden, in einem »Liebesgehorsam« zu lösen – so nannten wir das, was für andere »Erfüllung der Gebote« hieß. Die »richtige« Lösung verstanden wir als Ant-Wort auf die durch die Situation gestellte Frage. Wir entdeckten die »Situationsethik«, mit der sich ein Aufsatz dieses Bandes explizit beschäftigt. Die jeweilige Situation forderte uns zunächst als einzelne, dann auch in Gruppen; vor allem solchen, die politisch zu handeln hatten, – auch das meint in einer »Politik aus dem Glauben«. Daraus ergibt sich aber auch, daß die Politik ein durchaus »weltlich Ding« ist, – wie nach Martin Luther die Ehe. Wir hatten uns auf das Abenteuer einer Politik aller Sparten einzustellen, die zusammen mit Christen, Juden, Heiden, Agnostikern, mit Menschen vieler Überzeugungen ins Werk gesetzt werden mußte: in Angelegenheiten, die alle betreffen. Damals nahm ich Abschied von der Vorstellung einer »katholischen Politik« oder einer »christlichen Politik« und gewöhnte mich daran, die »Politik aus dem Glauben« als »Politik aus christlicher Verantwortung« zu vertreten, den sogenannten »katholischen Sozialismus« der ersten Jahre nach dem Zweiten Weltkrieg als »Sozialismus aus christlicher Verantwortung«. In demselben Sinne schlug ich 1946 einer Gruppe von »religiösen Sozialisten«, die sich als »Bund« neu konstituieren wollte, den nüchternen Namen »Arbeitsgemeinschaft für Christentum und Sozialismus« vor. Wir hofften damals, daß die Grundüberzeugungen, die in der Weimarer Republik Minderheitspositionen geblieben waren, nun in der kommenden zweiten Republik geschichtsmächtig werden könnten.

Momente der politischen Haltung, die ich nicht nur, aber zunächst Christen und Juden vorschlage, sind außer dem Glauben selbst, den man nicht einfordern kann, Geschichtlichkeit, Offenheit für alle Partner und Gegner, Situationsbezogenheit, geistliche und geistige Energie. Die Konsequenz daraus habe ich einmal in dem Satz zusammengefaßt: Wir müssen eschatologisch glauben und engagiert handeln. Das klingt wie alles, was auf diesen Seiten zu lesen ist, vielleicht abstrakt; aber – ich hoffe – der Leser wird bald fündig werden, wenn er konkrete Beispiele aus unserer Zeitgeschichte und aus unserer Gegenwart ins Auge faßt.

Die Texte dieses Bandes VI der »Gesammelten Schriften« handeln nicht alle unmittelbar von der Kategorie, die ich zu beschreiben versucht habe, aber sie haben alle ihren Grund in ihr, der Kategorie »Politik aus dem Glauben«.

Wiederum habe ich der Städtischen Sparkasse und der Verwaltung der Stadt Dortmund zu danken. Sie haben auch diesen Band der »Gesammelten Schriften« großzügig unterstützt.

Wittnau, im Februar 1989 Walter Dirks

Einleitung

Trotz aller gegenwärtigen Konjunktur fundamentalistischer wie befreiungstheologischer Denkfiguren: der Titel dieses Bandes »Politik aus dem Glauben« klingt obsolet. Und angesichts von Orientierungs- und Legitimationskrisen, in denen, in welcher Absicht auch immer, das »spezifisch Christliche« gefragt und gefordert ist, ist die Definitionskraft dieses Titels eher bescheiden: er kann von Likakis (wie in Heinrich Bölls »Ansichten eines Clowns« die Linkskatholiken karikiert wurden) ebenso in Anspruch genommen werden wie vom Zentralkomitee der deutschen Katholiken. Nun war es nicht Absicht der Herausgeber, mit der Überschrift zu dieser Zusammenstellung theologischer Texte von Walter Dirks eine religiös-christliche Programmformel zu erfinden. »Politik aus dem Glauben« benennt vielmehr die Lebensperspektive eines christlichen Publizisten und Journalisten, der in der Zeitspanne dieses Jahrhunderts seinen Glauben im Sinne von Pascals Wette zu leben versucht (»Ich kann von mir leider nur sagen, daß ich – nicht unähnlich dem Geisteszustand, den Pascal dem skeptischen Partner anrät – auf Gott setze. Das ist mein ernsthafter Versuch und Wille: Ich setze auf Gott und darum auch ernstlich auf seine Weisungen.«), der Politik als eine wichtige Ausdrucks- und Handlungsform des Glaubens versteht. Vor allem in seinen Reflexionen über die biblische Erzählung vom barmherzigen Samariter sowie zur Bergpredigt zieht Walter Dirks diese politische Dimension des Glaubens sorgfältig, historisch-kritisch und aktuell aus; es geht um ein politisches Denken und Handeln, das christlich ist, indem es aufs Heil der Menschen gerade dann gerichtet ist, wenn es nicht nur auf ihr Heil, sondern auch auf ihr Wohl gerichtet ist. Im zunehmenden, aber auch indifferenter werdenden Pluralismus von Politiken und Glaubenshaltungen ist Walter Dirks in der Position eines Sozialisten aus christlicher Verantwortung, »mit verzweifelter Hoffnung«, kenntlich geblieben.

Um diese Lebensperspektive von Walter Dirks angemessen zum Ausdruck zu bringen und dokumentieren zu können, wird in diesem Band der Gesammelten Schriften eine thematische Gliederung vorgelegt und auf den in den bisherigen Bänden praktizierten chronologischen Zusammenhang verzichtet. So muß hier zum präziseren Verständnis des theologisch-politischen Denkens von Walter Dirks insbesondere auf die beiden ersten Bände der Gesammelten Schriften verwiesen werden: »Republik als Aufgabe« und »Gegen die faschistische Koalition«[1] sowie auf Band 4 »Sozialismus oder Restauration«, in dem der Text »Marxismus in christlicher Sicht« abgedruckt ist, – ein Text, der für das Verständnis dessen, was Jahrzehnte später »politische Theologie«, dann »Befreiungstheologie« genannt werden sollte, wegweisend und paradigmatisch ist. Die Herausgeber haben den Text dem Band »Sozialismus oder Restauration« zugeordnet, weil er für das Denken des Autors in der unmittelbaren Nachkriegszeit von Bedeutung ist.

Kaiserreich, Weimarer Republik, Schreckensherrschaft der Nationalsozialisten, Bundesrepublik Deutschland von Adenauer bis Kohl, – alle Epochen dieses Jahrhunderts hat Walter Dirks erlebt und sechs Jahrzehnte davon sich als Publizist und Journalist schreibend »eingemischt« – wie er selbst das Charakteristische seines Berufsstandes bezeichnete. Ein Blick auf die Herkunft sowie auf die Zusammenhänge eines sozialen und politischen Katholizismus zeigt, daß seine konzeptionelle Entwicklung nicht von Trennungen und Brüchen gekennzeichnet ist, sondern in einer kontinuierlichen Entfaltung besteht.

»Ich bin zwar links, aber ein Konservativer«, bündelt Walter Dirks das Ergebnis seiner familiären Prägung. »Mein Großvater, Wirt und Bäcker und Bauernsohn, geboren 1825, war, um in der Sprache von damals zu reden, ein ›aufrechter Katholik und ein aufrechter Mann von Schrot und Korn‹. Er und meine Mutter gaben mir Hinweise, die auf das Gegenteil dessen hinausliefen, was ich in der Schule lernte. Bismarck und die protestantischen Kaiser waren für einen Katholiken, der den Kulturkampf mitgekämpft hatte, keine moralische Autorität... Meine Mutter lehrte mich, nicht nur die polnischen Mitschüler, sondern auch die jüdischen Nachbarn zu achten. Meine Mutter engagierte sich herzhaft und praktisch in der sozialen Arbeit unter Proletariern, die damals noch zwölf Stunden am Tag arbeiteten... Ich wurde in der Schule und zu Hause katholisch erzogen. Glaubenszweifel hatte ich nicht. Aber auch der Darwinismus galt mir als unbezweifelbare Wahrheit, und im Grunde war ich als Obersekundaner ein Teilhardianer vor Teilhard: es war mir selbstverständlich, daß Darwin ein Stück göttlicher Schöpfung und Strategie entdeckt hatte. Ich wunderte mich, daß ich auf der Kanzel nichts davon hörte. Diese Erkenntnis war wohl der erste Ansatz der Kritik an der Kirche.«

Als Walter Dirks zu schreiben begann – Anfang der zwanziger Jahre – lebte er in einem und schrieb gegen ein katholisches Milieu, das durch den Begriff des politischen Katholizismus charakterisiert ist. Die Organisationsformen dieses Katholizismus – entstanden im 19. Jahrhundert aus Säkularisation und Kulturkampf – boten ihren Mitgliedern ein schützendes Milieu gegen die Gefahren entwurzelnder Modernität (»in der Moderne, aber niemals modern«), führten sie in besonderen Sozialformen in die Lebensbedingungen der modernen Industriegesellschaft ein. Aber dieser soziale und politische Katholizismus war durch bestimmte Bewußtseinslagen geprägt: durch eine innere Distanz zum modernen Staat, »durch eine unter dem Einfluß des naturrechtlichen Denkens verstärkte, einseitige Wertschätzung von Religion, Kirche und Schule als dem für das politische Verhalten eigentlich ausschlaggebenden Entscheidungskriterium; schließlich durch einen Antiliberalismus, der das katholische Denken von der konkreten historisch-politischen Situation und damit auch von der inzwischen eingetretenen Entwicklung zu demokratisch-parlamentarischen Regierungsformen abkapselte, der ihm die autoritäre Überwindung des modernen Individualismus im Spannungsfeld von Staat und Gesellschaft als erwünscht erscheinen ließ und der ihm damit eine Affinität zu autoritären Regimen ab.«[2] Innerhalb dieser Bewußtseinslage – zugegeben: eine zu einfach dargestellte; der politische Katholizismus als Teil der Einigungs- und Freiheitsgeschichte des 19. und beginnenden 20. Jahrhunderts verdiente es, differenzierter betrachtet zu werden – vertrat Walter Dirks eine kritische Position, die freilich bereits eine Differenzierung des sozialen und politischen Katholizismus als Voraussetzung hatte: »In dem Moment aber, als nach dem Ende des Kulturkampfes in den achtziger Jahren und dem katholischen Arrangement mit dem preußischen Staat, nach der Aufgabe der letzten antikapitalistischen Theorien und der ›praktischen‹ sozialpolitischen Gesetzesarbeit der Zentrumsfraktion und schließlich mit der Gründung des ›Volksvereins für das katholische Deutschland‹ 1890, dessen Funktion im Grunde die soziale Bindung des katholischen Bevölkerungsanteils ans Reich bei Wahrung der kirchlichen Identität war, als dies alles geschah, konnten die latent vorhandenen Oppositionspotentiale ihren öffentlichen und politischen Widerspruch formulieren und, soweit das ging, auch innerkirchlich austragen. An dieser Stelle ist historisch der Beginn des Linkskatholizismus als politischer und als kirchlicher Oppositionsbewegung anzusetzen.«[3] Aber auch die Jugendbewegung um die Jahrhundertwende sowie die liturgische Bewegung waren Gründe für diesen Differenzierungsprozeß. In der Zeit, als Dirks zu schreiben begann, artikulierten sich linkskatholische Tendenzen, Gruppen und Aktionskreise; eines der wichtigsten Zentren dieser Bewegung war die Rhein Mainische Volkszeitung, deren Feuilleton Walter Dirks leitete. Auch wenn der Begriff »Linkskatholizismus« für die Weimarer Zeit eine grobe Verallgemeinerung darstellt, so kann er im Blick auf die RMV und ihre Redakteure doch insofern präzisiert werden, als hier ein theoretisch fundierter politischer Katholizismus vertreten wurde, den man als den Beginn einer erst in den sechziger Jahren so benannten politischen Theologie bezeichnen kann: »Ich gehörte also zur Crew des ›Blatts der entschiedenen Haltung‹, des ›Blatts der jungen katholischen Generation‹ – zwei Namen unseres wagemutigen Versuchs, der sozialen Demokratie und der kämpferischen Republik eine Stimme zu geben. Das war nun abermals eine Position zwischen den Fronten: zwischen katholischer Kirche und säkularer Gesellschaft. Im Katholizismus selbst standen wir auf dem linken Flügel, und zwar theologisch und zeitkritisch als auch politisch, in der Nachbarschaft von Joseph Wittig und Joseph Wirth, in enger Fühlung auch mit dem Volksverein für das katholische Deutschland... Den damaligen Bischöfen von Limburg gingen wir sowohl politisch als auch theologisch zu weit; in Frankfurt selbst fanden wir im Klerus, in der Zentrumspartei und unter den katholischen Bürgern und Arbeitern Freunde.«

Der Blick auf die Anfänge, die Lebensgeschichte und die Lektüre der hier zusammengestellten theologischen Texte (unter der Systematik »Für einen politischen Katholizismus«, »Zur Unterscheidung des Christlichen«, »Situation und Verantwortung«) lassen in der Programmformel »Politik aus dem Glauben« Konturen erkennen, mit denen sie Eindeutigkeit gewinnt. Walter Dirks hat seine kritischen Positionen, Einwände und Vorschläge immer als »guter Katholik« formuliert, in der Sicherheit einer gelebten, gläubigen Praxis hat er sich weit vorgewagt, – oft zum Ärger derer, die das »weltliche«, politische Engagement eines Christen als Bedrohung der eigenen Situation empfanden (auch im Alltag kam dieses von ihm gelebte Verhältnis von Nähe und kritischer Distanz zum Ausdruck: Als Walter Dirks nach seiner Pensionierung in einem kleinen Dorf im Freiburger Süden zu leben begann, meinten die Bewohner und Nachbarn geraume Zeit, zwei »Dirkse« unter sich zu haben, den »roten Dirks«, den man aus Rundfunksendungen und Artikeln zu kennen glaubte und den anderen, dem man am Sonntagmorgen in der Dorfkirche beim Gottesdienst begegnete). Mit dieser Einstellung und Haltung ist Walter Dirks zu einer Traditionsfigur kritischer Katholiken geworden: als Garant von christlicher Tradition hat er gleichzeitig neue Initiativen und Aufbrüche angeregt und begleitet. Eine weitere Kontur der Formel »Politik aus dem Glauben« ergibt sich aus der Offenheit für andere Denkfiguren und ihre »Verwendung« innerhalb einer christlichen Position: »...ich lebte ursprünglich ziemlich normal im katholischen System, wandte mich jedoch systemfremden Entdeckungen neugierig zu und empfand mich von ihnen positiv herausgefordert, bis ich jeweils das ›alte Wahre‹ mit neuer Erkenntnis zu alt-neuer Überzeugung differenziert hatte. Als solche Herausforderer habe ich Kierkegaard, Feuerbach, Marx, Nietzsche, Darwin, Freud, Heidegger, Wittgenstein genannt. Mir wird nun aber zunehmend klar, daß zwei der kritisch akzeptierten Komplexe von Ideen, Kräften, Einsichten für mich stärker als die anderen den Charakter von Systemen gehabt haben. Das erste war der Katholizismus selbst, nicht das neuscholastische System oder das kirchenrechtliche, gegen deren Enge ich früh gemeutert habe, sondern der ganze Katholizismus... Im Vergleich damit bin ich weder durch den Darwinismus, das Weltbild der Evolution, noch durch das der Psychoanalyse noch durch den alten und neuen Positivismus noch durch die Wissenschaftstheorie entscheidend und für die Dauer geprägt worden, wohl aber in hohem Maße durch den Marxismus.«

Wenn ein Publizist mehr als 60 Jahre lang die Zeitläufte produktiv begleitet, dann zwingt die bilanzierende Arbeit von Herausgebern und Verlag zu Konzentration, – so natürlich auch in diesem Band. Alle hier vorgelegten Texte sind herausragende und anregende Beispiele für das theologische Denken von Walter Dirks: Sich auseinandersetzen mit den biblischen Ursprüngen und dem Glauben der Tradition, den Blick richten auf die konkrete historische Situation, die Denkfiguren und -bewegungen anderer Systeme miteinbeziehen, eine Antwort finden, die zu verantwortetem Handeln führt. Die Texte des ersten Kapitels »Für einen politischen Katholizismus« zeigen im Zeitraum von Weimar bis heute, mit welch analytischer Schärfe, vor allem unter Einbezug des soziologischen Paradigmas, Walter Dirks seine Politik aus dem Glauben versteht. Angesichts zunehmender zentralistischer Tendenzen innerhalb der katholischen Kirche kommt den – utopischen? – Antworten auf die Frage »Kann die Kirche demokratisch werden?« eine besondere Aktualität zu. Selbst die – wieder aktuelle – Frage nach dem Spezifikum, »Zur Unterscheidung des Christlichen« (Kapitel II) beantwortet Dirks nicht im Sinne von Abgrenzung und Rückzug. Für ihn gibt es keine »christliche Politik«, sondern eine von Christen gemachte und verantwortete Politik. Das »Unterscheidende« liegt in der persönlichen Glaubenshaltung des einzelnen und in der konkreten Praxis: »Aber eine Christenheit, die auf das dritte Jahrtausend hin und in ihm selbst durch ihre verantwortlichen einzelnen zusammen mit anders motivierten Humanisten als Salz und Sauerteig mithelfen will, daß tatsächlich und im Ernst das Unrecht ungerechter Strukturen aufhört und daß Formen zumutbaren Zusammenwirkens in der Einen Welt gefunden und verwirklicht werden, –

eine solche Christenheit braucht mehr Freiraum für ihre Mitwirkung an den Strategien, Risiken und Kämpfen der helfenden Politik.«

Fritz Boll

1 Vgl. auch Karl Prümm, Walter Dirks und Eugen Kogon als katholische Publizisten der Weimarer Republik, Heidelberg 1984

2 Karl Egon Lönne, Historiographischer Rückblick, in: Ernst-Wolfgang Böckenförde, Schriften zu Staat – Gesellschaft – Kirche, Band I: Der deutsche Katholizismus im Jahre 1933, Freiburg 1988, S. 121

3 Martin Stankowski, Linkskatholizismus nach 1945, Köln o. J.

I

Für einen politischen Katholizismus

Katholizismus und Nationalsozialismus

Die Darstellung der Beziehungen zwischen Katholizismus und Nationalsozialismus wäre gerade nach den letzten Ereignissen sehr einfach, wenn man sie beschränkte auf das, was über die Beziehungen zwischen dem Katholizismus und der gegenwärtigen nationalsozialistischen *Ideologie* zu sagen ist. »Die Erwartung«, so schreiben die Bischöfe der Kölner Kirchenprovinz in ihrer Kundgebung vom 5. März, »daß es den Führern dieser Bewegung in Bälde gelingen werde, ihre *Ziele* und *Grundsätze* so zu entwickeln und zu klären, daß sie zu begründeten Mißverständnissen oder zu Bedenken bei gläubigen Katholiken keinen Anlaß mehr gäben, hat sich nicht erfüllt.«* Zum Lehrsystem der Kirche steht die gegenwärtig verkündigte Ideologie der Nationalsozialisten in der Tat in einem offenen, ausdrücklichen, leicht aufzeigbaren Gegensatz, und die Front der offiziellen katholischen Organe ist denn auch eindeutig: der Katholizismus steht im offenen und erklärten *Abwehrkrieg gegen den Nationalsozialismus.*

Damit ist aber nicht alles gesagt. Wir wissen, daß die Ideologie einer Bewegung zu unterscheiden ist von ihrer *Funktion,* von ihren »Ursachen«, den eigentlichen Quellen ihrer Kraft, von den gesellschaftlichen Situationen, aus denen sie erwächst. Gerade bei der nationalsozialistischen Bewegung ist diese Unterscheidung wichtig. Ihre Ideologie ist noch sehr labil, sie verändert sich ständig und ist noch anpassungsfähig. Der Kult der »Bewegung« als »Bewegung«, wie er in Anlehnung an faschistische Vorstellungen gepredigt wird, ermög-

* Die Erklärung der Bischöfe von Köln, Aachen, Münster, Osnabrück, Trier und Limburg ist dokumentiert in: Hans Müller: Katholische Kirche und Nationalsozialismus, München 1963, S. 24–27.

licht und fordert diese Labilität in der theoretischen Begründung und in der Zielsetzung. Etwas von der Theorie der Theorielosigkeit und der Theorieverachtung, wie sie in den ersten Jahren des italienischen Faschismus herrschend war, steckt auch in der deutschen nationalsozialistischen Bewegung. Man kann also damit rechnen, daß ihre Ideologie noch manche Änderungen erfahren wird, auch solche rein taktischer Art, Anpassungsversuche nach verschiedenen Richtungen hin. Deshalb können alle Feststellungen, die sich speziell auf die nationalsozialistische Ideologie beziehen, von den Ereignissen überholt werden – damit natürlich auch Feststellungen über die Beziehungen zwischen Katholizismus und nationalsozialistischer Ideologie. Um so wichtiger wird es sein, den Katholizismus auch mit den *realeren Ursachen* und *Funktionen* des Nationalsozialismus zu konfrontieren: von ihnen, von den Zuständen und Vorgängen in ganz bestimmten sozialen Schichten, wird der katholische Volksteil in ganz anderer Weise und in ganz anderem Grade berührt als vom ideologischen Bestand der nationalsozialistischen Bewegung. Beide Fragestellungen sind also ausdrücklich voneinander zu unterscheiden.

Der ideologische Gegensatz

Die Belege für den ideologischen Gegensatz häufen sich in letzter Zeit. Der Reihe nach haben mehrere Bischöfe, am exponiertesten der Bischof von Mainz, die bayerische Bischofskonferenz, die Fuldaer Bischofskonferenz (die alle nichtbayerischen deutschen Bischöfe zusammenfaßt) und in letzter Zeit besonders ausführlich und deutlich die Bischöfe der Kölner Kirchenprovinz den Nationalsozialismus *ausdrücklich verurteilt,* teilweise in den energischsten Wendungen.* Die ge-

* Nach den Wahlen vom 14. September 1930, bei denen die NSDAP von 12 auf 107 Mandate angewachsen war, sahen sich die deutschen Bischöfe zu

samte katholische Presse hat ohne Ausnahme diese Kampfparolen aufgegriffen, und im katholischen Organisationsapparat wird in demselben Sinne gearbeitet. Auch in der Predigt spielt die Gegenwirkung gegen die Propaganda der Nationalsozialisten neuerdings eine große Rolle. Die einzige nachweisbare schwache Stelle in dieser Front sind die Studentenschaften einiger Universitäten, wo größere Prozentsätze der Katholiken vom Nationalsozialismus erfaßt sind. Man könnte noch den Aufruf zur Kampfwoche der Zentrums-Jugendorganisation, der Windthorst-Bünde* heranziehen, um den scharfen Ton zu belegen, mit dem der Kampf geführt wird. Aber jeder Blick in irgendeine Nummer einer katholischen Zeitung wird genügen, um denen, die etwa noch an die klerikalfaschistische Aktionsfront glauben, zu zeigen, daß diese Front zum mindesten nicht den politischen Vordergrund beherrscht. Dort herrscht vielmehr zur Zeit das Gegenteil: offener Krieg.

öffentlicher Stellungnahme zu den Nationalsozialisten veranlaßt. Vorreiter war der Mainzer Generalvikar, der schon Ende September 1930 auf eine Anfrage der Gauleitung der NSDAP hin bestätigte, daß es für Katholiken bei Androhung eines Ausschlusses von den Sakramenten verboten sei, Mitglied der Hitlerpartei zu sein, und daß es Parteimitgliedern untersagt sei, in korporativer Zusammensetzung an Beerdigungen und sonstigen kirchlichen Veranstaltungen teilzunehmen. Zu solch entschiedener Abgrenzung konnten sich die übrigen Bischöfe nicht entschließen, und da eine gemeinsame Erklärung des gesamten Episkopats nicht zustande kam, folgten Anfang 1931 in kurzem Abstand verschiedene Verlautbarungen der Bischöfe einzelner Kirchenprovinzen. Sie warnten darin vor dem Nationalsozialismus, dessen kultur- und kirchenpolitische Auffassungen mit der katholischen Lehre nicht vereinbar seien. Obwohl sie eine Belegung des nationalen Zusammengehörigkeitsgefühls grundsätzlich begrüßten, wandten sie sich gegen eine Atmosphäre des Hasses und betonten, daß für Katholiken die Formel »ein Hirt und eine Herde« für den ganzen Erdkreis gelte. (Die Erklärungen sind dokumentiert in: Hans Müller: Katholische Kirche und Nationalsozialismus, München 1963, S. 13ff.)

* Die Jugendorganisation des Zentrums nannte sich nach Ludwig Windthorst (1812–1891), der nach Gründung der Partei im Jahre 1870 als ihr Wortführer im Reichstag einer der profiliertesten parlamentarischen Gegner Bismarcks war.

Dieser Krieg ist auf der Seite der Kirche ein *Verteidigungskrieg,* der erst durch das beängstigende Anwachsen der Bewegung in ein wirksames Stadium getreten ist. Und zwar ist es nur indirekt der politische (und soziale) Teil des nationalsozialistischen Programms, gegen den sich der Katholizismus wehrt, direkt ist es der *kulturpolitische* und der *religiöse* Teil. Nur beim politisch organisierten Katholizismus, bei der Zentrumspartei und den ihr nahestehenden halbpolitischen Organisationen, und zwar auch hier nur bei ihrer eindeutig demokratischen Mehrheit, sowie bei den politisch wachen Teilen der Jugend ist es ein *politisches* Ideensystem und Wertbild, das sich vom Nationalsozialismus angegriffen und bedroht empfindet. Der eingangs zitierte Anfang der Kundgebung der westdeutschen Bischöfe zeigt, wie sehr es außerhalb dieses ausgesprochen politischen Kreises der *religiöse* Bestand ist, der verteidigt wird. Diese Kundgebung zählt eine ganze Reihe von religiösen Differenzpunkten auf. Der Nationalsozialismus hat dem Katholiken diese Klarstellung der Differenzpunkte sehr erleichtert, indem er durch *Alfred Rosenbergs* Buch »Der Mythus des 20. Jahrhunderts« * in wenn auch nicht offizieller, so doch wohl offiziöser Form sein augenblickliches weltanschauliches Programm sehr ausführlich und lückenlos zugänglich gemacht hat. Einige dieser Differenzpunkte seien im folgenden kurz dargestellt.

Sachlich von geringerem Belang, aber persönlich doch sehr wirksam ist zunächst der Gegensatz in der »Seelenlage«, im »Ton«, in der »Einstimmung«: Die revolutionäre Attitude der Nationalsozialisten stößt bei den katholischen autoritären und führenden Stellen auf ein tiefes Mißtrauen und erweckt tiefes Unbehagen. Der sozial nicht erschütterte Katholik hat für den Ton des »Köpfe werden rollen« nicht das geringste Verständnis. Der sehr schlechte Ruf, in dem die

* Das scharf antichristliche Buch des nationalsozialistischen Chefideologen (1893–1946) erschien zuerst 1930.

Französische Revolution auch bei den Katholiken steht, die heute sehr ehrlich und überzeugt ihre Errungenschaften gegen jeden Angriff zu verteidigen bereit sind, kommt nicht von ihren Zielsetzungen und Ergebnissen, sondern von dieser revolutionären extremen Gefühlslage und dem, was *daraus* an Gewalttätigkeiten entstanden ist. Die Kundgebung der westdeutschen Bischöfe tadelt an mehreren Stellen die »Sprache« der Nationalsozialisten und setzt ihrer revolutionären Attitude das Bekenntnis zur »rechtmäßigen Obrigkeit« entgegen. Weniger die Forderungen der Nationalsozialisten an sich, als das revolutionäre Pathos, mit dem sie vertreten werden, wird vom konservativen katholischen Instinkt abgelehnt.

Greifbarer und konkreter ist der grundlegende kirchenpolitische Gegensatz. Das kirchenpolitische Ziel der Nationalsozialisten ist die »deutsche Volkskirche«, die als »Vollendung der Reformation« (*Ludendorff** und *Rosenberg*) die beiden in Deutschland ausgebreiteten Kirchen »verschmelzen« soll (Rudolf Jung**), unter Preisgabe des »römischen Zentralismus« des »internationalen Geistes« und des »alten Testaments« (so Jung; Rosenberg kämpft entsprechend gegen »den römischen Haruspex*** und den alttestamentlichen Superintendenten«). Es ist einleuchtend, daß diese Formulierungen von der Kirche als eigentliche Kampfansagen empfunden werden. Die alte Front der römisch-katholischen Universalkirche gegen jeden Versuch der Proklamierung

* Erich Ludendorff (1865–1937), während des 1. Weltkriegs neben Hindenburg einflußreichster Mann im deutschen Generalstab, betätigte sich nach 1918 in der antisemitischen deutschvölkischen Bewegung. Mit dem 1926 gegründeten »Tannenbergbund« trat er für eine »artgemäße deutsche Gotteserkenntnis« ein.

** Rudolf Jung hatte eine Kampfschrift mit dem Titel »Der nationale Sozialismus« (München 1921) verfaßt.

*** Haruspices hießen in der etruskisch-römischen Kultpraxis die Priester, die aus Eingeweiden von Opfertieren und dem Vogelflug weissagten. Rosenberg übernahm die Bezeichnung als Schimpfwort für den Papst.

einer Nationalkirche wird hier unmittelbar wieder aufgerufen: hier geht es um eine Existenzfrage, und was der um so vieles mächtigere italienische Faschismus vergeblich nur in Ansätzen versucht hat, wird auch der deutsche Faschismus nicht fertigbringen: jene »Verschmelzung« ist ein Phantom.

Die ganze Schärfe eines zentralen Gegensatzes stellt sich auch auf der eigentlich *religiösen* Ebene ein. Punkt 24 des nationalsozialistischen Programms von 1924 stellt über die religiösen Bekenntnisse den Begriff des »Sittlichkeits- und Moralgefühls der germanischen Rasse«. Rosenberg stellt dem »negativen Christentum« der beiden christlichen Konfessionen die *»organischen Kräfte des nordisch-rassisch bestimmten Volkes«* gegenüber. »Die germanischen Charakterwerte sind deshalb *das Ewige, wonach sich alles andere einzustellen hat.«* Hier wird klar, was es bedeutet, wenn von katholischer Seite der Nationalsozialismus öfter als *»Heidentum«* bezeichnet wird. Das ist durchaus nicht etwa in einem allgemeinen Sinne, etwa als Schimpfwort zu nehmen, sondern in einem ganz präzisen Sinne als Aussage: denn in der Absolutsetzung und Heiligsprechung dessen, was von Natur aus ist, hier etwa der rassenmäßigen Gegebenheiten (oder vielmehr dessen, was die Völkischen dafür halten), sieht der Bekenner der Offenbarungsreligion das positive Kennzeichen des Heidentums als einer *wirklichen und eigentlichen Religion* – einer Götzenreligion. Hier sieht der Katholik den »Naturalismus«, den er sowohl in der Form des Idealismus wie in der des Materialismus als areligiöse und antireligiöse Mächte aus der Geschichte der letzten Jahrhunderte kennt, zu einer förmlichen »Religion« verdichtet, einer heidnischen Volksreligion, wie er sie bisher nur aus der vorchristlichen Zeit oder aus den nichtabendländischen Räumen kannte. Die nationalsozialistischen Weltanschauer wissen nicht, was sie sagen, wenn sie diesen ihren primitiven Rassenkult als »germanisches Christentum« bezeichnen: in Wirklichkeit handelt es sich – das deutet übrigens auch Thomas Mann in seiner »Deutschen

Ansprache«* richtig an – um die Proklamierung einer unterchristlichen und antichristlichen Religionsform. Wer das schon außerhalb der Fragestellung nach der metaphysischen Wahrheit für die *kulturellen* Systeme bejaht, und wer in dem neuen Rassenkult ein Absinken in voreuropäische *Kulturformen* wirklich werden sieht, wird begreifen, wie empfindlich dieser Kult den *gläubigen* Christen treffen muß, der in der Verkündigung der christlichen Offenbarung den Naturkult endgültig überwunden sieht: er sieht in jenem sogenannten Deutschchristentum eben jene Dämonen wieder ans Licht des Tages treten, welche die Glaubensboten der ersten Jahrhunderte mit der Botschaft von Christus, dem Überwinder der Dämonen, in das Dunkel gejagt hatten.

Entsprechend verhalten sich auch die Ethiken der beiden Systeme. Das grundumstürzende *Paradox der Nächstenliebe,* das die Lebensstimmung des Christentums entscheidend geformt hat, das in säkularisierter Form hinter den meisten sozialen Bewegungen des Abendlandes steht, wird von der Herrenrassenethik der Nationalsozialisten viel prinzipieller bestritten, als es bisher je bestritten worden ist. Die große Achsendrehung, welche dies Prinzip in der Geschichte Europas bedeutet hat, trotz aller Brutalitäten und Heucheleien dieser Geschichte, und weit über den Rahmen des gläubigen Christentums hinaus, diese Achsendrehung soll rückgängig gemacht werden. An die Stelle der wechselseitigen prinzipiellen Verantwortlichkeit alles dessen, was Menschenantlitz trägt, soll wieder der prinzipielle unverantwortete Gruppenegoismus treten: auch hier also ein Phänomen, das der gläubige Christ als ausgesprochen vorchristlich, unterchrist-

* In seiner Ansprache, gehalten am 17. Oktober 1930 in Berlin, warnte Thomas Mann (1875–1955) vor den Nationalsozialisten, die kurz zuvor bei den Reichstagswahlen einen Erdrutschsieg erlangt hatten. Leidenschaftlich trat Mann für die Sozialdemokratie und eine Außenpolitik der Versöhnung mit Frankreich ein. (Die »Deutsche Ansprache« ist abgedruckt in der Stockholmer Gesamtausgabe. Reden und Aufsätze II, Frankfurt/M. 1965).

lich und antichristlich empfindet. Gewiß hat dieser Gruppenegoismus in den mannigfaltigsten Formen in der christlichen Ära geblüht und ist darin oft sogar ideologisch gerechtfertigt worden, aber es ist grundsätzlich etwas anderes, wenn er als solcher im Nationalsozialismus zum ethischen Prinzip selber erhoben wird. Auch die Parallele mit der Forderung des Klassenkampfes reicht hier nicht im mindesten aus: der Christ mußte dem Klassenkampf gegenüber immer anerkennen, daß er nicht als Prinzip des Klassenegoismus gemeint ist, sondern als ein geschichtlich gebotener konkreter Kampf gegen eine konkrete Klassenausbeutung und mit einem Ziel, das die totale Aufhebung der Klassen und damit auch des Klassenegoismus in sich enthält. Der ehrliche Christ mußte hier unbeschadet seiner sonstigen Stellung zum Klassenkampf zugeben, daß hier so etwas wie das Gegenteil von einer Heiligsprechung des Gruppenegoismus vorliegt, da diese Idee die Idee der totalen Verantwortlichkeit nicht aus-, sondern einschließt. Was zwar schon bei einer Reihe von Philosophen als antichristlich bekämpft wurde, aber gerade bei den größten als dialektische Position verstanden werden konnte (Nietzsche), stellt sich nunmehr mit der Gewalt einer Volksbewegung und zugleich mit einer ausgesprochen undialektischen dogmatischen Theorie der christlichen Ethik entgegen.

Soweit sich die Auseinandersetzung zwischen dem Katholizismus und dem Nationalsozialismus überhaupt auf der ideologischen Ebene abspielt, wird jede Verständigung zwischen beiden durchaus unmöglich sein und an der ausgebauten Lehre der Kirche scheitern, solange der Nationalsozialismus nicht ideologisch zurückweicht. Es ist auch nicht anzunehmen, daß bei sonst gleichbleibenden Verhältnissen der Nationalsozialismus auf dieser Ebene der Kirche mehr als eine Minderheit von lauen Katholiken abspenstig machen kann. Wer in der Luft des Neuen Testamentes lebt oder vom kirchlich-liturgischen Leben erfaßt ist, der wird im allgemeinen gegen den primitiven Naturalismus der Nationalsozialisten gefeit sein: der innere Abfall aus der kirchlichen Welt muß schon vollzogen sein, bevor die Weltanschauung des Nationalsozialismus als solche werbende Kraft entfalten kann.

Verwandte soziale Situation

Aber leider spielen sich die Vorgänge zwischen den beiden Gruppen nicht ausschließlich auf der ideologischen Ebene ab. Die Ideologie der Nationalsozialisten ist der Kirche fremd – die soziale Situation, in der sie mächtig geworden sind, ist den Katholiken nahe genug.

Wir begreifen den Nationalsozialismus als die utopische Aktion der zwischen Kapital und Arbeit stehenden *Mittelschichten,* denen der Kapitalismus den Besitz, den Lebensraum, die Hoffnung wegnimmt, als den pseudorevolutionären Aufbruch des *Kleinbürgertums* und des *Bauerntums.* Wir begreifen ihn ferner als die utopische Aktion der *neuen Wirtschaftsabhängigen,* der Angestellten, die zum erstenmal über ihre bürgerliche Lebensform hinweg das Schicksal der Arbeitslosigkeit, der Ungesichertheit, der Aussichtslosigkeit – der Proletarisierung erleiden und in diesem Schicksal in revolutionäre Bewegung geraten, ohne aber schon die wissenschaftliche Analyse ihrer Situation geleistet zu haben, welche dem handarbeitenden Proletariat als Sozialismus das reale Aktionsziel hat erkennen und erfassen lassen. Wir begreifen ihn ferner als die revolutionäre Bewegung der *Studenten* und *Intellektuellen,* die als überschüssige und überflüssige Intellektarbeiter genau dasselbe Schicksal der Arbeitslosigkeit und der Hoffnungslosigkeit tragen oder voraussehen, verschärft durch die überlieferte akademische Lebensform, die ihren Anspruch erhalten, aber ihre Mächtigkeit und Wirksamkeit verloren hat. Wir begreifen ihn schließlich als die Wiedergeburt des utopischen Sozialismus bei einem kleineren Teil der Arbeiter, vor allem jüngerer Arbeitsloser, die vom Sozialismus nicht erfaßt werden konnten. Weniger den Ideenbestand der Nationalsozialisten, der in der mannigfaltigsten Weise mit Ideenbeständen der Vergangenheit verknüpft, mit vielen Ressentiments verschiedenster Herkunft durchsetzt und einigermaßen von der Willkür und dem zufälligen Lebensweg der Führer und Theoretiker der Bewegung abhängig ist, als vielmehr die motorische Kraft dieser Welle, den Elan, die Dynamik dieser Bewegung führen wir *auf diese sozialen Spannungen zurück,* welche die Menschen dieser Schichten und in diesen Situationen in Unruhe, in »Bewegung« versetzen – eine Bewegung, die von den Wortführern der Partei in die nationalsozialistische »Aktion« umgesetzt wird. In dieser sozialen Spannung sehen wir die *eigentliche »Realität«* der nationalsozialistischen Bewegung, ihre »Ursache«. Mit ihr wird eigentlich zu tun haben, wer real mit den Nationalsozialisten zu tun hat. Sie ist das, was durch keine noch so vernünftige ideologische Argumentation wegzudiskutieren ist: sie bleibt unangegriffen und unangreifbar, auch wenn einer mit übermenschlicher Beredsamkeit die Unvernünftigkeit oder die Irrealität irgendeiner der nationalsozialistischen Theorien beweist. An sie wird darum auch positiv anzuknüpfen haben, wer einen Nationalsozialisten oder einen, der vom Nationalsozialismus bedroht ist, für eine andere Sache gewinnen will: er wird nur dann eine Chance haben, wenn die Antwort, die er zu geben hat, diese soziale Spannung als die unaufhebbare Existenzgegebenheit des anderen anerkennt und aufnimmt.

Begreift man den Nationalsozialismus so, wie es hier angedeutet wurde, dann wird klar, in welchem Maße auch der *Katholizismus von ihm bedroht ist.* Denn alle aufgezählten sozialen Voraussetzungen des Nationalsozialismus *gelten auch für den katholischen Volksteil.* Die erwähnte »Realität« der nationalsozialistischen Bewegung ist schon heute als Realität in den katholischen Teilen jener Schichten vorhanden. Wenn auch bei den gläubigen und zudem politisch organisierten Katholiken diese soziale Unruhe nicht in die nationalsozialistische Aktion umgesetzt ist, sondern eine gewichtige Sperre von echten Glaubensüberzeugungen, Führungsvertrauen usw. dazwischenliegt, so ist doch eine soziale Nachbarschaft zum Nationalsozialismus vorhanden: bei Kleinbürgern, Bauern, Angestellten, Akademikern, Studenten, jugendlichen Arbeitern. Lockert sich diese Sperre, d.h. paßt sich die labile nationalsozialistische Ideologie den Katholiken einigermaßen an und verliert zugleich die Autorität der politischen Führer des Katholizismus in neuen Situationen an Gewicht, so wird jene Unruhe mit einiger Sicherheit in die nationalsozialistische Bewegung einmünden. Solange die Glaubenskräfte der Kirche gegen die NSDAP aufgerufen werden können, wird im Zentrum die einzige zuverlässige nichtsozialistische Massenpartei als Stütze der Demokratie aufrecht stehen; denn als Glaubensgemeinschaft ist sie für die feindliche Ideologie unangreifbar. Löst sich der ideologische Kampf aber auf, wandelt die NSDAP ihre Ideologie etwa in die faschistische im italienischen Sinne um, dann kann sich verhängnisvoll auswirken, daß der Katholizismus vorwiegend gerade von kleinbürgerlichen Schichten getragen wird: so gesichert er religiös ist, so anfällig wird er dann sozial sein.

Diese Anfälligkeit braucht sich nicht in einem Massenabfall zur NSDAP auszuwirken: sie kann sich auch als *innere Faschisierung* des politischen Katholizismus auswirken. In der Tat lagen sogar schon deutliche Anzeichen vor, die in dieser Richtung lagen; die gemäßigten Formen des deutschen Faschismus fanden vor allem in der katholischen Jugend schon viele Sympathien; man konnte von einer »edelfaschistischen« Tendenz sprechen. Brünings Versuch, mit der »neuen Rechten« zusammenzugehen, fand starken Widerhall. Die grobrevolutionäre Sprache, die unerträgliche Methode und die antikatholische Ideologie des Siegers vom 14. September haben dann aber zunächst außerordentlich ernüchternd gewirkt, und Brünings Umstellung ist vom politischen Katholizismus mit vollzogen worden.* In dieser neuen Front der Demokratie gegen den radikalen Umsturz von rechts, in der damit gegebenen neuen Hinwendung zu der in der SPD vertretenen Arbeiterschaft ist die erwähnte edelfaschistische Mode vorläufig untergegangen. Aber sie wird eine Gefahr bleiben. So wenig Verständnis der Katholizismus für jede Form von Wotanskult und für die Deutschkirche** hat, so nahe liegen ihm doch gewisse weniger plumpe Formen der faschistischen Ideologie. Die Worte »Autorität«, »Vertrauen zum Führer«, »Ruhe und Ordnung« finden ein geneigtes Ohr. Vom Wirtschaftsprogramm der NSDAP zum »Solidarismus«***, zum »Ständestaat« und ähnlichen im Katholizismus weitverbreiteten Vorstellungen ist kein sehr weiter Weg. Die Front gegen den »Liberalismus und Materialismus«, die der Nationalsozialismus behauptet, deckt sich zu einem Teil

* Nach den Gewinnen der Nationalsozialisten bei den Reichstagswahlen vom 14. September 1930 bemühte sich Reichskanzler Brüning (1885–1970) erfolgreich um die parlamentarische Tolerierung seiner Politik durch die SPD. In den ersten Monaten seiner Kanzlerschaft hatte er dagegen eine engere Zusammenarbeit mit nationalkonservativen Kräften, so der Volkskonservativen Vereinigung und dem antisemitischen Jungdeutschen Orden gesucht. Aus der christlichen Gewerkschaftsbewegung kommend, gehörte Brüning zum konservativen Flügel des Zentrums und verfolgte, wie er in seinen Memoiren (Stuttgart 1970) darlegte, langfristig eine Revision der Versailler Ordnung, sowie eine Rückkehr von der parlamentarischen Demokratie zur Monarchie.

** Zum weltanschaulichen Programm der Nationalsozialisten gehörte die von der älteren völkischen Bewegung übernommene Forderung nach einem »artgemäßen positiven Christentum«, das die Reformation vollenden, römischen Zentralismus, internationalen Geist und Altes Testament überwinden, sowie in der »Deutschen Kirche« beide Konfessionen verschmelzen sollte.

*** Die naturrechtlich begründete Soziallehre des Solidarismus, entwickelt vom Volkswirtschaftler und Sozialphilosophen Heinrich Pesch SJ (1854–1926), anerkennt einerseits Privatwirtschaft und freie Konkurrenz, stellt ihnen andererseits das Gemeinwohl und soziale Gerechtigkeit als regulative Prinzipien, sowie Berufsstände und subsidiäre Staatsinterventionen als institutionelle Sicherungen entgegen.

mit einer entsprechenden katholischen Front, und auch der Antimarxismus wird lebhaft verstanden. Diese ideologischen Nachbarschaften kommen zum Teil aus tieferen katholischen Gegebenheiten religiöser und geschichtlicher Art und gelten dann sogar für den katholischen Arbeiter, der in den christlichen Gewerkschaften und den katholischen Arbeitervereinen organisiert ist; sie hängen zum anderen Teil ebenso mit der kleinbürgerlichen Situation der meisten Katholiken, die nicht Proletarier sind, zusammen, wie sie in der NSDAP damit zusammenhängen. Hier steckt die schwache Stelle des politischen Katholizismus: seine Demokratie ist zuverlässig gegen monarchistische Restauration, gegen abenteuerliche Putsche, gegen die Diktatur des Proletariats, gegen das »alte System«, gegen den Nationalsozialismus Rosenbergs und der Straße – aber ob sein beunruhigtes Kleinbürgertum, seine Bauern, seine arbeitslosen Angestellten und Intellektuellen in entscheidender Stunde sich gegen den Reiz eines ideologisch gemäßigten »Dritten Reiches« wehren könnten, eines Dritten Reiches, das auf die religiöse Verbrämung verzichtet, das in etwas weniger blutrünstigen Worten verkündigt wird und auch sonstige Empfindlichkeiten schont –, das ist eine ernste Frage. Was geschieht, wenn sich jene »Erwartung« der Bischöfe, »daß es den Führern dieser Bewegung gelingen werde, ihre Ziele und Grundsätze so zu entwickeln und zu klären, daß sie zu begründeten Mißverständnissen oder zu Bedenken bei gläubigen Katholiken keinen Anlaß mehr gäben«, was geschieht, wenn sich jene rein auf die Ideologie bezogene Erwartung zwar nicht in Bälde, aber doch allmählich erfüllt? Es besteht die Gefahr, daß dann der katholische Kleinbürger dahin stößt, wo seine nichtkatholischen Schicksalsgenossen seit dem Aufbruch der nationalsozialistischen Bewegung marschieren, oder daß er innerhalb des Katholizismus eine nachbarlich empfindende Kolonne organisiert.

Natürlich kann diese Gefahr durch eine Milderung der Wirtschaftskrise in einem entsprechenden Grade, wenn auch nicht prinzipiell, gemildert werden. Bleibt die Krise aber oder verschärft sie sich sogar, so wird diese Gefahr bald akut werden müssen. Die soziale Spannung in den für den Faschismus anfälligen Schichten will in Aktion entladen werden, und der Katholizismus selber hat bisher noch nicht eine weitgesteckte politische Zielsetzung aus sich heraus entwickelt, die so starke Spannungsenergien aufnehmen und auffangen kann. Was an sozialen Zielbildern im politischen Katholizismus vertreten wird (Demokratie, Legalität, Ständestaat), ist zu kraftlos, um die Konkurrenz mit den kräftigeren und volkstümlicheren Idealen der Faschisten auszuhalten. Die private religiöse Auflösung dieser Spannung aber wird gleichfalls nicht ausreichen können.

Gegenwirkung

Das ist eine pessimistische Prognose. Sie ist deshalb so pessimistisch, weil die möglichen realen Gegenwirkungen bisher nicht behandelt wurden. Es sind im Grunde dieselben, die auch außerhalb des Katholizismus gegenüber der nationalsozialistischen Gefahr einzusetzen sind. Es wurde schon gesagt, daß nur der dagegen eine Chance habe, der die Schicksalsgegebenheit der sozialen Spannung als die eigentliche nationalsozialistische Realität in seiner Antwort umfasse und positiv aufnehme. Bei bestimmten Teilen der nationalsozialistischen Bewegung ist das unmöglich, nämlich dort, wo es sich um völlig absinkende Schichten handelt, die man aus ihrer Situation heraus nicht politisch fruchtbar machen kann, verärgerte Reste des alten Regimes, die ganze ältere Generation der depossedierten Schichten, gewisse Teile der Kleinhändler usw. Bei dem größeren Teil dagegen ist der Versuch möglich und notwendig, für diese Schichten, die Angestellten vor allem, aber auch für die Handwerker, die Bauern, die Intellektuellen *das* zu leisten, was die sozialistische Bewegung zunächst für das Fabrikarbeiterproletariat geleistet hat: ihre soziale Situation real zu analysieren und aus der sozialen Selbst- und Umwelterkenntnis ein reales politisches Ziel und die Kraft zu realer politischer Aktion dahin zu gewinnen. Wie der wissenschaftliche Sozialismus den utopischen Sozialismus überwand und die soziale Spannung des Proletariats politisch erst wirklich fruchtbar machte, so muß er auf der heutigen Stufe der kapitalistischen Entwicklung auch die heute in der Krise stehenden Schichten aus ihrer eigenen Situation heraus vom utopischen Nationalsozialismus erlösen, in eine revolutionäre, d. h. auf eine reale Änderung der bestehenden politischen Welt abzielende Bewegung hinein, die Zustand, Gegner und Ziel richtig benennt. Das ist außerhalb des Katholizismus zu versuchen – und innerhalb. In der nächsten Etappe wird es sich sozusagen um einen Wettlauf der Kräfte handeln. bleibt die Revolution der Schichten, um die es sich hier handelt, *utopisch,* so wird sie jener anderen faschistischen Tendenz von oben anheimfallen, die mit dem wachsenden Interesse des Wirtschaftsfeudalismus an der direkten, aber ideologisch getarnten Herrschaft identisch ist. Dasselbe Ideologiensystem wird von oben als Tarnung verwandt, von unten als Traum- und Ersatzausgleich der sozialen Unzufriedenheit. Diese unheilvolle Verbindung, die den vorläufigen Sieg des Faschismus bedeuten würde, kann nur verhindert werden, wenn vor ihrem Reifwerden jene utopische pseudorevolutionäre Bewegung in eine reale verwandelt wird, die sich mit dem Wirtschaftsfeudalismus nicht verbinden kann, sondern weiß, daß sie ein Teil der politischen Bewegung aller Wirtschaftsabhängigen ist. Ob das allgemein und besonders im katholischen Bereich rechtzeitig glücken wird, das wird im Augenblick niemand sagen können.

Der Sozialismus selbst hat angesichts dieser latenten faschistischen Gefährdung weiter katholischer Schichten, deren Akutwerden das vorläufige Ende der Demokratie bedeuten würde, besondere Aufgaben. Alles hängt daran, daß er in seiner schwierigen und einzigartigen Doppelfunktion durchhält: er, der aus der Zukunft und in der Gegenwart lebt, der Revolutionär in der Zielsetzung ist und doch die Verantwortung für den gegenwärtigen Staat als die Voraussetzung jener Zukunft trägt, muß sich in beiden Funktionen noch intensiver bewähren und noch glaubwürdiger darstellen. Tut er das aus sich heraus, für sich und im Sinne der eigenen Ziele, so tut er es in dieser Stunde auch für den politischen Katholizismus. Je mehr er als reine und reale revolutionäre Kraft spürbar wird, um so mehr steigt die Aussicht, daß auch der beunruhigte Katholik der bedrohten Schichten sich für die reale statt für die utopische Aktion entscheidet. Je stärker und glaubwürdiger zugleich seine Verantwortung für die Demokratie und für den Sachapparat der Wirtschaft ist, um so stärker wird er den politischen Katholizismus an seine Seite ziehen, dessen stärkste Seite vielleicht der Sinn für Sachverantwortung ist. Diese Doppelfunktion ist schwierig, immer droht das Abkippen in die Eindeutigkeit, nach rechts oder links, und immer droht die Verwaschenheit. Aber seine Chancen steigen um so höher, je reiner und energischer er diese Doppelfunktion ausbaut: Je entschlossener sein Festhalten und sein Weitertreiben der auf Umbau ausgehenden Zielsetzung, um so wirksamer wird er sein; je zuverlässiger in der politischen Verantwortung, um so unangreifbarer. In seiner Hand liegt ein Schlüssel zum Problem des Nationalsozialismus überhaupt und ebenso zum katholisch-nationalsozialistischen Problem. Nur in einer breiten »sozialistischen Bewegung«, die freilich mit der SPD nicht mehr identisch sein kann, sondern mehrerlei Glieder hat, kann die nationalsozialistische Realität und zugleich die latente soziale Unruhe der bedrohten katholischen Schichten politisch auf die Zukunft hin fruchtbar gemacht werden. Der Antikatholizismus Rosenbergscher Art erleichtert zur Zeit die Situation: darin hat jene sozialistische Bewegung eine Chance, wenn sie sich ihrerseits hütet, in denselben Fehler zu verfallen.

Zur theoretischen Situation der christlichen Arbeitnehmer

Die Logik der Tatsachen selbst, die Härte der proletarischen Situation, die in der Krise wieder ungemildert spürbar geworden ist, hat in den letzten Jahren eine nachweisbare *Annäherung* der sozialen und politischen Theorie der *katholischen* Arbeitnehmer und der *christlichen* Gewerkschaften an die *sozialistische* Theorie herbeigeführt. Man diskutiert auf christlicher Seite über eine Überwindung der kapitalistischen Anarchie durch Planwirtschaft und sucht diese Planwirtschaft gegen faschistische, staatskapitalistische und wirtschaftsfeudalistische Tendenzen als *demokratische Planwirtschaft* abzugrenzen, für die man in der »berufsständischen Ordnung« die realisierbare Form gefunden zu haben glaubt. Dennoch werden wichtige Abgrenzungen gegenüber dem Sozialismus festgehalten. Einer der entscheidenden Unterschiede liegt darin, daß die christliche Theorie grundsätzlich (trotz mancher praktischen Einschränkungen) an der kapitalistischen *Kapitalsfunktion* festhält, sich also damit abfindet, daß auf der Grundlage des Privateigentums an den Produktionsmitteln eine primäre (wenn auch kontrollierte) Verfügungsgewalt und damit Herrschaftsmöglichkeit der Kapitalistenklasse erhalten bleibt. Die Frage muß zu denken geben, *warum* die Theoretiker der christlichen Gewerkschaften trotz der großen theoretischen Schwierigkeiten, in die sie geraten, wenn sie die Idee der demokratischen Planung und die Idee der individuellen Verfügung über die Produktionsmittel zusammendenken wollen, an dieser Verteidigung kapitalistischer Interessen festhalten und *warum* der christliche Arbeiter, der dies System nicht anders als sein nichtchristlicher Klassengenosse am eigenen Leibe erlebt, dieser Theorie seine Zustimmung gibt. Der vordringlichste Grund, das Bekenntnis zur

»Heiligkeit« des Privateigentums als eines unumstößlichen naturrechtlichen Prinzips, kann allein zur Erklärung nicht ausreichen, um so weniger, als in der Eigentumslehre der Kirche und der Tradition durchaus Möglichkeiten differenzierter Behandlung verschiedener Eigentumsarten gegeben sind und vor allem von der höheren Idee des Gemeinwohls aus durchaus eine Vergesellschaftung von Produktionsmitteln im großen Maßstab im Prinzip annehmbar erscheinen kann; der Bergarbeiterführer *Imbusch** konnte ja diese Möglichkeit benutzen, um sogar die Verstaatlichung des Ruhrbergbaues zu fordern. Will man die große Zurückhaltung und Vorsicht der christlichen Theorie dieser Möglichkeit gegenüber richtig verstehen und würdigen (und begnügt man sich nicht damit, in dieser Vorsicht einfach mangelnden Mut oder mangelndes Solidaritätsbewußtsein zu sehen und anzuklagen), so darf man einige bedeutsame Eigentümlichkeiten der allgemeinen *politischen Theorie* des Katholizismus nicht vergessen, in deren Rahmen diese Vorsicht verständlich wird.

Ein Grundschema politischer Theorie

Das Grundschema dieser politischen Theorie, das im folgenden besprochen werden soll, bindet den Katholiken in einer eigentümlichen Weise an die bestehenden Verhältnisse, indem es das Moment der eigentlich geschichtlichen Veränderung methodisch nicht bewältigt. Die Auseinandersetzung, besonders mit der ausgebildetsten Form dieser Theorie, ist gerade für den Marxisten angebracht, weil sie und der Marxismus zwei sehr wesentliche Berührungspunkte haben. Viel

* Heinrich Imbusch (1878–1949) war von 1919 bis 1933 Vorsitzender des Gewerkvereins christlicher Bergarbeiter und ab 1929 auch des (christlichen) Deutschen Gewerkschaftsbundes.

mehr, als sie es selber durchweg wissen, stehen sie in gemeinsamer Frontstellung. Beide Theorien sind zunächst *»realistisch«*, d. h. sie orientieren sich inhaltlich nicht an vorgegebenen Idealen, Normsystemen, Wunschbildern, Konstruktionen, sondern an der *gesellschaftlichen Wirklichkeit*. Und beide enthalten zweitens als obersten formalen Begriff den der *ganzheitlichen Einheit;* beide lehnen daher sowohl den isolierten Praktizismus ab, der den Mut zur ganzheitlichen Beurteilung und Veränderung der gesellschaftlichen Wirklichkeit nicht aufbringt, und ebenso den Liberalismus jeder Färbung, der die Ganzheits- und Einheitsidee in seine metaphysische Voraussetzung, die prästabilierte Harmonie der individuellen Kräfte, verlegt und dadurch außerhalb der menschlichen, der politischen Aktion stellt; beide entwerfen die gesellschaftliche Wirklichkeit, an die sie sich gebunden wissen, auf einen ganzheitlichen und einheitlichen Sinn hin und suchen aus diesem Entwurf der sinnvollen Ganzheit die Gesichtspunkte für das richtige Handeln in der Gesellschaft zu gewinnen. Gegen jede *metaphysische* Ganzheitslehre (wie etwa gegen den Universalismus Spanns*) grenzen sie sich wiederum gemeinsam durch ihren Realismus ab: nicht ein metaphysisches Subjekt, nicht eine »Idee« ist Trägerin der Ganzheit und Einheit gesellschaftlicher Wirklichkeit, sondern die *reale Gesellschaft selbst* ist eine konkrete Ganzheit, die von unserem Bewußtsein auf ihren Sinn hin abgefragt wird. Bleibt also die »konkrete Totalität« der Gesellschaft der oberste methodische Begriff, der für die beiden politischen Theorien gemeinsam ist, so scheiden sie sich scharf an der Frage der *Geschichtlichkeit;* die marxistische Theorie nimmt die geschichtliche Veränderung der

* Othmar Spann (1878–1950) entwarf mit dem Universalismus eine gleichermaßen gegen Marxismus und Liberalismus gerichtete Gesellschaftslehre, in deren Zentrum der Begriff der Ganzheit steht. Spanns politische Konzeption, er forderte eine Neuordnung der Gesellschaft auf berufsständischer Grundlage, stieß bei Teilen des deutschen und österreichischen Katholizismus auf ein lebhaftes Echo.

Gesellschaft in sich auf, bis in das Innerste ihrer Methode hinein; die übliche christliche Theorie der ganzheitlichen Ordnung der gesellschaftlichen Wirklichkeit dagegen erfaßt die geschichtlichen Prozesse *als solche* nicht – weil ihre Methodenbegriffe statisch-ungeschichtlich sind. Wenn der politische Katholizismus vor der Enteignung zurückscheut, dann nicht nur wegen der Gefährdung des naturrechtlichen *Prinzips,* sondern vielleicht noch mehr deshalb, weil sein politisches Zielbild, selber aus der bestehenden Wirklichkeit als bestehender Wirklichkeit inhaltlich gewonnen, sich selber aufheben, nämlich ein Moment gefährlicher Willkür in sich aufnehmen würde, wenn es die Vernichtung eines der realen Momente jener bestehenden Wirklichkeit, nämlich die Vernichtung der Kapitalistenklasse als Kapitalistenklasse, in sich aufnähme. Für diese Auffassungsweise ist das Bestehen eines qualitativ eindeutig bestimmten gesellschaftlichen Elementes, wie es das Bestehen der Kapitalsfunktion und der Kapitalistenklasse ist, eben ein Teil jener verpflichtenden Wirklichkeit, aus deren Ganzheit das politische Zielbild überhaupt allein gewonnen werden kann; diesen Teil wegzustreichen wäre willkürlich und »ungehorsam«: diese Wirklichkeit soll in der »Ordnung« verantwortbar gemacht, aber nicht vernichtet werden. Es ist zu vermuten, daß in diesem »Realismus« (der als »Gehorsam« vor Gott, der den Christen durch die Wirklichkeit anspricht, religiöse Qualität bekommt) die *stärkste* Hemmung gegen das gesellschaftsrevolutionäre Moment liegt, das der Sozialismus in seiner Forderung der Aufhebung der Kapitalistenklasse enthält. Es muß daher bedeutsam sein, gerade diese Theorie ideengeschichtlich zu verstehen, vor allem aber auch auf ihre soziologischen Bedingungen hin zu prüfen.

Aber wird denn diese realistische Theorie überhaupt bedeutsam vertreten? Man pflegt dem politischen Katholizismus zwei Vorwürfe zu machen, die beide nicht diese Theorie, sondern ihr widersprechende Haltungen in den Vordergrund schieben. Der eine Vorwurf meint, der politische Katholizismus habe überhaupt keine politische Theorie oder nur vorgegebene, uneigentliche Theorien; er handele vielmehr durchaus nur taktisch. Die Praxis scheint diesem Vorwurf in der Tat in etwa recht zu geben. Die Wandlungen etwa der Staatsformtheorie vom Monarchismus über die Verfassungsloyalität zur Republik und – wer weiß? – vielleicht auch noch zu anderen Formen hin lassen in der Tat vermuten, daß die Theorie nur zur nachträglichen Rechtfertigung rein taktischer Entscheidungen benutzt wird. Derselbe Eindruck entsteht, wenn die »berufsständische Idee« nicht nur im Laufe der Zeit ihren begrifflichen Inhalt wechselt, sondern auch zur gleichen Zeit von verschiedenen sozialen Gruppen innerhalb des Katholizismus wesentlich verschieden verstanden wird. Es ist sicherlich sehr oft so, daß die naturrechtlichen Prinzipien, aus denen diese schillernden Theorien bestehen, nur die intellektuellen Werkzeuge sind, mit denen eine taktische Entscheidung jeweils in eine theoretische Notwendigkeit umgedeutet wird – eine taktische Entscheidung, deren eigentlicher echter Richtpunkt außerhalb der gesellschaftlich-politischen Sphäre liegt, in der Religionspädagogik oder der Kirchenpolitik. Der andere Vorwurf besagt, die naturrechtlichen Prinzipien maskierten in Wirklichkeit bestimmte *historische* Ideale, nämlich Reste feudaler Vorstellungen und im übrigen ein handfestes Mittelstandsideal. Auch dieser Vorwurf trifft in der Tat für weite Bezirke der katholischen Theorie zu; historische Theorien wirken kraft ihrer Beharrung im konservativen Milieu des katholischen Denkens nach und haben außerdem in den betreffenden Interessentengruppen auch heute noch eine feste soziale Basis. Diese unaufgedeckten Bindungen bilden mit den taktischen Rücksichten zusammen ein theoretisches *Dämmerlicht,* in dem eine begrifflich klar durchgearbeitete Theorie sich sehr schwer durchsetzen kann. Dennoch ist daran festzuhalten, daß das erwähnte Motiv des realistischen »Gehorsams« in vormethodischer Form (Erwägungen der »Gerechtigkeit«, die »jedem das Seine« lassen will) eine große Rolle spielt, aber auch daran, daß das von ihm ausgehende *theoretische Grundschema* die Breite der politischen Theorie weitgehend *bestimmt.* Die Formel der »Volksgemeinschaft« (aus den Zeiten von Wilhelm Marx*), die immer wieder herangezogene Idee der »Politik der Mitte«, aber auch die Idee der berufsständischen Ordnung haben hier ihren gemeinsamen Mittelpunkt, und die spezifisch katholische Zustimmung zur Demokratie hat hier eine ihrer Wurzeln.

Wie sieht dieses Grundschema einer politischen Theorie nun im einzelnen aus?

Der *gesellschaftliche Prozeß* erscheint in diesem theoretischen Grundschema, das als solches übrigens kaum ins Bewußtsein tritt, als das fraglos entgegengenommene *»Material«* der politischen Gestaltung, er wird weder in seinem Prozeßcharakter noch überhaupt »verstanden«; hier grenzt sich diese Theorie gegen jede Geschichtsphilosophie ab; wir finden die gesellschaftliche Wirklichkeit vielmehr einfach vor. Naturrechtliche Prinzipien dienen im einzelnen als Werkzeuge der Ordnung dieses vorgefundenen Materials, doch grenzt sich die durchentwickelte Form dieser Theorie gegen eine Betrachtungsweise ab, die eine fertige Hierarchie naturrechtlicher Prinzipien oder Werte, ein mehr oder weniger fertiges Ordnungsbild einer idealen Gesellschaft zu erkennen und zu haben behauptet; die Theorie will ja gerade mit dem Phänomen der wechselnden Verhältnisse fertig werden: zwar will und kann sie diesen Wechsel selbst in seiner Notwendigkeit nicht verstehen, sondern sie nimmt ihn einfach hin, aber sie weiß, daß es einen Wechsel gibt, und sie muß daher die naturrechtlichen Prinzipien so weit formalisieren, daß sie für alle wechselnden historischen Situationen anwendbar sind, ohne die Wirklichkeit zu vergewaltigen. Ihre methodische

* Wilhelm Marx (1863–1946) führte von 1920 bis 1928 die Zentrumspartei und war 1923/24, sowie 1926 bis 1928 Reichskanzler.

Einheit bekommt die Theorie im Begriff der *»Ordnung«* als der *Einheit der in der Wirklichkeit vorgefundenen Teile des gesellschaftlichen Ganzen.* Diese »Ordnung« erst gibt den naturrechtlichen Prinzipien Anweisungen für die Richtung ihrer Anwendung. Im Unterschied vom Liberalismus muß diese Einheit und Ordnung erst *positiv verwirklicht* werden, weil kraft der Erbsünde Störungen nicht nur möglich, sondern immer tatsächlich sind; die Staatspolitik als die Verwirklichung dieser höheren Einheit der gesellschaftlichen Kräfte hat also eine wirkliche positive Aufgabe. Aber diese Störungen werden doch immer nur als »Entartungen« verstanden (individueller und kollektiver Egoismus, natürliche Beschränktheit des einzelnen und der einzelnen Gruppe), die qualitative Grundstruktur einer bestimmten Gesellschaft selbst und ihrer Teile wird einer grundsätzlichen Kritik von der Erbsünde her nicht unterworfen.

Es leuchtet ein, daß hier die antike Grundvoraussetzung der Welt als eines geordneten Kosmos, die von der Scholastik übernommen und modifiziert wurde, im katholischen Bewußtsein nachwirkt. Sie hat zwar im Sündenbegriff für die einzelne Seele ihre christliche Durchbrechung erfahren – und in dem Begriff der sogenannten »sekundären Folgen« der Ursünde, d. h. der Trübung und Schwächung auch der natürlichen Fähigkeiten des Menschen wäre an sich der Weg frei zu einer Auffassung, die nicht den *Kosmos* der Gesellschaft voraussetzt, sondern damit rechnet, daß in der Gesellschaft *echte Widersprüche* auftreten können, zwischen denen es keine *Vermittlung* mehr, sondern nur *Entscheidung* geben könnte; dieser Weg ist aber nicht betreten worden. Die traditionelle katholische Sozialauffassung rechnet nicht mit dieser Möglichkeit; sie verlegt den Bruch in die Einzelseele und versteht von daher gewisse gesellschaftliche Entartungen, aber sie kennt weder Aporien (Grenzen der Erkenntnismöglichkeit) noch echte gesellschaftliche Antinomien (Widerstreit von Gesetzmäßigkeiten); sie kann z. B. auch nicht einmal die Möglichkeit zugeben, daß die Existenzform des Proletariats, die der Kapitalismus selber entwickelt hat, mit der Existenzform der Kapitalistenklasse in einen Widerspruch gerät, der nur mit der Aufhebung der Kapitalistenklasse als solcher aufgehoben werden kann. Trotz Sünde bleibt diese Soziallehre harmonistisch, trotz Heilsgeschichte bleibt sie für die Betrachtung der profanen Gesellschaft ungeschichtlich. Die griechisch-scholastische Grundvoraussetzung konnte vom Naturrecht der Aufklärung in ihrem Sinne der Vernunftharmonie umgedeutet werden, und in der Tat lassen sich die Spuren dieses bürgerlichen Naturrechts in der katholischen Theorie nachweisen; sie finden sich in Auseinandersetzung mit den feudalistischen Vorstellungen des gestuften Kosmos; sie finden gleich jenen im Sündenbewußtsein eine Grenze, die sie vom reinen Liberalismus scheidet, ohne aber in der für unsere Überlegung in Betracht kommenden Denkreihe zu einer entsprechenden deutlich vom Liberalismus abgegrenzten Geschichtstheorie zu führen. Die starre Ungeschichtlichkeit dieser Theorien hat um so länger nachgewirkt, als in der Gegenreformation der katholische Ideenbestand gegen manche Auflösungsvorgänge, die als reformatorischer Angriff auftraten, für lange Zeit kodifiziert und fixiert worden ist. In der Romantik zeigen sich auch auf katholischer Seite Ansätze zu einer theoretischen Erfassung der Geschichte; aber erst die steigende Dringlichkeit des proletarischen Problems drängt dazu, die inhaltlichen naturrechtlichen Prinzipien zu formalisieren und die *formale* Ganzheitskategorie, das Prinzip der Ordnung, in den methodischen Mittelpunkt zu rücken. Das ist in abgeschwächter Form durchaus eine parallele Tendenz zu der Zurückdrängung der utopischen Sozialismen durch den dialektischen Materialismus, dessen oberste Kategorie gleichfalls das Sinnganze der menschlichen Gesellschaft ist – freilich in ihrer dialektischen Bewegung verstanden.

Es handelt sich bei den hier beschriebenen Gedanken, wie schon aus der Darstellung selbst hervorgegangen sein wird, weniger um eine ausgebildete Theorie, als vielmehr um ein Grundmodell, das aus letzten und entscheidenden Elementen der Weltdeutung besteht, das aber selber nicht in dieser nackten Form vertreten wird, sondern sich jeweils immer nur in konkreteren Einkleidungen aufweisen läßt. Es liegt z. B. den Theorien zugrunde, welche eine katholische Begründung der *Demokratie* versuchen, mögen sie nun mehr unter dem Einfluß des Liberalismus die gesellschaftlichen Gruppen in freier Diskussion und Parteibildung formiert denken oder an qualitativ differenzierte Gruppen in der Gesellschaft anknüpfen (wie das die moderne Theorie der berufsständischen Ordnung tut). Der Begriff der *»Volksgemeinschaft«* ist nichts weiter als eine Konkretisierung jenes formalen Begriffes der Ordnung als höherer Einheit der Teile: als bestimmter Träger dieser Ordnungs- und Einheitsfunktion ist hier im Banne des bürgerlich-nationalstaatlichen Denkens das »Volk« vorausgesetzt. Die *»Staatsidee«*, die Idee des *»Gemeinwohls«* und des diesem Gemeinwohl in einer besonderen ganzheitlichen Weise verpflichteten *»Staatsmannes«* – dies alles hat die Grundstruktur des beschriebenen Modells; die differenzierte soziale Wirklichkeit wird ohne Möglichkeit geschichtlicher Kritik gehorsam *hingenommen*, die politische Aufgabe besteht in ihrer *Harmonisierung*. Besonders deutlich wird das in der politischen Theorie der *»Mitte«*, die nach dem Kriege die Zentrumspolitik teils bestimmt hat, teils rechtfertigen mußte. Diese Mitte wollte sich verstanden wissen nicht als »räumliche« oder »mechanische« Mitte, d. h. weder als Politik der mittleren Gruppen innerhalb der Gesellschaft noch als Funktion der Extreme, sondern eben als *ganzheitlich* bezogene Politik, die in der höheren Einheit der faktischen Gegensätze jedem sein volles Recht zuspricht. Diese Anschauung ist freilich verschiedentlich doch dahin erweitert worden, daß man dem »Mittelstand« aus seiner Position in der Gesellschaft heraus die besondere Aufgabe zugewiesen hat, der Anwalt und Realisator dieser Politik der Mitte zu sein. Die vermittelnde Politik des Zentrums, das sich bisher in jeden Pendelschlag der Nachkriegsentwicklung eingeschaltet hat, ohne zwischen rechts und links einen eigentlich qualitativen Unterschied zu machen, findet in dieser Theorie ihre Rechtfertigung. Daß sowohl für diese Politik wie für die Theorie ihrer Rechtfertigung in Wirklichkeit die soziale Zusammensetzung des Zentrums der eigentliche Grund gewesen ist, wird dabei kaum zugegeben; wohl aber wird in dieser sozialen Zusammensetzung (»Volksgemeinschaft im kleinen«) entweder das *Vorbild jeder* Partei proklamiert (gegen die »Interessenpartei«), das im Zentrum am reinsten verwirklicht sei, oder aber diese Zusammensetzung wird als eine Eigenart des Zentrums betrachtet, die es für die Verwirklichung jener höheren Staatsidee besonders geeignet macht.

Wert und Grenze der Theorie

Die Verwandtschaft mit den Staatsauffassungen anderer Gruppen, die sich gern mit dem Staat identifizieren, also mit der Staatsauffassung der *Bürokratie* und mit der der *herrschenden* sozialen Gruppen, liegt auf der Hand. Es ist aber auch klar, daß sowohl auf Grund des mehr oder weniger erreichten innerkatholischen Interessenausgleichs wie auf Grund der an vielen führenden Katholiken bewundernswerten religiösen Distanz von den Einzelinteressen diese Formeln vom »Gemeinwohl« und dem »Staat an sich« und der »Volksgemeinschaft« sauberer und vertrauenswürdiger klingen als aus dem Munde derer, die allzuleicht dabei sind, ihre eigenen Interessen als die des Ganzen auszugeben, und daß sie auch objektiv ernster zu nehmen sind.

Mehr als einmal hat sich ja diese Haltung als helfend und heilend, ja als rettend bewährt. *Soweit* Politik mit gutem Recht sich im Rahmen des *Bestehenden* bewegt – und ein großer Teil der politischen Maßnahmen wird immer jeweils diesen statischen Charakter haben –, bewährt sich auch die Theorie des gerechten Ausgleichs; sie ist unter dieser Voraussetzung eine ausgesprochen »politische«, der Eigenart des Politischen weitgehend gerecht werdende Theorie, fruchtbarer als irgendein sich politisch gebender Doktrinarismus. Aber in dieser Kennzeichnung liegt auch die *Grenze* schon angegeben. Dort, wo es um *geschichtliche Entscheidung* im echten Sinne geht, ist diese Theorie *steril*.

Diese Theorie ordnet das Bestehende – aber sie gibt nicht die *Richtung der Änderung des Bestehenden* an; sie setzt also eigentlich voraus, daß die Geschichte aufhört, mindestens verzichtet sie darauf, Geschichte als solche in den Blick und in den Bereich eigener Aktion zu bekommen. Geschichtliches Handeln, Verändern des Bestehenden selbst fragt ja nicht nach dem gleichen Recht alles Bestehenden; die spezifisch geschichtliche Frage ist ja gerade die nach dem *Vorrecht bestimmter* Positionen, denen die Zukunft gehören soll. Die Frage nach dem »richtigen« Handeln im geschichtlichen Sinne ist eben nicht die nach dem »gerechten« Handeln innerhalb des Bestehenden. Das »Recht« der Geschichte ist ein anderes Recht als das der distributiven Gerechtigkeit.

Diese Betrachtungsweise versagt ferner in allen Fragen, die sich auf den *Träger* der politischen Einheitsaktion beziehen. Sie verkennt den perspektivischen, den standortgebundenen, den gruppengebundenen Charakter sowohl des Denkens wie des Handelns. Die Intelligenz, die Wissenschaft oder irgendeine sonstwie begründete Elite als außerhalb der wirtschaftenden Gesellschaft stehend zu betrachten, ist eine Fiktion, und selbst wenn eine solche Schicht für die verbindliche Formulierung des Einheitsbildes in Frage käme, so käme sie doch erst recht nicht für die *Verwirklichung* in Frage. Der Hinweis auf das Parlament als den Ort, wo diese höhere Einheit gefunden und verwirklicht werden soll, verschiebt den Ort des Problems, ohne es zu lösen; denn auch die Parlamentarier vertreten ihre Gruppen, und auch unter ihnen gibt es nur perspektivischen Entwurf des Ganzen, nicht aber den Ort für das Ganze selbst. Das Zentrum selbst aber wegen seiner eigenartigen Struktur als den Träger des Ganzen zu bezeichnen, das käme auf die groteske Vorstellung der Diktatur der Katholiken heraus, abgesehen davon, daß sich die ganze Problematik innerhalb des Zentrums wiederholt. Eine gute politische Theorie braucht an diesen Schwierigkeiten, deren Problematik von *Marx* entdeckt wurde und seitdem sowohl in der marxistischen Soziologie wie in der bürgerlichen Wissenssoziologie weiter ausgebaut worden ist, nicht zu scheitern, aber sie muß sie in sich *aufnehmen*. Sie muß den perspektivischen Charakter der sozialen Theoriebildung in sich aufnehmen. Sie muß ferner von dem *praktischen* Charakter ihrer selbst wissen; sie muß methodisch berücksichtigen, daß der Interpretierende in seiner Interpretation der gesellschaftlichen Welt sich selbst, und zwar sich selbst als Handelnden, ja als in der *Entscheidung* Stehenden *mit interpretiert*, so daß das Ergebnis seiner theoretischen Bemühungen immer schon seine eigene Entscheidung als Vorentscheidung mit enthält. Sie muß berücksichtigen, daß diese Entscheidung eine Vorwegnahme der eigenen Zukunft bedeutet, so daß jede Theorie offen oder verdeckt ein *»utopisches«* Element, sei es irreal oder sei es real, aber auch ein Element des *Risikos* in sich enthält; sie muß berücksichtigen, daß die Erkentnisse über die Erkenntnis- und Aktionschancen der verschiedenen Gruppen den *Inhalt* der möglichen politischen *Zielsetzung mitbestimmen*. Alle diese Bedingungen einer guten politischen Theorie, die hier nur im groben skizziert und angedeutet werden können, lassen erkennen, daß die politischen Gesamtkonzeptionen, die auf der Basis verschiedener gesellschaftlicher Gruppen miteinander in Konkurrenz stehen, *qualitativ* verschieden sind und sich nicht durch Vermittlung auf einen gemeinsamen Nenner bringen lassen. Zwischen dem politischen Wunschbild, wie es der bedrohte Mittelstand in seiner ökonomischen und ideologischen Krise entwirft – dem starken autarken

Staat, in dem er selber in politischer Verkleidung als nationale Elite seine gesellschaftlichen Feinde, das Großkapital und die Arbeitnehmermassen, bindet, um zugleich als ökonomische Gruppe innerhalb dieses gebundenen Staates Wirtschaftsfreiheit zu haben – zwischen einem solchen Wunschbild und dem aus der Situation der Arbeitnehmerschaft entworfenen sozialistischen Zielbild gibt es keine Vermittlung. Die Erkenntnis über den irrealen Charakter des einen und den realrevolutionären Charakter des anderen, ja, die Erkenntnis, daß seine objektiv ausweglose Situation den Mittelstand nur auf solche unrealisierbaren, weil in sich widerspruchsvollen und den Möglichkeiten der Wirklichkeit widersprechenden Konstruktionen verweist und ihm darüber hinaus höchstens die kluge, aber unschöpferische und in ihren Zielen beschränkte Anpassung gestattet – diese Erkenntnis *sprengt die distributive Gerechtigkeit,* welche die Zukunft des Mittelstandes a priori genau so ernst berücksichtigen müßte, als die der Arbeiterschaft – und die der Kapitalistenklasse nicht weniger. Erkenntnisse dieser Struktur machen erst die geschichtliche Entscheidung *möglich;* sie allein geben unserem geschichtlichen Handeln eine große Ausrichtung, die dann in jeder Stufe der Aktion auch im kleinen unser Handeln mitbestimmt, ihm Richtung, Sinn und Erfolg gibt.

Das soziale Milieu der Theorie

Die christlichen Arbeitnehmer und ihre Theoretiker und Freunde werden ihre Theorie in der hier angedeuteten Richtung auszubauen haben (wie übrigens in mancher Beziehung auch ihre sozialistischen Klassengenossen), und gleichzeitig müssen sie sich den Weg frei machen für eine qualitative Entscheidung für ein echtes geschichtliches Ziel, eine Entscheidung, in der die Sterilität der »Politik der Mitte« überwunden sein würde. Aber diese ihre theoretische und politische Bemühung wird auf große *Schwierigkeiten* stoßen, die mit der *sozialen Zusammensetzung des politischen Katholizismus* zusammenhängen. Gedanken, die in dieser Richtung verlaufen, stoßen immer an einen Punkt, an dem sie die innerparteiliche »Gerechtigkeit«, den realen Ausgleich der Interessen der verschiedenen im politischen Katholizismus zusammenstehenden Gruppen gefährden; an diesem Punkt werden sich nicht nur die *Interessenten* des »gerechten« Ausgleichs der geschichtlich begründeten Aktion in den Weg stellen, sondern auch die erwähnte *Theorie;* sie würde in philosophischer und sicher auch theologischer Panzerung gegen sie mobil gemacht werden, um den Zerfall der politischen Einheit der Katholiken zu verhüten. Der eigentümliche Doppelcharakter des politischen Katholizismus würde an diesem Punkt als schwerer Konflikt sichtbar werden. Die eigentliche Einheitsfront der katholischen Massen ist die Kirche, die Solidarität der Gläubigen. Gezwungen, Staats- und Sozialpolitik zu machen, muß sich diese *religiöse* Einheit selber auch als eine *politische* verstehen; in der harmonistischen politischen Theorie gibt sie sich die theoretische Begründung, die dieser eigentümlichen Situation genau entspricht. Eine Entscheidung in der allgemeinen Klassenkampffront bedeutet, den Klassenkampf zugleich auch *innerhalb* des Katholizismus realisieren; es bedeutet den Verlust der politischen Einheit (mit allen Folgen für die Kulturpolitik, die das nach sich ziehen würde) – und es bedeutet auch eine ernste *Gefahr* für die *religiöse* Einheit. Alle theoretischen Überlegungen und alle praktischen Aktionen der katholischen Arbeiter, die sie in eine engere Denk- und Aktionsgemeinschaft mit ihren nichtkatholischen Klassengenossen bringen, stehen unter dem ungeheuren Druck dieser Gefahr.

Es wäre gut, wenn die Sozialisten diese Situation der katholischen Arbeiter ernst nehmen würden. Sie müssen taktisch damit rechnen, daß diese Situation auf lange Zeit hinaus irgendwie die Politik ihrer christlichen Bundesgenossen bestimmen wird. Aber sie sollten sie auch jenseits des Taktischen ernst nehmen. Die kirchliche Gläubigkeit der katholischen Arbeiter, die sie solidarisch mit den Gläubigen anderer Klassen zusammenschließt, ist mit der üblichen oberflächlichen ideologischen Entlarvung nicht abgetan. Natürlich wird der areligiöse Marxist versuchen, innerhalb seines totalen areligiösen oder geschichtspantheistischen Weltbildes die geistige und organisatorische Wirklichkeit der Kirche aus ökonomisch-sozialen Bedingtheiten zu verstehen und darin aufzulösen. Der Auseinandersetzung darüber, die freilich nur zu einem Teil eine theoretische sein kann und zu einem großen Teil auf das beiderseitige Zeugnis durch das Leben und nicht zuletzt durch die geschichtlich-politische Leistung zurückweist, werden der Christ und die christliche Theorie nicht aus dem Wege gehen dürfen. Aber der christliche Arbeiter kann beanspruchen, daß man seine Existenzprobleme ernster nimmt, als das durchweg auf marxistischer Seite geschieht.

Man muß den gläubigen katholischen Arbeitern (wie den christlichen überhaupt) zumuten, daß sie ohne Sprengung der religiös-kirchlichen Einheit den Weg aus der sterilen harmonistischen Gleichmacherei heraus zur Entscheidung finden, zur Entscheidung für ein politisches Zielbild, das aus der Existenz der Arbeiterklasse gesehen und ganzheitlich von ihr aus entworfen ist. Die sozialistische Arbeiterschaft kann ihnen das erleichtern, indem sie ihre besondere Lage respektiert und indem sie mit ihnen im gegenseitigen Ernstnehmen eine auch heute schon mögliche bundesgenössische *Aktionsgemeinschaft* erstrebt. Im Kampf gegen den Faschismus, in der gemeinsamen Arbeitsmarktfront und in der Vorbereitung einer künftigen demokratischen Wirtschafts- und Staatsordnung gibt es auch heute schon für diese Aktionsgemeinschaft Anlaß und Inhalt genug.

Das politische Defizit des deutschen Katholizismus

Der deutsche Katholizismus hat nach 1933 erst allmählich eine angemessene Haltung zu dem umstürzenden Ereignis gefunden, das wir ›Nationalsozialismus‹ nennen. Diese Bewegung ist vom Faschismus deutlich zu unterscheiden. Das deutsche faschistische System war zwar einheitlich in seiner Wirkung als nationales Unglück, einheitlich durch seinen höchsten Exzeß, den unteilbaren Krieg, wurde auch immer einheitlicher gefärbt durch die nationalsozialistische Einheitspartei und -bewegung; aber dieses Machtsystem ist doch aus mehreren Willenskräften entstanden, von denen die hochemotionale Volksbewegung Adolf Hitlers nur die auffallendste gewesen ist. Am Ende freilich war sie die alles allein beherrschende Kraft, vor allem durch Hitler selbst, der sie in einzigartiger Besessenheit auf seine Person konzentriert hat. Aber die Macht hätte er nicht ohne die anderen Machtfaktoren erringen können.

Eine Definition der historischen Struktur, die wir ›Faschismus‹ nennen, ist schwer. Eine Definition, die ihrem Gegenstand gerecht zu werden, für verschiedene Länder zu gelten und von anderen Formen der Diktatur abzugrenzen imstande ist, wird mehrere Faktoren enthalten müssen. In Deutschland war einer von ihnen die Reichswehr; nicht nur durch die abwartende und sympathisierende Haltung bei der Machtübernahme, sondern sodann in der Vorbereitung des militärischen Krieges und in allen seinen Phasen bis zum schlimmen Ende ist sie der unentbehrliche Junior-Partner des Nationalsozialismus geblieben. Aber auch die anderen Kräfte – man kann sie bei uns als die Schwarz-Weiß-Roten zusammenfassen – waren doch nicht nur die rasch beiseite geschobenen Steigbügelhalter Hitlers; schon in der Vorgeschichte haben sie der Diktatur völlig selbständig vorgearbeitet, vor allem als sie den Haß gegen den Versailler Vertrag von 1919 schürten, durch die Parole von der Kriegsschuldlüge und vom November-Verrat. In anderer Stimmungslage als die braunen Umstürzler, aber ebenso entschieden haben sie die Demokratie und die Republik bekämpft, auch die Aufklärung und die Rationalität verachtet, die zu ihren Voraussetzungen gehörten. So haben sie, zuerst von Hitlers Partei getrennt, dann zunehmend an ihrer Seite, das Bewußtsein der Nation mitgeformt und viele ihrer Strukturen und Institutionen für den antidemokratischen Umsturz reif gemacht; nicht zuletzt ist das von der akademischen Welt und den Hochschulen zu sagen, den Professoren und Studenten. Diese Vorgänge und Prozesse und vor allem ihren fatalen Zusammenhang und ihre latente Energie hat der Deutsche Katholizismus, hat seine geistliche, seine intellektuelle und seine politische Führung nicht genügend klar verstanden. Es fehlten die Kategorien der Erkenntnis, und so wurde der Katholizismus, als 1933 der Faschismus den Leib der demokratischen Republik sprengte und seine Macht etablierte, von dem revolutionären Ereignis völlig überrascht. Die Katholiken blieben nach der Machtergreifung des 30. Januar 33 fast alle der Sache ihres Glaubens treu; und sie wählten noch im März 33 wie gewohnt die Zentrumspartei. Aber ihre Fraktion stimmte dann der Abdankung des Parlaments zu, und die katholische Kirche schloß mit Hilfe des Zentrumsprälaten Kaas sehr eilig das seit Jahrzehnten angestrebte Reichskonkordat* ab: mit dem von Hitler beherrschten Reich.

* Der Priester und Zentrumspolitiker Ludwig Kaas (1881–1952), von 1928 bis 1933 Vorsitzender seiner Partei, übte großen Einfluß auf die Verhandlungen zwischen Vatikan und der deutschen Regierung aus, die am 20. Juli 1933 zum Abschluß des Reichskonkordates führten. Dieser Vertrag, bis heute in Kraft, regelte das Verhältnis zwischen Deutschem Reich und katholischer Kirche. Gegen die Zusage einer Entpolitisierung des katholischen Verbandswesens machten die Nationalsozialisten, die mit dem Konkordat ihr außenpolitisches Prestige zu verbessern und zugleich den Katholizismus in den

Der Katholizismus hat aus dem Schock der ersten Kapitulation allmählich zur geistigen Selbständigkeit zurückgefunden. Mit den Ereignissen veränderte sich der Grad der kritischen Distanz; er nahm bald zu, bald wieder ab. Diese Kurve verlief später auch gemäß den Siegen und den Niederlagen im Krieg, bis am Ende die Katholiken ebenso vom verbrecherischen Charakter des Regimes und von seiner bevorstehenden Niederlage überzeugt waren wie die meisten anderen Deutschen. Als sie von den Amerikanern als eine vertrauenswürdige Kraft des Widerstandes behandelt wurden, hatten sie den Schwächeanfall der Jahre zwischen 1933 und etwa 41/42 vergessen.

Dies also ist hier nicht zu schildern. Ich trage vielmehr Überlegungen zu der Frage vor, worin der Mangel an Erkenntnis bestand und wie er entstehen konnte, der den deutschen Katholizismus, als es ernst wurde, für einige Jahre geistig wehrlos gemacht hat: das »Defizit« im Weltbild, im Zeitbewußtsein, vor allem in der politischen Theorie. Daß er damals keine politische Macht gegen Hitler aufbrachte, ist bei der Brutalität des Regimes verständlich; aber er verfügte auch nicht über eine wichtige Voraussetzung politischer Opposition: über eine politische Konzeption.

Dieses Defizit soll an zwei Beispielen erläutert werden, an der Enzyklika, ›*Quadragesimo anno*‹ von 1931, am Charakter der Zentrumspartei, sodann durch einen Rückblick in die Geschichte der katholischen Soziallehre und kurz in die Geschichte des europäischen Christentums.

Der Begriff »Deutscher Katholizismus« ist keineswegs identisch mit dem der Katholischen Kirche in Deutschland. Es ist nicht von der dogmatischen und spirituellen Substanz der Kirche die Rede, vom christlichen Kern dieser Teilkirche, von ihrem sakramentalen Leben; dieses konnte übrigens nach

faschistischen Staat zu integrieren hofften, weitgehende Zugeständnisse vor allem auf dem Gebiet der Schulpolitik.

meiner Erfahrung allmählich eine besonders stille, aber reale Kraft des inneren Widerstandes in der Hitlerzeit werden; ich spreche vielmehr nur vom gesellschaftlich wirksamen, ideologischen und organisatorischen System.

Die Situation um das Jahr 1931

Ich beginne mit dem Bericht über eine bestimmte Erfahrung, die ich und viele andere Katholiken, keineswegs die meisten, im Jahre 1931 gemacht haben, in der Krise der Illusionen von Weimar.

Im Mai dieses Jahres erreichte uns – ich lebte und arbeitete mit meinen Freunden in Frankfurt – jene Enzyklika Pius XI. Sie wollte die erste Sozial-Enzyklika Leos XIII. ins Gedächtnis zurückholen und aktualisieren, die vierzig Jahre vorher verkündet worden war. Dieses neue Lehrschreiben hat mich und meine Freunde damals verwundert und befremdet. Es paßte so gar nicht in unsere Situation; es betraf unsere sehr drängenden Nöte und Sorgen nicht. Zwar wollen sich die päpstlichen Sendschreiben durchweg an die Katholiken aller Kontinente und Kulturen wenden, manchmal sogar an alle Menschen dieser Welt, und sie tun das vor allem in den letzten Jahrzehnten; sie können also keineswegs immer am bestimmten Ort maßgerecht passen. (Inzwischen sind sie nicht mehr so oft wie früher eurozentrisch konzipiert.) Aber wir wußten doch, daß es in diesem Fall deutsche Theologen gewesen waren, die den Text vorbereitet hatten; vor allem aber setzten seine Tatbestandsbeschreibungen sehr präzis die mitteleuropäische industrielle Produktion und Gesellschaft voraus: er war offenbar für uns bestimmt.

Ein halbes Jahr vorher hatte uns der Sieg der Nationalsozialisten in den Septemberwahlen aus einem gedämpften Optimismus aufgescheucht; er hatte uns klargemacht, daß sich unsere Welt radikal verändert hatte. Die Nationalsozialisten, die 1927 nur 12 Abgeordnete in den Reichstag gebracht und so die kleinste Fraktion gebildet hatten, erreichten in jenem September 1930 107 Mandate und wurden dadurch die zweitstärkste Fraktion; jeder fünfte Deutsche hatte sich für Hitler entschieden. Ein Jahr später wurden es 230 Mandate, die weitaus stärkste Fraktion.

Wir hatten bisher die realste Gefahr für die junge Demokratie und Republik in den ständig stärker und lauter werdenden reaktionären Kräften gesehen, also beispielsweise in den Deutsch-Nationalen, in Hugenbergs Zeitungsimperium, in dem bei der ersten Wahl durch die Rechtsparteien präsentierten Reichspräsidenten Generalfeldmarschall Hindenburg, seinen großagrarischen und militärischen politischen Freunden, in der Generalität und im Offizierskorps der Reichswehr, im nationalistischen Geist vieler Professoren und Studenten, in der demokratischen Schwäche der Justiz, in der Macht der Schwerindustrie, – wahrhaftig starke Gegner. Nun trat gleich gefährlich neben sie die radikalere braune Konkurrenz, die Volkspartei Hitlers. Wir hatten sie in den ruhigeren Jahren des Aufbaus zwischen der Währungsreform von 1923/24 und der Weltwirtschaftskrise von 1929, also in den nur fünf Jahren der Normalität, die uns vergönnt waren, unterschätzt, nämlich als eine exotische bayerische höchst unangenehme Spezialität angesehen. Nun aber, in einer völlig neuen und uns sehr erregenden Lage sahen wir den ersten demokratischen deutschen Staat, den wir bis dahin auch durch die beste Verfassung der Welt für gesichert gehalten hatten, mit einem Mal als akut schwer gefährdet an; mit ihm drohte vor allem aber auch alle Hoffnung zu schwinden, in seinem Rechtsrahmen mehr zu erreichen: die reale, nämlich soziale Demokratie, dazu einen verläßlichen Friedenszustand. Wir witterten den Krieg gegen Polen, um Oberschlesien und den Korridor, um Danzig. Wir waren aufs höchste alarmiert.

Wer die Entwicklung in Italien seit dem Marsch Mussolinis auf Rom – 1922* – aufmerksam verfolgt hatte, dem drängte sich der Name für dieses ganz Neue auf: Faschismus. Das Wort bezeichnete für uns erstens eine neuartige Konstellation alter und neuer Kräfte, zweitens ein Bündnis dieser Kräfte neuen Stils und drittens ein Paket von politischen und weltanschaulichen Ideen: alles in allem eine revolutionäre geschichtliche Konzeption. Die Konstellation, die wenige Monate später als Harzburger Front** demonstrativ zum Bündnis werden sollte, betraf eine Reihe von gesellschaftlichen, ökonomischen und politischen Kräften sehr verschiedener Art. Gemeinsam war ihnen das Gefühl, die Erkenntnis, die Erfahrung, daß sie ihre eigenen Interessen nicht durch das ohnehin suspekte demokratische Mehrheitsprinzip wahren und stärken konnten; sie entdeckten vielmehr, daß sie an einer unmittelbaren Ausübung ihrer Macht interessiert waren, – was der NS-Teil von vornherein vorausgesetzt hatte. Für das Bündnis, das diese Machtausübung bündeln sollte, kam einerseits so etwas wie ein Kartell jener vielfältigen Schwarz-Weiß-Roten in Frage, anderseits die neue antiparlamentarische Massenpartei. Wenn diese Bewegung, die sich ja auch sozialistisch nannte, nicht zum Bundesgenossen der sozialistischen und gewerkschaftlichen Linken werden sollte, mußte man sie aufgrund der gemeinsamen nationalistischen Parole zum Bundesgenossen machen: das war die faschistische Konstellation von rechts her gesehen; die Nazi ihrerseits hatten erkannt, daß sie Steigbügelhalter brauchten. Das tatsächliche Bündnis erwies sich für alle jene Faktoren als not-

* Nach dem Marsch auf Rom, der militärisch geplanten Einkreisung und Besetzung der Stadt durch faschistische Kampftruppen, gelangte Benito Mussolini (1883–1945) im Oktober 1922 an die Macht und errichtete bald darauf eine faschistische Parteidiktatur.

** Am 11. Oktober 1931 schlossen sich Nationalsozialisten, DNVP, Stahlhelm und andere rechte Verbände in Bad Harzburg zu einem vor allem gegen die Regierung Brüning gerichteten Aktionsbündnis zusammen. Die Harzburger Front zerbrach 1932, als die Deutschnationalen sich weigerten, Hitlers Kandidatur zum Reichspräsidenten zu unterstützen.

wendig, wenn die Konstellation der antidemokratischen Kräfte zur Macht kommen wollte, vor allem aber, wenn es dabei einigermaßen legal zugehen sollte.

Wer dann am Ende die entscheidende Macht werden würde – in Frage kamen vor allem der Volkstribun Hitler und die Generäle –, mußte damals der Zukunft überlassen werden.

Was die Ideen und Ideologien angeht, so verband die beiden Großelemente des Bündnisses vor allem das Trauma des verlorenen Krieges. Was geschehen war, durfte nicht wahr sein. Geschehen war Deutschlands kräftige Mitschuld am Kriegsausbruch, wenn auch nicht seine Alleinschuld, und seine eindeutige militärische Niederlage. Das Bündnis entlastete sich vom Druck dieser Vergangenheit, indem es sie leugnete: durch jene Parolen von der Kriegsschuldlüge und dem Novemberverrat der Arbeiterparteien.

Was der Nationalsozialismus an Ideen beitrug, kann ich als bekannt voraussetzen. Ich nenne nur den totalen Krieg, den Antisemitismus, die rauschhafte pseudoreligiöse Emotion, den Willen zu einem dritten Weg zwischen der Nationalsozialistischen Rechten und der Sozialdemokratisch-gewerkschaftlichen Linken. Hitlers Massenbewegung fand unter den bürgerlichen, eher nationalistischen Intellektuellen sodann Ideologen, welche in dem elitären Gefühl, die ›rationalistisch verengte‹ und ›verpöbelte‹ ›Rebellion der Minderwertigen‹ überwinden zu können, die Macht als Macht, die Bewegung als Bewegung, aber auch die Nation als Nation verklärten, in einer sogenannten konservativen Revolution. Nicht nur die sozialistische Idee schien in einer neuen Phase der gesellschaftlichen Entwicklung nach fast einem Jahrhundert nun widerlegt zu sein, sondern auch nach anderthalb Jahrhunderten die Idee der großen Französischen Revolution.

So verbanden sich zwei historische Momente zu einer Ideologie eines neuen, hochvitalen deutschen Staates: das zeitgeschichtliche Moment des Krieges und der nicht akzeptierten Niederlage und das historische des bürgerlich-antibürgerlichen Irrationalismus.

So sahen wir damals die neue Gefahr.

Die Enzyklika *›Quadragesimo anno‹*

In diese Situation hinein also traf uns das Wort aus Rom, die Enzyklika ›Quadragesimo anno‹. Sie suchte eine Frage des 19. Jahrhunderts auf den neuesten Stand zu bringen, die sogenannte ›soziale Frage‹; in ihr ging es darum, das unterprivilegierte und sich selbst und der Kultur entfremdete Proletariat in die Gesellschaft einzugliedern. Aber diese in der Tat brennende Frage, die im katholischen Bereich meist im Rahmen einer ständisch verstandenen Gesellschaft gestellt wurde, war in unserem Bewußtsein inzwischen von der unmittelbaren Gefährdung unseres Staates, der Freiheit, der Humanität und nicht zuletzt des Friedens in den Hintergrund getreten. Ja, die Arbeiter, um deren gesellschaftliche Integration es in der Enzyklika vor allem ging, hatten nun für uns einen ganz anderen Stellenwert. Wenn irgendeine Kraft den Faschismus verhindern konnte, dann diese. Die politischen, gewerkschaftlichen und kulturellen Organisationen der Arbeiterbewegung bildeten nun offenbar die Reserve-Armee der Demokratie. Es ergab sich eine neue Sicht mit neuen Fragen. Welche Strategie war zu wählen, um die latente demokratische Energie dieser Klasse oder Schicht zu mobilisieren? Welche anderen Kräfte standen für das gleiche Ziel zur Verfügung? Wie konnte man sie zum Bewußtsein der Gefahr bringen und sie für den Kampf gegen sie aktivieren?

Die Enzyklika aber empfahl uns ein bestürzend abseitiges Programm: für die Produktionszweige je ›Ordnungen‹ aus Sprechern des Kapitals und der Unternehmer einerseits, der Arbeitnehmer anderseits zu bilden, um einen Ausgleich zu schaffen. Das war an sich gar nicht unvernünftig, ein gutgemeintes, wenn auch wirtschaftliches und etwas blauäugiges Modell; es hat in veränderter Gestalt als ›Mitbestimmung‹ später eine realistischer konzipierte Nachfolge gehabt. Ich berichte noch ein für unsere Frage keineswegs unwichtiges Kuriosum. Die deutsche Fassung, die uns zunächst erreichte, enthielt einen fatalen Übersetzungsfehler. Hatte der lateinische Text ›Ordines‹ empfohlen, Ordnungen von Produktionsgemeinschaften über die Klasseninteressen hinweg, in einem Plural, den man als Hinweis auf viele konkrete Gebilde und also pluralistisch verstehen konnte, so wurde im deutschen Text daraus die ›Berufsständische Ordnung‹, also ein Kollektiv-Singular. Das mußten wir, solange wir den Urtext nicht kannten, als einen direkten Hinweis auf den italienischen korporativen Faschismus und – in unseren Augen mindestens so schlimm – auf den sogenannten Ständestaat verstehen, der damals im katholischen Österreich als romantisch-reaktionäres Programm verkündet wurde. So enthielt das Sendschreiben in unseren Augen geradezu positive Hinweise auf den Faschismus selbst.

Erst recht äußerte sich in dieser kirchlichen Aussage zur Gesellschaftspolitik ein negativer Sachverhalt. Der Faschismus, die akuteste Gefahr nicht nur für die parlamentarische Demokratie, sondern auch für alles, wofür die Kirche eintrat, wurde in der Enzyklika nicht zur Kenntnis genommen. Offenbar sahen Rom und die deutschen Verfasser die beiden Gegner der demokratischen Mitte noch wie früher getrennt: man grenzte sich in Deutschland natürlich weiterhin einigermaßen, wenn auch nicht sehr energisch gegen die ewig Gestrigen ab, auf der anderen Seite viel deutlicher, aber nicht politisch, sondern nur weltanschaulich gegen Rosenbergs antichristlichen Mythus des 20. Jahrhunderts*, Hitlers Kirchenfeindschaft und die Roheit der SA; man ignorierte, daß

* Vgl. Anmerkung S. 24

der Faschismus auf dem Sprung stand, die Staatsmacht zu erobern.

Ist mit dieser Bewertung die Bedeutung einer Enzyklika überzogen? Gewiß, es handelt sich nur um ein Beispiel, aber eben um ein lehrreiches Beispiel. Ich werde noch einmal darauf zurückkommen und wende mich jetzt dem Bewußtsein und der Ausrichtung der damals führenden politischen Kraft zu, der Zentrumspartei, in deren Bildungsarbeit man gewiß die Enzyklika damals eifrig und gutgläubig behandelt hat, – natürlich ohne Folgen.

Die Zentrumspartei

Das Zentrum war von 1919 bis 1933 im Reichstag in fast gleichbleibender Stärke vertreten.* Die Partei gewann solche Stabilität, weil der durch den Kulturkampf an Geschlossenheit gewöhnte katholische Volksteil sie als seine Sprecherin verstand. Die protestantische Gruppe, christlich-konservativer Prägung, war und blieb klein; der seinerzeit von Ludwig Windthorst** nach 1866 und 1871 begründete Föderalismus vor allem welfischer, will sagen hannoveranischer, antihohenzollerischer Prägung war die einzige dauernde nicht-konfessionelle politische Idee im Programm der Partei. Sie hatte weder eine außenpolitische, noch eine innenpolitische, noch eine wirtschafts- und sozialpolitische, noch eine innenpolitische, noch eine wirtschafts- und sozialpolitische Konzeption, und sogar die kulturpolitische ging über die Verteidigung der Rechte und Freiheiten der Kirche, der katholischen Erziehung und sehr allgemeiner christlicher Wertvorstellungen kaum hinaus. Solange vor dem Ersten Weltkrieg die Möglichkeiten

* Das Zentrum gewann bei den Reichstagswahlen zwischen 19,7 % (1919) und 11,2 % (1933) der Stimmen, die Fraktionsgröße schwankte zwischen 91 (1919) und 62 (1928) Sitzen.
** Vgl. Anmerkung S. 23

des Parlamentes sehr beschränkt waren und die große Politik mit ihrem Primat der Außen- und der Wehrpolitik primär in der Hand der monarchischen Spitze lag, des Kaisers und seines Apparates, gebremst nur durch das Haushalts-Bewilligungsrecht, konnte eine solche konfessionelle Partei ohne eine allgemein-politische und geschichtliche Prägung und Verantwortung als systemkonform gelten; sie vertrat eben ein begrenztes Interesse eines bestimmten Bevölkerungsteils. Als die Verfassung von 1919 auch diese Partei zum Mit-Subjekt der Politik jeder Dimension gemacht hatte, entwickelte sie nicht ein eindeutiges politisches Programm, sondern blieb die Partei der Katholiken. Da aber unter diesen alle politischen Optionen mit Ausnahme der extrem-radikalen vertreten waren, mußte die Partei diese Positionen neutralisieren.

Eine Zwischenbemerkung: Wie heute die CSU neben der CDU, ging im Land der katholischen Königstradition damals die Bayerische Volkspartei ihrer eigenen Spur nach. War sie etwas weniger konturlos als das Zentrum, dann eben als eindeutige Rechtspartei.

Aber auch das Zentrum mochte sich nicht einmal zur neuen demokratisch-republikanischen Staatsform eindeutig bekennen. Die Rücksicht auf die Anhänger der Monarchie, zu denen auch viele Bischöfe gehörten, sodann der katholische Adel im Rheinland, in Schlesien und im Südwesten, brachte den langjährigen Parteichef Wilhelm Marx* dazu, das Zentrum nur als ›Verfassungspartei‹ zu definieren. Die Partei setzte also keineswegs ein Bekenntnis zur Republik voraus, sondern nur Loyalität zur je gegebenen Verfassung. Übrigens war diese Haltung fatal der Loyalität der Reichswehr verwandt, die ebenfalls bloß formal war.

Die Ideologie der Mitte, die an den alten Namen ›Zentrum‹ anknüpfen konnte, bot sich an, um den Mangel an politi-

* Vgl. Anmerkung S. 42

schem Profil zu rechtfertigen. Die Partei konnte denn auch bei allen Koalitionen dabei sein, und sie hat während der ganzen 14 Jahre durchweg nicht von sich aus agieren können, sondern fast immer nur re -agiert. Mit einigen Schwankungen wandelt sich nach dem Ende der ursprünglichen Weimarer Koalition* der Charakter der Reichsregierung kontinuierlich nach rechts, ungehindert vom Zentrum. Auch bei den Präsidialkabinetten, die, auf den Reichspräsidenten gestützt, aufgrund des Notstandsparagraphen 48 ohne parlamentarische Basis regierten, machte das Zentrum mit, ja es war zweimal – durch Brüning und von Papen** – in diesen Vorstufen der Diktatur führend vertreten.

Es gab in dieser Partei der Katholiken einen Politiker, der sich von Anfang an gegen diese Konzeption der apolitischen Pluralität gewehrt hat: Joseph Wirth.*** Er dachte nicht vom Prinzip und von der Norm her, weder vom neuscholastischen philosophischen System, dem damals noch nicht entmachteten allgemeinen Erkenntnisrahmen der katholischen Welt, noch formalistisch vom Wortlaut der Verfassung aus; er bezog vielmehr sein Ziel der realen deutschen Demokratie auf die konkreten gesellschaftlichen Kräfte, mit deren Hilfe er es kämpferisch hoffte erreichen und sichern zu können. Er dachte geschichtlich. Die sogenannte Weimarer Koalition von 1919 war für ihn viel mehr als nur eine Koalition

* Die ursprüngliche Weimarer Koalition bestand aus SPD, Zentrum und DDP. Das Zentrum war als einzige Partei mit wechselnden Partnern in allen Koalitionsregierungen bis 1933 vertreten.

** Heinrich Brüning (1885–1970) führte ab März 1930 ein Minderheitskabinett, nachdem er vom Reichspräsidenten Hindenburg (1847–1934) mit der Regierungsbildung beauftragt worden war. Wie sein Nachfolger Franz von Papen (1879–1969), der von Juni bis Anfang Dezember 1932 als Reichskanzler amtierte, regierte Brüning zunehmend mit Notverordnungen aufgrund des Artikels 48, Absatz 2 der Weimarer Verfassung, der es dem Reichspräsidenten ermöglichte, im Notstandsfall gesetzeswirksame Verordnungen ohne Zustimmung des Parlaments zu erlassen.

*** Joseph Wirth (1879–1956), Reichskanzler 1921/22, war Wortführer des linken, republikanischen Zentrumsflügels.

unter denkbar anderen. Ohne von der Gesellschaftstheorie der Marxisten beeinflußt zu sein, dachte er konkret von der deutschen Gesellschaft aus, er beurteilte die in ihr vertretenen Interessen und wußte genau und sehr früh, daß »der Feind rechts« stand. Für ihn war die Koalition der Sozialdemokraten, der in der Demokratischen Partei vereinigten bürgerlichen linken Minderheit und des Zentrums das historische Bündnis der Arbeiterbewegung mit den Bürgern der liberalen Tradition von 1848, soweit sie nicht von Bismarck verführt waren, und der latenten sozialen Energie des Katholizismus. Arbeiter, radikaldemokratische Bürger und Christen waren für ihn die faktischen Garanten der bestehenden Demokratie und die berufenen Kämpfer für ihren Ausbau und ihre Vollendung. Das war von vornherein eine antireaktionäre Konzeption, aber später auch die alternative Konzeption gegen den drohenden Faschismus. Sie ist gewollt und auch proklamiert worden, aber nur von einer Minderheit links und einer noch kleineren Minderheit im Katholizismus. Die Mehrheit der Mitte und der Linken verließ sich auf den formalen Rechtsstaat, in dem es so etwas wie den Faschismus gar nicht geben konnte, und die Katholiken verließen sich darüber hinaus auf Gott und die katholische Soziallehre. Das hat sie wehrlos gemacht, als das nicht Vorhergesehene über sie hereinbrach. Bis zum letzten Augenblick hatten sie den Parteien des Untergangs ihre Stimme verweigert, treu, aber ahnungslos. Als es dann soweit war, kapitulierten sie. Das war zwei Jahre nach jener Enzyklika.

Die ältere Enzyklika

Das Defizit im Weltbild und in der politischen Theorie, das sich an ›*Quadragesimo anno*‹ aufzeigen läßt, findet sich auch schon in der ersten Sozialenzyklika von 1891 – und übrigens noch in heutigen Stellungnahmen Roms. Das ist nun allerdings nicht eine deutsche Spezialität, sondern eine Folge des neuscholastischen Systemdenkens. Dieses ist nicht nur bis in die Zeit des Zweiten Vatikanischen Konzils hinein die verbindliche Schulphilosophie für alle kirchlichen Lehreinrichtungen gewesen, sondern es hat auch das katholische Weltbild geprägt.

In jener Enzyklika von 1891 hatte ein bedeutender Papst, Leo XIII., das Jahrhundert, in dem er lebte, vor seine Schranken gefordert. Die Enzyklika der Weimarer Zeit hat zwar den Produktionsstand der Gegenwart pragmatischer in den Blick genommen, aber gerade das theoretische Defizit der älteren Vorlage nicht aufgefüllt. Leo XIII. hatte den bewundernswerten Mut gehabt, sowohl das herrschende und blühende kapitalistische Denken und System als auch seinen aufbegehrenden kräftigen Gegenspieler, die sozialistische Arbeiterbewegung, zu verurteilen. Er stellte sich so gegen die herrschenden Tendenzen seiner Zeit. Die gemeinsame Wurzel beider Antagonisten dieses Jahrhunderts sah er gemäß dem von der Idee ausgehenden scholastischen Denken nicht in der industriellen Produktion und ihren Folgen, sondern in einer Idee, in einer Gesinnung, der ›Neuerungssucht‹. »Rerum Novarum«, »Nach Neuerungen begierig« sind die ersten und programmatischen Worte des Sendschreibens. Dieser Grundgedanke wendet sich gegen das Erbe der Französischen Revolution, aber darüber hinaus gegen den Geist der Neuzeit überhaupt. Das idealisierte Mittelalter in seiner ständischen Struktur ist denn auch das leitende Modell. So romantisch dieser Grundansatz ist, so realistisch nimmt der Papst den Zustand der Proletarität der Fabrikarbeiter ins Auge. Im hegelisch-marxistischen Gedanken der Entfremdung hatten die Sozialisten das Ergebnis der kapitalistisch-industriellen Ausbeutung existential zu fassen gesucht. Davon weiß der Papst nichts, aber er kritisiert vom Naturrecht aus nicht weniger deutlich und entschieden den Tatbestand. Er lehnt den Begriff der Klasse ab, spricht vielmehr weiterhin vom Arbeiterstand und sieht den einzelnen Arbeiter kleinbürgerlich als Handwerker; aber an moralischer Schärfe im Urteil über die tatsächliche Proletarität läßt er sich von keinem sozialistischen Theoretiker übertreffen. ›Entproletarisierung‹ ist das im Grunde gemeinsame Ziel: Die Sozialisten sahen es in der sozialistischen Zukunft als Ergebnis eines geschichtlichen Prozesses und des Klassenkampfes, der Papst in der Rückkehr zu einer vorkapitalistischen Ordnung. Diese scharfe Absage an das herrschende System und an die sozialistische Gegenkraft ist in der Enzyklika von 1931 dann deutlich gemildert. Das kapitalistische System ist akzeptiert, es wird als reformierbar angesehen, und die Sozialisten gelten als eine in vieler Hinsicht akzeptable produktive Kraft, wenn ihnen auch nach wie vor ein ›Liberalismus‹ als die Wurzel beider Entartungen der Geschichte angelastet wird. Geblieben ist das spezielle Defizit.

Das politische Defizit

Die größere Realitätsnähe der neueren Enzyklika ist nur partiell: sie bezieht sich auf die technische und finanzielle Ausstattung der Produktion. Was hier wie 1891 fehlt, ist die reale Analyse der Gesellschaft, die über die Proletarisierungs-These hinausgeht, also eine Real-Soziologie, vor allem aber die ganze politische Dimension. Die Kirche kritisiert scharf die bestehenden Mißstände, die sie zum Teil an vorkapitalistischen Modellen, zum Teil an den Appellen des Evangeliums mißt, entwirft eine Ziel-Vision, begnügt sich aber dann damit, diese Vision gleichsam an eine Wand zu projizieren. Sie stellt die Frage nicht: Wie macht man das? Sie stellt die Frage nicht: Welche realen Kräfte in der Gesellschaft sind für die Verwirklichung dieser Vision mobilisierbar? Welche Differenzierungen oder gar Korrekturen des Zielbildes sind anzubringen, um diese Kräfte mobilisieren zu können, ihre Interessen in der Richtung auf das Ziel in Bewegung zu bringen? Welche konkret-realen Gegeninteressen sind auszumachen, mit welchen Gegenkräften muß gerechnet werden? Welche Interessengruppen und Kräfte zwischen Freund und Feind sind zu berücksichtigen? Wie können sie für das Ziel gegebenenfalls mobilisiert oder doch neutralisiert werden? Mit einem Wort: Welche Strategie haben die, an die sich die Enzyklika wendet, zu entwickeln, um die bestehenden Strukturen wirklich in der Richtung auf das anvisierte Ziel ›Entproletarisierung‹ zu verändern?

Die Machtfrage wird überhaupt nicht gestellt. Wie die Unmittelbarkeit der politischen Dimension verfehlt wird, strategisches Handeln und Machtkampf, so auch manche politische Einzelkategorie. So fehlt die Kategorie der Entscheidung: sie ist von einer kasuistischen Moral verdeckt, in der sie als Anwendungsfall der Norm mißverstanden wird. Es fehlt sodann völlig die sehr wichtige Kategorie ›Risiko‹. Es fehlt im Grunde eine reale Vorstellung der Geschichte. Diese hat wahrhaftig ihre Rätsel und ihr Geheimnis, aber in diesem allzu deduktiven System entfällt jeder Versuch, das Erkennbare an ihr zu erkennen. Natürlich kommt auch das Stück Personalisierung, das in der Geschichte aufzufinden ist – »Männer machen die Geschichte« – nicht in den Blick. Nun war das aber nicht nur 1931 in der Stunde der päpstlichen Weisung so wie vorher 1891. In der ganzen Weimarer Zeit von 1919 bis zum Ermächtigungsgesetz 1933 hatten die Führer und Sprecher der deutschen Katholiken, der Episkopat, die Zentrumspartei und die Theoretiker und Ideologen, die Reden hielten und Aufsätze und Bücher schrieben, das Arsenal der Soziologie und Sozialwissenschaft, der bürgerlichen und der marxistischen, und einer Theorie des politischen Handelns offenbar nicht zur Hand; auch konnten sie – ebendeshalb – weder die Realität der schwarz-weiß-roten Restauration und Reaktion noch der nationalsozialistischen Volksbewegung verstehen, erst recht nicht ihr konkret drohendes umstürzendes Bündnis.

Fragt man nach den Ursachen dieses Defizits, so stößt man auf zwei durch die Geschichte vermittelte Tatbestände. Der eine hängt mit dem Charakter und dem Selbstverständnis der Hierarchie zusammen. Aus vielen weltlich-politischen und geistlich-theologischen Gründen haben die Episkopate wie die Apostel, auf die sie sich berufen, kein Mandat für politische Strategien. Die bürgerliche und nachbürgerliche demokratische Gesellschaft würde ihnen ein politisches Engagement, deren Optionen so konkret wären, wie es eine politische Strategie nötig machen würde, als Einmischung übelnehmen. Ebenso gewichtig ist aber der Einspruch von innen: Wer als Bischof zu dem Sonderamt berufen ist, das Evangelium zu verkünden und dem Gottesdienst seiner Anhänger durch die Jahrhunderte hindurch vorzustehen – das ist ein christliches, vor allem katholisches Postulat –, wird sich nicht wie die anderen Staatsbürger in die Kämpfe, Parteiungen und Risiken der politischen Veränderung der Gesellschaft verstricken. Das ist früher als ein erhabener Vorzug angesehen worden, manchmal auch im Lichte magischer Reinheitsvorstellungen: Der Wächter des Heiligtums darf sich nicht mit Blut beflecken.

Auch wer weder dem Rang noch der Autorität der Hierarchie irgend etwas abziehen will, muß jedoch in jener Ausnahmestellung der Träger des kirchlichen Amtes *auch* das Defizit sehen. Indem die Bischöfe sich vom Kampf und Risiko des politischen Handelns dispensieren, nehmen sie auch an der Würde des Geschichtsträgers nicht teil. Sowohl die Bürger, die in demokratischen Staatsformen leben, als vor allem auch alle anderen Bewohner der gewaltgeplagten Welt, soweit sie zum Bewußtsein der Zeit gekommen sind, werden je viel von der existentiellen Würde dessen halten müssen, der sich in den verschiedenen Strategien entweder der Bewahrung, vor allem aber der Veränderung mit seinem Kopf und seinem Herzen an der Sache Politik beteiligt, für sie arbeitet, kämpft, leidet, den Kopf hinhält, Niederlagen auf sich nimmt, mit seinen Siegen fertig werden muß. Gewiß, Kraft der menschlichen Fähigkeit der Imagination, der Einfühlungsgabe, kann sich jeder einzelne sensible Bischof in die Situation und Empfindung der normalen Geschichtsträger hineindenken und hineinfühlen, ebenso wie auch als Zölibatär in die eheliche und erotisch-sexuelle Existenz. Aber wie es nach den Erkenntnissen der Gruppenpsychologie unwahrscheinlich ist, daß eine geschlossene Gruppe von Zölibatären eine angemessene Theorie und Moral der Sexualität und Ehe ausbilden kann, wird man von einem Episkopat, der sich als eine geschlossene Gruppe versteht und in ihr lebt, nicht die Fähigkeit erwarten können, sich über politische Strategien angemessen oder gar verbindlich zu äußern. Solange sie jene hierarchische Sonderstellung in Anspruch nehmen, sind sie davon dispensiert, und sie sind dessen unfähig. Wie die Bischöfe gut daran täten, christliche Eheleute zu ermutigen, aus ihren eigenen Erfahrungen und aus ihrer originären Christlichkeit eine Moral der Ehe und Sexualität zu entwickeln, so sollten sie auch die politisch bedrängten, handelnden, leidenden Menschen ermutigen, ihren Weg durch die Geschichte selbst zu suchen; die Christen unter ihnen sollten sie ermutigen, solidarisch daran mitzuwirken und sich selbst den christlichen Reim darauf zu machen, eine ›politische Theologie‹ zu entwerfen, die ihnen ein freies verantwortliches Handeln möglich macht – ein politisches und moralisches – ein moralisches, aber genuin politisches.

Die Bischöfe reden schon heute überall dort, wenn auch nicht immer konsequent so ähnlich, wenn die politischen Verhältnisse wie bei uns mitteleuropäisch normal, übersehbar, eingefahren sind. In solchen Verhältnissen, die ihnen als stabil erscheinen, geben sie den christlichen Staatsbürgern im allgemeinen eher die Freiheit für ihre Optionen. In vorrevolutionären Verhältnissen aber haben sie nicht den Mut, die Christen für die Strategien und Taten der politischen Veränderung frei zu geben – sie für die Geschichte frei zu geben. Sie bieten dann die Prinzipien des Naturrechts und der Soziallehre, auch die Kraft und den Trost des Evangeliums an, wissen jedoch immer noch nicht die Relevanz der politischen Strategie und den Rang der geschichtlichen Option zu würdigen, noch das praktische und theoretische Defizit zu erkennen, das mit ihrem Sonderauftrag, so wie sie ihn verstehen, mitgegeben ist: im Fall der Ehe und Sexualmoral, für den sie das Hindernis selber beseitigen können, den Gruppen-Zölibat. Im Feld der politischen Risiken, Kämpfe und Strategien weist ihnen das hierarchische Selbstverständnis gegenüber der geschehenen Geschichte eine exzentrische Position zu. Es fällt ihnen aber schwer, sich auf einem so wichtig gewordenen Feld ›exzentrisch‹ zu verstehen, *nicht* als Mitte der Christenheit. Solange die Kirche hierarchisch verfaßt ist, wird den Kirchenleitungen diese Unsicherheit vor der Geschichte bleiben.

Solche Denkstrukturen haben auch die deutschen Katholiken dahin gebracht, daß sie die negativen, aber auch die produktiven Möglichkeiten der Weimarer Epoche verkannten, sich von der Geschichtsepoche ›Faschismus‹ überraschen ließen und sich angesichts der Aufrüstung und Kriegsgefahr eher lahm verhalten.

Eine alte Geschichte

Hinter diesen Begrenzungen steckt offenbar – ein letzter Punkt – ein gewichtiges, sehr altes Erbe.

Die Neuscholastik des 19. und frühen 20. Jahrhunderts, flach geworden, weil die kirchliche Theologie und Philosophie sich von den Zeiten Descartes' an vom Bewußtsein des modernen Europa isoliert hielt, hatte doch einen sehr respektablen Ahnen in der Hochscholastik, wie sie unter arabischem Einfluß auf die antike Philosophie, insbesondere auf Aristoteles, den Lehrer schlechthin, zurückgeht.

Das Urchristentum dagegen war durch Jesus von Nazaret aus einer anderen Tradition hervorgegangen, der des jüdischen Prophetismus. Sie war der griechischen Umwelt, dem Hellenismus, gerade in ihrem Sinn für die Geschichte überlegen, aber wohl auch in einem sehr viel nüchterneren Menschenbild. Gewiß haben das griechische Seinsdenken und das römische Staats- und Rechtsdenken der christlichen Zivilisation unentbehrliche kostbare Mitgift gegeben; aber als zwischen den Jahren 70 und 135 mit Jerusalem und dem Tempel auch die ursprünglich primäre judenchristliche Gemeinde zugrunde ging, die unter Jakobus noch die richtende Instanz zwischen dem Petrus und dem Paulus gewesen war, unterließ es die hellenistische Christenheit von Rom, Konstantinopel, Alexandrien, Antiochien, der palästinensisch-judenchristlichen Ortstradition in neuer Weise den Vorrang zu verschaffen. So konnte mit dem prophetischen Element auch das geschichtliche vom griechischen Prinzip und vom römischen Recht überwältigt werden – keineswegs völlig, aber weithin.

Was Geschichte ist, hat sich die Christenheit dann seit dem 18. Jahrhundert erst von den ›Ungläubigen‹ sagen lassen müssen, von bürgerlichen und von marxistischen Denkern, und mindestens in der Weimarer Zeit war im katholischen Bewußtsein die tiefsitzende Gewohnheit entscheidend, nur prinzipiell zu denken, deduktiv, von oben nach unten.

Man faßte das Individuelle nicht in seiner Einmaligkeit auf, auch nicht der geschichtlichen, sondern als das letzte Glied einer Kette von Unterscheidungen, die vom allgemeinsten und höchsten Begriff des Seins absteigt.

Ist diese Erwägung zu weit hergeholt? Ich meine nicht. Die Christenheit hat gewiß einen großen Reichtum von Lebensformen unabhängig von der griechisch-römischen Traditionslinie hervorgebracht. Dafür haben schon die orientalischen, germanischen, slavischen Volkstümer gesorgt. Aber als es nach dem Zusammenbruch der deutschen Tradition von Thron und Altar in der Weimarer Epoche galt, sich einen neuen Reim auf die moderne Gesellschaft zu machen, als es gar galt, sich einer ganz neuartig gefährlich aufziehenden Geschichtsmacht zu stellen, war es ein ungeschichtliches Prinzipiendenken, das es den deutschen Katholiken schwer gemacht hat, Klarheit und Stand zu gewinnen. Hinter dem Schwächeanfall des deutschen Katholizismus von 1933 steht also eine sehr lange Geschichte.

Das gesellschaftspolitische Engagement der deutschen Katholiken seit 1945

Nichts blieb

Eine Antwort auf die Frage, ob der deutsche Katholizismus die Chancen von 1945 wahrgenommen und die damals sichtbar gewordenen Aufgaben erfüllt hat, will ich kursorisch zu geben suchen, nicht in einer Art Bericht über unser tatsächliches oder unterlassenes Engagement in der Gesellschaft im einzelnen, sondern in einigen pointierten grundsätzlichen und kritischen Überlegungen.

Jene Situation war im Werktag drastisch genug, veranlaßte uns aber trotzdem, uns über gesellschaftliches Engagement im großen Stil den Kopf zu zerbrechen. Die Jüngeren werden es auch heute noch selbstverständlich finden, daß außer dem Nationalsozialismus auch manche romantischen und patriarchalischen Illusionen abgetan zu sein schienen, die dem einen oder anderen Katholiken früher einmal lieb gewesen waren. Anders aber steht es mit der Geltung des ökonomischen Liberalismus. Zwar gehörten intellektuelle Liberale wie Theodor Heuß zu den geistigen Überlebenden; die ökonomisch liberalen Mächte existierten damals aber so gut wie nicht mehr. Sie schienen durch ihre Pakte mit dem Nationalsozialismus endgültig kompromittiert zu sein, ihre Träger saßen irgendwo in den Gefängnissen der Alliierten oder in der Verborgenheit auf dem Lande. Die Industrie wurde mehr durch Angestellte in höheren Stellen, durch kommunale und regionale Politiker und die Gewerkschaften wieder in Gang gesetzt als durch Mandate der Eigentümer. Auch die Banken waren in der fast totalen Geldentwertung ohne Macht und Wirkung. Die kapitalistische Gesellschaft schien erledigt zu sein. Davon gingen wir aus. Wir erwarteten und wollten nicht die Wiederherstellung des Systems von Weimar, sondern eine aus ihm entwickelte neue Gesellschaftsstruktur. Es war ganz selbstverständlich, daß wir Katholiken dabei entscheidend mitreden würden. Der Schwächeanfall von 1933 war längst vergessen, der von 1940 desgleichen. Wir ahnten nichts von den Nachwirkungen, wir empfanden uns als das, was wir seit einigen Jahren wirklich waren: als die in der Verfolgung geläuterte, sich erneuernde Kirche, eine Konfession, die übrigens auch den neuen Freunden von der evangelischen Kirche zwar nicht durch die Kraft des Glaubens, aber doch durch den Besitz einer ausgebauten Soziallehre überlegen zu sein schien. Sie bot uns Ansätze. Ihre Stunde war offenbar gekommen, wer sollte uns daran hindern, sie zu verwirklichen? Es waren Wochen und Monate der Hochstimmung. Niemals in unserem Leben erschienen uns die Chancen und die Aufgaben christlicher Erneuerung der Gesellschaft so groß. Nur die Alliierten bremsten, aber das würde, so nahmen wir an, nicht ewig dauern.

Manche Katholiken haben damals sogar von einer christlichen Gesellschaft geträumt, von einer Erneuerung des christlichen Abendlandes. Viele hatten bei Ernst Michel* und anderen Vorläufen gelernt, was uns heute Karl Rahner** lehrt: die Einsicht vom Recht der Weltlichkeit der Welt. Zudem hatten die meisten von uns im offenen oder verborgenen Widerstand so sehr die innere Kraft nichtchristlicher Positionen, vor allem der Kommunisten und der Sozialdemokraten zu respektieren gelernt, daß sie nicht eine christliche, sondern

* Der katholische Sozial- und Kulturphilosoph Ernst Michel (1889–1964) übte vor allem durch sein Buch »Politik aus dem Glauben« (Jena 1926) großen Einfluß auf Walter Dirks' theologische und politische Sozialisation aus. Durch Vermittlung Michels gelangte Dirks auch 1924 in die Redaktion der »Rhein-Mainischen Volkszeitung«. (vgl. zu Michel auch Walter Dirks' Vorwort, S. 5ff.)

** Karl Rahner (1904–1984) lehrte Theologie in Innsbruck, Münster und München und gehört zu den bedeutendsten theologischen Wegbereitern des Konzils.

eine weltliche Gesellschaft erstrebten, eine Gesellschaft allerdings, in der die Kraft der christlichen Überlieferung und des christlichen Glaubens wirksam und möglicherweise führend zur Geltung kommen werde. Die Solidarität mit der weltlichen Welt, eine tiefe Solidarität vor allem mit den Bedürftigen jeder nur denkbaren Art war uns in die Seele gebrannt, nicht nur in der Sphäre der Religion, sondern als Dimension des Glaubens selbst, als Aufgabe nicht des kirchlichen Amtes, sondern der christlichen Weltpersonen, der Laienschaft. Wir unterschieden uns in den Zielvorstellungen insofern, als wohl die meisten an einen von der Übermacht des Kapitals befreiten, sozial kontrollierten Reformkapitalismus im Sinne der beiden Sozialenzykliken dachten, und nur eine Minderheit an das, was sie einen »Sozialismus aus christlicher Verantwortung« nannten. Beiden war der Gedanke der Solidarität als das leitende Prinzip gemeinsam, beide bekannten sich auch zu dem der Subsidiarität. Die katholischen Sozialisten, zu denen ich auch zählte und immer noch zähle, sahen die Chance gekommen, die Schlüsselindustrien und das Bankkapital als Gemeinbesitz verwalten zu können; im übrigen bevorzugten sie genossenschaftliche Lösungen, ohne den Privatbesitz an Produktionsmitteln grundsätzlich abzulehnen. In Dokumenten wie den Düsseldorfer oder den Frankfurter Leitsätzen und später auch noch dem Ahlener Programm der CDU* ist diese Phase niedergelegt. In beiden Richtungen glaubte man zwar nicht an das Ende der Erbsünde und ver-

* An den »Politischen Leitsätzen« der CDU Frankfurt vom Herbst 1945, die sich zu einem »wirtschaftlichen Sozialismus auf demokratischer Grundlage« bekannten, hatten Eugen Kogon und Walter Dirks wesentlich mitgearbeitet. Das »Ahlener Programm« der CDU in der britischen Zone, verabschiedet im Februar 1947, verband eine Absage an das kapitalistische Wirtschaftssystem mit der Forderung nach Vergesellschaftung monopolartiger Großkonzerne. In seinen konkreten Vorschlägen blieb es jedoch verschwommen. In den »Düsseldorfer Leitsätzen« vom 15. Juli 1949 hatte die CDU/CSU endgültig Abschied von sozialistischen Neuordnungsvorstellungen genommen und propagierte die soziale Marktwirtschaft.

wechselte man das angestrebte Gesellschaftsmodell nicht mit dem Reiche Gottes, wohl aber glaubte man daran, daß ein in der Not geläutertes Volk seine gesellschaftliche Struktur aus der Wüste der Zerstörung nach Grundnormen sozialer Gerechtigkeit werde neuordnen wollen und können. Auch die Neoliberalen, die sich etwas später zu unserem Erstaunen zu Wort meldeten, bekannten sich zu kräftigen Reformen, – bezeichnend, daß sie ihr erstes theoretisches Organ nicht »Libertas«, sondern »Ordo«* nannten. Aber freilich mußte alles recht theoretisch bleiben. Wenn wir damals Suppenküchen einrichteten, engagierten wir uns realer.

Nun, wir wissen es: Aus dem Sozialismus aus christlicher Verantwortung ist gar nichts, aus dem übrigen nicht allzuviel, jedenfalls nicht die Umstrukturierung der Gesellschaft geworden.

Die Ursachen

Die alten Besitz- und Machtstrukturen waren viel widerstandsfähiger, als man 1945 gemeint hatte: Die Alliierten begrenzten die politische Tätigkeit der Deutschen zunächst auf die Gemeinden und verboten jede Strukturänderung. Die Kapitalbesitzer erholten sich vom Schock und befestigten den status quo schon vor der Währungsreform. Was von ihnen gilt, galt von allen nur denkbaren Interessen und Ideologien: sie erwiesen sich alle als so stabil wie wir es am Tage Null nicht wußten und vielleicht nicht wissen konnten.

Dazu erlahmte der christliche Reformimpuls im Werktag der ersten Jahre, der alle Kräfte für die Caritas verbrauchte, für die wieder in Gang zu bringende Verwaltung, für die

* Die von Franz Böhm (1895–1977) und Walter Eucken (1891–1950) unter diesem Titel herausgegebenen »Jahrbücher für die Ordnung von Wirtschaft und Gesellschaft« erschienen seit 1948 in Stuttgart.

ständige Auseinandersetzung mit den Besatzungsmächten, sowie bald auch mit den beiden sozialistischen Parteien. Es war schon sehr früh eine schmerzliche Erfahrung, daß sich zuerst die Kommunistische Partei, dann die Sozialdemokratie unverwandelt aus den Lagern und Kellern erhob. Die vielberufene Restauration hat im Grunde mit der Wiederherstellung dieser Parteien begonnen. Die christliche Unionspartei war geradezu eine neue Konzeption, aber durch die Restauration der beiden Linksparteien wurde sie gegen den Willen eines Teiles ihrer Gründer die Erbin aller früheren bürgerlichen Interessen und Parteien. Dadurch wurde der Reform-Impuls der katholischen Erneuerung bald entscheidend gebremst.

Sodann drückte die Währungsreform* dem status quo allen der Erneuerung widerstrebenden Tatsachen und Interessen endgültig ein Siegel auf. Sie ist das für unsere Frage entscheidende Ereignis gewesen. Viele Deutsche und gerade die Katholiken, die eine soziale Reform der Gesellschaft erhofften, hatten in der Neuordnung des Geldwesens zugleich die Stunde und die Chance jener Neuordnung der Besitz- und Einkommensverhältnisse gesehen, von der seit über fünfzig Jahren die Enzyklika und ihre Kommentatoren gesprochen hatten. Außer den alten Gegensätzen waren mehrere neue auszugleichen: der Gegensatz zwischen den Ostvertriebenen, die in dem von allen Deutschen gleich verschuldeten oder nichtverschuldeten Krieg mit ihrer Heimat auch den Sachbesitz verloren hatten, und den Westdeutschen; der Gegensatz zwischen den Ostzonenbewohnern, die um viele Grade stärker zu den Reparationen herangezogen worden waren, und abermals den Westdeutschen; der Gegensatz zwi-

* Bei der Währungsreform vom 20. Juni 1948 erhielt jeder Bundesbürger ein »Kopfgeld« von 40 DM; Guthaben wurden im Verhältnis 100:6,5 abgewertet, Schulden im Verhältnis 10:1, der Sachwertbesitz blieb unangetastet. Die Währungsreform privilegierte so Unternehmer, Geschäftsleute und Schuldner, besonders da ein Lastenausgleich für Kriegsgeschädigte und Heimatvertriebene erst 1952 erfolgte.

schen den Luftkriegsgeschädigten und denen, die ganz einfach Glück gehabt hatten; und viertens der Gegensatz zwischen den Sachwertbesitzern, vom warenhortenden Kleinhändler bis zum Kapitalisten, und den eigentumslosen Arbeitnehmern. Aber die Alliierten und manche interessierte Deutsche bestanden darauf, die Mark rein finanztechnisch, rein mechanisch zu sanieren. Ihre sozialen Reform-Probleme, so sagten sie, mochten die Deutschen hinterher lösen. Aber die Stabilisierung der Mark stabilisierte den Zufall und das Unrecht des status quo mit. Der Lastenausgleich glich jene Gegensätze nicht wirklich aus. So wurde dieser Wendepunkt zum Beginn der Restauration. Der Vorgang ist freilich durch die rasch folgende amerikanische Starthilfe unter günstigen Umständen die Basis unseres erfreulichen wirtschaftlichen Aufstiegs geworden; der Appell an die Eigenkraft und den Eigennutz erwies sich abermals als äußerst produktiv. Niemand wird das leugnen wollen, wir profitieren bis in diese Stunde davon. Wir haben auch für immer lernen müssen, daß man die Macht des natürlichen Egoismus nicht unterschätzen darf. Aber wir müssen auch den Preis kennen, den wir dafür gezahlt haben. Beide Klassen der Nachkriegsgesellschaft, die von vornherein bevorzugten Sachwertbesitzer und die Leute mit den vierzig Mark und sonst nichts, gingen damals in einer gestörten Seelenlage an den neuen Start, mit einer Haltung, welche rasch alle Ansätze einer gesellschaftlichen Selbstkritik und eines Erneuerungswillens verschüttete, die einen als die, welche nun endlich ihre Chancen mit kräftigen Ellbogen wahrnehmen konnten, die anderen im Ressentiment der Betrogenen. Im übrigen hatte schon früher auch die gutgemeinte, aber verfehlte Entnazifizierung einen moralischen Katzenjammer bei den Betroffenen und den Nichtbetroffenen hinterlassen. Das Mißtrauen wurde konstitutiv. Zwar glichen sich in dem erstaunlichen Aufstieg die wirtschaftlichen und politischen Gegensätze rasch aus, denn auch die Betrogenen und Benachteiligten begannen gut zu verdienen, aber etwas vom Gift ist im Volkskörper geblieben: das Ergebnis war moralische Gleichgültigkeit. Für den Appell der Solidarität waren wir seither nicht mehr zu haben, damals wurden wir eine rein der Gegenwart zugewandte Gesellschaft ohne Zukunftsgefühl, die keinen Gedanken mehr an Strukturreformen zu verschwenden bereit war.

Zur gleichen Zeit entwickelte sich die politische Union der beiden Konfessionen in eben diesem Zustand der Dinge zu einer wesentlich pragmatischen Partei. Als die Mehrheitsverhältnisse und die Neigung christlich-bürgerlicher Politiker eine Verbindung mit dem inzwischen erstarkten Liberalismus nahelegten, erwies sich das Parteiinteresse stärker als der in den Lagern und in der inneren Emigration geschlossene Grundpakt der Demokraten aller Richtungen, mit dem sich die katholische Strukturreform möglicherweise hätte verbinden können. Der Macht-Antagonismus Schumacher – Adenauer wurde die entscheidende Konstante der Gesellschaftspolitik der nächsten Jahre; er ließ vieles Gemeinsame, was an sich möglich und fällig war, dann nicht mehr zu. Als isolierter Brückenpfeiler einer nicht zu Ende gebauten Brücke steht, in dieser Isolierung problematisch genug, die qualifizierte Mitbestimmung da, vom Bochumer Katholikentag verlangt,* durch Adenauers Freundschaft mit Böckler gerade noch möglich geworden, dann bald von der

* Mit der Ankündigung eines Streiks konnten die Gewerkschaften im Januar 1951 die paritätische Mitbestimmung im Montanbereich verankern. Adenauer, der vor allem den Streik abwenden wollte, hatte sich als Vermittler zwischen DGB und Arbeitgebern angeboten und sich nach mehreren Unterredungen mit dem DGB-Chef Hans Böckler (1875–1951) positiv zur Mitbestimmung geäußert, nachdem dieser ihm die Kampfbereitschaft der Gewerkschaften in dieser Frage deutlich gemacht hatte. Böckler starb wenige Wochen später. Auf dem Bochumer Katholikentag 1949 hatten linkskatholische Kreise eine Entschließung durchsetzen können, in der das »Mitbestimmungsrecht in sozialen, personalen und wirtschaftlichen Fragen für alle Mitarbeitenden« gefordert wurde. (Vgl. dazu auch: Walter Dirks' Aufsatz »Der Kampf um die Mitbestimmung«, in: Sagen was ist, Gesammelte Schriften Bd. 5, S. 49–67)

siegreichen sozialen Restauration als Panne von Bochum disqualifiziert, – heute fast unwirksam.

Ein christliches Unbehagen ist geblieben. Es richtet sich jedoch mehr gegen die Konsumgesinnung der Wohlstandsgesellschaft als gegen ihre Struktur. Der Wirtschaftsegoismus wird als mächtige Triebfeder der Produktion und ihrer Expansion christlich gerechtfertigt, als Konsumierende sollen sich dieselben Menschen dann anders verhalten, sich beschränken, Verzichte üben. Schon der Gedanke an die Zukunft zwingt uns, es bei solcher Zufriedenheit mit dem System und solcher Predigt nicht bewenden zu lassen. Eine Gesellschaft, deren strukturgewordenes Veräumnis im Wohlstand nicht vergeben, sondern nur vergessen ist, wird auf eine völlig unvorhersehbare Weise gefährlich irrational reagieren, wenn der Wohlstand einmal begrenzt werden sollte. Eine subtile Untersuchung des Betriebsklimas eines großen Unternehmens* hat gezeigt, daß die Arbeiter zwar einerseits sich ihrer Arbeitsplätze sicher fühlen, aber anderseits trotzdem auf eine tatsächlich eintretende sogar begrenzte Arbeitslosigkeit sehr empfindlich reagieren würden. Die Arbeitslosigkeit sitzt also als Trauma im Unterbewußtsein. Es gibt auch andere Anzeichen einer unter der Wohlstandssicherheit verborgenen Labilität. Auch die Inflationsverluste sind wohl vergessen, aber nicht vergeben. Und daß in der Konjunktur niemand gegen die Demokratie ist, darf uns nicht darüber hinwegtäuschen, daß wir kein Volk von Demokraten sind, sondern in einem schwer abschätzbaren Grade ein Volk von Mitläufern der Demokratie. Alles das zwingt uns, die Frage der gesellschaftlichen Struktur offenzuhalten. Die unsere ist schein-stabil, schein-statisch. Vor allem aber werden wir vor

* An der Untersuchung des Frankfurter Instituts für Sozialforschung zum Betriebsklima bei den Mannesmann-Werken arbeitete Walter Dirks am Rande mit. Vgl.: Theodor W. Adorno / Walter Dirks (Hrsg.): Betriebsklima. Eine industriesoziologische Untersuchung aus dem Ruhrgebiet, Frankfurter Beiträge zur Soziologie, Band 3, Frankfurt / M. 1955.

den Anforderungen des einundzwanzigsten Jahrhunderts versagen, und zwar ebensosehr in der Durchsetzung unserer eigenen wohlverstandenen Interessen wie angesichts der allen Völkern der Einen Welt geschuldeten Solidarität, wenn wir im status quo dahintreiben wie bisher.

Dieses Urteil gilt nicht ohne Einschränkung. Wir haben einige wichtige Ansätze gemacht. Die wichtigsten sind die Ausweitung unserer nationalen Gesellschaft in einer Europa-Politik, die freilich zu stagnieren beginnt, und die Entwicklungshilfe. Ihr katholischer Beitrag Misereor* gehört zu den am meisten der Zukunft zugewandten Äußerungen des deutschen Katholizismus. Das Sammlungsergebnis der Fastenaktion, nur nach überkommenen Vorstellungen großartig, vom Anspruch der Notwendigkeit der Aufgabe und vom Portemonnaie der Spender her immer noch durchaus unangemessen, verdanken wir einerseits dem massiven Appell an das Mitleid mit den Verhungernden und anderseits der Autorität unserer Bischöfe, keineswegs aber bereits der gesellschaftspolitischen Einheit in die Situation. Aber immerhin: ein Anfang ist gemacht.

Was die innere Struktur der deutschen Gesellschaft angeht, so sind gleichfalls einzelne Parolen entwickelt worden, so die erwähnte inzwischen fast aufgegebene »Mitbestimmung«, so das »Eigentum in Arbeiterhand«, so die »Volksaktie«, so die Reform der Sozialversicherung, immer ein wenig behindert durch die Angst vor dem Wohlfahrtsstaat; aber es ist nicht gelungen, die verschiedenen Ansätze zu eindeutigen Willenslinien zu klären und in einer Gesamtvorstellung zu integrieren. Die letzte Gesamtkonzeption, die im Schoß des deutschen Katholizismus nicht nur vertreten, sondern in unzähligen Schulungskursen einige kurze Jahre lang auch ver-

* Die Mittel des 1959 gegründeten »Hilfswerks der deutschen Katholiken gegen Elend, Hunger und Krankheiten in der Welt« stammen hauptsächlich aus einer alljährlichen Spendenaktion zur Fastenzeit.

breitet worden war, ist die sogenannte »Berufsständische Ordnung«, – ein deutsches Mißverständnis der Enzyklika »Quadragesimo anno«*; um sie ist es still geworden, ohne daß eine realere Konzeption oder eine Konkurrenz realer Konzeptionen an ihre Stelle getreten wäre.

Neue Offenheit

Eine Kritik der katholischen Soziallehre versuche ich nicht mit der Autorität des Fachmanns, sondern mit dem Recht des beteiligten und betroffenen Zeitgenossen. Ihre Hauptstoßlinie geht nicht gegen die Amtskirche, sondern gegen den deutschen Katholizismus als kollektive Gruppe, als Bewußtseinsträger der katholischen Laienschaft. Das Amt hat immer wieder aus der Verkündigung der biblischen und naturrechtlichen Norm, die allerdings nicht in allem überzeugend blieb, und aus einer Kritik des tatsächlichen Zustands der Gesellschaft Idealvorstellungen entwickelt. Sache der Laien wäre es primär gewesen, den Normierungen des Lehramts und der Kritik des Wächteramtes nicht nur die Konkretisierungen hinzuzufügen, sondern vor allem die politische Dimension. Das Amt kann sich in die Verwirklichung nicht einmischen; der Papst und die Bischöfe sind nicht die Anführer einer auf die Reform der Gesellschaft gerichteten Gesellschaftspolitik. Ihr Amt dispensiert sie geradezu davon. Auch haben sie weder die Erfahrungsbasis, die dazu gehört, noch die Möglichkeit, die Risiken zu übernehmen, die unvermeidlich sind. Es ist wesentlich Sache des Laien, das Feld der Verwirklichung zu analysieren, ihre Voraussetzungen und Bedingungen zu bedenken, nicht zuletzt auch die gesellschaftlichen Kräfte abzuschätzen, die als Faktoren der Verwirklichung in Frage kommen, die Kräfte, die als Verbündete für sie gewon-

* Zur Enzyklika »Quadragesimo anno« vgl. S. 59ff.

nen werden können, oder die als Feinde angesehen werden müssen, sodann, insoweit gekämpft werden muß, die Strategie des Kampfes zu bestimmen, Orte und Zeiten zu wählen. Freilich wird die gesellschaftliche Zielvorstellung selbst in diesem Prozeß der Politisierung modifiziert werden. Es ist Sache der Laien, auch theoretisch alle diese eigentlich politischen Kategorien des Modells, der Entscheidung, des Kampfes, des Risikos zu entdecken und zu durchdenken, zu denen man zureichend nicht neben der Erfahrung, sondern nur in der Erfahrung kommt. Wir aber tun so, als verwirklichten sich die schönen Ideale von selbst. Den Enzykliken ist allerdings vorzuwerfen, daß sie diese entscheidende Frage: »Wie macht man das?«, die sie inhaltlich mangels Zuständigkeit nicht behandeln können, auch als Dimension nicht erkennen. Wenn die Enzykliken wüßten, daß die Individuen das proklamierte Ideal nicht als solches realisieren können, durch einen Aufschwung ihrer Erkenntnis und ihres guten Willens, sondern nur politisch, könnten sie kategorial den Leerraum benennen, den dann nur die Laien konkret ausfüllen könnten. Das aber haben sie und wir nicht getan. Die Sozialtheorie wurde weder durch eine politische Theorie ergänzt, noch wurde sie irgendwo ausprobiert. Sie lief hinter der tatsächlichen Entwicklung her.

Es war vielleicht zum Teil die Gewohnheit und die Bequemlichkeit, die von den drei letzten Päpsten beklagte »Müdigkeit des Guten«, die uns daran gehindert hat, uns aus dem Schlafe herauszurufen und uns zur Anstrengung des Begriffs und zur Anspannung des Willens zu ermutigen. Es war ferner auch die Gewohnheit, auf das Wort des Amtes zu warten. Doch erhebt sich auch ein innerer Widerstand gegen eine solche ausdrückliche Konzeption des politischen Handelns aus einem ganz bestimmten Grunde. Sie müßte uns bald an einen Punkt führen, wo unsere Einigkeit gefährdet wird. Es ist zwar keineswegs denkunmöglich, daß sich alle Katholiken einer bestimmten Gesellschaft politisch in einer Sache einig werden, es ist aber keineswegs selbstverständlich, ja nicht einmal wahrscheinlich. Und es sind nicht nur menschliche Schwächen, Unterschiede in der Klugheit, im guten Willen, die zu verschiedenen Politiken führen können, sondern es kann eine nichtaufhebbare Verschiedenheit von Perspektiven sein, die mit den verschiedenen Standorten und Erfahrungen gegeben sind. Das ergibt sich nicht erst aus unseren sündhaften Schwächen, sondern schon aus unserer kreatürlichen und geschichtlichen Endlichkeit. Vor allem ist über die Einschätzung der Zukunft, über die Einschätzung der eigenen Kräfte und der der Verbündeten und Gegner, über zukünftige Reaktionen der Beteiligten eine Verschiedenheit der Meinungen möglich, die vom gemeinsamen Glaubensgut aus nicht bereinigt werden kann. Unser politisches Weltbild ist noch von der unzureichenden Vorstellung bestimmt, aus der vernünftigen Anwendung gemeinsamer Normen auf die gemeinsame Wirklichkeit ergebe sich eine Einheit politischen Handelns, und jede Abweichung könne nur die Folge von Fehlern entweder in der Norm oder in der Anwendung sein. Wir müssen erst noch lernen, daß wir, im Glauben in höchst wirklicher und wirksamer Gemeinschaft verbunden, als Partner derselben Gesellschaft fair zueinander und zugleich entschiedene politische Gegner sein können. Der offizielle Katholizismus macht zu wenig Versuche, etwa die katholischen Sozialdemokraten und Liberalen ernstzunehmen und sie auch mit den Katholiken der Unionspartei ins ständige Gespräch zu bringen.

Es fehlt daneben noch mancherlei anderes. Der Mensch, der in unserer Sozialtheorie vorausgesetzt wird, ist abstrakt. Erst in letzter Zeit beginnen wir die Ergebnisse der verschiedenen Schulen der Soziologie und der Tiefenpsychologie in unser katholisches Bild vom Menschen, seiner Natur, seiner Sozialität einzubauen. Sehr komplizierte und subtile, aber höchst relevante Entdeckungen revolutionieren die überlieferten Vorstellungen. Immerhin beginnen wir damit; die Unbefangenheit in der Aufnahme neuerer und neuartiger Erkenntnisse und die katholische Beteiligung an die Forschung selbst wachsen. Einige katholische Akademien sind dabei, solche Ergebnisse ins Geschäft zu bringen. Aber noch steht doch wohl das, was man die »katholische Gesellschaftslehre« nennt, wie eine isolierte und patrifizierte Überlieferung wenig berührt neben den sich ständig mehrenden, freilich oft auch noch wenig gesicherten Ergebnissen solcher Bemühungen.

Deshalb kann man sich auch nicht viel von der Schulung aufgrund der katholischen Soziallehre versprechen. Die wirklich gesicherten Erkenntnisse, sei es aus dem erschlossenen Glauben an Christus und die Kirche, sei es aus der Überlieferung des katholischen Denkens, sind so elementar, daß sie durchaus verkündet, gelehrt, durchgesprochen, vermittelt werden können, – aber sie reichen wegen der angedeuteten Lücken für einen Lehrgang mit eindeutigen Ergebnissen nicht aus. Die Schulenden sind selber Dilettanten, solange sie sich über diese Lücken und offenen Fragen nicht im klaren sind. Wer sich einbildet, schulen zu können, weiß selber noch nicht Bescheid. Sind wir aber im Bilde und bringen wir diese offenen Fragen zur Sprache, dann wird allerdings aus der Schulungsarbeit das, was dringend nottut: das Bildungsgespräch. Die Akademien haben damit begonnen, das ist ihr Verdienst. Aber anderswo hat es sich noch nicht herumgesprochen, daß wir Katholiken der Gesellschaft zwar Gottes Wahrheit anzubieten haben, daß wir in der Gesellschaftstheorie und in den Fragen der Anwendung dieser Wahrheit für unseren geschichtlichen Weg in die Zukunft aber nicht Lehrende, sondern Lernende und Suchende sind, mit einigen Chancen, die mit der Wahrheit des Glaubens zusammenhängen, und mit einigen speziellen Hindernissen, die mit unserer Geschichte zusammenhängen.

Weil es sich so verhält und aus vielen anderen Gründen heißt die erste Aufgabe des gesellschaftlichen Engagements heute: Bildung. Es beginnt sich herauszustellen, daß sie als gesellschaftspolitische Frage wichtiger geworden ist als die im vorigen Jahrhundert vordringliche Frage der Einkommensverteilung, des gerechten Lohnes, des Familienlohnes, der ökonomischen Entproletarisierung. Die Entproletarisierung durch Bildung und ebenso die Entbürgerlichung durch Bildung treten in den Vordergrund aller Aufgaben. Bildung ist die Voraussetzung sowohl dafür, daß diese Ziele richtig erkannt, daß sogar und vor allem die eigenen Interessen richtig erkannt werden, als auch dafür, daß der Kampf für diese Ziele verständig geführt, daß die eigenen Interessen mit denen der anderen koordiniert und im Gemeinwohl integriert werden können. Nicht durch agrartechnische Ausbildung, sondern durch Bildung sind die dänischen Bauern seinerzeit sowohl handlungsfähig für ihr eigenes Interesse als auch gesprächsfähig für ihre ganze Gesellschaft geworden, hörend und mündig. Dieses Beispiel aus einem begrenzten Bereich und aus älterer Zeit ist ein Modell nicht nur für die deutsche Landwirtschaft, sondern für unsere ganze Gesellschaft. Sie kann nur durch Bildung aller Bildungsfähigen auf die Höhe der Situation gebracht werden. Billiger ist ein zumutbares einundzwanzigstes Jahrhundert nicht zu haben. Aber der deutsche Katholizismus nimmt den Bildungsrückstand des deutschen Volkes und die drohende Bildungskatastrophe noch nicht ernst genug. Mit wenigen Ausnahmen nimmt er die Vorschläge zur Struktur-Reform, die, mögen sie richtig oder falsch, real oder irreal sein, immerhin auf einer Analyse der Gegenwart beruhen und ein Zukunftsziel anvisieren, nicht einmal ernsthaft zur Kenntnis. Ich will hier nicht pro domo den

Rahmenplan* verteidigen, an dem ich mitgearbeitet habe. Es geht in diesem Zusammenhang nicht um seine Richtigkeit, sondern um die Art der Argumente, die man dagegen vorgebracht hat. Sehr verständige Stellungnahmen verdanken wir dem Katholischen Lehrerverband, in dem zum Glück Volksschullehrer und Philologen nebeneinander sitzen; dennoch kann man sagen, daß den Katholizismus am Rahmenplan offenbar nicht die Aspekte der Zukunft der deutschen Bildung, ja – der gesellschaftlichen Zukunft überhaupt interessieren, sondern nur einige katholische Sondersorgen, die konfessionelle Frage, der Lateinunterricht für die zukünftigen Theologen und anderes mehr. Ich gebe keineswegs zu, daß diese katholischen Sonderinteressen durch den Rahmenplan geschädigt werden, – ich habe nur beobachtet, daß sie alles andere überschatten und den deutschen Katholizismus als solchen daran hindern, den schwersten gesellschaftlichen Notstand unserer Jahrzehnte als nationales Problem mit gebührendem Ernst zur Kenntnis zu nehmen.

Unsere Gesellschaft ist nicht einheitlich strukturiert. Man kann sie nur als ein sehr kompliziertes Nebeneinander und Ineinander recht verschiedener Strukturen beschreiben. Einige Soziologen versuchen sie einseitig von den Konsumgewohnheiten aus als eine immer einheitlicher werdende Mittelstandsgesellschaft zu verstehen. Daran ist viel wahres, sowohl an dem Versuch nämlich, den Menschen vor allem als ein konsumierendes Wesen zu sehen, als auch am Faktum der Nivellierung. Zwar differieren in dieser in der Tat sehr breiten Schicht die Einkommen zwischen sechshundert und

* Der Deutsche Ausschuß für das Erziehungs- und Bildungswesen, ein von Theodor Heuss und der Kultusministerkonferenz eingesetztes Gremium, dem auch Walter Dirks angehörte, erarbeitete zwischen 1953 und 1965 Vorschläge zur Bildungsreform. 1959 veröffentlichte der Ausschuß seinen »Rahmenplan zur Umgestaltung und Vereinheitlichung des allgemeinbildenden Schulwesens« (Empfehlungen und Gutachten des Deutschen Ausschuß, Folge 3, Stuttgart 1959).

sechstausend Mark im Monat, und zwar behaupten sowohl oben wie unten Millionen Einzelner ihre innere Unabhängigkeit in der Art, wie sie ihr Geld anlegen, aber für die meisten Deutschen mag gelten, daß sie sich in ihren Gewohnheiten angleichen. Im Ganzen ist diese Riesenschicht wohl am einfachsten und am fairsten, nämlich ohne moralisches Urteil über gute und schlechte Konsumbedürfnisse, durch ihr Verhältnis zum Geld zu definieren. Über das kleine oder größere Einkommen wird rational disponiert, es wird eingeteilt, um die auf verschiedenem Niveau liegenden, aber sich tatsächlich allmählich nivellierenden Konsumwünsche zu befriedigen. Aber es gibt – was jene Soziologen übersehen – eine nicht kleine Schicht unterhalb des relativen Existenzminimums, wozu heute auch der freie Zugang zur Bildung gehört, eine Schicht, für die das Geld eine ganz andere existentielle Bedeutung hat, die der unmittelbaren Lebenssicherung, der ständig bedrohten Grenzsicherung gegen den Untergang. Und es gibt zweitens eine kleine, aber mächtige Schicht, die für den Konsum überhaupt nicht zu disponieren braucht und das Geld nur als eine Marke zur Erfüllung jeden Willens ansieht. Ich spreche vom Geld für den Konsum. Als Produktionsmittel, als Kapital wird es natürlich auch und gerade in dieser neofeudalen Schicht sehr sorgfältig disponiert. Noch kürzlich hat Pater Nell-Breuning * auf die immer noch unbefriedigende Besitz- und Einkommensverteilung hingewiesen, aber um die Existenz, Bestandsaufnahme und Analyse jener obersten neofeudalen Schicht hat sich die katholische Gesellschaftswissenschaft ebensowenig bemüht wie übrigens auch die neutrale. Diese Schicht existiert und operiert wie hinter einem Nebelschleier. Es gibt eine soziologische Analyse von ihr ebensowenig, wie es etwa eine Analyse des höheren Klerus gibt. Was die unterste Schicht angeht, so

* Oswald von Nell-Breuning SJ (geb. 1890) ist seit den zwanziger Jahren einer der führenden Vertreter katholischer Soziallehre.

nimmt sich die Caritas ihrer tatkräftig an, und in der Sozialpolitik dient ihr etwa die Rentenanhebung mit erfreulichen Erfolgen. Dagegen wird der Tatbestand der niedrigsten Löhne wie im Katholizismus so auch überhaupt wenig beachtet: die Lohnhöhe und die Lohnkämpfe der bessergestellten Kategorien verstellen den Tatbestand. Was aber die breite Schicht der Mitte angeht, die durch ihre Konsumstruktur nivelliert wird, so wirkt die katholische Predigt und Bildungsarbeit dieser Nivellierung durch moralischen Appell und geistige Anregung entgegen, mit nicht geringen Erfolgen, aber in einem sehr begrenzten Bereich. Einzelne Organisationen treiben auch Konsumentenerziehung, aber es fragt sich, ob wir genügend Energie aufbringen, um ohne Beeinträchtigung der Konsumfreiheit das Angebot, aber auch die Werbechancen der fragwürdigsten Güter und Dienstleistungen zu bremsen, eine auf die Gefahren der Konsumgesellschaft gerichtete Wirtschaftspolitik zu treiben.

Funktion und Verantwortung

Jenen Soziologen, welche die gegenwärtige Gesellschaft geradezu von der Konsumseite aus definieren, ist entgegenzuhalten, daß die Stellung in der Produktion die Menschen immer noch mindestens so stark beeinflußt wie ihre Konsumwünsche und Gewohnheiten. Selbst die klassische Arbeiterfrage, das soziale Problem der Zeit unserer Großväter, ist nach dem Urteil der kritischen unter den katholischen Sozialtheoretikern keineswegs befriedigend gelöst. Im Urteil über diese Frage ist der Katholizismus deutlich klassengeschieden. Die Erkenntnis, daß trotz hoch erfreulicher Verbesserung des Lohnniveaus die in den Sozialenzykliken proklamierte Lohngerechtigkeit und der Status der Partnerschaft und Menschenwürde noch nicht erreicht sei, hält sich die Waage mit dem Urteil, die Arbeiter könnten voll zufrieden sein und sollten auf der Basis des status quo höchstens quotenmäßig an der Vermehrung der Produktivität oder des Sozialproduktes beteiligt werden. Die Nichtarbeiter zeigen wenig Verständnis dafür, daß in der Frage der Lohnfortzahlung im Krankheitsfall gerade die loyalsten und reifsten Arbeiter durch die diffamierende Unterscheidung von den Angestellten, mag sie auch der Sache nach auf ein Geringes zusammengeschrumpft sein, in ihrer Würde verletzt werden. Hier zum Beispiel wäre über alle Interessengegensätze hinaus eine katholische Aktion angebracht: sie hat nicht stattgefunden. Auch über den Investivlohn und die Arbeiteraktie sind die Meinungen geteilt. Diese wie alle ähnlichen Fragen haben zwar das Interesse der Fachleute, – sie erregen die Katholiken und die Katholikentage nicht. Noch fast unentdeckt ist die ganze Welt des Betriebes.

Im übrigen enthält die Produktionsgesellschaft in schwer durchdringlichem Ineinander teils ältere, teils neuere, teils Ansätze zukünftiger Strukturen. Noch gibt es stattliche Reste der alten ständischen Gesellschaft; viel stärker sind die Elemente der bürgerlichen Gesellschaft, der Wirtschaftsfreiheit des Einzelnen in der Landwirtschaft, im Handwerk, im Handel und in der kleinen und großen Industrie, und der Berufsfreiheit der freien Berufe: das mit dieser Existenz verbundene Bewußtsein ist fast vorherrschend. Daneben gibt es auch noch Elemente der Klassengesellschaft. Quer durch alle diese älteren Strukturen hinurch aber setzt sich allmählich die funktionale Gesellschaft durch und ein Bewußtsein, das ihr entspricht. Das haben wir genauer als bisher zur Kenntnis zu nehmen. Hier liegen die positivsten Möglichkeiten der industriellen Gesellschaft. Der Einzelne versteht seine Berufsposition, mag sie gebunden, mag sie formal frei sein, heute, wenn er sie überhaupt versteht, aus ihrem Stellenwert für das Ganze. Das beginnt das Handeln und das Ethos oder aber doch die Ideologie vieler zu bestimmen. Der Einzelhändler will nicht mehr der Mann sein, der in individueller Freiheit Waren zum Preis X einkauft und zum Preis Y verkauft und von der Differenz lebt, sondern der Mann, der die Funktion der Warenverteilung, der Vermittlung zwischen dem Großhandel und dem Konsumenten besorgt. Und ebenso versteht sich mancher Arbeiter nicht mehr so sehr als gekaufte Arbeitskraft, sondern als ein Mann, der im Produktionsvorgang eine bestimmte Stelle einnimmt. Andererseits empfinden viele Lehrer oder Ärzte und sogar Seelsorger, die ihrer Berufsarbeit früher als souveräne Dienste aufgefaßt haben, die zum Teil unvermeidlichen Einschränkungen, die für sie mit der Funktionalisierung gegeben sind, als mißlich oder gar als verderblich. Der Begriff der Funktion enthält ja immer beides: die individuell artikulierte Leistung und den Zusammenhang in einem höheren Ganzen, der sowohl als vielfältige Begrenzung ertragen und bewältigt als aber auch verantwortet werden muß. Die Katholiken haben früher in dieser Entwicklung mehr das negative Element gesehen, den tatsächlichen oder scheinbaren Verlust an Spontaneität und Bewegungsfreiheit. Sie verklärten entweder die ständische Bindung oder die individuelle Freiheit. Sie haben dabei die Verwandtschaft der modernen Funktion mit dem Dienst übersehen. Erkennen wir diese Verwandtschaft und sagen wir Ja zur funktionalen Gesellschaft in diesem Sinn, so haben wir uns allerdings sogleich vor einer billigen Verklärung der Dienste zu hüten. Gewiß kann die Erfüllung der Funktion im äußersten Fall Hingabe-Dienst bis zum Opfer sein, eine originäre Erfüllung christlicher Existenz. Der Einzelne kann in dem Dienst, den er leistet, für sich selbst die Frage der sozialen Gerechtigkeit geradezu überspringen, – man kann ja seine Rechte opfern. Man kann aber nicht die Rechte anderer und die gerechte Struktur des Ganzen opfern. Der Kurzschluß liegt nahe: sei dankbar, daß du dienen darfst. Wir müssen sofort hinzufügen: du hast den Dienst konkret in allen seinen Zusammenhängen zu verantworten. Das aber führt zur Forderung der Reflexion, der Kritik und der gesellschaftspolitischen Initiative, auch zur Entwicklung von Solidaritäten und zum Kampf. Von jeder Funktion aus ergibt sich die Pflicht dazu. Hier wird für die nächsten Jahrzehnte ein unübersehbares Feld christlicher Gewissensprüfung, konkreter Analysen, konkreter Aktivitäten liegen. Die Aufgabe ist schwer, da generalisierende Lösungen lange nicht so nahe liegen, wie in der Zeit der reinen Klassengesellschaft oder gar der Stände, da es einfach war, die Standestugenden zu fixieren. Hier hilft nur Bildung, eine persönliche religiöse Bildung und eine persönliche profane Bildung, die den Einzelnen in den Stand setzt, seinen funktionalen Ort in der Gesellschaft zu verstehen und zu reflektieren und von da aus das zu tun, was sein geklärtes Gewissen ihm zu tun aufgibt. Der moderne Gebildete unterscheidet sich vom Ungebildeten dadurch, daß er in ständiger Bemühung um Verständnis seiner Situation lebt, vom bloß stattlich Informierten dadurch, daß er dem Unverstehbaren standhält.

Partner unter allen

Uns so zu bilden, wird zu einer zentralen Lebensaufgabe. Solche Bildungsarbeit wird zur ersten, wichtigsten und zentralen Aufgabe auch der katholischen Verbände. Ich will keineswegs übersehen, daß sie auch in ihrer Geschlossenheit nach außen hin gesellschaftspolitische Aufgaben haben. Einige sind dafür spezialisiert, wie der Familienbund, bei anderen ergibt sich die nach außen gerichtete Aktion aus der Zusammensetzung. Sie können und sollen nach gemeinsamer Willensbildung, die allerdings durch eine Manipulation von oben nur sehr fragwürdig ersetzt werden kann, durch ihre Zahl und ihr Argument einen Druck ausüben. Aber eine sehr viel stärkere und sehr viel legitimere Wirkung haben sie, wenn sie ihre Mitglieder zu mündigen Personen zu bilden suchen, die in der immer funktionaler werdenden Wirtschaftsgesellschaft ebenso ihren Mann oder ihre Frau stellen wie in der politischen Gesellschaft, etwa in den politischen Parteien. Zehn grundsatztreue, in der Katholischen Arbeiterbewegung gründlich nicht geschulte, sondern gebildete katholische Arbeiter in der Ortsgruppe der SPD oder der CSU könnten zwar nicht »Wunder wirken«, aber doch Änderungen bewirken, die uns überraschen würden. Ich weiß, daß hier manches geschieht, – ich weiß, wie man sich etwa in der Frauen- und Müttergemeinschaft um eine solche Bildungsarbeit bemüht. Aber oft fehlt sie, und oft ist sie durch eine Schulungsarbeit ersetzt, von der ich schon sagte, daß sie dilettantisch sein müsse, solange wir uns einbilden, die Lösungen, die wir erst noch mühsam erarbeiten müssen, fertig in der Hand zu haben. Ein Sonderproblem als Beispiel: es käme unter anderem darauf an, daß die Arbeiter in den Fabriken über die durch Delegierte vermittelte betriebliche Mitbestimmung hinaus eine stärkere Verantwortung für den jeweiligen Arbeitsvorgang in Anspruch nähmen, ein Mitspracherecht und ein Mitsprechen in der Organisation ihrer eigenen Tätigkeit. Das ist sowohl eine Forderung der Menschenwürde als auch ein Stück Einübung der Demokratie. Dafür müßten die katholischen Arbeiter ermutigt und gebildet werden.

In der Gründung der christlichen Gewerkschaft* sehe ich einen schwerwiegenden Verzicht auf die mühsame, aber notwendige katholische Aktivität im DGB; man wählte die leichtere aber wirkungslosere Lösung, man wich der Aufgabe aus, im DGB wirksam zu sein, nicht als konspirative Gruppe oder in der Isolierung einer Gesinnungsgruppe, sondern in völliger Loyalität und keineswegs immer bremsend und mäßigend, sondern von den christlichen Normen und Appellen

* Nachdem katholische, christdemokratische Gewerkschafter mit dem Versuch gescheitert waren, über ultimative Forderungen größeren Einfluß gegenüber der sozialdemokratisch orientierten Mehrheit im DGB zu erlangen, lösten sie sich von der Einheitsgewerkschaft und gründeten 1955 die Christliche Gewerkschaftsbewegung.

aus geradezu antreibend. Ich hatte die Hoffnung nie aufgegeben, daß sich die Spaltung überwinden läßt, und höre mit Freude, daß man daran arbeitet.

Es fragt sich, wie weit diese Meinung, die Meinung, es sei besser, in der allgemeinen Organisation präsent zu sein als sich katholisch von ihr zu isolieren, verallgemeinert werden kann. Ich neige dazu, zu postulieren, daß überall da, wo fixierter Geist das nicht unmöglich macht, der Katholik zunächst einmal aus Solidarität und um der Aktion willen in der allgemeinen Organisation präsent sein müsse, wo immer eine solche Organisation von allgemeiner Bedeutung existiert. Darüber hinaus wird es in vielen Fällen sinnvoll sein, sich primär um der Selbstbildung willen und sodann um der gesellschaftspolitischen Aktion willen auch konfessionell – oder aber allmählich immer mehr auch katholisch-evangelisch – zusammenzuschließen. Ich könnte mir eine sehr ferne Zukunft denken, in der eine katholische Lehrerin doppelt organisiert ist, einmal in einer Lehrergewerkschaft, die durch die lebhafte Mitarbeit überzeugter Christen anders aussehen wird als die von mir im übrigen respektierte jetzige Gewerkschaft Erziehung und Wissenschaft, zum anderen in einem katholischen oder christlichen Lehrerverband. Ich wähle bewußt dieses Beispiel, weil der Katholische Lehrerinnenverband, der sich in der Nazizeit wie kein anderer bewährte und auch wegen seiner intensiven Arbeit an der religiösen Bildung und am erzieherischen Ernst seiner Mitglieder unseren höchsten Respekt verdient, in den größeren Fragen zuweilen durch seine konfessionalistische Enge behindert wird. Er wirkt wie ein Beispiel sowohl für die Stärke als auch für die Grenze dieses Organisationsprinzips. Das sähe anders aus, wenn seine Mitglieder zugleich an anderer Stelle in neutralen Organisationen präsent sein, kämpfen und sich partnerschaftlich bewähren müßten. Ein anderes Beispiel: Es wäre sehr zu bedauern, wenn die dringend notwendige katholische Bildungsarbeit, die von der Geschlossenheit und Wärme der

Atmosphäre und von dem besonderen Vertrauen der Glaubensgenossen profitiert, die klare Grundlagen im Glauben hat und besondere Chancen für die personale Bildung, – wenn diese höchst notwendige Arbeit alle bildenden Kräfte und alle Bildungsinteressen der Hörer im Katholizismus so sehr absorbierte, daß für die allgemeine Öffentliche Volksbildung weder katholische Dozenten noch katholische Hörer übrigblieben, obwohl diese Volksbildung ihre besondere Aufgabe in der Weltbildung und in der Bildung zur Kommunikationsfähigkeit und als Form des Gesprächs hat. Würde es so, dann müßte der Volkshochschulverband wider seinen Willen das werden, was er jetzt meist nicht ist und jedenfalls nicht werden will: die Bildungsorganisation einer dritten Konfession, die es im übrigen als solche nicht einmal gibt.

Die falsche Alternative in allen diesen Fragen ist: wir hier und die anderen dort. Die richtige Aufgabenstellung heißt: wir als faire Partner unter allen, – und wir je in unserer Besonderheit für alle.

»Wir unter allen« heißt aber nicht: wir die eine Säule der pluralistischen Gesellschaft neben den zwei oder drei andern Säulen, der evangelischen, der bürgerlich-liberalen, der sozialdemokratischen Säule. Das viergeteilte Wohlfahrtswesen – Caritas, Innere Mission, Rotes Kreuz, Arbeiterwohlfahrt – hat sich bewährt. Aber es ist kein allgemeingültiges gesellschaftspolitisches Modell. Die Säulentheorie, welche das ganze Feld der Gesellschaft erschöpfend aufzuteilen trachtet, überschätzt erstens den wirklichen Geltungsbereich des christlichen Glaubens; man argumentiert vom Taufschein und von der Kirchensteuer statt vom Mandat der Überzeugten aus. Sowohl nach den Spielregeln der Demokratie als vor allem im Geist des christlichen Glaubens aber dürfte nur das Mandat der Überzeugten zählen. Zweitens übersieht man, daß der moderne Einzelne im schlechtesten Fall ein Schnittpunkt, im besseren Fall eine persönliche Integration sehr verschiedener Existenzelemente ist, etwa zugleich Arbeiter, Gewerkschaftsmitglied, Schrebergärtner, Bewunderer großer Männer und Katholik. Oder Kaufmann, Kegelspieler, Lebensgenießer, Mitglied der FDP, Ostvertriebener und Katholik. Im Namen des Katholizismus kann in sehr vielen, in den meisten Fällen nur ein begrenzter Lebensaspekt des Menschen beansprucht werden. Die drei oder vier Säulen stehen eindrucksvoll aber einzeln auf dem Feld einer im Ganzen amorphen und im einzelnen hochdifferenzierten Gesellschaft, – sie tragen keineswegs gemeinsam ein Dach, unter dem die ganze Gesellschaft lebte. Diese Theorie ist also bestenfalls eine Selbsttäuschung, schlimmstenfalls ein nicht ganz loyaler Versuch, mehr Macht und mehr Geld zu beanspruchen und zu verwalten als einem gerechterweise zusteht. Der Zustand unseres gesellschaftlichen Bewußtseins wird durch nichts besser charakterisiert als durch die Tatsache, daß eine aus der Philosophie des heiligen Thomas und der Sozialenzykliken entwickelte klassische Soziallehre unverbunden neben solchen und anderen etwas leichtgezimmerten Theorien über die besondere Struktur der gegenwärtigen Gesellschaft steht.

Solidarität ist das Ziel

Also bleibt uns für die nächste Zeit vor allem das Lernen, das Studieren, das Analysieren. Wir haben sodann in der Besinnung auf unsere Normen und Impulse, in der Kraft des erneuerten biblischen und liturgischen Lebens, dessen dankbare Zeugen und Nutznießer wir sind, den Raum freizumachen für konkrete Utopien, Handlungsziele, Entwürfe besserer solidarischer, zumutbarer Strukturen. Hier liegen unsere stärksten Versäumnisse. Wir wissen, daß wir der totalen Utopie Dritter Reiche faschistischer, kommunistischer, technokratischer Art keine ebenso totale Gegen-Utopie entgegensetzen können. Wir erwarten das volle Heil der menschlichen

Gesellschaft nicht von unserer Aktivität, sondern von einem Eingreifen Gottes am Ende der Geschichte. Aber die Sünde, welche den vollen Sieg des Friedens und der Gerechtigkeit in der Geschichte selbst immer wieder verhindert, vor allem ihre politisch gefährlichste Form, die Trägheit der Herzen, verbietet uns ebensowenig reale gesellschaftspolitische Zukunftsansprüche, wie sie uns anständige private Zukunftsplanung verbietet. Im Gegenteil: wie wir uns gerade im Widerstand gegen das Böse in uns selbst und außer uns als einzelne Christen und als Familieneltern der Zukunft in konkreten guten Vorsätzen und Planungen entgegenstrecken, wie etwa Vinzenz von Paul * der Krankheit und Armut und Herzensträgheit in Paris die Planung seiner Gesellschaft und deren Häuser entgegenstellte, so sind wir dazu gerufen, aus den möglichst genau erkannten Fakten und Trends unserer Gesellschaft und den Forderungen und Appellen unseres Glaubens konkrete Entwürfe einer begrenzten Zukunft zu entwickeln. Kennedy und Johannes haben das verstanden. Sie waren der Zukunft zugewandt. Sie waren ebendadurch, daß sie sich konkreter geschichtlicher Zukunft zuwandten, auch der absoluten Zukunft des Reiches Gottes zugewandt. In ein und derselben Bewegung folgen wir Christus nach und gehen wir dem Heil entgegen, wenn wir mit Hilfe von konkreten Entwürfen an einer besseren Zukunft arbeiten. Diese müssen im übrigen immer wieder aus der überraschenden Erfahrung korrigiert werden und sich immer neu unter die Führung Gottes stellen. Das Insgesamt solcher Entwürfe kann nicht die christliche Gesellschaft sein. Wir können und sollen die Bekehrung aller mit Leidenschaft erhoffen, aber wir können nicht über die Gnade verfügen und die vollzogene Bekehrung in unser Kalkül einsetzen. Der letzte Ziel-

* Vinzenz von Paul (1581–1660) gilt als Begründer der neuzeitlichen katholischen Caritas. Vgl. dazu auch: Walter Dirks: Vinenz – in seiner Zeit und für uns, in: Walter Dirks: Die Samariter und der Mann aus Samaria, Freiburg 1985, S. 87–102.

horizont kann nur eine solidarische Gesellschaft sein, in der Christen in gesteigerter, in christlich zur Bruderschaft erhöhter Solidarität mit anderen zusammenwirken. Auch das hat Johannes betont.

Wir waren 1945 in aller Unwissenheit und Unschuld viel näher daran. Wir sind im übrigen durch allzu kleine Erfolge hinter den wachsenden Perspektiven zurückgeblieben. Vieles ist in Bewegung, viel Gutes wird getan. Von vielen gesellschaftlichen Engagements des ganzen Katholizismus, seiner Gruppen und des Einzelnen habe ich gar nicht gesprochen. Wie viele sind ohne viele Worte in der Sache als Zeugen des Glaubens präsent, in allen Bereich des gesellschaftlichen Lebens. Ich wollte bewußt pointieren. Ich fürchte, daß uns im allgemeinen noch nicht recht klar ist, was auf dem Spiel steht und welche ebenso gefährlichen wie großartigen Perspektiven unsere Situation hat; ich beobachte nicht, daß wir mit angemessener Vorurteilslosigkeit, Selbstlosigkeit und Offenheit vorangehen. Ursprünglich von Temperament ein Optimist, neige ich als ein Mann, der müde zu werden beginnt und von der eigenen Schwäche auf die der Gefährten und unbekannten Partner schließt, eher zum Pessimismus. Ich kann's nicht recht mehr glauben, daß wir durchkommen. Aber die theologische Tugend der Hoffnung, das Vertrauen auf den heiligen Geist hängt nicht von unserem Optimismus ab. Auch ist in den letzten Jahren mein mühsam erlernter Pessimismus durch die Erfahrung des Konzils erschüttert worden. Vielleicht schafft der Weltkatholizismus, was der tüchtige, was der in manchem allzutüchtige deutsche bisher nicht schaffen konnte. Vielleicht erneuert sich vom Konzil her auch in Deutschland die Chance doch, die wir in der Stunde Null 1945 nicht festzuhalten imstande waren. Vielleicht bleibt die Reform des Vollzugs der Eucharistiefeier nicht in den klugen Bedenken der Praktiker stecken, vielleicht wird dieses Herzstück des katholischen Lebens, tiefer erlebt, in einfachen Zeichen besser verstanden, doch zu dem

Ort, von dem das Volk Gottes aufbricht, um in der Solidarität aller Menschen aktiver, loyaler, beständiger, hilfreicher zur Stelle zu sein. Denn darauf allein kommt es in aller christlichen Gesellschaftspolitik an.

Kann die Kirche demokratisch werden?

I

Läßt sich die Kirche »demokratisieren«? Die uralte und sehr heilige Römisch-Katholische, mit ihrem Papst als dem Nachfolger des Petrus, dem »Stellvertreter Christi«, und mit ihren Bischöfen als authentischen Nachfolgern der Apostel, durch die Sukzession einer lückenlosen Kette von Handauflegungen mit diesen selbst verbunden? Mit ihrem Lehramt, dem allein authentischen Ausdeuter einer Wahrheit, die von oben kommt? Mit ihrem Hirtenamt, dessen Binde- und Lösegewalt selbst den Himmel verpflichtet?

Die Ausdrücke, die ich benutze, um »undemokratische« Strukturen in dieser Kirche anzudeuten, sind nicht alle gleich haltbar, aber sie charakterisieren doch das Bewußtsein vieler katholischer Bürger des Gottesvolkes, die sich als gehorsame Untertanen der »Universalmonarchie« der Papstkirche empfinden. Aber auch andere Katholiken und Bischöfe, die nicht mehr von »Untertanen« oder von »Monarchie« sprechen mögen, sondern vom Volk Gottes, einem allerdings »hierarchisch gegliederten«, reagieren zuweilen empfindlich, wenn einer den Begriff »demokratisch« auf die Kirche anwendet: sie empfinden das als eine »katábasis eis állo génos«, als die unzulässige Übertragung eines in der politischen Sphäre sinnvollen Begriffs auf einen Bereich völlig anderer Provenienz und Struktur. »Über die Wahrheit, die geschenkt ist, kann man nicht abstimmen.« Daß die Demokratien sich »von unten nach oben« aufbauen, die Kirche dagegen, eben in jener hierarchischen Struktur, »von oben nach unten«, nämlich von Christus über seine Bevollmächtigten zum hörenden Volk hinunter, ist die gängigste Replik.

Ob sie mit diesem ihrem Einwand recht hat oder nicht, hängt natürlich zunächst einmal von der Vorstellung ab, die wir mit dem Wort »Demokratie« verknüpfen. Sie soll in diesem Beitrag skizziert werden. In einem zweiten Aufsatz wird überlegt werden, in welcher Weise und in welchem Grade sich solche Vorstellungen auf die Kirche übertragen lassen. Eine dritte Abhandlung wird sodann von der Kirche selbst aus argumentieren, von ihrer Wahrheit und ihrem theologischen Selbstverständnis aus. Die beiden letzten Beiträge legen mit einer gewollten methodischen Pedanterie zum Teil Überlegungen vor, wie sie Kardinal Suenens in seinem bedeutenden Interview* in lebendiger Polemik ausgesprochen hat.

Viele Erörterungen zu unserem Thema, auch die letzten offiziellen deutschen Papiere** dazu, leiden darunter, daß der Begriff der Demokratie zu eng, zu formal und zu staatsrechtlich gesehen wird. Vor allem wirkt sich die alte Vorstellung aus, Kirche und Staat stünden einander als »societates perfectae«, als – einzige – vollkommene (nämlich den ganzen Menschen beanspruchende) Gesellschaften gegenüber, wobei deren Institutionen in einem durch die »res mixtae«, die gemischten, also beide angehenden Angelegenheiten kompli-

* Kardinal Leo Jozef Suenens (geb. 1904), Erzbischof von Mechelen-Brüssel, hatte im Mai 1969 in einem Interview den Zentralismus und Immobilismus der katholischen Kirche kritisiert. Er erinnerte an nicht vollzogene Konsequenzen aus dem Vaticanum II und forderte, das Verhältnis zwischen Bischöfen und Papst bzw. römischer Kurie nach den Prinzipien von brüderlicher Kollegialität und Subsidiarität zu gestalten. Das vielbeachtete Interview erschien in deutscher Sprache zuerst in der »Orientierung« (Zürich) vom 15. Mai 1969.

** Gemeint ist das Wort der deutschen Bischöfe »zu Fragen des Glaubens und des kirchlichen Lebens« vom Dezember 1968 (in: Herder-Korrespondenz (Freiburg), 23. Jg., Heft 2, Februar 1969, S. 74–76) und die Erklärung der Zentralkomitees der deutschen Katholiken »zu Fragen der Demokratisierung in Staat, Gesellschaft und Kirche« (in: ebd., Heft 4, April 1969, S. 181–182).

zierten, aber positiv-polaren Verhältnis zueinander stünden. Ein Stück Mittelalter: die Menschheit wird als zweigeteilte polarharmonische Ordnung Gottes verstanden. Von dieser durch die Emanzipation der Individuen, der Gesellschaft und des Staates irreal gewordenen Vorstellung – die in der Praxis auf ein konkordatäres Verhältnis hinausläuft – gehen immer noch einige Politologen und Kirchenrechtslehrer aus. Die Formel: »Eine freie Kirche als eine von vielen organisierten gesellschaftlichen Gruppen in einem freien und Freiheiten respektierenden Staat« hat sich noch nicht mit allen Konsequenzen durchgesetzt.

Doch auch wenn man von dieser pragmatischen Formel ausgeht, ist es möglich, die Vorstellung »Demokratie« zu eng zu fassen, nämlich sie auf den Staat zu beschränken. Es empfiehlt sich aber, entgegen dem Wortsinn in der »Demokratie« eine gesellschaftliche Lebensform zu sehen, die viel mehr Aussagen zuläßt und viel mehr Impulse enthält, als etwa in dem Satz »Die Bundesrepublik ist eine Demokratie« gemeint sind. Das Beispiel Großbritannien macht das in der Negation deutlich: Das Land ist zweifellos eine Demokratie, obwohl in ihm das in vieler Hinsicht immer noch qualifizierteste Staatsamt nicht durch »das Volk«, also durch Akklamation oder Mehrheitswahl besetzt, sondern in der Familie Windsor vererbt wird. Wir empfinden die nordeuropäischen Monarchien als nützliche Anachronismen, als praktikable Lösung der Frage, wie sich der Staat repräsentiert sehen will, – praktikabel, solange sich die Königsfamilie an die Spielregeln hält, die demokratisch sind. In dieser Reserve äußert sich die Einsicht, daß zur Demokratie das republikanische Element gehört. Auch in jenen nordeuropäischen Demokratien wird unter den monarchischen und ständischen Attributen der Staat sehr entschieden als res publica, als allgemeine öffentliche Sache aller empfunden und praktiziert.

Der Ausdruck »Demokratie« selbst, der zu übernehmen ist, weil jedermann eingermaßen weiß, was er besagt, ist im übrigen wörtlich übersetzt ziemlich fragwürdig. Denn weder ist es »das Volk«, das herrscht oder regiert, – es wird als solches tätig nur in plebiszitären Akklamationen; es war in der Bundesrepublik allenfalls beispielsweise wirksam, insofern »das Volk« (nämlich »fast in seiner Gesamtheit«) applaudierte und willig akzeptierte, daß die Bundesversammlung Theodor Heuss zum zweitenmal zum Präsidenten wählte. Im übrigen ist das demokratische politische Subjekt nicht ein mythisches Subjekt oder ein soziologisch homogenes »Volk«, sondern die konkrete Bevölkerung der großjährigen Bürger. Auch »herrscht« sie keineswegs, sondern sie wählt zwischen mehreren zur Legislative sowie zur Wahl und Kontrolle der Regierung bestimmten Kandidaten oder Kandidatengruppen aus, die ihnen die Parteien zur Wahl stellen. Diese Parteien wiederum erhalten ihrerseits ihr Mandat schlecht und recht von kleinen Minderheiten (CDU/CSU, FDP) oder etwas weniger kleinen (SPD), die als ihre Mitglieder eingeschrieben sind. Diese aber sind bei der Aufstellung der Kandidaten und Listen auch wieder nur mehr oder minder aktiv.

Ein Geflecht von Manipulationen mehr oder weniger legitimer Kräfte durchzieht die demokratischen Organe des Staates. Insofern sind wir allenfalls eine mit plebiszitären Elementen durchsetzte Demokratie: die Wahlen lassen mangels Alternativen nur ein begrenztes Ja zu einer von wenigen angebotenen Möglichkeiten zu. (In den Gemeinden und einigen Ländern sind die Möglichkeiten eigentlicher Delegation von Personen größer.) Im Wort Demokratie könnte auch seine zweite Hälfte Zweifel auslösen. »Krateia« heißt Herrschaft. Konrad Adenauer war tatsächlich ein Herrscher, und zu den Voraussetzungen seiner Herrschaft gehörte es, daß er eine Vaterfigur war, ein Patriarch. Normalerweise wird in einer Demokratie entgegen dem Wortsinn nicht geherrscht, sondern regiert, und zwar durch eine Regierung, die ans Gesetz gebunden ist, von der gesetzgebenden Körperschaft bestimmt und kontrolliert. Von dieser aber ist, was die Bundesrepublik anbetrifft, zu sagen, was vorhin angedeutet wurde: ihre Fraktionen entstehen auf pseudodemokratische, halbplebiszitäre Weise.

Im übrigen ist nicht von der Bundesrepublik allein die Rede: es gibt ja mancherlei Formen der Demokratie in mancherlei Sorten von Gesellschaften.

Wenn wir zur Antwort auf die Frage, ob sich die Kirche demokratisieren lasse, weiterkommen wollen, dann müssen wir erstens alles beiseitelassen, was die wörtliche Übersetzung von »Demo-kratie« an jakobinischen oder anderen Assoziationen in Bewegung bringen könnte, zweitens überhaupt die enge Bindung an irgendeine konkrete Spielart der parlamentarischen Staats-Demokratie, wie wir sie als ein Produkt der Englischen, Amerikanischen und Französischen Revolution (mit ihren Wurzeln in ältere genossenschaftliche Ordnungsstrukturen hinabreichend) kennen. Wir müssen statt dessen von allgemeinen Kennzeichen ausgehen.

Es gibt ihrer viel mehr als die in den Demokratien unserer Herkunft mehr oder weniger geltenden Prinzipien der Wahl, der Mehrheit in der Wahl der Delegierten und der Mehrheit in den Beschlüssen dieser Delegierten, zu der eine mehr oder weniger realisierte Unabhängigkeit der richterlichen Gewalt hinzutritt, sowie das Prinzip der Kontrolle. Wollte man sich – unsoziologisch und unhistorisch – eine ideale Demokratie ausmalen, so käme man auf eine sehr große Zahl von konstituierenden Elementen, und wenn man sich dann in der Staatenwelt und unter den Gesellschaften der Erde umschaute, so würde man sein demokratisches Gewissen schon zufriedengestellt sehen, wenn man nur eine größere Anzahl, möglichst eine überwiegende Zahl solcher Elemente von Demokratie in einem Staat oder in einer Gesellschaft vereinigt sähe, und wenn die Grundprinzipien von Wahl und Kontrolle gegeben sind. Das hängt unter anderem – aber nicht allein – damit zusammen, daß Demokratien nicht Fertigprodukte und überhaupt nicht Fabrikate sind, sondern Stadien der Geschichte und sich auch als solche begreifen: Die demokratische Gesellschaft versteht sich heute als eine Gesellschaft in geschichtlicher Bewegung.

So sehr die Verfassung und Praxis des Staates die auffälligsten Proben aufs Exempel sind, so sehr ist der eigentliche Ort der Demokratie die Gesellschaft, in ihr das Bewußtsein, das sie – nicht als unteilbares Subjekt, sondern in ihren Gruppen und Individuen – von sich selber hat. Soll ein demokratischer Staat als solcher funktionieren, so wird die Gesellschaft, in der er sich artikuliert und wirkt, in hohem Maße demokratisch sein müssen, und zwar nicht nur in den Gesinnungen, in den Motiven, den Modellvorstellungen aller oder doch größerer Prozentsätze der Bevölkerung, sondern auch in anderen relevanten Teilstrukturen der Gesellschaft. Wir haben – zur Weimarer Zeit – beispielsweise erfahren, daß ein Staat auf die Dauer nicht demokratisch existieren kann, wenn seine Armee antidemokratisch ist. Daß der deutsche Faschismus, der wie jeder Faschismus ein Bündnis war, neben antidemokratischen Sozialgruppen (so den Großagrariern und den Monopolkapitalisten) und einer dynamischen Volksbewegung (der nationalsozialistischen Bauern- und Bürgerrevolte) auch eine antidemokratische Armee zur Verfügung hatte, die sich in der entscheidenden Stunde dem Bündnis gegenüber neutral verhielt, besiegelte das Ende der Demokratie, der theoretisch besten aller demokratischen Verfassungen zum Trotz; als sie beseitigt war, trat die Armee dem siegreichen Bündnis bei. Und selbst Adolf Hitler – das darf man vermuten – wäre nicht der geworden, der er war, hätten ihn nicht eine undemokratische Familienstruktur und eine antidemokratische Armee, in der er seine Heimat fand, vorgeprägt, eine ausweglose und insofern undemokratische soziale Situation dann nachgeprägt.

Zählen wir einige Voraussetzungen und Elemente einer demokratischen Gesellschaft auf, – wobei es klar ist, daß hier nicht systematisch, sondern pragmatisch und historisch verfahren wird.

Solidarität, als erkannte und akzeptierte wechselseitige Abhängigkeit und als Gesinnung, das ist das erste Kennzeichen. Dabei ist durchaus nicht nur an die den ganzen Bereich der Gesellschaft und ihres Staates umgreifende Solidarität zu denken, sondern an eine Grunderkenntnis und Grundhaltung, die sich auch in Teilgruppen und in besonderen Situationen äußert und einübt. Natürlich ist es nicht leicht, solche Teilsolidaritäten (etwa: der Gewerkschaften als solidarischer Bewegung der Arbeitnehmer; der Bauern; der Volksschullehrer...) von Kollektivegoismen zu unterscheiden, erst recht von Komplizenschaften. (Auch Gangsterbanden kennen eine Solidarität.) Als durchgehendes Element von Demokratie ist Solidarität nur dann von Bedeutung, wenn die in vielen Gruppen spezielle und in vielen Situationen speziell eingeübte Solidarität der Teile vor dem Hintergrund einer allgemeineren Solidarität sichtbar wird, die als Grundnorm akzeptiert wird.

Ähnlich verhält es sich mit dem Element des Gesprächs, mit dem *»Dialog«*, der Verhandlung, der Kommunikation des Bewußtseins, – zweites Kennzeichen. Überall, wo ein Befehl ersetzt, was durch Übereinkunft geregelt werden könnte, wird ein Stück Demokratie zerstört. Überall, wo durch ausdrückliche – oder unausdrücklich vorausgesetzte – Übereinkunft ein Befehl unnötig wird, wächst ein Stück Demokratie. Das schließt nicht aus, daß im Rahmen von Übereinkunftsstrukturen Befehls- und Gehorsamsräume abgegrenzt sind; ist deren technische Struktur und Notwendigkeit erkannt, so gefährdet die Disziplin des Gehorchens die Demokratie nicht.

Eng mit dieser Art der Kommunikation hängt ein Komplex zusammen, der nicht rein in seine Elemente aufzulösen ist: der des Überzeugens und des Überredens. Der Demokratie entspricht primär der Wille, mit dem besseren Argument zu überzeugen, und die Bereitschaft, sich vom besseren Argument überzeugen zu lassen. Da aber so, wie die Menschen sind, das Sprechen – »Parlamente« sind »Sprechräume« – zum Überreden werden kann, da »Demagogen« (wörtlich »Volks-Führer«) die Rede mißbrauchen können und viele bereit sind, sich von ihr und ihnen mißbrauchen zu lassen, so wird die Rhetorik als Element der Überredungskunst zur legitimen Schwester der Überzeugungskunst, indem jene immer dort aufgerufen wird, wo Demagogen das Werk des Überzeugens zunichtezumachen drohen. Das ist ein nicht unbedenklicher Sachverhalt, da die Überredung die Unfreiheit des Überredeten fixiert: die Überredung zum »Guten« kann den Menschen sogar gefährlicher an seine Unfreiheit fixieren als die Verlockung zum Bösen: der Großinquisitor ist der Demokratie gefährlicher als Don Juan oder Catilina. Zur demokratischen Rhetorik, die sich natürlich nicht nur im Reden äußert, sondern in jeder Art, Einfluß auf das Bewußtsein und den Willen der Menge zu nehmen, gehört also eine Verschränkung des Überzeugens und des Überredens, in der primär immer die Freiheit des Partners gemeint ist und das Überreden nur dort seinen Platz hat, wo diese Freiheit nun einmal nicht gewollt wird – noch nicht, vorläufig noch nicht gewollt. (Denn die erste Freiheit ist nicht die Freiheit der Wahl zwischen Gut und Böse, sondern die Freiheit, zwischen der Freiheit und der Unfreiheit zu wählen.) Demokratien sind rhetorische Gesellschaften: Kampfplätze der Demagogen und der »Rhetoren«, wenn wir einmal diesen Titel nur positiv verwenden wollen.

Aus dem Mit- und Gegeneinander der Redenden entsteht das, was man die Vierte Gewalt genannt hat: die in der Presse und den anderen Massenkommunikationsmitteln sich formulierende »Öffentliche Meinung«, heute immer mehr korrigiert und ergänzt durch die in Meinungsumfragen bald schlecht, bald präzis ermittelte »unöffentliche Meinung« der Staatsbürger. *Toleranz* ist das dritte Kennzeichen. Natürlich Toleranz, im wörtlichen Sinn als »Duldung« der anderen Meinung, vor allem aber als aktives Interesse daran, daß der andere seine Meinung habe und sie so gut wie möglich habe, so wahr und so frei wie möglich, – mit der prinzipiellen Vorgabe, seine Meinung könne sich als wahrer oder produktiver und hilfreicher als die eigene erweisen. Die aktive Sorge darum, daß dem Andersdenkenden die freie Äußerung seiner Meinung nicht bestritten werde. Diese Stufe der Toleranz – wie vieles andere, das der Demokratie ihren Sinn gibt – wird in der Reinform selbstverständlich nur selten erreicht.

Und *»Aufklärung«*! Aufklärung als »Ausgang der Menschen aus selbstverschuldeter Unmündigkeit«, als ständiger Prozeß, der sich keine vorgegebenen Grenzen setzen läßt, sondern sich grundsätzlich als unendlich versteht. Faktisch stößt die Aufklärung allerdings immer wieder an Grenzen: an das nicht, an das noch nicht Aufklärbare; an das »ineffabile« des individuellen Menschen, sein Geheimnis; ans Geheimnis überhaupt, von dem ich vorher nicht wissen kann, inwiefern es eines bleibt und inwiefern es von der Anstrengung der Beobachtung und des Begriffs sich in ein Wissen oder in ein Geheimnis anderer Dimension verwandeln wird, das oft meine Ehrfurcht mehr beansprucht als das unangetastete, auch als das Tabu.

»Emanzipation« ist die Folge, – Emanzipationen aller Arten von Unterprivilegierten: Ich nenne als Beispiel für viele die denkwürdige Trias, die sich bei diesem oder jenem reaktionären Schriftsteller negativ, in positiver emanzipatorischer Absicht in der Enzyklika »Pacem in terris« Johannes' XXIII.* zusammengesehen findet: »Die Arbeiter, die Neger und die Frauen«. Eine Orientierung an der Zukunft wird aus mehre-

* Die Friedensenzyklika erschien am 11. April 1963, zwei Monate vor dem Tod Johannes XXIII. (1881–1963).

ren Gründen immer mehr zu einem Kennzeichen der demokratischen Gesellschaft. Der simpelste Grund: daß sie sich selber am Maß der eigenen Normen mißt und als unfertig empfindet.

Der Kern des demokratischen Verhaltens aber mag im *Vertrauen* und in der *Kritik* stecken. Was sich in der Staatsdemokratie als Delegation (Wahl) und als Kontrolle mit der Möglichkeit des Vertrauensentzugs in fixierten Formen äußert, durchzieht das ganze Leben der demokratischen Gesellschaft. Ohne viel Vertrauen, begründetes und erfahrenes, vor allem aber auch vorgegebenes Vertrauen, bräche alles unverzüglich zusammen; ohne Kritik und ohne Kontrolle würde die Gesellschaft in ihren Zuständen und Machtstrukturen erstarren.

Und die Rolle von »Freiheit, Gleichheit, Brüderlichkeit«? Ganz gewiß gehören sie dazu, und zwar nicht nur die ersten beiden scheinbar allein politischen Parolen der Großen Revolution, sondern alle drei.

Die *Freiheit,* niemals eine absolute, immer eine Freiheit, die sowohl vom Freiheitsraum der Partner als auch vom alle bindenden, aber auch von allen (oder von der legitimen Mehrheit) bejahten Gesetz begrenzt wird. Diese Freiheit entfaltet sich in einer unübersehbar großen Zahl von bestimmten Freiheiten. Nicht nur, ob sie garantiert sind, sondern auch in welchem Maße sie in Anspruch genommen und verwirklicht werden, bestimmt den Rang von Demokratien. Ein anderes Maß dieses Ranges ist die Bereitwilligkeit, in der notwendige Bindungen in Freiheit bejaht werden.

Die *Gleichheit* kann nur die vor dem Gesetz und die der Lebenschancen sein, soweit sie gesellschaftlich vermittelt sind. Es werden viel mehr Möglichkeiten gesellschaftlich vermittelt, als es den Anschein hat, positiv als Angebot, negativ als Mangel. So beispielsweise ist die vielzuoft als Naturmitgift angesehene und durch Prüfungen oder Test ermittelte »Begabung« in hohem Maß gesellschaftlich bestimmt. Deshalb wird demokratisch, im Hinblick auf Gleichheit, nur eine Gesellschaft genannt werden können, die viel daransetzt, latente Möglichkeiten der Einzelnen oder von Gruppen zu aktivieren. Aktive Bildungspolitik in allen Schichten und Regionen ist eins der Momente von Demokratie. Im übrigen enthält das Prinzip des allgemeinen, gleichen, direkten und geheimen Wahlrechts eine spezifische Variante des Gleichheitsprinzips: es sieht von vorhandenen Ungleichheiten (der Erfahrung, der Klugheit, der Bildung, erst recht des Reichtums) ab, einmal weil sie schwer verifizierbar oder in eine gültige Beziehung zum Allgemeinwohl zu bringen wären, vor allem aber weil die Gleichheit des Risikos – etwa eines Krieges – als entscheidender angesehen werden muß als selbst manifeste Ungleichheiten in der zu erwartenden politischen Urteilsfähigkeit: der dumme K. wird dem klugen B. gleichrangig, weil er wie dieser den Kopf hinhalten wird.

Die *Brüderlichkeit* hingegen gilt den meisten als Lyrismus. Es ist oft darauf aufmerksam gemacht worden, daß Exzesse der Freiheit die Gleichheit zerstören: in der Tat hat die in der Großen Revolution erkämpfte bürgerliche Wirtschaftsfreiheit den Hochkapitalismus, das Proletariat und damit die skandalöseste Ungleichheit (und Unfreiheit dazu) erzeugt. Ebensooft wurde bemerkt, daß Exzesse der Gleichheit die Freiheit unterdrücken: wenn alle vor der Guillotine gleich sind, ist die Freiheit tot. Freiheit und Gleichheit können einander also widersprechen. Was sie vermittelt, ist das nichtprinzipielle, das konkrete und historische Moment der Brüderlichkeit. In ihnen haben es nicht Prinzipien miteinander zu tun, sondern Menschen. Der larmoyante und schwärmerische Ton liegt nicht im Begriff selbst, denn Brüder stehen einander durchweg nüchtern gegenüber; sie kennen sich zu gut, um füreinander zu schwärmen; aber sie lassen einander gelten und halten zusammen. So korrigiert das dritte Ideal der Großen Revolution die Exzesse und Widersprüche der beiden ersten.

Weniger lyrisch als »Brüder« und mehr auf die Sache bezogen sind die »Genossen«, ist die Genossenschaft; ein Urelement von Demokratie, eine der historischen Wurzeln des Staates überhaupt, wenn Herrschaft die andere ist. Wir waren bereits nahe bei ihr, als von der Solidarität die Rede war. Demokratisch ist, unter anderm, eine Gesellschaft in dem Maße, als sie genossenschaftliche Strukturen aufbaut, schätzt, gelten läßt und fördert.

Mehrere der aufgezählten Elemente, darunter auch das genossenschaftliche, führen zur »Mitbestimmung«, und zwar zur »qualifizierten Mitbestimmung« nicht im Sinn des aktuellen Sprachgebrauchs (– in diesem auch! –), sondern in einem allgemeineren Sinn: die Mitbestimmung eines jeden und jeder Gruppe soll sich qualifizieren. Wodurch? Durch die Funktion, die dem Einzelnen oder der Gruppe eigen ist. Die Ausdehnung der qualifizierten Mitbestimmung im aktuellen Sinn (von der Montanindustrie auf alle Großunternehmen, die durch bestimmte Kriterien als solche definiert sind) würde also ein Mehr an Demokratie bedeuten, ein systemkonformes insofern, als sich kapitalorientierte und arbeitsorientierte Unternehmer in »sozialer Symmetrie« die Waage halten würden. Doch wird eine stärkere Demokratisierung der Gesamtgesellschaft und aller ihrer Teile auf die Dauer das System der sozial begrenzten freien Martkwirtschaft sprengen und – mit oder ohne »Revolution« – zu einem anderen System der Wirtschaft führen, das heißt zu einer realeren Form von Demokratie.

Die demokratische Gesellschaft empfindet sich überhaupt als »funktionale« Gesellschaft; der Ort des Einzelnen in ihr wird durch seine Funktion, seinen »Dienst« bestimmt; ebenso werden Gruppen vieler Art und alle relevanten Institutionen von ihren Funktionen aus bestimmt und begrenzt: dasselbe gilt von der Autorität: so sehr der Autoritätsträger mit dem Maß an menschlicher Qualität, in der er sein Amt ausübt, steht und fällt, so sehr ist sein einklagbarer Anspruch durch die Funktion dieses Amtes bestimmt und begrenzt.

Mündigkeit. Der Rechtsbegriff ist klar. Die volksetymologische Ableitung, die im Mündigen den Menschen sieht, der den Mund aufzutun vermag und wagt, der sein Wort zu sagen, seine Interessen selbst zu führen, in der Versammlung mitzureden fähig und befugt ist, – diese Ableitung ist falsch; denn das Wort kommt nicht von »Mund«, sondern von »Munt«, was »Schutz«, »Sicherheit«, »Königsfriede« und ähnliches bedeutet. Aber die Volksetymologie trifft trotzdem den heutigen Begriff, der die Fähigkeit der Selbstbestimmung in der Gruppe und in der Gesellschaft, vor allem gegenüber der Familie und dem Staat ausdrücken will.

Mündigkeit, Dialog, Toleranz, Mitbestimmung, Solidarität, Gleichheit, Freiheit, Brüderlichkeit in allen Räumen der Gesellschaft. So in den Familien: Funktionale Mitbestimmung aller derer, die in ihr miteinander leben. In den Schulen: Funktionale Mitbestimmung aller derer, die in ihr unterrichten und unterrichtet werden, bilden, gebildet werden, sich und einander bilden und die, indem sie dies tun und an sich geschehen lassen, miteinander leben. Auf der Hochschule: Dieses aktuelle Kapitel braucht nicht ausgeführt zu werden. In der Bundeswehr: Die Krise des Jahres 1969 ist eine Krise der Demokratie.* Im Betrieb, und am meisten im Betrieb, am allermeisten im noch nicht durchrationalisierten Großbetrieb, in dem uralte militärische Über- und Unterordnungsverhältnisse – Offiziere, Korporale, Mannschaften – die komplizierte Sach- und Gruppenstruktur vereinfachen sollen.

Nicht etwa Konfliktlosigkeit garantiert Demokratie! Sie ist kein Verfahren zur Verhütung oder Negation von Konflikten, wohl aber zu ihrer Beilegung teils durch Verständi-

* Im Laufe des Jahres 1969 hatten führende Bundeswehrgeneräle das Konzept der »Inneren Führung« attackiert. Der stellvertretende Heeresinspektor hatte gar gefordert, die Bundeswehr solle die Rolle des Ordnungsfaktors in der Gesellschaft übernehmen.

gung der Streitenden, teils durch gemeinsame Orientierung an der zu erkennenden gemeinsamen Sache, teils durch Kampf, in dem es wiederum den Sieg und die Niederlage oder Kompromiß oder Vertagung bis zur besseren Stunde gibt. Die Demokratie bildet viele Mechanismen der Konfliktlösung und ebenso Kampfregeln aus (die man nur zum Teil als »Spielregeln« ästhetisieren kann und soll).

Die Demokratie beruht nicht auf der Preisgabe der Interessen. Im Gegenteil: sie versucht sie im höheren Ganzen zu integrieren. Aber sie unterscheidet zwischen Interessen und Interessen, wägt ab, schafft Rangordnungen der Interessen, die sich wiederum durch spezifische Merkmale von den Rangordnungen anderer Gesellschaften, etwa elitärer plutokratischer oder militärischer oder bürokratischer oder technokratischer oder sonstwie strukturierter, unterscheiden. Solche Rangordnungen werden nicht von einem vorgegebenen Subjekt festgesetzt, sie ergeben sich aus der Zuordnung der Elemente der Demokratie, von denen die Rede war, und zwar im Prozeß der Demokratie als Übereinstimmung und als Kampf.

Demokratie ist kein System, sondern ein Weg. Sie ist geschichtlich vorbelastet und vorbeschenkt; sie ist, wenn sie als Demokratie zumutbar ist, das jeweilige Kapitel der Geschichte einer Gesellschaft.

Die Aufzählung war weder systematisch noch vollständig. Vor allem war sie ohne besondere Rücksicht auf die Kirche entworfen. Eine historische Feststellung kommt hinzu: so wie beschrieben, denkt und fühlt und will der wache Zeitgenosse, mag er im Wirbel der Interessen und im Banne der Ideologie auch dieses oder jenes der aufgezählten Elemente leugnen. Die Beschreibung einer demokratischen Gesellschaft deckt sich mit der realen Utopie derer, die sich selbst aus einem Prozeß verstehen, der zur Vermenschlichung des

Menschen, zur Aufhebung autoritärer Strukturen, der Fremdbestimmung und der Selbstentfremdung, zu seiner Personalisierung und Sozialisierung führt.

Was können solche Menschen von der Kirche erwarten; was kann, was muß sie von ihnen erwarten?

II

Überwindung der Schizophrenie

Der letzte Evangelische Kirchentag* ist als ein Anfänger-Seminar im Studienfach »Demokratie« bezeichnet worden. Stimmt man zu, so wird man nicht hauptsächlich an die Geschäftsordnungsdebatten denken; sie und die Abstimmungsdemokratie an der Basis sind ja ebenso Mittel der Manipulierung gewesen, wie sie in anderen Fällen Elemente demokratischer Meinungsäußerung waren. (Manche von den Leuten, welche so klug waren, eine »repressive Toleranz« festzustellen, antworten ihr nicht nur mit einer progressiven Intoleranz, sondern gelegentlich mit einer terroristischen Demokratie.) Wenn jene Kennzeichnung des Ereignisses von Stuttgart im ganzen richtig ist, dann in einem allgemeinen Sinn: weil man sich in einem hohen Maße aufeinander einließ und eine Menge Unordnung in Kauf nahm, nur um nicht ins überlieferte autoritäre Schema zurückzufallen. Damit fand der Kirchentag in allen seinen Unzulänglichkeiten eine bessere Antwort auf die Autoritätskrise als sie andere Formationen der Gesellschaft bisher praktiziert haben. Freilich: die Wahlen könnte eine Regierung verlieren, die in jenem Dilemma zwischen allzu junger (und zudem mißbrauchter) De-

* Der 14. Deutsche Evangelische Kirchentag fand unter dem Motto »Hungern nach Gerechtigkeit« vom 16. bis 20. Juli 1969 auf dem Stuttgarter Killesberg statt.

mokratie und den bewährten Ordnungsrezepten das Risiko solcher Unordnung auf sich nähme. Ja man muß ihr leider zugestehen, daß sich auf der Spielwiese Killesberg mehr Unordnung riskieren läßt als in der störungsanfälligen Industriegesellschaft.

Könnte in einem sehr großen Sinn die Kirche insgesamt eine solche Spielwiese sein? Die Christen mit dem strengen Gesicht werden einwenden, es stehe in der Kirche doch noch mehr »auf dem Spiel« als in jener Gesellschaft. Heil und Unheil. Andererseits ist zu bedenken, daß die wichtigsten Dinge nicht immer die eiligsten und die störanfälligsten sind. Auf Kunst, Liebe, den lieben Gott kann man zur Not eine Weile verzichten, auf das Ernährungsminimum nicht, auf die Atemluft kaum Minuten. Außerdem sind die Christen von dem, nach dem sie sich nennen, oft auf die Spielwiese verwiesen worden: wie die Kinder sollen sie sein, ihre ängstlichen Sorgen sollen sie auf den Herrn werfen, und wenn sie – allerdings – schlau sein sollen wie die Schlangen, so doch zugleich einfältig wie die Tauben. Die Kirche könnte also am Ende die mit jeder Demokratisierung verbundenen Risiken großmütiger und vertrauensvoller tragen als etwa die Behörden, denen die Bevölkerung demokratisch den Null-Tarif aufzwingen will. »Ruhe und Ordnung« könnten in der Kirche etwas anderes bedeuten als in der störungsanfälligen Industriegesellschaft: Vertrauen und brüderliche Zuordnung.

Aggiornamento *

Ich gehe an das große und schwierige Thema hier in so leichtem Ton heran, weil ich – dem angekündigten Programm gemäß – zunächst nicht von innen her argumentiere, vom Anspruch einer Kirche her, die erst neuerdings entdeckt,

* Das von Papst Johannes XXIII. geprägte Leitmotiv des Zweiten Vatikanischen Konzils (1962–1965) bedeutet soviel wie Erneuerung, sich den Herausforderungen der Zeit stellen.

daß ihre einzige Autorität Christus heißt, eine schwer erreichtbare Autorität, in deren Namen sich alles mögliche – fast: alles Mögliche – verordnen läßt, sondern von »außen« her: von jenen zeitgenössischen Christen nämlich, die in der Gesellschaft in mehreren Jahrhunderten mühsam etwas Demokratie gelernt haben, die sich anschicken, viel mehr Demokratie zu lernen, und von denen man allzulange verlangt hat, sonntags an der Kirchentür auf Gehorsam oder gar Unmündigkeit umzuschalten. Demokratie ist – so war im ersten Beitrag gesagt worden – die reale Utopie derer, die sich selbst und die Gesellschaft als einen Prozeß verstehen, der zur Vermenschlichung des Menschen, zur Aufhebung autoritärer Strukturen, zur Aufhebung der Fremdbestimmung und Selbstentfremdung, zu seiner Personalisierung und Solidarisierung führt. Ist es so, dann ist die »Demokratisierung der Kirche« in der Tat zunächst – wenn auch nicht allein – eine Aufhebung der Schizophrenie, die dem wachen Zeitgenossen zugemutet wird, wenn er die üblichen Strukturen, Haltungen und Ideologien des katholischen Systems übernehmen oder beibehalten soll. Solche Überlegungen sind also nicht primär theologisch oder heilsgeschichtlich, sondern pragmatisch: die Demokratisierung der Kirche ist in ihnen als ein psychisches und soziales »Aggiornamento« verstanden.

Damit wird die Vorstellung entkrampft, es müsse sich bei der Demokratisierung der Kirche um eine Übernahme oder Kopie der Strukturen der politischen parlamentarischen Demokratie des modernen Staates handeln. Manche dieser Strukturen lassen sich allerdings durchaus auf die Kirche übertragen. Was die Inhaber der einer Staatsspitze vergleichbaren Kirchenregierung bisher autoritär und disziplinär geregelt haben, kann durch gewählte, der Kritik nicht entzogene, der Kontrolle der Wähler und anderer (ebenfalls gewählter) Instanzen unterliegende Gremien oder Personen besorgt werden. Aber festzuhalten ist, daß sich eine demokratisierte Kirche, die sich als (gegliedertes) Gottesvolk versteht, primär nicht mit dem demokratischen Staat, sondern mit der demokratischen Gesellschaft vergleichen läßt. Das ist eine zentrale Einsicht: wenn man die Frage der Demokratisierbarkeit der Kirche stellt, ist schon der Bezugspunkt »Staat« von vornherein zu klein gewählt. Als »Volk Gottes« *hat* die Kirche jedoch Elemente, die Analogien im staatlichen Bereich haben; der demokratische Staat ist ja eine Funktion der demokratischen Gesellschaft, und überall, wo es auf die Integration des ganzen Kirchenvolkes auf einheitliche Strukturen und einheitliches Handeln hin ankommt, ist die Analogie zum Staat sinnvoll, der in der säkularen Gesellschaft die Integrationsspitze und Handlungsspitze, die Organisierung des notwendigerweise Einheitlichen ist, und sei es nur des einheitlichen Rahmens.

Vergleich mit dem Staat

Einige der Schizophrenien, die dem katholischen Zeitgenossen zugemutet werden, liegen in der Tat im Bereich dieser obersten Integrationen. Staatsdemokratisches Denken widerspricht dem hierarchischen Denken.

Schon in der jetzigen Gestalt ist die Katholische Kirche keine »Monarchie«, sondern eine »Republik«. Der Mann, der in der katholischen Kirche an dem Orte steht, wo etwa in der Analogie Großbritannien die Königin, in der Analogie USA oder Bundesrepublik (mit ihrem je verschieden konstruierten obersten Amt) der Bundespräsident steht, der Papst und Bischof von Rom, ist zwar wie jeder Christ und speziell in seinem Amt unmittelbar zu Gott, aber durch Wahl an diesen Ort gelangt, um den gemeinsamen und öffentlichen Angelegenheiten der res publica catholica zu dienen. Mit der Königin von England hat er gemeinsam, daß er – mindestens vorläufig – nicht abwählbar ist, aber ein solcher Schutz ist republikanisch nur vertretbar, wenn die Kompetenz dieses ersten Amtsträgers begrenzt ist, auf »Repräsentation« (in einem mehr als vulgären Sinn) und auf eine Schiedsrichter-

Funktion, und solange sich der Amtsträger gemäß dieser Bestimmung »republikanisch« verhält. Eine Absetzung des Papstes, für die es Beispiele gibt, wenn auch kaum republikanische, wird möglich werden, sobald man die Funktion und das Amt von dem Verfahren, seinen Träger zu bestimmen, nüchtern zu scheiden gelernt haben wird. Will der Papst weiterhin mehr als die petrinische Sonderstellung in der Reihe und in der Gemeinde, so wird es schwer sein, seine Unabsetzbarkeit vor dem republikanischen Bewußtsein der Gläubigen zu rechtfertigen.

Besonders heikel im Kontext der »Hierarchie« ist die nicht überwundene »Archie« (Herrschaft aus dem Ursprung), wenn sie auf einen Vater-Anspruch bezogen wird. Il papa, der Papst, der »Heilige Vater« mag noch ebenso lange eine gewohnheitsmäßige Höflichkeit – »Höflichkeit«, von »Hof« – bleiben, wie wir zu Frauen, die sich durch das Tragen von Hüten als solche einstufen, »gnädige Frau« sagen. So kostbar »Väterlichkeit« als Haltung (Weisheit, Güte, Fürsorglichkeit) sowohl in der säkularen Gesellschaft wie in der Kirche sein mag, so wenig hat der Vater-Anspruch hier wie dort etwas zu suchen. Der Papst, der weder heilig (vielmehr: weder in anderer Weise heilig wie jedes Glied des geheiligten Gottesvolkes) noch unser Vater ist, wird von den zukünftigen demokratischen Christen als ein gewählter »Funktionär« angesehen werden: er übt Funktionen aus, spezielle Leistungen und Dienste. Der »Landesvater«, längst untergegangen, ist in kleinen Verhältnissen allenfalls noch möglich, wenn das Wort im Präsidenten oder Regierungschef einen bemerkenswerten Grad jener subjektiven Qualität bezeichnet, die wir Väterlichkeit nennen. Der Vater-Anspruch im politischen Bereich ist der Autorität des biologischen Vaters analog, der früher aus der Zeugung ein Besitzrecht und eine Verfügungsgewalt ableitete, dessen Recht aber heute entschieden in eine Fürsorgepflicht verwandelt ist, die mit der Mündigkeit des Kindes erlischt. Jeder Vater-Anspruch, auch in der Kirche, setzt logisch seine Unmündigkeit und Kindhaftigkeit voraus, die uns wohl vor Gott dem Vater eigen ist, nicht aber vor den Aposteln. »Mon père« ist im Grunde eine stärkere, nämlich tiefere Verfälschung des Priesteramtes als die bei uns früher gewohnten und allmählich abkommenden Anreden, die schon lange niemand mehr ernst nimmt, etwa »Hochwürden«, »Hochwürdiger Herr«. (Wenn Paulus die Vaterschaft mehrfach in Anspruch nimmt, dann nicht gegenüber den Getauften als solchen, sondern nur gegenüber denen, deren Glauben er persönlich erweckt und geprägt hat. Solche Vaterschaft gibt es auch in der heutigen Kirche. Der »demokratische Zeitgenosse« wird sie, wo sie sich glaubwürdig als das persönliche Verhältnis des väterlichen Meisters und des dankbaren Schülers darstellt, in der Gesellschaft ebenso respektieren wie in der Kirche.) Der Vater-Anspruch aber ist in der Kirche noch gefährlicher als in der Gesellschaft. Wie diese als »vaterlose Gesellschaft« zurechtkommt, ist ihre Sache. (Ist unsere Sache...) Der Christ jedenfalls kann eine kirchliche Analogie nur zu dieser vaterlosen Gesellschaft, nicht zur formell oder informell patriarchalischen gelten lassen, denn ihm ist aufs deutlichste gesagt: Nur einer ist euer Vater, euer Vater im Himmel.

Die Vorstellung einer »Mutter Kirche« findet erst recht keine Basis in unserem Bewußtsein. Die kühnsten Versuche, diese Analogie ekklesiologisch zu begründen, scheitern an der Unfähigkeit des modernen Bewußtseins, Analogien als verbindliche und unmittelbare Wahrheiten anzunehmen. Die Psychoanalyse macht sich ihre eigenen Gedanken über die Funktion solcher Analogien. Im übrigen enthält Jesu eben zitiertes Wort in sich die Erweiterung: Nur eine ist Mutter: Euer Gott im Himmel. Gott ist übergeschlechtlich.

Ähnlich kritisch wie mit den Monarchen und ihrem Vateranspruch steht es mit den *»Ständen«*, die ein Kennzeichen originärer Monarchien sind (und auch in England noch in Rudimenten vorhanden sind). Die Kirche ist weder ein monarchischer noch ein moderner »Ständestaat«. Die Frage ist in unserem Zusammenhang entscheidend. Solange sich die Inhaber bestimmter Dienste und Vollmachten, etwa die Bischöfe oder die Priester als »Stände« verstehen (wie früher auch die Witwen, die Jungfrauen), als in sich geschlossene Träger von Privilegien, geprägt durch eine verbindliche Norm, die auch von den Außenstehenden als solche anerkannt wird, so lange kann von der Überwindung jener Schizophrenie nicht die Rede sein. Wie die Richter, wie die Lehrer, wie die Offiziere in der säkularen Gesellschaft sich allmählich immer mehr aus ihren Funktionen verstehen, ihre organisierten Gruppen als Zusammenschlüsse von Funktionsträgern, nicht aber als Stände, die als solche Elemente des Staatsaufbaus wären, so werden sich zum mindesten die Priester primär als Inhaber eines Amtes, eines Dienstes, einer Funktion verstehen müssen. Am ehesten dürfen sich die Orden als Stände verstehen, freilich als solche, die nicht durch Privilegien, sondern durch freiwillige Gelübde konstituiert sind, also primär durch Verzichte auf Rechte, nicht durch Rechte. Eine Grenze findet die Parallele allerdings bei den Bischöfen. Indem sie – mit Ausnahme einiger Patriarchen des Morgenlandes – ihr Amt nicht auf einen bestimmten Apostel zurückführen, sondern auf das Apostelkollegium, sind sie auch heute ein »Kollegium«, ein den Ständen vergleichbares Kollektiv, das gewiß primär – wie das Richterkollegium oder das Lehrerkollegium auch – durch einen bestimmten Dienst zusammengehalten wird, aber, zum Unterschied von jenen weltlichen Kollegien, durch eine dem Eingriff der Gläubigen entzogene, ihnen vorgegebene Sendung konstituiert wird.

Die historische Begründung, mit der das Amt des Papstes als das des Bischofs von Rom mit dem Petrusamt verknüpft ist, ist in ihrem Ursprung dubios, wenn auch als historisches Erbe respektabel. In der Praxis sind die Pfarrer und Diakone der Diözese von Rom allerdings längst durch das Kardinalskollegium ersetzt, das wiederum im Gegensatz zu staatsdemokratischen Gepflogenheiten einerseits ein ernanntes Wählerkollegium ist, anderseits zum Teil – in den Kurienkardinälen – die Exekutive bildet. (Die lokale Basis – das Bistum Rom – ist schon lange fiktiv; anderseits war die verbreitete Basis lange Zeit und praktisch auch heute noch zu eng, nämlich auf die lateinische Teilkirche begrenzt.) Die Demokratisierung der Kirche würde auch die Trennung der Exekutive vom Wählerkollegium verlangen, vor allem aber die Wahl des Papstes durch »demokratisch« besser legitimierte Wähler, seien es die Patriarchen und Vorsitzenden der Bischofskonferenzen, seien es alle Bischöfe, sei es ein anders zusammengesetztes, »demokratisch« gewähltes und nicht nur lateinisches, sondern universales Kardinalat als Wählerkollegium, sei es das ganze katholische Volk. In der Tat schließt kein durchschlagendes Argument die Volkswahl aus, wie sie tatsächlich vorgekommen ist. (Die Regel des heiligen Benedikt, unbekümmert und vertrauensvoll, nämlich christlich wie in vielen anderen Dingen, sieht zwar die Wahl des Abtes durch die Brüder vor, zieht aber auch, wenn es Schwierigkeiten gibt, die Nachbarbischöfe heran und wenn auch sie versagen, das umgebende Volk. So großzügig kann man mit Wahlen und mit der Papstwahl heute nicht umgehen, aber das Beispiel deutet an, daß demokratischeren Möglichkeiten nichts im Wege steht, wenn sie als angemessen angesehen werden.) Welcher Weg bei der Papstwahl und entsprechend bei anderen Wahlen von »Hierarchen« der beste ist, darüber vermag die Analogie mit der Staatsdemokratie allerdings nichts auszusagen. Auch ist keineswegs alles, was theoretisch möglich wäre, tatsächlich praktikabel. Im Augenblick muß es mehr darum gehen, ideologische Fixierungen, die einem Aggiornamento im Sinn der »Demokratisierung« im Wege stehen, abzubauen, als eine komplette demokratiegemäße Struktur vorzuschlagen oder durchzusetzen.

Das würde wie von manchen anderen Elementen der demokratischen Gesellschaft, auch von der Gleichberechtigung, vom gleichen Grundstatus der Frau gelten. Nicht nur die gegenwärtige Kirche, die zwar nicht mehr eine von Männern geleitete Frauenkirche, sondern zum Glück eine Männer- und Frauenkirche geworden ist, aber immer noch von Männern geleitet wird, denen allein das Priestertum offensteht, – nicht nur die unterdrückte überprivilegierte Männer-Kirche, sondern auch die unterdrückte unterprivilegierte Frauenwelt wird noch einiges dazulernen müssen, bis in der Realität ernsthaft möglich werden kann, was heute nur diskutabel ist.

Kirche und demokratische Gesellschaft

Es ist nicht ganz leicht, in beiden Bereichen die Begriffe *Volk und Bevölkerung* abzugrenzen. Im weltlichen Bereich gibt es »das Volk« nur als gedachtes Subjekt, historisch-mythisch oder ideologisch. Was »im Namen des Volkes« geschieht, bezieht sich auf einen Anspruch, der im Grunde niemals realisiert wird. Real ist die Bevölkerung, die sich nur in seltenen Momenten als »Volk« ausdrücklich artikuliert – ein eindrucksvolles Beispiel dafür lieferte uns der Prager Frühling und Widerstand* –, im übrigen aber als politisches Subjekt nur in Parteien, Bewegungen, andersartigen Gruppen, Mehrheiten und Minderheiten, meist in wechselnden Mehrheiten und Minderheiten handeln kann. Bewegungen und Gruppen gibt es im Volk Gottes gleichfalls; sie haben nicht-institutionalisiert oder institutionalisiert die Geschicke und die Geschichte der Kirche mitbestimmt, insbesondere die großen Orden und die ihnen zugeordneten Bewegungen. Das Grundgesetz weist den Parteien eine positive Funktion zu, die der »Willensbildung«. In der Kirche dagegen gelten

* Mit ihrem Einmarsch in die Tschechoslowakei beendeten Truppen des Warschauer Paktes im August 1968 den demokratischen Reformprozeß des Prager Frühlings. Gegen die Okkupation und die Absetzung der Reformregierung Dubcek leistete die Bevölkerung der CSSR entschiedenen und anhaltenden zivilen Widerstand.

»Parteien«, Parteiungen, Richtungsgemeinschaften also, welche die Richtung des Ganzen in ihrem Sinn im Kampf gegeneinander bestimmen wollen, als suspekt. In einer »demokratisierten« Kirche wird man in steigendem Maße mit ihnen rechnen müssen. Der »Friede Christi« scheint Kirchenparteien unmöglich zu machen; »Streit im Heiligtum« scheint keine erfreuliche Vorstellung zu sein. Aber es wird sie geben, und sie müssen von der Koalitionsfreiheit auch der kirchlichen »Bevölkerung« profitieren können. Allerdings ist ihre Bedeutung auch dann, wenn sie zur Klärung und Bildung des Glaubensbewußtseins beitragen, nicht so konstitutiv wie in den parlamentarischen Staaten. Man wird sich bemühen, sie je durch Verständigung aufzuheben; durch eine Bewegung zur Mitte hin, zu Christus also. Tatsächlich hat ihnen oft erst die Verketzerung der einen durch die andere ein Ende bereitet. »Demokratisierung der Kirche« bedeutet auch, daß allenfalls nur *eine* Partei endgültig »verketzert« werden darf: die der Verketzerer. Nicht die Abweichler spalten, sondern die »Orthodoxen«. Der rechte Glaube aber wird im Hinhören auf Christi Wort in Schrift und Geschichte und im ständigen redlichen Gespräch der »rechten« und »linken«, der spirituellen und säkularistischen, der konservativen und fortschrittlichen, der mystisch und der aktiv zentrierten Christen oder wie immer Religionsparteien aussehen könnten, auf Einheit hin durchgearbeitet werden müssen: auf eine Einheit hin freilich, die sich selber als geschichtlich und vorläufig, als offen für ihre Zukunft hin versteht.

Vom *dialogischen Verhalten* ist viel, fast zu viel geredet worden. Wie schwer es der Kirche immer noch fällt, schon das demokratische Minimum an Gesprächsfähigkeit und Bereitschaft zum Hören und wahren Antworten zu praktizieren, zeigen die unzähligen autoritären Akte, die nach dem Konzil in Rom und anderswo zu verzeichnen waren. Selbstverständlich gibt es auch in der Kirche wie in der funktionalen Gesellschaft abgegrenzte Räume, die disziplinär geordnet sein müssen. Aber es ist die Frage, ob der in der Gesellschaft in solchen abgegrenzten Räumen legitime »Befehl« in der Kirche überhaupt einen Platz haben kann: ob er nicht auch in diesem begrenzten Bereich durch den »Appell« ersetzt werden muß. Dabei ist an die Gefahr zu denken, daß eine Kirche, deren Zwangsmittel immer mehr abgebaut werden, versucht sein könnte, ihren »Appellen« den Charakter subtilerer seelischer Zwänge zu geben. Das wäre ein schlimmerer Verstoß gegen den Dialog und die Freiheit der Glaubenden als die massiven Kirchengesetze und obrigkeitlichen Anordnungen, die üblich sind oder waren. Aber das ergäbe sich aus einer Reflexion über die Kirche und die Art ihrer Ansprüche; in unserem Zusammenhang (Überwindung der Schizophrenie) genügt der Hinweis, daß der funktionalen Minimalisierung des Befehls in der sich demokratisierenden Gesellschaft in der Kirche mindestens eine Tendenz gleicher Intensität entsprechen sollte.

Die *Solidarität*, die im steigenden Maß die Orientierungstatsache und Orientierungsnorm der demokratischen Gesellschaft ist, ist in der Kirche von Anfang an gegeben, in der gesteigerten Form der Bruderschaft. Auch die Kategorie der »Bruderschaft« wird (wie der Vater- und Mutter-Titel) nur analog benutzt, und auch der »Bruder« kann tiefenpsychologisch belastet sein. Man muß das wissen, und zwar nicht nur, um jede »repressive Brüderlichkeit« abweisen zu können. Aber von den familialen Analogien ist die der Geschwisterschaft verhältnismäßig ungefährlich. Sie sagt aus, daß Christen Kinder des selben Vaters sind. Schon vor Konstantin allerdings kam es auf, daß sich die Bischöfe nur gegenseitig den Brudertitel zubilligten. Seit Konstantin und erst recht seit dem Einbruch der Germanen in die Kirche ist es mit ihm zu Ende: fast alle »Bruderschaften«, die in einer herrscherlich oder ständisch gewordenen Christenheit das ursprüngliche Verhältnis wiederherstellen wollten, wurden Ketzer oder aber kanalisierten die im Grunde allgemein gemeinte Bruderschaft in Orden. Diese antichristliche Einschränkung der Bruderschaft auf eine rein theologische Aussage (»alle sind Brüder vor Gott«) beginnt erst in unserer Zeit gesprengt zu werden. Wie sich der moderne Staat in wachsendem Maß als Grund- oder Ziel-Solidarität von Einzel- und Gruppensolidarität empfindet, bekennt sich die Kirche immer mehr als Bruderschaft der Einzelnen und der Bruderschaften. Eine Kirche als Bruderschaft aller christlichen Bruderschaften würde von den in der Gesellschaft eingeübten Solidaritäten profitieren. Solidarität wäre auch in der Kirche das moralisch einklagbare Minimum in einer vom Geist gezeugten und insofern nicht einklagbaren Brüderlichkeit, – so wie das ehrliche Wohlwollen die gültige kleine Münze der Liebe ist. Aber es könnte sein, daß wir allmählich auch an die Grenzen der Bruder-Analogie so empfindlich stoßen, daß wir geneigt werden, sie durch die Solidarität zu ersetzen.

Die mißliche, aber mit den Eigenschaften des Menschen gesetzte Notwendigkeit, in der Politik nicht nur das Wort der Überzeugung, sondern auch das der Überredung einzusetzen, die Notwendigkeit *der Rhetorik* also, gilt auch für die Kirche. Sie ist in der Übergangszeit am Ende der Volkskirche in der besonders schwierigen Lage, in ihren Mitgliedern viele Stufen der nur rhetorisch ansprechbaren Halbmündigkeit vorzufinden, mit der sie sich nicht abfinden kann, auf die sie aber noch ernsthafter Rücksicht nehmen muß als die Rhetoren der Parteien, die stark darin sind, diese Halbmündigkeit geradezu auszubeuten. Die Kirche wird den »glimmenden Docht nicht auslöschen« dürfen, aber sie wird sich darüber klar sein müssen, daß sie in der Kunst, den Halbmündigen einerseits als solchen (und nicht als gedachten idealen Christen) ernstzunehmen und nicht zu überfordern, ihn zugleich aber in seine Freiheit hineinzurufen und ihm sogar im rhetorischen Akt das unverfälschte Wort der Wahrheit anzubieten, die Politiker und Rhetoren der Gesellschaft nicht etwa einzuholen, sondern weit zu überholen hat. Wer als Demokrat langsam hellhörig für jede Nuance der Demagogie geworden ist, für den wird die Kirche ihre Glaubwürdigkeit verlieren, wenn sie sich in diesem Punkt nicht viel demokratischer zeigt als die Demokratie.

Kommunikation aller Bewußtseinsträger, Bildung einer *»öffentlichen Meinung«*: auch hier hat die Kirche die Welt zu überholen. In der Gesellschaft gibt es legitime Staatsgeheimnisse und Betriebsgeheimnisse; die voll demokratisierte Gesellschaft wird sie eingrenzen oder abbauen. In einer Kirche, die Gottesvolk werden will, kann es die Geheimdiplomatie, gegen deren Ausmaß wir auch in der Staatenwelt allergisch reagieren, nicht geben. (Aber es gibt sie. Das erfahren wir in diesem Jahrzehnt nach dem Konzil jede Woche einmal.)

Die Tendenz der *Aufklärung*, des unvollendeten und unvollendbaren Geschäfts, wird ins kirchliche Bewußtsein als positive Tendenz voll übernommen werden müssen. Die Aufklärung in der Kirche stößt allerdings noch dezidierter als im gesellschaftlichen Bewußtsein auf Grenzen; die Gesellschaft stellt im Prozeß der Aufklärung selbst faktische Grenzen der Aufklärbarkeit fest, die als vorläufige Grenzen anthropologisch verständlich sind. Die Kirche rechnet von vornherein damit, daß die Botschaft, die sie empfangen hat und weitergibt, ein nicht aufklärbares Geheimnis ist und meint. Sie ist jedoch und gerade deshalb genauso unbefangen an weiterer Aufklärung interessiert wie die Gesellschaft, sowohl in ihrem theologischen Bewußtsein (die moderne Exegese...) als auch »pastoral«, das heißt in der gemeinschaftlichen und gemeinsamen Information ihrer Mitglieder. Denn nur durch ständige Aufklärung des je Aufklärbaren kann das Geheimnis als solches bewahrt, ja reiner geglaubt werden.

Daß auch die konkrete Kirche kein »Fertigprodukt« ist, sondern ein *Stadium der Geschichte*, ist ihr heute wieder deutlich geworden. Das geschichtliche Selbstverständnis der Kirche durchzieht fast alle Konzilsdokumente. Der Gedanke des Pilgervolkes ist dem kirchlichen Bewußtsein von je vertraut;

das Amt dagegen hat sich, mindestens bis zum Konzil, zu sehr als »Staat«, als status, als fixierten Status quo, als unabänderliche Institution empfunden. Der vom Bewußtsein der Geschichtlichkeit durchdrungene Zeitgenosse, der seine eigene Welt als gewordene Welt und seine Aufgabe darin als die Änderung dieser Welt auf eine teils geplante, teils erhoffte bessere Zukunft hin versteht, kann auch die konkrete Kirche nicht anders sehen. Es wäre ihm unerträglich, träte er sonntags aus einer geschichtlichen Welt in einen ungeschichtlichen heiligen Raum; in Wahrheit tritt er in einen Versammlungs- und Kultraum ein, der ihn an seine und unsere Geschichte erinnert: in einen Raum, welcher der Vergegenwärtigung des Geheimnisses der Heilsgeschichte dient.

Wer die Grundschwierigkeit und Grundnotwendigkeit der Demokratie gesehen hat, zugleich sein *Vertrauen* und sein *Mißtrauen* zu aktivieren, sein Vertrauen in Akten der Wahl und der Delegation, sein Mißtrauen in Akten der Kontrolle, wird in der Kirche, die sich und uns primär einen geradezu paradoxen Akt des Vertrauens zumutet, den Glauben an Jesus Christus als den Menschen und den »Sohn Gottes«, zwar nicht für das Mißtrauen, wohl aber für die Kritik den Raum und das Recht verlangen, die sie auch in der Gesellschaft beansprucht: für die Kritik an der Theorie, an der Ideologie, am Anspruch und an den Ansprüchen, für die Kritik auch an den »Dienern«, das heißt Funktionsträgern im Volk des vertrauenden Glaubens. Der Akt des Vertrauens selbst, der sogenannte »Glaubensakt«, besteht nicht in einer einmaligen Abdankung der Vernunftautonomie, sondern er wird als ständig neu aktivierter Akt einer Vernunft gesetzt, die sich in der Annahme des Geheimnisses beugt, aber ihre Autonomie im Aufrechterhalten jener Annahme wahrt, – das bedeutet aber: mit dem Maximum an begründeter Kritik, die jeweils aus den Tatbeständen verantwortet werden kann. Der Mensch mit dem demokratischen Bewußtsein wird aktiver glauben müssen als der, dessen Autonomie in einem Sonderraum

»Kirche« ein für allemal abgedankt hat oder – das ist meist dasselbe – nie beansprucht worden ist.

Dadurch und erst dadurch ist auch in der Glaubensgenossenschaft Kirche *der Konflikt* mitgesetzt. Er kann aus konkreter Kritik entstehen, aber er ist auch schon mit der Endlichkeit und Geschichtlichkeit aller Beteiligten gegeben. Die vorgegebene Einheit derer, die sich in Christi Namen versammeln und darauf bauen, daß Christus mitten unter ihnen ist, daß also die Einheit real ist, weil im Bewußtsein und in der Praxis immer wieder durch den Konflikt hindurch neu verwirklicht werden. Die Kirche nimmt also an dieser Struktur der Gesellschaft teil, mag sie auch in der Methode der Konfliktbewältigung um vieles demokratischer sein dürfen als die Gesellschaft, die zuweilen in die Lage kommt, unauflösliche Knoten durchhauen zu müssen. Der konfliktgewohnte zeitgenössische Demokrat nimmt es der konkreten Kirche nicht ab, wenn sie eine nur durch die Sünde (Eigenwille, Hochmut, Ungehorsam) störbare prästabilierte kirchliche Harmonie behauptet – oder wenn sie im Banne solchen Harmonieglaubens Konflikte verdeckt oder bagatellisiert oder durch ihre eigenen Machtmittel zu lösen sucht.

III

Trotz aller Bemühung konnte es nur unvollständig gelingen, den Gedankengang streng auf die Anforderungen an die kirchliche Demokratie zu beschränken, die sich aus der Überwindung einer Schizophrenie zwischen dem gesellschaftlichen und dem kirchlichen Bewußtsein ergeben. Immer wieder mußte ich mich wenigstens im Vorübergehen auch auf die der Kirche eigentümliche Bestimmung beziehen. Ich breche die ohnehin etwas pedantische Parallelisierung daher ab. In der Tat ist es vor allem für gläubige Christen überzeugender, wenn man die Notwendigkeit einer Demokratisierung der Kirche weniger aus dem »Aggiornamento«, aus einer Aktualisierung ihrer Lebensäußerungen begründet, als vielmehr aus ihrer Botschaft selbst. Natürlich handelt es sich bei Licht besehen nicht um eine Alternative: jenes Aggiornamento als ständige Aufgabe gehört in einer Kirche, die sich als geschichtliche Kirche konkreter Menschen versteht, zu ihrem Wesen.

Der Versuch, einen Prozeß, den man mit allen fälligen Einschränkungen »Demokratisierung« nennen kann, aus dem Auftrag der Kirche zu entwickeln, kann hier natürlich nur als elementare Skizze unternommen werden. Eine Formel, von der man ausgehen könnte, hieße: Nur einer ist Vater, unser Gott; nur einer ist der Herr: Christus unser Bruder. In großer Entschiedenheit hat dieser »Mittler«, dieser einzige Mittler, gegen alle patriarchalen und anders begründeten Über- und Unterordnungsstrukturen seiner Zeit einerseits die vaterlose Gesellschaft (als die Gesellschaft, deren Vater nicht in ihr ist, sondern – in menschlicher Rede – »außerhalb« ihrer »im Himmel« ist), anderseits die Gleichheit aller seiner Kinder proklamiert. Ist und bleibt die christliche Kirche die Gemeinschaft derer, die sich von diesem Mittler angesprochen und in Pflicht genommen, geheilt und geheiligt glauben, so wird sie heute stärker als in den Jahrhunderten der Volks- und Staatskirche das Gesetz ihres Anfangs bekennen: die Ausschließlichkeit der Autorität jenes Mittlers, in der ihr der verborgene Grund aller Autorität, der Vater (von dem wir sagten, daß er in der Sprache der Analogien auch als »Mutter« benannt werden könne) menschlich sichtbar wird. Er ist für die Christen, das heißt für die, welche seinem Ruf vertrauend antworten, in dieser Welt der Menschen die einzige eigentliche und ursprüngliche Autorität; alle andere ist abgeleitet.

Die Römisch-Katholische Kirche betont das auch dadurch, daß sie darauf beharrt, die Autorität zweiten Grades, die bischöfliche und päpstliche, werde durch Handauflegung und

Weihe in *»apostolischer Sukzession«* weitergegeben. Was nach außen hin einerseits wie ein Exklusivitäts-Anspruch, anderseits wie Magie aussieht (und in der Praxis wahrhaftig so mißverstanden und ausgebeutet worden ist), kann als ein Hinweis auf die einzige primäre Autorität aufgefaßt werden. (Das schließt nicht aus, daß diese Ableitung und die geschichtliche Kontinuität der Kirche aller Generationen auch anders verwirklicht werden könnte als durch Handauflegung und »Weihe«.) Es gibt eine Parallele für den originär-christlichen Sinn einer scheinbar extrem unevangelischen Theorie: in der Lehre vom opus operatum* der katholischen Sakramentstheologie kann auch genau das gemeint sein, was die Reformatoren gegen die Kirche ihrer Zeit proklamiert haben: daß es Christus ist, der wirkt, das heißt, daß man sich auf seine Versprechungen verlassen kann.

Hierarchie und Gottesvolk

Nicht nur vom demokratischen und aufgeklärten Bewußtsein, sondern vom Glaubensbewußtsein muß der *hierarchische Anspruch* der Kirche bestritten werden. Sie kann und muß sich als gegliedertes Gottesvolk verstehen und kann auf der Notwendigkeit und dem Rang vieler besonderer Funktionen (»Dienste«) bestehen. Aber die Kennzeichnung »hierarchisch« ist unmöglich geworden. Und zwar richtet sich der legitime Widerstand gegen beide Bestandteile des Begriffs. »Heilig« ist nicht Petrus, sondern Christus, und das Amt gibt dem glaubenden, getauften und vom Geist erfüllten Petrus keine spezielle Heiligkeit, keine andere Heiligkeit als die, die ihm im Gottesvolk durch den Glauben, die Taufe und die

* Nach der kirchlichen Lehre vom opus operatum hängt die Gnadenwirkung eines Sakraments weder vom subjektiven Wirken des Sakramentenspenders noch vom Glauben des Empfängers ab, sondern beruht auf dem Vollzug der sakramentalen Handlung selbst. Die Bereitschaft des Empfängers zum gläubigen Empfang muß hinzukommen, doch kann durch sie die sakramentale Gnade nicht »verdient« werden.

Geistausgießung geschenkt war. Insofern ist das Bischofsamt nicht heiliger als das Volk Gottes. Von »Archie« kann vollends keine Rede sein, es sei denn, man leiste sich das abenteuerliche und sophistische Kunststück, die »Herrschaft« als »Dienst« zu interpretieren und den Dienst »Herrschaft« zu nennen. Dem Herrscher, dem Herrn korrespondiert der Diener und der Knecht. Was sich Hierarchie nennt, ist ein spezieller Dienst am heiligen Volk, also alles andere als Herrschaft, die hier als »Macht über Seelen« definiert werden könnte. Der der Hierarchie im normalen Sprachgebrauch, also dem Papst und den Bischöfen nicht unterworfene, sondern ihrer Sorge anheimgegebene Christ steht dem Amt in Wahrheit nicht als Knecht oder Diener, sondern als Bruder und »Miterbe« gegenüber, der das Dienst-Amt respektiert und dessen so bestimmtes und so begrenztes Wort annimmt, nicht aber die Herrschaft.

Offen bleibt unter anderem die Frage, wie *der Träger* der von der Autorität Christi abgeleiteten Autorität bestimmt werden soll. Sie ist nur für die allererste Generation einigermaßen eindeutig gesichert: es sind die zwölf Apostel, die Jesus ausgewählt hat. Als einer ausfällt, treten sofort zwei sehr demokratische Methoden auf: die Wahl und das Los. Sehr bald differenzieren sich die Autoritäten der frühesten Kirche in mehrere Spielarten; »synodale« und »episkopale«, »monarchische« Typen sind schon in der Schrift bezeugt; die Deutung der Verfassungen und Ämter, wie sie die Apostelgeschichte und die kanonischen Briefe, indirekt auch die Evangelien bezeugen, ist kompliziert. In unserem Zusammenhang genügt es, festzuhalten, daß die Auswahl der Inhaber kirchlicher Amtsautorität sofort am Beginn der Kirchengeschichte mannigfaltig ist: was beginnt, ist nicht eine unveränderliche heilige Ordnung, sondern eben Geschichte. Dasselbe gilt von der Eigenart und von der Grenze der Autorität, welche für die Amtsträger vorausgesetzt werden: sie unterliegen dem geschichtlichen Wandel von Anfang an und bis zum Vaticanum I, dem Vaticanum II* – und darüber hinaus. Hier gerade zeigt sich, daß das Aggiornamento nicht von den Ansprüchen der Gesellschaft gleichsam von außen her zu begründen ist, sondern aus der Konkretheit und Geschichtlichkeit der Kirche selbst.

Was heute geschehen könnte, müßte geschehen in der Konfrontation der ursprünglichsten christlichen »Demokratie«, die alle Menschen und alle Gläubigen als gleich vor dem Vater und neben dem Bruder Jesus proklamiert, mit dem konkreten Sein, das heißt mit dem legitimen Bewußtsein der heutigen Menschheit. Kein Bischof, kein Papst wird durch eine Sonderoffenbarung des Vaters, des Sohnes oder des Geistes bestellt. Er kommt durch komplizierte Ordnungen an diesen Platz, wie sie überliefert sind, als Ergebnisse einer langen Geschichte. Es ist Sache des Volkes Gottes, welchen Menschen es die Funktion der Bischöfe zuweist. Ist es Sache des Heiligen Geistes, für die rechten Bischöfe zu sorgen, so tut er es, indem er im Volk Gottes wirkt. Wer weiß, was Geschichte ist, wird jene Ordnungen weder für unantastbar noch für beiläufig und gleichgültig halten. Er weiß, daß er nicht am Nullpunkt anfangen kann, auch nicht beim Jahr 33 nach Christi Geburt. Er will nichts Neues stiften, sondern Gewordenes ändern: im Geist des Ursprungs dieser Gemeinschaft, im Geist und nach dem Wort Jesu. Nichts hindert uns daran, die Prinzipien der Auswahl der Amtsträger zu ändern, so wie sie schon in der Urgemeinde geändert worden sind, – nicht leichtfertig und vorschnell, sondern nach gründlicher Vorklärung und in größter Gewissenhaftigkeit. Jene ur- und frühchristlichen Strukturen sind keineswegs entscheidend, so wichtig ihr Studium ist, nicht nur um zu erfahren, wie sie es damals gemacht haben, sondern auch als erster, früher Orientierungspunkt. Es wirkt kurios, wie man die so ungemein aktuelle und praktische Frage nach dem Sinn oder Un-

* Das erste Vatikanische Konzil tagte 1869/70, das zweite 1962 bis 1965.

sinn eines neuartigen Diakonats aus dem Nachweisen frühchristlicher Strukturen beantworten will, von denen einige überlebt haben, andere nicht, und die alle, soweit sie überlebt haben, gewandelt worden sind – am meisten Petrus. Wir sind frei gegenüber den Titeln und speziellen Zuständigkeiten jener ersten Amtsträger. Aus ihnen heben sich als verbindlich nur die Apostel ab, die Zwölf und der Eine, über dessen Nachfolger die Katholiken sich mit denen, welche seine Sonderstellung leugnen, eines Tages verständigen werden, wenn der Papst »demokratisch« geworden sein wird: als Nachfolger im Dienst und in der Vollmacht, nicht in der Macht. Welche Macht hatte schon Petrus? (In der Demokratie gehe die Macht vom Volke aus, in der Kirche von Christus, sagt man uns; über die Wahrheit lasse sich nicht abstimmen, wiederholt man in jeder Diskussion zum Thema. Über die Wahrheit selbst, über Jesu Wort und Sein und Werk nicht. Aber wie man diese Wahrheit in Sätze mit Subjekt und Prädikat fassen könne, darüber und gerade darüber ist in der Kirche ständig abgestimmt worden. Bestenfalls sogar: manchmal hat man sich darüber die Köpfe zerschlagen.)

So ist der Vorgang der Demokratisierung der Kirche der Zukunft entgegen offen. Ein Prozeß hat begonnen, von dem man nicht nur im vulgären Sinn des Wortes sagen kann, daß »kein Ende abzusehen ist«, sondern dessen Ende tatsächlich von niemandem vorweg bestimmt werden kann, ja der in der Geschichte der konkreten Kirche kein Ende haben kann. Je mehr die Kirche Volk Gottes wird, je mehr die Kirche gegliedertes Volk wird, um so mehr wird sie Kirche sein.

Demokratisiertes Glaubensleben

Aber das Gebet? Die Buße? Das Sakrament? Das Geheimnis? Die Heiligkeit? Die christliche Grundsubstanz selbst? Glaube, Liebe und Hoffnung? Sie sind ohnehin »demokratisiert«. Je tiefer einer betet, büßt, glaubt, liebt, um so mehr wird er Glied des Volkes und Volk. Man wird nicht heilig gegen das Volk Gottes, sondern in ihm und für es. In unseren Überlegungen geht es aber nicht um diese Dimension, sondern um die Strukturen der Institutionen, die in der Geschichte keine andere Aufgabe hat als dieser Dimension zu dienen: sie hat dafür zu sorgen, daß das Kreuz und das Leben Jesu nicht vergessen werden; sie hat diesen Christus zu verkünden als Fragezeichen und Ausrufezeichen jedem, der hören will, und der Gesellschaft. Wenn »alle Gewalt von Christus ausgeht« – die nur angeblich und nur scheinbar antidemokratische Gegenthese des Appells an die Demokratisierung der Kirche –, dann können wir um so radikaler die Institution, die dafür sorgen will, daß jeder und alle sich dem Geist dieses Christus öffnen, demokratisch organisieren. Der »demokratische Aufbau« der Institutionen des Gottesvolkes ist eine bessere Gewähr gegen vielen Mißbrauch als jedes hierarchische Schema, – nicht zuletzt gegen den gefährlichsten Mißbrauch, den großinquisitorischen, gegen Vorstellungen wie die »Stellvertretung Christi«, die an die Stelle der Vorstellung von der Nachfolge der Apostel getreten sind. Es wird sich in einer demokratisierten Kirche nicht schlechter beten und Eucharistie feiern lassen als unter den Heiligen Vätern und Hochwürdigsten und Hochwürdigen Herrn.

Es wäre schön, wenn wir versprechen könnten: besser. Hoffen dürfen wir es.

II

Zur Unterscheidung des Christlichen

Was auch die Heiden tun?

Bemerkungen zur Problematik einer christlichen Politik

I

Auch im Zeitalter der Atombombe gilt das von Goethe verdeutschte fromme Wort: »Gottes ist der Orient! Gottes ist der Okzident! Nord- und südliches Gelände ruht im Frieden seiner Hände.« Doch der Augenschein in Nord und Süd, vor allem aber im öst- und westlichen Gelände spricht verzweifelt dagegen, und es bedarf sowohl der Anstrengung des Begriffs als auch der des Glaubens, um heute so vertrauen zu können. Und dieses angestrengte und doch schlichte Ja schließt die Erkenntnis ein, daß derselbe Gott der Geschichte, dem wir vertrauen, unserer Verantwortung sehr verwickelte Dinge anvertraut hat – Aufgaben, vor denen wir Christen manchmal nicht weniger ratlos, wenn auch hoffentlich nicht so mutlos stehen wie die Heiden. Die Politik ist unser Schicksal. Das war – in der Zeit Napoleons und Goethes – eine frühe Erkenntnis, heute ist es eine Banalität und zugleich die schlichte Wahrheit. Man braucht nur an die Erfahrungen des eigenen Lebens zu denken oder sich eine realistische Vorstellung von den Möglichkeiten seiner privaten Zukunft zu machen, dann erkennt man rasch die unausweichliche Wahrheit dieses Satzes. Pest, Tod, Hunger, Gewalt bleiben die Strafengel und Schicksalsmächte der Menschheit, aber sie nahen sich uns heutzutage vornehmlich vermittelt durch die Mächte der Politik. Der Bereich dieser politischen Mächte umfaßt heute die eine ganze Welt und alle ihre Kontinente. Anderseits hat sich das Politische in unsere allernächste Nähe gedrängt, in unseren Beruf, in unser Haus, in unser Lebensschicksal. Der Grad der wechselseitigen Abhängigkeit hat von Jahrzehnt zu Jahrzehnt zugenommen, und wir haben begonnen, diese Tatsache in unser Bewußtsein und in unseren Willen aufzunehmen. Wir beginnen zu merken, daß wir es sind, wir insgesamt, welche dieses politische Schicksal uns selber auferlegen – miteinander und wider eineinander, daß die Menschen es sind, welche die Politik und welche die Geschichte machen in einem Gemisch von Trägheit und Aktivität, von Unterlassung und Tat, von Dummheit und Klugheit, von Feigheit und Tapferkeit, von Selbstsucht und Einordnungsbereitschaft, von Haß und Liebe, von Bosheit und gutem Willen, ja auch von Bosheit und dem in uns wirkenden heiligen Geist. Die ungeheure Fülle der ungelösten politischen Aufgaben in Deutschland, in Europa, in der ganzen Welt, im wirtschaftlichen, im sozialen, im außenpolitischen, im geistigen, im seelischen, im religiösen Bereich – diese Fülle droht uns zu überwältigen. Die Aufgaben haben ungeheure Dimensionen angenommen, und sie sind außerordentlich kompliziert geworden. Wir haben unsere Erfahrungen mit der Herzensträgheit und der Herzenshärte der Menschen gemacht, vor allem auch mit der eigenen Herzensträgheit und der eigenen Herzenshärte. Wir haben Erfahrungen, wie gering der Spielraum der Freiheit gegenüber den mächtigen Determinationen ist, die vom Interesse, vom Trieb, von der Bequemlichkeit, von den großen Apparaturen der modernen Mächte herkommen, und wer die Macht des Bösen richtig einschätzt, wird heute nicht selten mit der Versuchung zu kämpfen haben, sich auf sein persönliches Heilsleben und das innere Leben der Kirche zurückzuziehen.

Gegenüber diesen Aufgaben und in solchen Mutlosigkeiten kann man allerdings nicht auf eine allzu glatte, allzu fixe Weise von »christlicher Politik« sprechen. Das ist vielmehr ein recht problematischer Begriff. Was wir in der Heiligen Schrift des Neuen Testaments an Ansätzen und Hinweisen finden, die in der Richtung einer christlichen Politik verstanden werden könnten, ist der Menge nach nicht gerade allzuviel. Im Neuen Testament stoßen wir auf die Tatsache, daß

Jesus von Nazareth sich der politischen Aktion enthalten hat, und wir stoßen auf die Skepsis des heiligen Paulus gegenüber den politischen Ordnungen dieser Welt. Problematisch ist der Begriff einer christlichen Politik vor allem, wenn man ihn als ein geschlossenes, ein für alle Male fertiges und gültiges System auffaßt. Es gibt Christen, die als getaufte Negerhäuptlinge christliche Politik zu machen haben, es gab Christen, die als Senatoren des spätantiken Rom christliche Politik zu machen hatten, es gab Könige im Mittelalter, die ihr Königsamt als christliche Politik verwalteten, es gibt christliche Gewerkschaftsführer, es gab christliche Chefs von Widerstandsgruppen in Frankreich und anderswo. Es ist vergeblich, aus alledem und tausend weiteren Möglichkeiten ein System christlicher Politik entwickeln zu wollen, das auf den Negerhäuptling und den römischen Senator so gut paßt wie auf Ludwig den Heiligen und den Ministerpräsidenten N. N. Man sollte auch nicht versuchen, das Besondere und Eigentümliche dieser verschiedenen Weisen, politisch zu handeln, als »Ausnahme« von der Regel zu betrachten, als ein Noch-nicht oder Nicht-mehr einer normalen christlichen Politik, etwa einer Politik, wie sie im Mittelalter verwirklicht gewesen sei oder wie sie in der Zukunft infolge unserer Bemühungen vielleicht einmal verwirklicht sein könnte. Wenn man alle diese Situationen als »Ausnahmen« gleichsam ausklammert, verleugnet man den Ernst der menschlichen Endlichkeit: jener Senator, jener Negerhäuptling, jener König, jener Gewerkschaftsführer, jener Mann des Widerstandes, sie sind, wenn sie christlich sind, wahre und eigentliche Christen, und ihre Lebensumstände sind wahre und eigentliche menschliche Situationen, und sie machen eine wahre und eigentliche Politik. Wenn das, was sie tun, Ausnahme ist, dann setzt sich die ganze menschliche Geschichte aus lauter Ausnahmen zusammen.

In alledem gibt es allerdings einige elementare Vorstellungen vom Menschen, wie er ist und wie er sein soll, und von der Gesellschaft, wie sie ist und wie sie sein soll. Eine »richtige« Vorstellung vom Menschen und von der Gesellschaft schließt sehr vieles aus, was der tun zu dürfen glaubt, der von einer anderen, einer falschen Vorstellung vom Menschen ausgeht. »Es ist dir nicht erlaubt« – das tönt immer wieder auch dem Politiker entgegen, und wenn unser Negerhäuptling getauft werden will, fängt seine christliche Politik damit an, daß er die Vielweiberei und den Kindermord abschafft. Auf der positiven Seite helfen uns diese Normen, einige wesentliche Grundrichtungen und Grundforderungen zu ermitteln; sie reichen aber nicht aus, um ein für alle Male das eigentliche politische Handeln in seiner charakteristischen Farbe und Fülle zu bestimmen. Die produktive Phantasie, mit der Hitler Pläne gemacht und ausgeführt hat und mit der er aus der Verbindung dieser Pläne und in immer neuen ihm begegnenden Umständen die Politik entwickelt hat, welche die Historiker später als die Politik Adolf Hitlers beschreiben werden, läßt sich nicht nur kasuistisch als Verletzung von Normen bestimmen. Sie ist, im Bösen, schöpferisch, produktiv, phantasievoll. Ein christlicher Gegenpolitiker hätte sowohl gegen das Böse, gegen das er sich zu wehren hat – auch gegen das Böse in seiner eigenen Brust – als auch im Guten ganz ähnlich eine produktive Phantasie zu entwickeln, konkrete Planvorstellungen dazu, gute Einfälle, Ausnutzung der Gelegenheiten. Wenn ein böser, aber geschulter und erfolgreicher Politiker eine Mischung von Raubtier, Spieler und Künstler ist, so müßte ein »guter« Politiker eine Mischung von Arzt, Gesetzgeber und Künstler sein. Der Begriff des Künstlers, der Politik als Kunst, kann hier freilich nicht genau, sondern nur analog gemeint sein. Man hat dabei an das Nicht-Ableitbare, Nicht-Determinierte. Nicht-Kasuistische im Schaffen des Künstlers zu denken. Das alles hätte also auch von einer christlichen Politik zu gelten: sie nimmt Normen und Richtlinien an, erschöpft sich aber nicht in ihrer kasuistischen Anwendung auf den gegebenen Fall.

Aber ich bin etwas leichtfertig mit dem Begriff des Christlichen umgegangen. Wir müssen genauer unterscheiden. Eine unüberbrückbare Kluft scheint den eigentlichen und innersten Bereich des christlichen Lebens von dem politischen Verhalten derer zu trennen, die sich in vielen Jahrhunderten Christen nannten und heute Christen nennen. »Der eigentliche und innerste Bereich«: das ist Jesus Christus selbst, sein Appell – die Bergpredigt –, sein Tod und seine Auferstehung, der Geist, der im Pfingstsaal auf die Jünger herabkam, das Leben und der Geist der Heiligen, das Gebet der Mystiker, das geheimnisvolle Geschehen im Sakrament – Ereignisse und Wahrheiten, die nicht in einer eigenen »höheren« Sphäre über dem Leben der Christen schweben, sondern ihre eigentliche und wahre Existenz bestimmen, soweit sie eine christliche Existenz ist. Vor jedem schlichten Wort des Evangeliums nehmen sich alle politischen Handlungen, Ordnungen, Verhaltensweisen, Begründungen der politisch aktiven Christen aller Jahrhunderte fragwürdig aus, und die »frömmsten« oft am fragwürdigsten. Aber die Pietisten, die alle diese Handlungen in Bausch und Bogen verurteilen, sind offenbar ebenso im Unrecht wie ihre Gegenspieler, welche alles rechtfertigen möchten, was im christlichen Namen geschehen ist und geschieht. Wir müssen nach Maßstäben suchen.

Diese Maßstäbe müssen die Maßstäbe Christi sein. Wir kommen um die zwingende und oft sehr unbequeme Erkenntnis nicht herum, daß es keinen Unterschied zwischen dem Attribut »christlich« und der Berufung auf den Namen Jesu Christi geben darf. Damit ist nicht nur die Lüge, der Trick, die Verstellung, die Diffamierung, die Ausbeutung, das bedenkenlose Interesse in einer Politik, die sich christlich nennen will, verurteilt, sondern damit ist auch ein klarer Unterschied gesetzt zwischen dem, was in der Schöpfungsordnung erlaubt oder in ihrer Gerechtigkeit geboten ist, und dem, zu dem wir im Namen Christi in der Ordnung des Reiches Gottes aufgerufen sind. Es stimmt etwas nicht, wenn

fahrungen machen; die Heilsgeschichte, der tatsächliche Weg der Getauften und ihrer Gemeinschaft, der Kirche, vom ersten Pfingsten zu Jerusalem bis zum Jüngsten Tag ist kraft der Tatsache und Wahrheit der Inkarnation wahre und eigentliche Menschen-Geschichte. So ändert sich von Jahrhundert zu Jahrhundert und von Generation zu Generation sowohl die tatsächliche profangeschichtliche Aufgabe des Christen als auch sein Selbstverständnis, seine Theorie von diesen Aufgaben. Wenn es schon eine Geschichte der inneren Erfahrungen gibt, eine Geschichte der christlichen Frömmigkeit, der christlichen Heiligkeit, wenn in der Einen Kirche so verschiedene Heilige wie Augustinus, Benedikt, Franziskus, Ignatius, die beiden Theresien nicht nur leben, sondern auch Schule machen konnten, so mußten sich erst recht die Theorien des politischen Verhaltens der Christen ändern, die sich noch unmittelbarer auf den Gang der Weltgeschichte beziehen als die gelebten christlichen Antworten auf die unterwegs sich ergebenden Fragen, die jene und viele andere Heilige gegeben haben.

Die vielen Phasen des Weges sind der Geistesgeschichte und der Kirchengeschichte bekannt, wenn sie auch meist nur beschrieben und gedeutet und gerechtfertigt und selten aus der Ursprünglichkeit der Botschaft Christi oder aus den Erfahrungen und der Einsicht »hinterher« ernsthaft und entschieden kritisiert werden. Das, was geschehen muß, müßte mit einer Reihe von kritischen Auseinandersetzungen, sagen wir es einmal überscharf: von »Liquidationen« verknüpft sein: mit der Liquidation des »Kulturkampfes«, des »Ghetto-Katholizismus«, der »Gegenreformation«, des späten, des hohen und des frühen Mittelalters und schließlich jener konstantinischen Wendung. Diese Auseinandersetzung, welche vieles »liquidiert«, ist zugleich die legitime Form der Überlieferung: der Befestigung dessen, was in jenen Haltungen und Einsichten für alle Zeiten wahr und für unsere Zeit fruchtbar ist. Gerade deshalb darf die Liquidation jener politisch-religiösen Weltbilder, deren Rest noch heute in unseren Köpfen und Herzen steckt, nicht abstrakt oder rein historisch geschehen, sondern von unserer gegenwärtigen Schwierigkeit und Aufgabe aus.

Eine Hauptschwierigkeit liegt in der Zweideutigkeit des Begriffs der »Kultur«. Die moderne Reflexion innerhalb und außerhalb des Christentums rechnet den größten Teil des Bereiches, den wir Kultur nennen, zu den »terrena«, deren Verwaltung – soweit hier überhaupt verwaltet werden kann und darf – zwar nicht dem »Staat« allein, aber der im Staat gipfelnden gegliederten Gesellschaft zustehe. Der gegenwärtige politisierende Katholizismus dagegen neigt dazu, den ganzen Bereich der Kultur unter die »spiritualia« zu rechnen und dem Staat nach dem früher abgelehnten Vorbild der Altliberalen nur das Nachtwächteramt, die äußere Ordnung zuzuweisen: die Wirtschaft dem Individuum, die äußere Ordnung dem Staat, den Kirchen die Kultur – das liegt in der Konsequenz dieses neuen deutschen Integralismus, der in Europa keine Parallele hat.

Dieser Theorie, Haltung, Meinung oder Stimmung gegenüber gilt es, wie uns scheint, die politische Aufgabe der Christen neu zu überprüfen. Diese Überprüfung ist im Gange, an vielen Stellen, in vielen Graden und in vielen verschiedenen Ansätzen. Sie ist manchen Pionieren verpflichtet. Das Unbehagen vieler Christen ist groß; es darf niemals stärker sein als ihr Glaube. Aber sie müssen es auch um dieses Glaubens willen aussprechen dürfen.

II

Die naturrechtliche Bestimmung der Politik geht von Normen aus, die aus der »Natur« der Menschen angewandt werden. In einer als »gerecht« ermittelten Ordnung gibt es einerseits für den einzelnen, die Gruppen und die Zusam-

ren sucht; sie macht sich dadurch in hohem Maße vom Status quo abhängig und bezieht sich nicht genügend souverän auf den wirklichen Ablauf der Geschichte und das wirkliche politische Handeln in Gesellschaft und Staat. Eine der Geschichte angemessene Theorie müßte konservativ und »revolutionär« zugleich sein, konservativ in der Anerkennung dauernder Normen und in der realistischen Anerkennnung des Vor-Rechts des Bestehenden als des Gewordenen, »revolutionär« in der Erkenntnis tiefgreifender gesellschaftlicher Umwälzungen, in der Anerkennung ernstlicher Eingriffe und Entscheidungen, im Appell zur Bereitschaft, Risiken zu übernehmen, in der Vorwegnahme zukünftiger Lösungen aus konkreten Nöten. Die Bindung einfach an den Status quo verdient nicht den guten Namen des Konservativen, und der in jener Theorie allein übrigbleibende Reform-Pragmatismus greift nicht tief genug in die Dynamik der gesellschaftlichen Umwälzungen ein.

Im einzelnen ergeben sich Schwächen wie diese: Politik wird als »angewandte« Moral zu eng aufgefaßt; es wird verkannt, daß sich das richtige Handeln – als Schritt auf einem Weg – nicht völlig aus Normen und ihrer Anwendung auf Situationen ermitteln läßt, sondern oft den Charakter einer Wahl mehrerer Wege hat, in der man sich für eine bestimmte Vorwegnahme künftiger Möglichkeiten entscheidet, für deren Beurteilung eben die Norm nicht ausreicht. Es wird nicht genügend erkannt, daß dann Risiken übernommen werden müssen: sie sind vom politischen Handeln nicht zu trennen, werden aber in der Theorie und Moral des richtigen politischen Handelns vernachlässigt. Unterschätzt wird ferner der politische Kampf, der im Bereich des überlieferten katholischen Denkens nur als Kampf zwischen den Anhängern des richtigen und des falschen Verhaltens, der gerechten und der ungerechten Lösung auftritt, nicht aber auch als Kampf zwischen den Anhängern zweier Konzeptionen der Zukunft, die gerade als solche nicht als »richtig« oder »gerecht« erweisbar sind, zwischen denen man gleichwohl in gewissen Lagen unweigerlich zu wählen hat. Die Wahl zwischen dem Kurs Adenauer–Strauß–Dulles* und einem anderen außen- und wehrpolitischen Kurs zum Beispiel hat eben diesen Charakter gehabt; die Diffamierung der Opponenten auch im katholischen Bereich hat eine ihrer Wurzeln in jener Politik-Theorie, die nur »richtig« und »falsch« kennt, nicht aber die Freiheit und Tragik der Wahl zwischen zwei Wegen, von denen keiner als »richtig« beweisbar ist.

Eben wegen der allzu einfachen Unterscheidung zwischen »richtig« und »falsch«, »gerecht« und »ungerecht« wird in der Theorie [nicht in der Praxis!] die Macht unterschätzt; die konkrete Fähigkeit zur Durchsetzung von Entscheidungen. Das äußert sich etwa darin, daß durch Deduktion aus der Norm und ihre Anwendung auf die jeweilige Situation zwar das Reformziel ermittelt, dieses aber dann nur proklamiert und gepredigt wird, ohne daß man fragt, erstens welche Kräfte in der Gesellschaft zur Verfügung stehen, die es zu verwirklichen bereit sind oder die dazu gebracht werden können, an seiner Verwirklichung mitzuwirken; was man realistisch zu tun hat, um diese Kräfte zu beeinflussen und in Bewegung zu bringen; zweitens welche Kräfte in der Gesellschaft vermutlich wegen ihrer Interessenlage oder Ideologie als Gegner des Zieles angesehen werden müssen und wie man mit ihnen fertigwerden kann; drittens wie gegebenenfalls das Ziel selbst modifiziert werden muß, damit genügend starke Kräfte in der Gesellschaft daraufhin in Bewegung gesetzt und zur Zusammenarbeit gebracht werden können. Hätte die Bemühung, die sich auf die Sozialenzykliken der Päpste beruft, auch die Frage: »Wer soll das verwirklichen und erkämpfen?« in diesem Sinne und nicht nur individualistisch

* Der amerikanische Außenminister John Foster Dulles (1888–1959) vertrat eine offensive Politik atomarer Überlegenheit und des »roll back« gegenüber den Ostblockstaaten; mit Adenauer und Strauß verband ihn zudem die Forderung nach rascher Wiederbewaffnung der Bundesrepublik.

In der Konsequenz eines solchen Denkens, das die verfügbaren gesellschaftlichen Kräfte als Faktoren der Verwirklichung ernst nimmt und das deren Gewicht sogar den Inhalt jener »Utopie« mitbestimmen läßt, läge auch die Entwicklung einer neuen verantwortlichen »Rhetorik«: der Erkenntnis und der Kunst, Menschen und Gruppen zu beeinflussen und zu führen, ohne sie dadurch in ihrer Unmündigkeit und Unfreiheit zu fixieren. Man hätte zu lernen, sie so anzusprechen, daß man einerseits mit dem vorgefundenen Grad ihrer Unmündigkeit nüchtern rechnet, anderseits im selben Akt an ihre mögliche Mündigkeit appelliert. Bisher haben wir die wirksame Rhetorik allzusehr den Interessenten und den Machtlüsternen überlassen. Möglicherweise ist Brüning* und mit ihm die Weimarer Republik dem Nationalsozialismus darum unterlegen, weil dieser noble und nüchterne Mann die Bedeutung der verantworteten Rhetorik nicht erkannt hat, sich vielmehr auf die Kraft des Argumentes verließ und die Rhetorik als unverantwortete Gewalt dem Trommler Hitler überließ.

Konnte eine so angelegte Politik der Christen im Mittelalter »weltlich« im Sinne der Verantwortlichkeit des Kaisers für die terrena, aber gleichwohl mit dem christlichen Glauben durchtränkt sein, so wird sie heute in dem Maße profaner sein, als sie sich nun in einer aus Christen und Nichtchristen bestehenden Gesellschaft abspielt. Das jeweilige Ziel [eine außenpolitische Konzeption – etwa die Friedensordnung im atomaren Zeitalter – eine Staatsreform, eine Sozialreform ...] wird so angelegt sein müssen, »daß es allen Menschen guten Willens«, mit denen auch die Päpste neuerdings rechnen, zugemutet werden kann. Man wird zur Verwirklichung mit nichtchristlichen Personen, Kräften, Einrichtungen positiv rechnen müssen, nicht nur indem man sie »gebraucht«, sondern indem man sich »auf sie einläßt«. Man wird diesen Part-

* Vgl. Anmerkung S. 32.

nern, aber auch den Gegeninteressenten, Gegnern und Feinden eines solchen Zieles gegenüber die Sprache des christlichen Zeugnisses nur dort zu sprechen haben, wo es unumgänglich ist, im übrigen aber eine profane Sprache sprechen, und zwar nicht deshalb, weil das schlauer wäre und mehr Erfolg verspräche, sondern weil gerade die christliche Beziehung zu den Nichtchristen uns nötigt, sie in ihrem andern Glauben oder in ihrem Unglauben persönlich ernstzunehmen, die sachlich-menschliche Solidarität zwischen ihnen und uns zu stützen und ein wirkliches Gespräch mit ihnen zu führen, das sich weder durch eine missionarische Ansprache, noch durch eine ständige Kontroverse ersetzen läßt.

Die praktische Politik ist immer eine Integration sehr verschiedenartiger Ziele, Kräfte, Rücksichten und Gesichtspunkte. In der traditionellen Einteilung der Politik in Einzelsparten: Außen- und Innenpolitik, Wirtschafts-, Sozial- und Kulturpolitik, drückt sich ein Teil, aber nur ein Teil dieser Verschiedenheiten aus. Die Teilbereiche können zwar in manchen Perioden mehr oder weniger beziehungslos nebeneinander betrieben – und vor allem verwaltet – werden, immer wieder aber ergibt sich aus der Sache, aus der Rücksicht auf tragende Kräfte oder durch die Notwendigkeit der Wahl – des Parlaments, des Regierungschefs, eines Parteivorstandes –, daß sie alle auf einen Nenner gebracht werden müssen, sei es, daß man manche Gebiete hinter dem gerade aktuellsten und bedeutendsten zurücktreten läßt, sei es, daß man einen einigermaßen ausgewogenen Ausgleich der verschiedenen Teilaspekte erreicht oder anstrebt.

Die gleiche Integration muß jeder einzelne und der einzelne Wähler in seinem Kopf und Herzen zu vollziehen suchen, wenn er sich für eine Partei oder einen Mann zu entscheiden hat. Selbstverständlich sind diese Integrationen nicht »harmonisch« und nicht »logisch«; nur ein Teil der Knoten ist auflösbar, andere müssen durchhauen werden.

Christen wahrscheinlich gebieten, aus Politik und Geschichte ein für allemal »auszusteigen«. Nur darf man diesen Zeitpunkt nicht fürwitzig vorwegnehmen wollen.

III

Im bisherigen Verlauf unserer Überlegung haben wir das Feld einer innerweltlichen Politik, deren Sittlichkeit im Recht und in der Pflicht der Existenzsicherung, in der Fürsorge für die uns Anvertrauten und in der mitmenschlichen Solidarität beruht, nicht verlassen, das Feld einer Politik, wie sie auch »die Heiden tun«, die »guten« Heiden, die ihr Handeln von den rein menschlichen Tugenden bestimmen lassen. Hier hat nicht nur die Rechtsordnung ihren Platz, sondern auch die aktive Politik, die sich an der bestehenden Rechtsordnung orientiert und zukünftige Rechtsordnungen anvisiert und zu verwirklichen sucht. »Christlich« kann eine Tat in dieser Rechtsordnung nur dadurch werden, daß sie im Geiste Christi geschieht. Das bedeutet primär nicht ohne weiteres, daß mehr oder der Sache nach etwas anderes geschieht. Sondern es bedeutet, daß die Tat in der Ordnung Christi geschieht, das heißt in seiner Bruderschaft, in der Bruderschaft menschlicher Brüder, insbesondere der »Geringsten seiner Brüder«. Das geschieht nie in für immer gesicherten Beziehungen, Regeln und Ordnungen, sondern immer wieder neu in seinem Geist. Das Reich Gottes ist nicht endgültig da, aber es ist immer im Kommen, es kann jederzeit und jeden Ortes aufleuchten. Wo es da ist, wird jedes Geschehen auch dann verwandelt, wenn es nicht anders aussieht als ein Geschehen nebenan, das außerhalb dieses Reiches geschieht. Es ist das gleiche Brot, das der eine aus sentimentalem Mitleid, der andere aus Eitelkeit, der dritte aus Angst, der vierte als Bruder dem Bruder, der Samariter als Nächster dem Nächsten reicht.

Was den Mitmenschen für mich zum Nächsten und Bruder

konstituiert, ist seine Bedürftigkeit; genauer: daß er meiner bedarf. Die entscheidende Erkenntnis, welche den Begriff einer Politik aus dem Glauben, einer »christlichen Politik« für unser Jahrhundert neu konstituiert, ist die Erkenntnis, daß in der allgemeinen politischen Interdependenz der Mensch heute der gerechten Politik jedes Mitmenschen bedarf. Was innerweltlich als allgemeine Solidarität beschrieben werden kann, eine Solidarität, die heute nicht nur allgemeiner, tiefer und umfassender geworden ist, als sie es je war, sondern die vor allem viel dringender als je unser Bewußtsein beherrscht – das konstituiert heute ebenso allgemein einen Appell an jeden Christen, keinem Menschen den politischen Akt zu versagen: sie alle bedürfen seiner politischen Mitentscheidung, sie alle sind dadurch zu seinen Nächsten im strengen Sinn des Wortes geworden; sie alle sind darauf angewiesen, daß möglichst viele Menschen aller Zonen die allgemeine Solidarität erkennen und ihren Beitrag zur Überwindung der zerstörerischen Anarchie leisten.

Die heilsgeschichtliche Dimension des Profan-Politischen ändert zunächst nur unser persönliches Verhalten. Politik wird dringlicher, Nicht-Politik ist nicht mehr nur Banausentum und Philisterei, sondern Defaitismus und Verrat, Glaubens- und Liebesverrat. Sodann aber ändert sie viel in der Interessen- und Rangordnung des politischen Verhaltens. Des Christen Blick wird sich für das Allgemeinwohl schärfen, weil es sich ihm als die sicherste Voraussetzung der Not-Hilfe offenbart, die er den Menschen unserer Zeit in der Bruderschaft Christi schuldet. Und es ergibt sich eine Vorliebe für die Schwachen und Schwächsten, für die Unterdrückten, für alle, die sich nicht selber helfen können. Diese Vorliebe wird die »normalen« Gruppierungen und Fronten durcheinanderbringen; sie bringt Franzosen dazu, sich mit den Algeriern zu identifizieren, Unternehmer, sich auf die Seite der Arbeiter zu stellen.

Diese christliche Umstrukturierung des Verhaltens wird

Herrschaft verdankt. In der Verwilderung der politischen Sprache spricht sich eine Gleichgewichtsstörung unserer Demokratie aus, aber auch die schiefe Situation jener herrschenden Partei. Sie muß den Anspruch auf das christliche Monopol aufgeben, damit die Christen in ihr und außerhalb ihrer zu einer Politik aus dem Glauben freiwerden können, zu einer Politik, welche vom christlichen Impuls bewegt wird [und das christliche Auge und Ohr offenhält], die aber für ihre profanen Ziele und Wege mit anderen Parteien und Gruppen kooperieren und in ihnen wirken kann.

Diese Lehre gilt nicht nur für Deutschland und für Europa. Am schwersten ist zu begreifen, weshalb eine Politik, die sich auf das Christentum beruft, das große Ziel einer »Friedensordnung in der atomaren Welt«, das sie erklärtermaßen durch Abrüstung erreichen will, durch Aufrüstung hart an der Grenze der Machtblöcke belastet, wie sie sich am bösen Verhalten des schwierigsten Partners geradezu interessiert zeigt und wie sie die »Vorleistung« als eine den Christen besonders naheliegende Methode jeder Politik in Mißkredit bringt. Es muß uns daran liegen, jenes Ziel mit allen Kräften anzuvisieren und täglich neu den Versuch zu machen, seine Voraussetzung zu schaffen: die Entspannung. Die Christen hätten ihr zu dienen auf vielen Wegen und mit vielen Mitteln, mit viel politischer Phantasie, mit politischer Kunst und Geduld, den Gegner ständig auf seine guten Möglichkeiten hin abtastend und durch »Vorleistungen« Vertrauen schaffend, ohne dabei Kopf und Kragen zu riskieren.

In dieser Richtung ließe sich eine Politik denken, die realistisch und profan wäre, aber aus christlichem Glaubensgrund erwüchse.

V

Sie kann im übrigen Hunderte von Formen annehmen. Es mochte christliche Politik gewesen sein, wenn Leo I. vor die Tore Roms zog und Attila Geld und gute Worte gab; wenn eine Äbtissin 1945 die Stadt Eichstätt den Amerikanern übergab; wenn Jeanne d'Arc verstand, daß die helfende Ordnung ihrer Welt und ihres Jahrhunderts die französische Ordnung war und daß man die Engländer als ein diese helfende Ordnung verhinderndes Element aus dem Lande zu weisen hatte; wenn ein Dorfbürgermeister mit viel realer Phantasie ein paar Flüchtlingshäuser hinstellte. Es mag christliche Politik sein, wenn ein Wirtschaftspolitiker mitwirkt, den latenten aber gestörten Zusammenhang, der zwischen einer Weizenernte hier und hungernden Mäulern dort besteht, zum Funktionieren zu bringen; wenn ein Negerhäuptling seinen Stamm aus der nomadischen Lebensweise in die seßhafte überführt; wenn ein Negerhäuptling sich weigert, seinen Stamm aus der nomadischen Existenz in die seßhafte zu überführen; wenn ein Schulgesetz erlassen wird; wenn eine Monarchie abgeschafft wird; wenn eine Monarchie eingeführt wird; wenn ein Fluß reguliert wird; wenn ein Krieg nicht erklärt wird. Dies alles und vieles mehr kann jeweils ein Gebot christlicher Politik sein. Im Bereich der Politik gibt es Klugheit und Dummheit, Phantasie und Sturheit, Gerechtigkeit und Vergewaltigung, Gut und Böse; in diesem Bereich gibt es also als eine offene Möglichkeit jeweils eine möglichst kluge, gerechte und gute Politik: christlich aber wird sie als brüderlicher Notdienst.

Als solcher sollte sie dann freilich noch klüger, noch phantasievoller, noch großzügiger sein als die Politik der guten Heiden, weil sie richtiger, sachgemäßer, menschgemäßer sein kann und weil die uneigennützige Leidenschaft des Dienstes dahinterstehen soll. Je größer die Not der Mitmenschen ist, auf die sich der politische Dienst des Christen bezieht, um so leidenschaftlicher wird er sein. Immer aber sollte die christliche Politik, da sie aus der Taufe und aus der Firmung, aus Reue und Wiedergeburt, aus dem Sakrament der Gemeinschaft gespeist wird, sich durch Großherzigkeit, Lauterkeit, Uneigennützigkeit, Mut und Wahrhaftigkeit auszeichnen. Von christlichen Politikern müßte der Heide sagen können: Seht, wie sie das Volk, seht, wie sie uns lieben.

Die Politik in allen ihren Formen und Dimensionen vom kleinsten Dorf bis zur Weltganzheit ist selbstverständlich nicht der einzige Ort des christlichen Bruderdienstes. Aber sie wird allmählich immer mehr zu dem Ort, wo die Entscheidungen fallen, von denen die Wirksamkeit der Bruderdienste abhängt. Die Aufgabe erfordert eine kooperative Anstrengung der besten Kräfte in allen Ländern der Erde. Die Gefahren, daß diese Kooperation nicht gelingt oder daß das Böse in seiner doppelten Gestalt: als Unterlassung und als Tat, übermächtig wird, sind groß. Das alles ist dazu angetan, klarzumachen, daß wir uns auf ein ungeheures Abenteuer einzulassen haben, wenn wir uns auf Politik im Weltmaßstab einlassen.

Wenn? Das eine ist nun einmal wahr: uns allen ist die Last der Weltpolitik und der Weltgeschichte aufgeladen. Wir können uns nicht mehr auf irgendwelche anonymen Mächte verlassen, welche die Geschichte machen: auf den Geist des Fortschritts oder der Vernunft oder den Geist der Masse oder der Rasse oder den Volksgeist oder den Geist des Sozialismus oder irgend etwas anderes. Das alles sind Mythologisierungen unerkannter Kräfte, und wir kommen, wenn wir uns nur anstrengen, immer mehr dahinter, was in der Welt in Wahrheit geschieht. Nicht einmal auf den lieben Gott kann man die Geschichte abschieben, so sehr er der Herr der Geschichte und der König der Könige ist und bleibt; aber er herrscht ja in der Menschenwelt durch Menschen – indem er ihre Herzen bewegt, indem er sich auf sie einläßt. In Wahrheit sind es also wir, die Geschichte machen, die Menschen insgesamt. Das bedeutet für den einzelnen nicht, daß er dem Atlas gleich die

Weltsorgen zu tragen hat, wohl aber, daß er sich auf sie bezieht, seinen Ort im Ganzen bestimmt, dieses Ganze von diesem Ort aus nach Kräften erkennend durchdringt und dann zu verstehen sucht, welcher Dienst gerade von ihm und gerade hier und gerade heute verlangt wird. Das kann etwas sehr Begrenztes sein. Und es ist im Anfang immer etwas sehr Begrenztes. Ein Stück Studentenpolitik vielleicht. Oder eine Aktion oder nur ein Einfluß im Betrieb. Oder eine Wahl. Oder ein Stück loyaler Sozialpolitik oder ganz einfach das Studium, das berufliche oder das freie. Das kann wenig sein, nach dem Maß der Umstände und der Kraft. Aber insgesamt gilt gerade von der ungeheuren Situation der Weltpolitik das beunruhigende Wort Pius' XI.: »Es ist uns heute nicht mehr erlaubt, mittelmäßig zu sein.«

Grundsätzlich aber ist eine Schwierigkeit behoben, die früher viele Christen von der Berührung mit der Politik abgeschreckt hat. In der Periode, die hinter uns liegt, war der Nationalstaat die oberste, letzte und absolut geltende politische Wirklichkeit. Dieser Nationalstaat – Deutschland für die Deutschen, Frankreich für die Franzosen – war ein von der Geschichte gegebener irrationaler Wert, der in einem quasireligiösen Glauben unbezweifelt und unbezweifelbar hingenommen wurde. Die oberste Kategorie des politischen Handelns vor diesem obersten Wert hieß: erfolgreich im Sinne des Nationalstaates handeln. Das Sittliche trat als von außen her wirkende Einschränkung der Mittel, die man um des Erfolges willen anwandte, in die Politik ein. Das ergab einen im Grunde unlösbaren Konflikt. Bismarck etwa war als Privatmann eine ethische Existenz, als Staatsmann beeinträchtigten ethische, aus dem Privatleben kommende Überlegungen, Konventionen und Spielregeln nur wenig seine auf den Erfolg seiner Sache abgezielte Politik. Je ethischer ein Staatsmann zu handeln suchte, um so mehr waren die Mittel des Erfolges eingeschränkt. In dieser Frage hat sich durch die Entfaltung der Menschheit in die eine Welt hinein etwas grundsätzlich geändert. Der Erfolg im politischen Sinne, das heißt heute der Erfolg im Sinne der Einen Welt, fällt stärker und leichter mit dem sittlich-politischen Handeln zusammen als früher. Die helfende Ordnung des Ganzen, in dem die Teile Teile sind, ist das Ziel einer an den Interessen ausgerichteten Politik. Die Interessen der Teile sind, nachdem die Welt sich in ein einziges Feld des Handelns verwandelt hat, nur noch im höheren Interesse des Ganzen dauernd zu vertreten. Selbstverständlich bleibt immer die Möglichkeit konkreter Konflikte, auch Gewissenskonflikte, zwischen partiellen Interessen und übergreifenden Interessen. Aber grundsätzlich ist dieser Konflikt heute lösbar im wahren Interesse des Ganzen und seiner Teile. So wird politische Politik im Sinne einer auf den »Erfolg« der Interessen-Solidaritäten ausgerichteten Politik identisch mit sittlicher Politik. Das politisch immanente Ziel der besten Politiker der Welt kann als gerechte Ordnung eine ethische Politik und als helfende Politik eine christliche Politik werden. »Kann«, sage ich. Das weite Feld der Politik wird bis zum Jüngsten Tag ein Spielfeld menschlicher Schwäche, menschlicher Schuld, menschlicher Sünde bleiben, und die Dämonen werden in Zukunft nicht weniger mächtig sein als je; aber jener eine, im Zeitalter des Nationalstaates und der unerkannten Geschichte unlösbare Konflikt zwischen einem absolut gesetzten irrationalen Ziel und dem sittlichen Handeln ist beseitigt. Damit ist ein schweres Hindernis für den Christen gefallen. Gut und böse stehen sich auf diesem Feld nun eindeutiger einander gegenüber.

VI

Was ist gut und böse in dieser geschichtlichen Stunde? Unsittlich, schlecht ist heute als Sünde der Unterlassung die rein private Existenz. Es gibt heute die Sünde des »Apolitischen«, des Menschen, der angesichts der Tatsachen, von denen wir ausgingen, sich darauf beschränkt, sein Schäfchen ins Trokkene zu bringen. Schlecht oder böse ist ferner der Wille, irgendein Teilinteresse absolut zu nehmen und als solches durchzusetzen, sei es ein nationales Interesse, sei es ein Klasseninteresse, sei es noch begrenzter. Böse im politischen Sinn ist die Ausbeutung der ungeheuren neuen Möglichkeiten der großräumigen funktionellen Welt für die eigene Lust an der Macht – die Versuchung der großen Manager. Gut ist der Versuch, die gestörten oder noch nicht verwirklichten Funktionen funktionieren zu machen und sie in den Dienst des Menschen zu stellen. Christlich ist dieser Versuch, wenn er im Heiligen Geist als brüderliche Nothilfe geschieht.

Gut und böse, so sagte ich, stehen einander heute auch auf dem politischen Feld eindeutiger gegenüber. Wir haben ein kräftiges Stück des Apfels der Erkenntnis abgebissen. Wir wissen nun auch im Bereich der Geschichte besser, was gut und böse ist. Das menschliche Drama zwischen gut und böse, das im Paradies begann, ist in eine neue Phase getreten. Wir haben uns die Erde untertan gemacht, wir haben den Erdkreis erfüllt, wir haben aus den Stämmen und Gruppen und Völkern und Staaten und Reichen die eine Menschheit gebildet. Wenn es so ist, dann tritt auch die Geschichte des Heils in eine neue Phase. Aber dieses Heil ist politisch nicht »rein« herauszupräparieren. Der Christ kann es nur im Bruderdienst verwirklichen, und wenn er wirklich und redlich helfen will, so ist er darauf angewiesen, als »Heiliger«, das heißt: im Heiligen Geiste, ein Bündnis mit den sozialen Kräften, mit den bindenden Kräften, mit den guten Kräften in dieser Schöpfung zu schließen, so wie das der Samariter tat, der nicht nur medizinisch sachgemäß Öl und Wein in die Wunde gab, sondern auch mittels der Vertragstreue des Herbergwirtes half, als er ihm gegen Geld und gute Worte den verwundeten Bruder anvertraute. Das bedeutet Bündnisse der Christen mit Nichtchristen, und es gilt auch für die Auseinandersetzung in uns selbst; in uns selbst müssen wir ein Bündnis des Heiligen Geistes mit dem Sozialen in uns stiften: wir müssen ein Bündnis des Geistes mit der guten Schöpfung in uns möglich machen, um in dieser Welt helfen und dienen zu können.

Wenn wir diesen Maßstäben gerecht werden wollen, werden wir unsere Kraft und unseren Geist aufs äußerste anstrengen müssen; wir werden sehr viel Mut und sehr viel Phantasie aufzubringen haben. Denken wir nicht zu klein von der Politik und machen wir in unseren Überlegungen und Berechnungen nicht an den deutschen oder abendländischen Grenzen halt. Daß nicht die bösen Möglichkeiten sich erfüllen, sondern die guten, daran arbeiten überall in der Welt einzelne Menschen, kleine Gruppen, Denker, Philosophen, Politiker, Parteiführer, Staatsmänner, Erzieher, Künstler, Dichter. Es kommt alles darauf an, daß sich auf diese große zukünftige Aufgabe schon heute die Jugend der Welt bezieht. Von der Lösung dieser Aufgaben werden Existenz und Schicksal unserer Enkel abhängen.

Gerade die Gläubigen müssen heran, denn gerade sie sind berufen, in der Glut der politischen Kämpfe und Arbeiten nicht zu verbrennen, sondern Menschen zu bleiben, die schlafen können, die sich freuen können, die lieben können, die spielen können, die eine gute menschliche Ehe führen können – trotz Weltenkrise und Weltaufgabe. Daß sie Gott vertrauen und deshalb schwer aus dem Gleichgewicht zu bringen sind, darf für sie aber nicht die Versuchung zur Untätigkeit und zur Abschließung in eben jene Insel eines rechten persönlichen Lebens sein, sondern ein Antrieb. Sie sollten als Menschen, die, wenn es Gott gefällt, in der Leidenschaft der Liebe und in der Kraft der Ruhe helfen können, in die Bresche springen. Bravere, bequemere Kräfte und Beweggründe sind den Mächten der Welt nicht gewachsen.

Aber werden sie damit Erfolg haben? Ob wir Erfolg haben werden, ob wir zum Frieden kommen werden, ob wir zur Vernunft kommen werden, ist recht zweifelhaft. Vielleicht läuft es nur auf Teilerfolge hier und da und dann und wann hinaus. Man kann darüber optimistischer oder pessimistischer denken, je nach seinen Erfahrungen und je nach seinem Temperament. Aber Optimismus und Pessimismus sind keine christlichen Kategorien. Ein grundsätzlicher Pessimismus bedeutet die Leugnung des Heiligen Geistes, bedeutet den Versuch, seine Macht in der Zukunft begrenzen zu wollen. Die christliche Wahrheit führt uns gewiß zu einer nüchternen Beurteilung der Gegenwart, und diese ist düster genug. Die christliche Beziehung zur Zukunft heißt: Hoffnung. Die Kraft der Hoffnung öffnet die Tore, durch die der Heilige Geist in die Welt eintritt. Die christliche Liebe will sich nicht an sich selbst erbauen, sondern sie will den Erfolg. Denn Erfolg heißt wirkliche Hilfe. Aber sie ist nicht abhängig von der vorweggenommenen Gewißheit des Erfolges. Sie springt in die Bresche, auch wenn die Aussichten gering sind.

Darum mache sich jedermann auf ein politisches Leben gefaßt. Wenn in alten Zeiten eine kleine Stadt am Rand eines großen Waldgebietes hauptsächlich von Wölfen und Räubern bedroht war, dann übte sich die Jugend darin, wie man mit Räubern und mit Wölfen fertigwird und wie man die Schwachen vor ihnen beschützt. Die kleine Stadt ist zu der einen Welt geworden, in der alle wesentlichen Ereignisse voneinander abhängen. An die Stelle des Waldesdickichts ist die Anarchie dieser Abhängigkeiten getreten, das Nichtmehr-Funktionieren oder das Noch-nicht-Funktionieren der übergreifenden wirtschaftlichen, sozialen und politischen Beziehungen. Den Platz der Wölfe und der Räuber nehmen die kleinen und die großen Ausbeuter und Manager ein, die wirtschaftlichen und politischen Raubtiere, und heute wie damals haben es die Dienenden und Helfenden mit der Masse der Trägen und Bequemen, der kleinen Interessenten zu tun. Damals galt es, auf der Stadtmauer zu wachen und mit der Armbrust zu streiten; heute heißt es, politisch zu handeln. Es liegt im vitalen Interesse der heutigen Menschen, in die Weltanarchie funktionierende Ordnungen hineinzubauen. Dieses wohlverstandene Interesse deckt sich mit dem Anspruch der natürlichen Gerechtigkeit. Wir Christen sind hineinverstrickt sowohl in die Nöte als auch in die Aufgaben. Wir sind in der Gemeinschaft des Heils zugleich in eine andere Wirklichkeit hineingenommen, die jetzt verborgen und geheimnisvoll schon da ist und am Ende der Zeiten offen hervortreten soll. Für uns haben die Eigeninteressen eine hohe Berechtigung, aber keine absolute Geltung. Wir können darauf verzichten. Worauf wir aber nicht verzichten können, ist der Dienst an den Rechten und den wesentlichen Interessen der anderen; darum gibt es heute im Weltmaßstab eine politische Aufgabe der Christen. Damals mußte die Jugend den Männerkampf erlernen, heute muß sie die Politik erlernen. Wer da streikt, stellt sich außerhalb der Geschichte, und es kann sein, daß er sich damit auch außerhalb des Heils stellt.

Über Christen

Worin unterscheiden sie sich von den anderen?

Wenn irgendwann die Frage nach dem »Wesen des Christentums« ausdrücklich gestellt wurde, so setzte das voraus, daß im vorherrschenden Verständnis für christlich galt, was bei Licht besehen gar nicht christlich war. In der Neuzeit war Pascal* wohl der erste, der die Frage nach der »Unterscheidung des Christlichen« scharf stellte. Seine Antwort: Nicht der Gott der Philosophen, – vielmehr der Gott Abrahams, Isaaks und Jakobs, der Vater Jesu Christi. Als spezifisch christlich erschien ihm also nicht das Bekenntnis zu einem höchsten Wesen, dem Allbeweger, dem Seinsgrund, sondern das Vertrauen zu einem Gott, der sich in der Geschichte offenbar gemacht hat, redend und fragend und unsere Antwort herausfordernd. Erst Kierkegaard wieder hat dann in aller Schärfe dieselbe christliche Differenz nicht nur gegenüber dem zeitgenössischen staatskirchlichen Christentum, sondern auch gegenüber christlicher Philosophie und vor allem sogenannter christlicher Kultur hervorgehoben, diesmal gegen Hegel, also einen Philosophen, der selber in der Kategorie der Geschichte dachte, aber auch in der einer Vermittlung, in der die Einzigartigkeit der Jesus-Botschaft vom Vater als Moment in die Geschichte des Geistes eingeschliffen, eingebracht wurde, wenn auch nicht als Moment einer Evolution, sondern einer Dialektik. Romano Guardini konnte sich auf Pascal und auf Kierkegaard berufen, wenn er – es im Buchtitel »Unterscheidung des Christlichen« ** andeutend – gegen

* Zu Walter Dirks' Auseinandersetzung mit dem französischen Religionsphilosophen, Mathematiker und Physiker Blaise Pascal (1623–1662) vgl. auch: Walter Dirks: Die Wette. Ein Christ liest Pascal. Freiburg 1981.
** Die Aufsatzsammlung des katholischen Religionsphilosophen (1885–1968) erschien 1963 in Mainz. Walter Dirks lernte Romano Guardini

den Schein christlicher Moral und Kultur den Glauben an Christus den Herrn als Moment einerseits der Kritik und Provokation, andererseits der Überhöhung ausspielte. Natürlich wäre, noch sehr viel entschiedener, der junge Karl Barth* zu nennen, und das, wofür er einstand, und eine breite und tiefe evangelische Theologie, die gerade auch solche schärfere Unterscheidung des Glaubens der Geschichte beider Kirchen eine andere Richtung gegeben hat.

Wir sind heutzutage eine Etappe weiter. Zwei Verschiebungen im Zeitbewußtsein trennen uns vom 19. Jahrhundert, das in diesem besonderen Aspekt bis in die zwanziger Jahre des 20. hineinreicht. Auf der einen Seite hat sich die Empfindung des Humanen und das Engagement für den Menschen schärfer und polemischer gegen viele theoretische Inhumanismen abgegrenzt. Da sind viele »Ismen« aufzuzählen: der Positivismus, der Neopositivismus, der Pragmatismus, der Soziologismus, der Strukturalismus, der Sozialdarwinismus – die Reihe ist nicht vollständig. Es sind Welt- und Geschichtsdeutungen, in denen der Mensch zwar als Subjekt, nämlich als Träger der Wissenschaft energisch denkt und deutet, aber die Welt selbst als ein Objekt beschreibt in Deutungsversuchen, in denen eine am Menschen orientierte Wertung nicht vorkommt, ja als Sünde gegen den heiligen Geist der objektiven Wissenschaft verfemt ist. Soweit die beschreibenden und analysierenden Wissenschaften ihre Grenzen erkennen, d. h. eben sich darauf beschränken, zu messen und zu vergleichen, Tatbestände festzuhalten, Beziehungen festzustellen, also als sogenannte positive Wissenschaft sind sie von höchstem Wert und unentbehrlich. Ihre Zuständigkeit über-

in der katholischen Jugendbewegung Quickborn kennen und arbeitete 1923/24 für einige Monate als sein Sekretär.

* Der reformierte Theologe Karl Barth (1886–1968) gehörte zu den Begründern und Hauptvertretern der »Dialektischen Theologie«, die Gott als den »ganz Anderen« begreift, der nur im Glaubensvollzug und durch seine Offenbarung in Jesus zu erfassen ist.

schreiten sie, wenn sie in enger Bindung an ihr Material und dessen Forschung Urteile über Wert und Sinn des Menschen, der Gesellschaft, der Geschichte abgeben – eben diese illegitime Grenzüberschreitung sollte durch die allen gemeinsame und deshalb ermüdende Formulierung ihrer beiden letzten Silben »Ismus« ausgedrückt werden. Es gibt einen analogen Unterschied zwischen der katholischen Kirche und dem Katholizismus, zwischen den Kirchen der Reformation und dem Protestantismus. Es gibt einen analogen Unterschied zwischen dem Versuch, die Erkenntnisse von Karl Marx für unsere eigenen Erkenntnisse nach Kräften aufzuschließen, und dem »Marxismus«, was auch immer man darunter verstehen mag. Wir können froh sein, daß bisher niemand auf den Gedanken gekommen ist, einen Christianismus zu erfinden. Nach dieser Abschweifung: Gegenüber der langen Reihe derjenigen Ismen, welche die Wert- und Sinnfrage menschlicher Existenz und Geschichte als unsachliche Abirrung vom Geist der positiven Wissenschaft abtun, hat sich stärker als früher eine Gegenfront derer abgebildet, die sich diesen Fragen stellen. Leider kann man einige von ihnen auch am kürzesten wiederum als Ismen aufzählen, so den Existentialismus und den Marxismus – womit hier natürlich nicht die vulgäre Theorie oder die stalinistische Praxis, sondern geistige Ansätze gemeint sind, für welche die Namen Marx, Rosa Luxemburg, Lukács, Bloch, Kolakowski, Garaudy* stehen mögen, sodann der engagierte Liberalismus, d. h. nicht die Ideologie des Kapitalismus, sondern jener sogenannte linke humane Liberalismus, dem es auf die Emanzipation und Freiheit des Individuums ankommt. Schließlich ist da natürlich das Christentum beider und aller Konfessionen zu nennen, soweit es ihnen nicht auf die Sicherheit des Systems ankommt, das unsere Ängste

* Die marxistischen Philosophen Leszek Kolakowski (geb. 1927) und Roger Garaudy (geb. 1913) wurden beide wegen nicht parteikonformer Positionen aus den kommunistischen Parteien ihrer Länder ausgeschlossen.

abfängt, sondern auf die Orientierung an Jesus, der sich als Sohn Gottes verstand und von dem das Konzil vo Chalcedon* in genialer Simplizität sagt, er sei wahrer Gott und wahrer Mensch. Mit anderen Worten: das Spezifische am Christentum hat sich nicht mehr vom allgemeinen Zeitgefühl, von der Fiktion einer christlichen Kultur, einer christlichen Gesellschaft, eines christlichen Staates abzusetzen, wie das in je verschiedener Weise Pascal, Kierkegaard, Karl Barth und Guardini getan haben – diese Abgrenzung ist zu einem eher peinlichen Problem des Identitätsbewußtseins der Unionsparteien zusammengeschrumpft –, sondern innerhalb eines engagierten konkreten Humanismus, der selber im Gegensatz steht teils zu einer pragmatischen Theorie, welche die wahre Praxis verfehlt, teils zu einem Idealismus, der sowohl die Praxis als auch die Idee verfehlt.

Die Sache wird dadurch kompliziert, daß sich innerhalb dieser engagierten Front, die für den Menschen und seine Selbstbestimmung, insbesondere für die Unterprivilegierten eintritt, eine wichtige Gruppe spezifisch christlich so definieren möchte, daß sie sich nicht mehr von den nichtchristlichen Partnern unterscheidet, sondern sich mit ihnen identifiziert. Die Erscheinung ist uns vertraut. Gott ist die Chiffre für Mitmenschlichkeit; darzuleben ist Jesus Christus Mensch geworden. Nach der Fromel von Chalcedon gesprochen: daß Jesus wahrer Mensch war, darin und darin allein liegt seine Göttlichkeit. Sie formuliert im Grund nichts anderes als den Beginn des absoluten Anspruchs auf Menschlichkeit: daß es nun ganz und gar und auf Tod und Leben ernst wird in dem Versuch, nur Mensch zu sein, nämlich ein Mitmensch, und mit den Mitmenschen die Gesellschaft so zu verändern, daß wir Menschen in ihr menschlich leben können.

* Die Formel des Konzils in der kleinasiatischen Stadt aus dem Jahre 451 legte fest, daß in der Person Christi göttliche und menschliche Natur unvermischt und unzertrennlich vereinigt sind.

Dagegen sollte man nicht polemisieren. Keiner hat ein Recht, diese extreme Position zu bekämpfen, der nicht selber das erfüllt, was sie als positiven Appell enthält. Ich jedenfalls empfinde mich nicht genügend als menschlichen und mitmenschlichen Menschen, um ein Recht zu haben, mich von denen abzusetzen, die Jesu Erscheinung, Werk und Wort so interpretieren. Alles, was ich kritisch gegen sie oder ergänzend zu ihnen zu sagen habe, soll allenfalls geeignet sein, ihren Impuls zu stärken, keinesfalls, ihn zu bremsen.

In Verbindung mit solcher Interpretation Christi wird, wie jeder weiß, zuweilen auch das Wort »Atheismus« gebraucht oder die Parole »Gott ist tot«. Da der Glaube an den Gott Abrahams und Jesu Christi etwas anderes ist als »Theismus«, ist christlich auch gegen den Atheismus dieser christlichen Humanisten nichts einzuwenden, und wenn die Botschaft vom Tod Gottes den Tode des Gottes meint, den wir ein paar Jahrhunderte lang zu kennen meinten, ja, über den wir auf vielfältige Weise glauben, verfügen zu können, dann ist nur zuzustimmen: dieser Gott ist tot. Der Gott, dem wir und auf den wir vertrauen könnten, ist mehr ein unbekanntes als ein bekanntes Wesen, ein Gott, der sich zwar bekannt gemacht hat, zuerst in seinem Bund mit dem Volk Israel, dann in Jesus von Nazareth, der in jenem Bund und in seiner Erneuerung ansprechbar geworden ist, der aber immer noch im unzugänglichen Dunkel oder im unzugänglichen Licht wohnt – zwei Ausdrucksweisen für dieselbe Wahrheit. Die Ahnungen der Religionen vom Göttlichen sind auf Jesus Christus hin, in ihm und in dem, was er uns verheißen hat, zu etwas mehr als Ahnungen geworden; einiges läßt sich auf menschliche Weise von ihm sagen, zu ihm läßt sich auf menschliche Weise sprechen, so wie er in menschlicher Weise geredet hat, aber wer der Meinung sein sollte – und jahrhundertelang sind viele Fromme und noch mehr Theologen und Kirchenführer dieser Meinung gewesen –, dieses Reden erfasse seine Wahrheit, fasse mehr als einen Mantelzipfel seines Daseins, enthülle mehr als das in seinem Geheimnis, das zu erahnen uns zum Heile ist, der täuscht sich unendlich. Der ist von der Wahrheit weiter entfernt als der weise Agnostiker, ja als der schlichte Ungläubige. Allerdings ist jener Mantelzipfel Gottes kostbar für uns. Doch sollte selbst der, der mehr von Gott zu ahnen und glaubend zu erkennen meint, die Zeitgenossen respektieren, die Gott oder seinen Sohn, Boten und Zeugen anders verstehen, als es im konventionellen Christentum verstanden worden ist: als mitmenschlichen Menschen. Diese Leute sind dabei, etwas Neues zu entdecken, das der Glaubenseinsicht jedes Christen verständlich und hilfreich werden wird.

Das mußte vorausgesagt werden, bevor nun versucht werden soll, behutsam zu sagen, was im Umkreis einer Mitmenschlichkeit, die sich entweder auf Jesus von Nazareth bezieht oder nicht, jedenfalls aber mindestens historisch von ihm aus in die Welt gekommen ist, als spezifisch christlich zu verstehen wäre. Es gilt aufzuzeigen, worin das Christentum anders wäre als die säkularisierten Religionen, in deren Umkreis wir leben, das säkularisierte Christentum eingeschlossen. Es ist klar, daß dabei nicht an das komplette System gedacht ist mit dem heiligen Blasius und dem heiligen Schleiermacher*, mit Ohrenbeichte und Papst, mit Einsegnung und Konsistorium, sondern an ein Christentum, das als um so christlicher gelten muß, je mehr es an Christi Existenz, Werk und Wort orientiert ist.

In einem Gespräch mit einem bekannten Sprecher einer Organisation, die als christentumsfeindlich gilt**, nahm dieser das Prädikat »gläubig« für sich in Anspruch. Er glaube, so

* Am Festtag des heiligen Blasius wird in katholischen Kirchen der nach ihm benannte Segen gespendet, der vor Halsleiden schützen soll. Der protestantische Theologe und Philosoph Friedrich Schleiermacher (1768–1834) wirkte als Hofprediger in Berlin. Er gilt als »Vater« des deutschen Kulturprotestantismus.

** Gemeint ist der Publizist Gerhard Szczesny (geb. 1918) und die von ihm gegründete »Humanistische Union«.

etwa könnte ich sein Bekenntnis unterschreiben, an eine Macht, die dem Menschen unverfügbar sei, die ihn trage und in der er gründe; es werde ihm nicht nur an den oft zitierten Grenzen des Menschen, vor allem an der Schuld und am Tod bewußt, sondern an seiner ganzen Existenz, die er nicht aus sich selbst zu verstehen vermöge. An einen Gott, an eine Person freilich vermöge er nicht zu glauben. Ich konnte ihn insofern beruhigen, als ich ihm sagte, daß auch ich als Christ nicht an einen persönlichen Gott glaube, insofern das Wort mit den vier Buchstaben, halb Andeutung eines Begriffs, halb einer Vorstellung, halb Name, in jedem Fall kein Begriff, keine umschreibbare Vorstellung und allenfalls ein Name sei. Der Begriff der »Person« sei nicht auf Gott anwendbar, sondern weise allenfalls in einer mehr oder weniger bestimmten Richtung ins Unergründliche hinein. Ich versuchte das gerade diesem Agnostisch-Glaubenden, für den natürlich zugleich das zeitgenössische naturwissenschaftliche Weltbild viel bedeutet, dadurch plausibel zu machen, daß ich mich seiner Meinung versicherte, die menschliche Selbstverfügung, das Stadium des seiner selbst bewußten redenden und hörenden Menschen sei der bisherige Gipfel oder jedenfalls der uns als solcher bekannte höchste Gipfel des Evolutionsprozesses: wie kann ich dem unbekannten Grund und Ziel weniger zutrauen und zusprechen als diesem unserem eigenen Höhepunkt der Evolution? Transpersonal dürfe er sich das vorzustellen oder zu denken versuchen, was uns begründe, aber jedenfalls nicht anti- oder unpersonal. Ich weiß: das ist weder ein Gottesbeweis noch eine Definition. Immerhin steht man hier vor einem christlichen Spezifikum, das sich allerdings vom Glauben des Islam oder anderer sogenannter Monotheismen nur dadurch unterscheidet, daß es weniger naiv, daß es kritischer reflektiert ist. Jesus, auf den sich die Christen berufen, benutzt diesen von den vorprophetischen Juden vor allem als Schöpfer, Herrn und Gesetzgeber verstandenen Gott als den Vater, zunächst nur als seinen eigenen Vater, als den, der ihn legitimiert, dann als unser aller Vater und schließlich – was sich in der jüdischen und außerjüdischen Antike keineswegs von selbst versteht, als einen Vater, der liebt, ja die Liebe ist. Aber von dieser Vatervorstellung gelten dieselben Einschränkungen, die gegenüber dem Begriff »Person« vorzubringen waren. Wie wenig ein Vater »wirklich« ist, als Vermittler der Hälfte eines Chromosomenbestandes und als zeitweiliger Pfleger oder Erzieher der von seiner Frau geborenen Kinder, darüber haben uns die Genetik, die Tiefenpsychologie und Soziologie belehrt. Allzuoft ist er der Verderber seiner Brut. Schon deshalb nimmt das Vater-Prädikat an der Problematik des Person-Prädikates teil. Aber immerhin: es deutet die Richtung an, in der die Wahrheit liegt, an die Christen glauben.

Ein zweites Spezifikum wäre, daß der Mann, nach dem sich das Christentum benennt, in zwei sehr bezeichnenden Bewegungen von sich selbst wegweist. »Christozentrisch« leben, wie lange die modische Formel lautete, bedeutet in Wahrheit, sich Christus so anzuschließen, daß man beide Bewegungen mitvollzieht: die zum Mitmenschen und die zum Vater hin. Die Leugnung einer dieser beiden Bewegungen, die Relativierung des Vaterglaubens als zeitweilig hilfreicher Ideologie, ist zu respektieren, weil sie als Gegenschlag gegen das doppelte Verhängnis der Christolatrie und der Menschenverachtung provoziert wird, das über breite Zeiten und Zonen der Christenheit gefallen ist. Sollte nicht das Vaterunser als christliche Glaubensäußerung genauso spezifisch sein wie die Nächstenliebe? Sie widersprechen einander nicht, und ich vermute, daß sie ohne einander nicht auskommen.

Drittens kann als spezifisch christlich gelten, was man als Anbruch des Reiches Gottes bezeichnen könnte, beginnend mit der Person, dem Werk und dem Wort Jesu selbst. Es handelt sich um einen transhumanen und transsolidarischen, auch um einen transreligiösen Vorgang, der nicht sozialisierbar, radikalsten und direkten Sinn für alle anderen. Ihnen gegenüber ist niemals ein Anspruch zu erheben, sondern nur ein Angebot zu machen, – wobei der Christ sich übrigens hüten muß, seine Kreditdecke nicht zu überziehen. Mit ungedeckten Wechseln, d. h. mit weisen System-Worten ist niemandem gedient, und mit der christlichen Mission im alten Sinn ist es angesichts der Greuel, die im Namen des Christentums geschehen sind, und des noch Schlimmeren, der jämmerlichen Unterlassungen, vorläufig zu Ende. Heute kommt es zunächst darauf an, wieder ehrlich zu werden. Später und in Ansätzen schon jetzt muß an die Stelle, die jetzt von der Mission besetzt ist, eine Kommunikation treten, in der die Christen viel zu lernen, aber im Grunde nur eines anzubieten haben, genauer: nur Einen, Jesus von Nazareth.

Welches Gewicht können in dieser Aufzählung der christlichen Spezifika die Sakramente haben, insbesondere die Taufe und das Abendmahl? Es scheint, daß es im Sinne dessen gewesen ist, nach dem sich die Christen nennen, daß ihrer kontinuierlichen Gemeinschaft Zeichen zur Verfügung stehen, an deren Vollzug jener Jesus Christus keineswegs ausschließlich, aber eben in der Ordnung der Zeichen die Verheißung seiner lebendigen Gegenwart geknüpft hat. Wer sie nicht so gewichtig nehmen möchte, kann sich an sein Wort halten: »Wo zwei oder drei in meinem Namen beieinander sind, bin ich mitten unter ihnen.« Aber es ist wohl nicht nur sehr weise, sondern fast menschennotwendig, Geistliches, d. h. Vertrauen darauf, daß der verheißende Geist kommen wird, in solchen leiblichen und wortgebundenen Zeichen über die Jahrhunderte hinweg sichtbar zu erhalten.

Als letztes möchte ich drei Haltungen nennen, die sich zwar auch in den anderen Lebenszusammenhängen finden, die wir Religionen nennen, die man aber gerade in dem Zusammenhang, von dem wir ausgegangen sind, eigens nennen sollte. Das, worauf sich unsere Frage nach dem spezifisch Christlichen, nach dem christlich Unterscheidenden bezog, war ja nicht Islam, Buddhismus oder irgendeine andere religiöse oder auch philosophische Welt- und Existenzdeutung, sondern der nachchristliche, zum Teil gegenchristliche, zum Teil innerchristliche Humanismus konkreter Mitmenschlichkeit.

Ihnen gegenüber, von deren Impulsen, ich betone es noch einmal, kein Jota abzustreichen ist, würde der, den ich für einen Christen halte, gleichsam ergänzend sagen: daß er dankt, daß er büßt und daß er betet – oder zu beten versucht. (Es käme ja nicht darauf an, was er sagt, sondern was er tut.) Der Christ dankt, er büßt und er versucht zu beten. Bedarf es einer Begründung? Sie ergibt sich aus dem, was bisher gesagt wurde: über den behutsamen Versuch, dem unbekannten gründenden Gott als redendem und hörendem zu vertrauen, in Jesus Christus den Anspruch seiner Liebesherrschaft anzunehmen, die unter uns unvollendbar ist, ihm nachzufolgen in der doppelten Bewegung zum Vater und zum Bruder hin – und sich in alledem des Zusammenhangs zu versichern, der uns als Menschengruppe und geschichtlich verbindet.

Nun allerdings müßte die Überlegung erst anfangen: nämlich was die Konsequenzen betrifft. Solche Grundüberlegungen in Beziehung zu setzen zu den üppig ausgestatteten Systemen, die sich Katholizismus, Protestantismus undsoweiter nennen, wäre nicht unvernünftig und nicht ohne Nutzen. Es würde wenig bedeuten im Verhältnis zu der simplen Frage nach der Praxis.

Gottesglaube und Ideologiekritik

Das Thema wird nach drei Richtungen hin entfaltet werden können. Der Gottesglaube stand und steht in steigendem Maße selber unter Ideologieverdacht: die Ideologiekritik hat in ihm seit je und vor allem seit der Aufklärung ihr stärkstes, ihr geschichtsmächtigstes Objekt gefunden. Andererseits kritisiert ein Glaube, der sich als Vertrauen auf die lebendige Wahrheit versteht und sich von dieser an die konkrete Menschenwelt verwiesen weiß, das ideologische Denken und Verhalten im ganzen: es verfehle die Wahrheit und die Wirklichkeit; so kritisiert er auch je die einzelnen Ideologien, die einander in der Sozialgeschichte ablösen. Eine dritte Richtung der Reflexion ergibt sich, wenn der Gläubige einen Ideologie-Verdacht auf seinen eigenen Glauben richtet; er will über dessen ideologischen oder nicht-ideologischen Charakter mit sich ins reine kommen, oder er will ideologische Bestandteile ausscheiden oder sie doch mindestens von jenem Vertrauen auf den lebendigen Gott unterscheiden können. Der Ungläubige kritisiert den Gläubigen, der Gläubige kritisiert den Ideologen, und der Gläubige prüft sich selbst: das wären die drei Richtungen, in die das Stichwort »Gottesglaube und Ideologiekritik« auseinandergelegt werden könnte.

Was »Kritik« ist, bedarf keiner Erörterung: Scheidung, Unterscheidung, begründete Annahme und Ablehnung.

Was oder wer »Gott« ist, vermag gerade der nicht zu definieren, der an ihn glaubt – nur der Ungläubige hat eine Formel für ihn. Ich verzichte auf jeden Versuch der Definition, die ohnehin nur den Gott der Philosophen anziehen könnte.

Vom »Glauben«, dem dritten der vier Wörter, wurde eingangs schon gesagt, er sei das Vertrauen auf die lebendige

Wahrheit, die sich selber dem Glaubenden öffnet. Ein Glaube, der sich gegen ideologisches Denken absetzt, wird vor allem darauf bestehen, daß er Vertrauen ist und nicht etwa ein »Fürwahrhalten«, wie er vielfach in Katechismen definiert worden ist. Aber wenn gläubiges und ideologisches Verhalten konfrontiert werden sollen, wird der Glaube erkennen und zugestehen müssen, daß jenes Fürwahrhalten doch als eine seiner Dimensionen im Glauben tatsächlich enthalten ist. Zwar richtet er sich als Vertrauen auf eine liebende Macht, die wir – in allzumenschlicher Sprache und Vorstellung – als redende und antwortende Person verstehen; aber eben darin setzen wir diese unsichtbare Person und ihr Wort als wirklich seiend voraus, und wir nehmen als wahr an, daß Gott gesprochen hat und was er nach den Aussagen seiner Zeugen gesprochen hat. Insofern enthält der Glaube auch ein »Fürwahrhalten«, das zwar den Glauben nicht erschöpft, aber als solches mit dem ideologischen Fürwahrhalten verglichen werden kann.

Am wenigsten eindeutig von den vier Wörtern ist der Begriff »Ideologie«. Das Wort ist ein Kunstwort, es bedarf der Definition, und diese beruht auf Konvention. Ideologie soll hier vor allem als interessengesteuertes Denken verstanden sein, als ein Denken also, das, indem es wahres Denken zu sein beansprucht, vielleicht sogar zu sein versucht, dennoch nicht eigentlich auf Wahrheit abzielt, sondern auf Rechtfertigung, etwa auf Verteidigung oder auf Sicherheit oder auf das Recht von Ansprüchen und Forderungen. In diesem Sinn haben es Feuerbach und in einem noch etwas engerem Sinn, der besonders auf gesellschaftliche Interessen abzielt, Marx und Engels gebraucht. In einem weiteren Sinn soll unter einer Ideologie jedes Gedankensystem verstanden sein, das sich als solches verselbständigt und dadurch mehr oder weniger jene Wirklichkeitsbezogenheit preisgibt, die nicht nur dem Glauben, sondern auch der Theorie zukommt, selbst der kompliziertesten Theorie, etwa auch der Wissenschaft. Gemeinsam ist den beiden Definitionen das gebrochene Verhältnis zu Wirklichkeit und Wahrheit; im engeren Sinn läge nur dann eine Ideologie vor, wenn es Bedürfnisse und Interessen sind, die dieses Verhältnis problematisch machen. Man hat unter Ideologien auch neutral oder positivistisch jede Art von Ideen-Komplexen verstanden; in der hier vorgezogenen Anwendung jedenfalls reiht sich der Begriff in die Reihe derer ein, die ein Verfehlen der Wahrheit kennzeichnen: Irrtum, Selbsttäuschung, Täuschung, Lüge. Ideologie kann mit jedem von ihnen verschwistert sein; am ehesten kann sie als ein System von Selbsttäuschungen verstanden werden. Doch wird man auch einen zum Zweck der Fremdtäuschung ausgearbeiteten Zusammenhang von Aussagen eine Ideologie nennen können, wenn sie auf die Selbsttäuschung anderer angelegt ist. Ideologiekritik ist dann unter anderem die aufdeckende Analyse der Momente von Nichtwahrheit, die in der Ideologie enthalten sind, sowie der Nachweis der Interessen, welche in ihr das Denken steuern.

In der ersten Aufklärungsbewegung, die wir kennen, in der Aufklärung des griechischen Götterhimmels, taucht bereits eine massive Ideologiekritik auf, die seitdem in allen späteren Aufklärungen immer wieder gelegentlich vorgebracht worden ist: der Götterglaube – später der Gottesglaube – sei eine Erfindung der Priester, die davon lebten. In seiner gröbsten Form braucht er uns nicht zu beschäftigen; es ist zu offenkundig, daß ein so geschichtsmächtiges Gebilde wie die Religion jeder Art nicht als betrügerische oder selbstbetrügerische Veranstaltung eines trickreichen Berufsstandes erklärt werden kann. Aber was das Dasein der Religion nicht begründen kann, vermag doch zum Teil ihr Überleben zu erklären. Es kann nicht übersehen werden, daß die Existenz nicht nur der Priester, sondern unzähliger ihrer Helfer, ja auch unzählige Christen, die sich im Leben durch Wort und Tat auf ihre Religion festgelegt haben, daran hängt, daß das Ideengefüge dieser Religion nicht erschüttert wird. Man hat da sogar an die materielle Existenz zu denken, und zwar nicht nur an die der Kirchenbeamten; vor allem aber kann die Geltung, die mit ihr verknüpft ist, Existenzbedeutung haben, die Rolle, die einer vor sich selbst, vor der Familie, vor der Gesellschaft spielt. Hier sind seelische Interessen im Spiel, die zu einer ideologischen Verfehlung oder Verfestigung des Glaubens führen können. Es kann in unserem massiven und unmittelbaren Interesse liegen, die religiöse Welt und erst recht ihren Grund, das Dasein Gottes, nicht in Frage zu stellen. Wer wird gern Gedanken denken, die ihn dazu bringen müßten, seinen Beruf oder seinen Ort im gesellschaftlichen Gefüge aufzugeben? Wessen Denken und Glauben tatsächlich ideologisch geprägt ist, wird sich sogar gegen den Begriff der Ideologiekritik, am Ende sogar gegen den Begriff der Ideologie, wehren. Eine der mächtigsten Ideologien ist die Auffassung, es gebe keine Ideologie; der Begriff sei eine Erfindung der Intellektuellen: das Denken vollziehe sich in der Anstrengung des interesselosen Subjekts an der objektiven Wirklichkeit.

Soweit wir in einer solchen Reflexion auf das verborgene Interesse unseren eigenen Glauben in Frage stellen müssen, gehört diese Überlegung in den dritten, selbstkritischen Teil dieses Beitrags. An dieser Stelle befassen wir uns mit den anderen, mit Kollektiven wie der christlichen Theologie, den Kirchenbehörden und Kirchenbeamten, den Lehrerschaften, den Autoren und Verlegern, vor allem aber den Katholizismen und Protestantismen. Sie alle müssen sich die Prüfung gefallen lassen, die jene uralte Ideologie-Kritik heraufbeschwört: Ihr behauptet, Gottes und der Wahrheit Sache zu vertreten; aber ihr wißt genau oder solltet es wissen, daß das Gebäude eurer Existenz erschüttert würde, wenn sich herausstellte, daß Gott nicht existiert und eure Wahrheit Irrtum ist: ihr seid in hohem Maße Interessenten eures Gottesglaubens und deshalb in Gefahr, die Freiheit des Glaubens und den Mut des Vertrauens an ein ideologisches Verhalten preiszugeben.

Ich habe hier diesen Verdacht nicht zu widerlegen. Es ist nur festzuhalten, daß die aktiven Träger der Religion sich ihm stellen müssen. Es ist nicht die blasphemische Arroganz der Ungläubigen, sondern ihr gutes Recht, ja ihre kritische Pflicht, jene Frage zu stellen.

Der Ideologie-Verdacht, der sich seit jenem massiven Vorwurf gegen den Gottesglauben richtet, hat sich im Lauf der Zeit differenziert und vertieft. Man »entlarvt« nicht mehr in der bösen Absicht, bloßzustellen und zu blamieren, sondern man klärt eben auf, sich und andere, man versteht sogar. Ein Grundschema, mit dem diese Aufklärung arbeitet, ist das der historischen Phasen. In ihm wird der Gottesglaube zunächst nicht als Ideologie, sondern als Atavismus aufgefaßt: die religiöse Epoche sei vorbei, so wie vorher die mythische vorüber gewesen sei und wie nach der Auffassung der konsequenten Positivisten auch die philosophische vorüber ist. Die Gläubigen sind in dieser Sicht »von vorgestern«. Aber auch diese Kritik wird Ideologiekritik, wenn sie argumentiert, das Archaisch-Religiöse, der Glaube von vorgestern, lasse sich in seiner autochthonen und authentischen Form überhaupt nicht mehr verwirklichen: was die Vorgestrigen glauben, so heißt es da, ist weder der mythische Götterhimmel noch der religiöse Gott, sondern sein ideologisches Gespenst; auch der Gottesgläubige kann im 20. Jahrhhundert nicht mehr von vorgestern sein, sondern höchstens von gestern; er ist darauf angewiesen, das heilige Erbe als wenn nicht heutiger, nämlich positivistisch-wissenschaftlicher, so doch gestriger Mensch zu einem Gespinst von Thesen zu verdünnen, das sich philosophisch gibt, zu einer Ideologie. Es kann nicht bestritten werden, daß diese Kritik einen Teil der gegenwärtigen Religiosität genau trifft.

Differenzierter wird diese Deutung und spezifischer ideologiekritisch wird sie, wenn der Grund angegeben wird, aus dem der Gläubige an der Ideologie von Gottes Dasein festhält. Für den klassischen Aufklärer ist Mangel an Verstandesschärfe und Mut dieser Grund: es sind die Dummen und die

Bequemen, die Gott brauchen, weil sie die wahre Wirklichkeit nicht zu erkennen vermögen oder den Forderungen, die sie stellt, ausweichen. Sie stellen sich nicht der Gesetzlichkeit der Natur, deren Entwicklung oder deren dialektischer Prozeß eine transzendente Macht ausschließt. Oder es ist innerhalb dieser evolutionären oder dialektischen Bewegung die Größe des Menschen, der sie ausweichen; sie halten dem Anspruch nicht stand, den eine Menschheit stellt, die alles Machbare selber zu machen, alle Herausforderungen selber zu bestehen, alle Gefahren selber zu überwinden imstande und aufgerufen ist. Diese Ideologiekritik ist unausgesprochen und zum Teil unbewußt geradezu die herrschende Stimmung unter den gegenwärtigen Aufklärern. Die Naturgesetze und der von ihnen getragene und sie andererseits benutzende Mensch sind es, so formuliert oder empfindet man, die unser Dasein bestimmen: So hängen die Gottesgläubigen einer überflüssigen Hypothese an. Daß es der Mensch ist, der im Guten und Bösen sein eigenes Schicksal bestimmt, diese weltimmanente Stimmung kann ebensosehr optimistisch (und fortschrittsgläubig) wie pessimistisch, resignierend oder gar katastrophal gefärbt sein: Dann ist es der Mensch, der seinen eigenen Untergang vollzieht. Oder aber, und so ist sie meistens, sie ist fatalistisch und zugleich hedonistisch: Die Dinge laufen, wie sie eben laufen, man muß sein Schäfchen ins trockene bringen und sehen, wie man auf seine Rechnung kommt. In der lässigsten, in Wahrheit extremsten Form nimmt diese Stimmung den ideologischen Charakter des Gottesglaubens geradezu an: will man auf seine Rechnung kommen, so tut man gut, so zu tun, als ob es wenn nicht einen Gott – der bleibt ein bißchen unheimlich –, aber doch so etwas wie eine Religion gäbe: sie gibt dem Leben eine höhere Weihe, besonders an höheren Feiertagen und in höheren Zeiten, etwa zu Hochzeiten, sie besänftigt die Wilden, sie macht das Leben angenehmer. Man sieht im Gottesglauben eine Ideologie, aber man akzeptiert ihn als solche.

Es gibt einen harten und ernst zu nehmenden Kern in solcher Art Ideologiekritik, wenn auch nicht gerade der letztgenannten Spezies. Er heißt Wissenschaft. Natürlich herrscht in einer breiten Zone zwischen der Wissenschaft und dem Gottesglauben Friede: Die Wissenschaft beschränkt sich auf ihren Gegenstand und ihre Methode und läßt es auf sich beruhen, wer oder was diesem Gegenstand seine Existenz und jene Stimmigkeit gegeben hat, welche die Methode voraussetzt; Ungläubige und Gottesgläubige finden sich in solcher Wissenschaft, welche ohne die Hypothese Gott auskommt, aber sie auch nicht bestreitet. Daneben gibt es immer noch die Wissenschaft, die sich in allen Dimensionen der Wahrheit selbst für allein zuständig hält. Die theoretische Naturwissenschaft im weitesten Sinn, die alles ohne Gott erklärt, wird den Rest, mit dem sie noch nicht fertig ist, demnächst erklären. Wozu also Gott? Ähnlich argumentieren viele Soziologen. Beide versichern uns mit dem jungen Marx, die Menschheit stelle sich keine Probleme, die sie nicht auch lösen könne. Ein Problem ist nichts anderes als die Vorstufe seiner Lösung. Ein Gott, so sagen diese Leute, ist die Ideologie des »Noch-nicht«: ihr Frommen füllt die gegenwärtig noch vorhandenen Lücken im sinnvollen Sein durch die Idee Gottes aus.

Die These, die Religion sei »Opium des Volkes«, gehört in denselben Zusammenhang. Das Wort »Opium« will andeuten, daß die Ideologie des Gottesglauben eine sedative, betäubende und berauschende Funktion habe. Ging es in der angedeuteten Ideologiekritik der Naturwissenschaftler und Soziologen mehr um das theoretische Weltverständnis, so hier um die praktische Lebensbewältigung. Solange die Menschen nicht in der Lage sind, durch Veränderung ihrer Umstände ihr Leben sinnvoll und befriedigend zu machen, verlagern sie, so meint diese Theorie, den Sinn außer sich in den absoluten Sinn schlechthin, dessen Verheißungen die eigene Sinnlosigkeit erträglich machen. Sigmund Freuds Religionskritik berührt sich mit dieser marxistischen. In der Lehre vom Über-Ich greift er den Gottesglauben womöglich noch radikaler an. Der Gläubige ist es gewohnt, sich gegen die Angriffe der Religionsgegner auf seine inneren Erfahrungen, insbesondere auf sein Gewissen zu berufen, das ja geradezu als Stimme Gottes bestimmt worden ist. Freud meint aber gerade, den Autor des Gewissens, den absoluten Gesetzgeber und Richter Gott als ein Moment im Prozeß der Selbst-Verfehlung oder Selbst-Findung erklären zu können, als die Artikulation der Forderungen des Vaters, der Erwachsenen überhaupt, der Gesellschaft, vor denen der Mensch sich zunächst oder definitiv als versagend empfindet.

Man kann diesen individualpsychologisch ansetzenden Befund auch ins Gesellschaftliche wenden. Die sich aufklärende, kritische, emanzipatorische Gesellschaft hat bald mehr in der Theorie und in der Wertung, bald mehr in der Praxis einen Autoritätsanspruch nach dem anderen bezweifelt, außer Kraft gesetzt, schließlich zerstört. Sie wird in zunehmendem Maße »vaterlos«. Sie bestreitet nicht nur alle herrscherlichen Macht- oder Zwangsautoritäten, sondern auch die fürsorglichen paternalen, sogar in der Familie selbst. Zwar ist die Gesellschaft tatsächlich noch lange nicht am Ende dieses Weges. Sie ist mit vielerlei Zwängen und Atavismen durchsetzt, die sich zum Teil gerade deshalb halten, weil die amorpher werdenden Strukturen eines festen Haltes zu bedürfen scheinen. Aber der Glaube an die Legitimität aller vorgegebenen Autoritäten geht jedenfalls ständig zurück; allenfalls die funktionale Autorität, die im Sachverstand und in der spezifischen Leistung begründet ist, wird noch anerkannt (und das nicht einmal von allen und oft genug eher widerwillig als loyal). Es könnte sein, daß die Menschen einer solchen Gesellschaft den verlorenen König, Herrn und Vater nun außerhalb ihrer fixieren und retten wollen, sei es aus einem eher theoretischen Interesse, um des Weltbildes willen, das einer solchen Krönung und Festigung, Sicherung und »Weihe« zu bedürfen scheint, sei es in einer gleichsam pädagogisch-politischen Argumentation. Die Konsequenz, die sich daraus ergibt, ist in einer primitiveren Form bereits früher vertreten worden: »Dem Volke muß die Religion erhalten bleiben.« Heute spürt man: Die genossenschaftliche oder brüderliche Gesellschaft ist eine Fiktion und Illusion; sie überfordert sich selbst; sie wird als vaterlose Gesellschaft scheitern, wenn sie sich nicht auf den Herrn und Vater außerhalb ihrer zurückbezieht. (Religio kann bekanntlich mit Rückbeziehung übersetzt werden.) Im übrigen werden die Menschen schon lange vor solchen theoretischen oder pädagogisch-politischen Überlegungen spontan das Bedürfnis haben, aus der Frustration der Vaterlosigkeit sich an jenen Herrn und Vater im Himmel zu halten. Jesus von Nazareth selbst scheint eine solche Beziehung im Auge zu haben, wenn er sagt: »Nur einer ist Vater, euer Vater im Himmel.«

Der Gläubige wird sich, von diesem Jesus-Wort geleitet, bis zu einem gewissen Punkt auf diese Argumentation einlassen können. Er wird sagen: Wenn Gott Vater ist und wenn er gar der einzige wahre Vater ist, dann werde ich und dann werden wir ihn auch als solchen brauchen, und dann werden wir ihn um so dringlicher als solchen brauchen, je mehr die innerweltlichen Autoritäten und paternalen Ansprüche abgebaut werden, sei es, daß sie aus dem emanzipatorischen Impuls der Gesellschaft selbst verschwinden, sei es, daß sie von der radikalen christlichen Kritik als illegitim abgelehnt werden. In der Tat: Daß die Menschen der gegenwärtigen Gesellschaft den Vater im Himmel brauchen (falls sie ihn brauchen), enthält weder den Beweis seiner Existenz noch den Gegenbeweis; wenn dieses Brauchen überhaupt ein Indiz ist, dann eher ein Indiz *für* als gegen seine Existenz. Daß wir Brot und Liebe brauchen, läßt eher darauf schließen, daß es Brot und Liebe gibt, als daß wir aus dem Bedürfnis nach Brot und Liebe auf eine Täuschung hereingefallen sind. So ist die Tatsache, daß die vaterlose Gesellschaft Gott braucht, kein Beweis für den ideologischen Charakter dieses Glaubens. Doch wird der Gläubige sich mit einer so logischen Erwiderung nicht begnügen können. Er spürt, daß diese tiefenpsychologisch-soziologische Analyse wohl die schärfste und aktuellste Ideologiekritik ist, mit der er sich auseinanderzusetzen hat. Wie er ihr gegenüber sein Vertrauen auf den Vater aufrechterhalten kann, ist nicht leicht und schon gar nicht generell auszumachen; ein Wort darüber am Schluß.

Solche und andere Ideologiekritik verschiedenster Art wird übrigens keineswegs mehr nur professionell betrieben. Es ist sogar so, daß sie sich als professionelle Kritik um so weniger aufdrängt, je mehr sie ins allgemeine Denken eingegangen ist. Sie hat den traditionellen Gottesglauben in eine tiefe Krise gezogen. Sie darf weder beiseite geschoben noch bagatellisiert werden.

Der Gottesglaube ist bei allem dem nicht nur in der Defensive. Versteht er sich selbst als wahr, das heißt realitätsgerecht, vertraut er nicht nur dem Gott, der zu ihm gesprochen hat, sondern auch der von ihm geschaffenen und getragenen Welt, so werden ihm die Versuche, dieser Wahrheit auszuweichen, ihrerseits als ideologisch erscheinen. Der Gläubige könnte auf einen Parallelfall verweisen: Als Christus die Dämonen besiegte, das heißt als machtlos erwies, öffnete er den Weg, der später zur Erkenntnis ihrer Unwirklichkeit führte und damit zur Unbefangenheit gegenüber den Bereichen, die der Mensch von ihnen beherrscht wähnte. Der dunkelste Wald verliert seinen Schrecken, wenn man ihn zunächst mit dem Kreuz in der Hand zu betreten wagt – um dann allmählich zu entdecken, daß die Waldgeister nicht nur ohnmächtig, sondern unwirklich sind. Solche christliche Ernüchterung und Entzauberung führte schon im christlichen Altertum zu einer Tendenz im Wirken der Kirchenväter, die Max Horkheimer eine »Aufklärung« nennen konnte. Sehr viel später ermöglichte sie die Naturwissenschaft: die Distanz vom erforschten Objekt, die sie voraussetzt, ist uns, so argumentiert man mit Recht, durch Christus gegeben worden. Analog könnte die christliche Entzauberung der antiken heiligen Staatsmacht erst zur politischen Kritik und vielerlei Emanzipation und dann im Endeffekt zur Demokratie geführt haben. Wer das gelten läßt – und mir scheint, daß es plausibel ist –, muß allerdings die mittelalterliche und neuzeitliche Reichs- und Thron-Verklärung und die neuzeitliche Verketzerung der Naturwissenschaften und Aufklärungsfeindschaft im Christentum nicht nur für rückständig, sondern geradezu für un- und widerchristlich halten; und das werden wir auch tun müssen. Nur Einer ist der Herr, nur Einer ist unser Vater: darin sind in der Tat alle angemaßten Herrlichkeiten und patriarchalischen Ansprüche gerichtet. Diese christliche Kritik wendet sich nun im ideologischen Zeitalter auch gegen die herrschenden Ideologien. So klärt der Christ sich und seinen Partner zum Beispiel paradoxerweise sogar über die Aufklärungsideologie auf: er ernüchtert den Rausch der Nüchternheit. Der Christ sieht, sehr nahe an Karl Marx, im theoretischen Liberalismus der Französischen Revolution die Ideologie der aufsteigenden bürgerlichen Klasse, des Kapitalismus. Er kritisiert andererseits die Thron-Altar-Ideologie nicht nur vom gesellschaftlichen Sachverhalt und vom menschlichen Impuls der Freiheit aus, sondern auch vom Anspruch Gottes aus. Er sucht die Wissenschaft von der Ideologie des Wissenschaftsglaubens zu unterscheiden. Er sieht im Stalinismus ein System, das um so lügnerischer und gewalttätiger auftreten muß, je ideologischer es ist: seine Lüge und sein Terror ergeben sich aus dem Zwang, die Kluft zwischen der Ideologie und der wirklichen Welt schließen zu müssen. Daß der Nationalsozialismus aus demselben Grund auf lügnerische Propaganda und nackten Zwang angewiesen war, eben als ideologisches System, haben die Christen nicht allein, aber besonders scharf empfunden. So ist die Ideologiekritik, die so oft gegen den Gottesglauben angesetzt wird, im Verlauf der letzten fünfzig Jahre zum wirksamen Mittel des

Glaubens selbst geworden: er scheut sie nicht, sondern bejaht sie, greift sie auf und wendet sie selber an. Das geschieht auf der Grundlage, das heißt unter der Voraussetzung der Wahrheit des Glaubens, ist also den Ungläubigen keineswegs plausibel zu machen. Sehr oft ereignet sich das tragikomische Schauspiel, daß der Glaubende und der Ungläubige, jeder von seinem Wirklichkeitsverständnis aus, einander der Ideologie bezichtigen. Dieser Konflikt muß ausgetragen werden, im Kopf und im Herzen des Einzelnen und als Auseinandersetzung innerhalb der Menschheit. Es ist nicht die Aufgabe dieser Überlegungen, Stellung zu beziehen. Hier galt es nur das für das moderne Bewußtsein sehr charakteristische Phänomen zu skizzieren, daß beide, der Glaube und der Unglaube, sich in ihrem Gespräch miteinander der Ideologiekritik bedienen.

Für den Gläubigen selbst ergibt sich daraus unter anderem, daß er sich nicht damit begnügen kann, den Ideologie-Verdacht gegen andere zu wenden: er muß ihn auf seinen eigenen Glauben richten. Nicht nur, weil er die Ideologiekritik der anderen vorausschauend mitvollziehen sollte, um nicht von ihr überrascht zu werden oder um sich in den Besitz aller Defensiv-Argumente zu setzen, sondern als mögliche Chance der Wahrheit. Ein großer Teil der Bewegungen der Erneuerung in beiden Konfessionen stützt sich auf solche Ideologie-Selbstkritik. Sich so zu verhalten ist nicht nur methodisch empfehlenswert und zeitgenössisch-modern, sondern es entspringt dem Glauben selbst. »Du sollst keine fremden Götter neben mir haben; Du sollst Dir kein geschnitztes Bild machen, dasselbe anzubeten.« Nachdem wir in der Psychologie und Soziologie des Bewußtseins jene besondere Art der Selbsttäuschung, die wir Ideologie nennen, entdeckt haben, ist es einleuchtend, daß sich dieses Gebot des Einen Gottes heute vor allem auf die modernen Götzenbilder beziehen muß, auf Ideologien, die wir an die Stelle Gottes zu setzen versucht sind, auf »politische Religionen«, nicht zuletzt auf

Ideologien, die in der Christenheit selbst entstanden sind und sich christlicher Formeln bedienen. Daß diese durch die unmittelbare Berufung auf Gottes Wort und Willen vor jeder Kritik und jedem Verdacht gesichert scheinen, macht sie besonders verführerisch und verfänglich. Natürlich bewegen wir uns hier in einem schwierigen Gelände. Jede religiöse Aussage kann die Funktion einer ideologischen Aussage haben. Selbst daß Ein Gott ist, mag in diesem Augenblick ein Bekenntnis des Glaubens sein, im nächsten bereits eine ideologische Formel. Insbesondere aber sollte das Gefüge aller Aussagen, das uns als solches durch seine Systemhaftigkeit imponiert, ständig flüssig gehalten werden, ständig unter das Gericht dessen gestellt sein, dem allein unser Glaubensvertrauen gilt. Der Katholik ist durch die größere Geschlossenheit seines überlieferten Systems in besonderer Gefahr der Ideologisierung seines Glaubens, aber der evangelische Christ wird sich sagen müssen, daß auch die weniger systematische Reflexion auf das Bibelwort mit derselben Versuchung zu einer ideologischen Fixierung rechnen muß. Die Gefahr einer Ideologisierung des Glaubens ist um so größer, als wir diese ständige Revision, diese ständige Verflüssigung aller Erkenntnisse in der Praxis kaum durchhalten können. Wir müssen in der Diskussion, aber auch in der Reflexion in einem gewissen Grad über Glaubensaussagen wie über feste Größen verfügen können, ohne jedesmal ihre Legitimierung durch den lebendigen Glauben aktiv vollziehen zu können. So einfach, wie es sich manche beamtete und nichtbeamtete Agenten des Unsichtbaren vorstellen, ist es keineswegs, der Wahrheit eines Gottes gerecht zu sein, den ich unweigerlich entweder imaginieren oder denken muß, wenn ich zu ihm bete – in beiden Fällen: wenn es ihn nicht geben sollte, aber auch wenn es ihn gibt. Was ihn selbst betrifft, so ist er offenbar seit einiger Zeit sparsam mit Privatoffenbarungen; was uns betrifft, so haben wir wachsam zu sein gegen die eigene Imagination und Ideologie, aus vielen Gründen, und der wichtigste ist er selbst: der gebetsförmige Umgang mit Imaginiertem oder gar Ideologischem könnte die subtilste Form des Götzendienstes sein. Man ertappt sich ständig bei solchem Dienst, bestenfalls bei Selbstgesprächen, die man für Gebete hält. Diese Rechnung geht nur in der spontanen Erfahrung auf oder vielmehr – da jede einzelne Erfahrung trügerisch sein kann – im experimentum vitae, im experimentum crucis: gleichsam in einer Reihe von Erfahrungs-Steinen, die im Morast der Selbsttäuschung einen Weg bilden, den zu gehen einer riskiert hat und der voranführt. Wohin? Nicht sogleich zum Ziel, aber zu Orten der Hoffnung, zu Zeiten der Hoffnung, zu Gewißheiten, aus denen der Glaubende zu leben vermag. Jedenfalls bedarf es im Ablauf der Zeit immer wieder bewußter ideologiekritischer Denkarbeit, in engem Anschluß an die Meditation des Glaubens und an das Gebet zum lebendigen Gott.

III

Situation und Verantwortung

Wie erkenne ich, was Gott von mir will?

Zur Berechtigung einer »Situationsethik«

»Ethik« ist ein Fremdwort und ein fremdes Wort. »Die Lehre von der Sittlichkeit des Handelns«. Das klingt sehr weit weg, aber es ist nicht weiter von uns weg, als »die Pädagogik« von den Freuden und Plagen der Mutter in der Kinderstube entfernt ist. Dauernd haben wir mit »ethischen Problemen« zu tun – zum Glück meist ohne das Bedürfnis, so geschwollen darüber zu reden. Unser Glück und unser Verhängnis stecken darin, alle unsere täglichen Reibungen und viele unserer kleinen Freuden, unserer bittersten Stunden und unser tiefster Friede. Es geht darin um uns selbst, und um noch etwas mehr. Es wäre gut, das festzuhalten, wenn uns die Not des Allgemeinbegriffs ins Abstrakte treibt.

»Ich habe dich bei deinem Namen gerufen.« Wer so spricht, will etwas sehr Bestimmtes von mir. Sonst riefe er nur »Komm' mal einer her!« oder höchstens »He, du da!«. Aber das, was mein Herr da von mir will, wird zugleich etwas sehr Allgemeines sein, denn Gott widerspricht sich nicht, und der mich schuf, hat alles geschaffen. Der erste, den er ins Leben rief, indem er ihn mit seinem Namen rief, *heißt* Adam und *ist* Adam, nämlich Mensch; seitdem bezeichnet jeder menschliche Name zugleich das unvertauschbare Antlitz *und* das allgemeine Menschenwesen: Gott will meine Antwort auf seinen Ruf an mich, aber diese Antwort ist zugleich sittliche Teilhabe am Gesetz des Menschenwesens und am Gesetz der menschlichen Gemeinschaft.

Nimmt man die Frage als »Problem«, so tut sich ein ungeheurer Horizont auf: »das Allgemeine und das Besondere« ist von den Vorsokratikern bis Sartre ein zentrales Thema der Philosophen. Es ist unter anderem ein Berufsproblem der Erzieher und der Juristen, es ist unser politisches Dilemma. Und es war und ist die Not und die Seligkeit der Mystiker. Auch die »Situationsethik« gehört in diesen Zusammenhang. Wenn sie an dieser Stelle behandelt wird, dann freilich nur deshalb, weil sie wie jede echte philosophische Bemühung etwas zu tun hat mit uns selbst, die wir keine Philosophen sind. Hinter den Versuchen, eine »Situationsethik« auszudenken und durchzudenken, stecken offenbar Schwierigkeiten und kritische Vorgänge im Bewußtsein des gegenwärtigen Menschen. Sie spielen sich nicht nur unter Fachleuten ab. Sie hängen sicherlich mit dem zusammen, was Guardini in seinem gleichnamigen Buch »das Ende der Neuzeit«* nennt. Wenn er mit dieser kühnen Formel recht hat, und er *hat* recht damit, wenn die Neuzeit als die dritte nachchristliche Epoche zu Ende geht, in *uns* zu Ende geht, so wird auch in Ethik und Moraltheologie manches neu gedacht und gefühlt werden müssen, was zwischen dem 13. und dem 19. Jahrhundert gedacht und gefühlt worden ist.

(Viele Katholiken werden nervös, wenn sie so etwas hören. Sie lassen eine wahre Geschichte des christlichen Bewußtseins zwar in alten Zeiten gelten, sie spielen sie sogar gegen den geschichtslosen Biblizismus gewisser Protestanten aus; sie haben ein Organ dafür, daß Ignatius von Loyola anders betete und auf andere Weise moralisch war als Ignatius von Antiochien, daß in einer iroschottischen Benediktinerabtei ein anderes sittliches Klima herrschte als in einem Dominikanerkloster in Fiesole – aber für unsere Zeiten möchten sie entsprechende Schübe, Krisen, Wendungen, Neuanfänge nicht gern gelten lassen; sie nehmen dergleichen allerhöchstens post festum zur Kenntnis. Aber war nicht für den heiligen Franziskus und seine Brüder, für den heiligen Ignatius

* Das Buch erschien 1950 in Basel. Vgl. dazu auch Walter Dirks' Aufsatz »Das Ende der Neuzeit ist nicht das Ende des Menschen«, in: Frankfurter Hefte, 7. Jg., Heft 1, Januar 1952, S. 26–35.

und seine Gefährten gerade das Neue, das ihnen vorschwebte, Gottes besonderer Auftrag an sie? Es sollte auch für uns nicht ohne Interesse sein, es sei denn, wir begnügten uns damit, hinter uns selber herzulaufen.)

Die Religionslehrer und Beichtväter hatten es nicht immer leicht in den letzten fünfundzwanzig Jahren. Nicht nur mit denen, die Einwände vorbrachten gegen das, was man ihnen als die Lehre von Gottes Willen und dem rechten Handeln der Menschen vortrug, sondern auch mit denen, die genauer wissen wollten, was Gott von ihnen verlangte: mit solchen, denen die überlieferte Moraltheologie und die mit ihr verschwisterte Ethik nicht zuviel zuzumuten schienen, sondern zu wenig oder doch nicht das Eigentliche. Zum Beispiel mit Leuten, welche das Leben der Kleinen Therese vom Kinde Jesu als einen Ruf an sie selbst empfanden. Mit Leuten, die in heimlichen Nachtstunden davon zu sprechen wagten, daß sie doch offenbar zur Heiligkeit berufen seien, wie jeder Christ. Mit Menschen, die aufs tiefste beunruhigt waren. Gewiß ging es ihnen dabei meist »nur« um ihr Besonderes selbst, um die Frage: »Was will Gott jetzt und hier von mir?«, aber manchmal doch auch um den schwierigen Versuch, dieses Besondere als allgemeine Kategorie zu fassen, um »die Ethik« ihrer Schwierigkeit, also um die Frage: »Wie kann einer wissen, was Gott jeweils von ihm will?«

Mancher von ihnen ist betroffen gewesen, als er im Februarheft 1950 der »Stimmen der Zeit« den Aufsatz, *»Situationsethik und Sündenmystik«* las.* *P. Karl Rahner SJ*, sein Verfasser, ist alles andere als ein »Reaktionär«; er ist vielmehr ein wacher und mutiger Theologe. Jene Christen waren betroffen,

* In: Stimmen der Zeit, 145. Band (1949/1950), S. 330–342. Rahner wirft darin den Verfechtern einer Situationsethik moralischen Nominalismus vor und fordert »über all ihre (mögliche oder im subjekten Fall nicht mögliche) Einsichtigkeit hinaus« Gehorsam gegen die Gebote Gottes, wie sie »wahrhaft und lauter aus dem Munde der Kirche kommen«.

weil er ihnen zeigen wollte, Situationsethik sei alles in allem die modernste und modische Form des Laxismus, nämlich ein Versuch von halben Christen, sich in unserer schwierigen und entfesselten Zeit durch Berufung auf »die Situation« vor der Anstrengung des sittlichen Begriffs und vor der Härte des Gesetzes zu drücken, – ein neuartiger Versuch, das Gewissen den eigenen Wünschen anzupassen.

Nun gibt es freilich zweifellos das, was P. Rahner so als »extreme Situationsethik« anprangert, und insofern wird man seinen Darlegungen nicht widersprechen. Es gibt sogar oft dergleichen: weil die Umstände dazu verführen; weil manche Christen in der Grenzzone zwischen Glaube und Welt vagabundieren; weil die Krise der kasuistischen Ethik manche Vorwände liefert; weil Diabolus, der erste Dialektiker, heute alles dies ausnützt, um uns zu verwirren. Befremdend ist also nicht diese Ablehnung der Nutznießer einer mißverstandenen Situationsethik und die wohlbegründete Warnung an uns alle, sondern nur, daß die Gelegenheit nicht benutzt wurde, diesen Mißbrauch am guten Gebrauch zu messen: an den Denkansätzen derer, für welche die Situationsethik gerade das Gegenteil von alledem bedeutet, nämlich einen Versuch, dem Gewissen für seinen täglichen Dienst schärfere geistige Werkzeuge in die Hand zu geben. Von ihrem Versuch, von ihrer Sorge um den richtigen Weg, um das Gute und die Wahrheit, von ihrer Sorge um ihr Heil war zu wenig die Rede in dem Aufsatz dieses Theologen, dem wir doch den großartigen Aufsatz »Der einzelne in der Kirche«* verdanken. Indem er von vornherein die Fragestellung auf einen ganz bestimmten Konflikt verengte, auf den Konflikt des Ungehorsams, der die Norm nicht brechen, sondern umgehen will, kam ihm nicht in den Sinn, was Theodor Steinbüchel unter Situationsethik verstand, oder was Martin Buber

* In: Stimmen der Zeit, 139. Band (1946/1947), S. 260–272.

oder Ferdinand Ebner* darunter verstehen könnten. Darum hallte sein Wort gleichsam ins Leere.

Er erhielt denn auch keine Antwort. Darf es dabei bleiben? Nachdem ein Jahr lang kein Fachmann widersprochen hat, meldet sich ein Laie zu Wort. Nicht mit einer Auseinandersetzung mit jenem Beitrag in den »Stimmen«, sondern mit Fragmenten zu einer möglichen Situationsethik; sie entstammen nicht systematischer wissenschaftlicher Arbeit, sondern Überlegungen und Gesprächen, wie sie heute naheliegen, wo immer versucht wird, ein christliches Bewußtsein in der Auseinandersetzung mit dem Bewußtsein der Zeit wach und lebendig zu halten.

Was »eine Situation« ist, weiß in einem schlichten Sinne jedermann: sie bezeichnet den »Ort«, den einer im Raum-Zeit-Gefüge der Welt einnimmt. Und etwas mehr: man nennt nicht *jeden* solchen Ort Situation, sondern zeichnet damit bestimmte Lagen und Augenblicke aus, die nämlich, die einen Anspruch an den Menschen stellen, sei es daß sie einen Konflikt enthalten, einen Widerspruch, sei es wenigstens eine Aufgabe. Je mehr an Spannung, Widerspruch, Herausforderung in einer Gruppe von Umständen steckt, um so »situativer« ist sie. Eine Situation erfordert eine Lösung: das Handeln des Menschen zielt auf diese Lösung ab. Dieses Handeln kann auch die Form des Nichthandelns annehmen: Warten, Aushalten, Leiden kann die angemessene Antwort sein, die einer in einer Situation findet.

»Antwort«; in diesem Ausdruck stecken zwei wichtige

* Theodor Steinbüchel (1888–1949) lehrte Philosophie und katholische Theologie in Gießen. Sein Hauptwerk »Der Sozialismus als sittliche Idee« (Düsseldorf 1921) übte großen Einfluß auf Walter Dirks aus, der von 1930 bis 1933 bei Steinbüchel studierte. Der jüdische Religionsphilosoph Martin Buber (1878–1965) lehrte bis 1933 in Frankfurt, danach in Jerusalem. Ferdinand Ebner (1882–1931) gehört zu den Vertretern eines christlichen Existentialismus.

Elemente des situativen Denkens: das Dialogische und das Geschichtliche. Eine Situationsethik wurde erst möglich, als der dialogische und der geschichtliche Charakter des Menschen in den Vordergrund des Bewußtseins trat: er kann gar nicht von sich allein aus verstanden werden, sondern nur aus dem Dialog Ich-Du, und er ist ein Wesen, das sich entscheidet; er geht nicht in der Entwicklung auf, die er mit den Tieren gemeinsam hat, sondern hat eine Geschichte, als einzelner, im Dialog und in der Gemeinschaft und Gesellschaft. Der Mensch lebt in Wort und Antwort. Der Mensch hört die Situation wie ein Wort; sie ist beredt für ihn, da sie ja etwas von ihm will, ihn anfordert. Und das, was er tut, ist seine Antwort.

Er gibt diese Antwort, er setzt sie aus sich heraus. Aber er ist zugleich diese Antwort, er selber steckt in ihr drin, und indem er handelnd-antwortend die Welt verändert, verändert er auch sich selbst: ein Mensch, der einen Mord begeht, wird zugleich »ein Mörder«. Hier wird das geschichtliche Element sichtbar: in der Bewältigung oder Nichtbewältigung einer Situation erfährt der Mensch seine eigene Geschichte: er entscheidet über seinen Schritt seines Lebensweges, der er selber ist.

(Die Weisheit der deutschen Sprache in dieser Sache ist zu auffallend, als daß sie nicht oft bemerkt worden wäre: Wenn ich mich mit der Antwort, dem Gegen-Wort eins-setze, »verantworte« ich mein Handeln: die Sprache selbst denkt situationsethisch ...)

Das Moment der Herausforderung, das in der Situation steckt, macht verständlich, daß das situative Denken gerade in den letzten Jahrzehnten entwickelt worden ist. Die Situationsethik hängt in der Tat (nur anders, als P. Rahner meint,) mit dem Zustand der modernen Gesellschaft zusammen. Situatives Denken wurde in einem guten Sinn notwendig, als die objektivierten Ordnungen und Sitten, welche dem Menschen viele Bahnen des Verhaltens vorbereitet hatten, immer weniger glaubwürdig und immer schwächer wurden und zugleich der Mensch immer bewußter. Wenn Ordnung, Sitte und Brauch mehr oder weniger zwingend bestimmen oder doch wenigstens eindeutig erkennen lassen, was zu geschehen hat, dann entwickelt sich kein situatives Denken. Ein Bauernsohn, den das ständische Recht zwang, Bauer zu werden, und der in eine durchgeformte Welt von Standespflichten hineinwuchs, kam seltener als sein heutiger Berufsgenosse in die Lage, nicht zu wissen, was Gott von ihm wollte. Gott wollte von ihm, daß er ein guter Bauer werde, und das bedeutete, an seinem Platz und in seiner Zeit alles zu tun, was ein rechter Bauer immer getan hatte; er brauchte nur die Alten zu fragen und zu tun, was alle taten. Je einfacher und je fester die gesellschaftlichen Ordnungen sind, in denen Möglichkeiten des menschlichen Wesens entschieden und verständlich durchartikuliert sind, um so mehr verwirklicht sich das Gute im Annehmen, im Folgen; sodann in einer schlichten oder allmählich verwickelteren Kasuistik: Ich kann nachschlagen, was ich zu tun habe. Wenn wir den Willen Gottes heute »situativ« zu ermitteln suchen, dann liegt darin nicht eine Erweichung der Grundnormen, sondern die Antwort auf eine von uns unabhängige und von uns nicht reparierbare Erweichung der objektiven gesellschaftlichen Ordnungen, die dem einzelnen eine freiere, bewußtere, »verantwortlichere« Stellung zumutet. Nicht Gottes Wille ist anders geworden, aber die breite Schicht der vermittelnden Codices, der Standes-Ordnungen, der Tabus, der Konventionen, der Sitten und Gebräuche ist schwächer geworden, ja sie ist oft geradezu ein Irrgarten geworden. Ein situatives Denken, das sich darin entwickelt, entdeckt dann auch einen neuen Zugang zu den Geboten Gottes und zum Sittengesetz.

Damit hängt eine weitere Verschiebung unseres sittlichen und religiösen Bewußtseins zusammen. Früher gab es einen breit entwickelten Bereich, in dem sich das Handeln gleichsam von selbst verstand, in dem es sich aus Trieb, Neigung,

Umständen ergab: es war »das Leben«, das sich behaglich oder emsig darzuleben schien. Die ausdrückliche und problematische Frage nach Gottes Willen ergab sich einerseits erst dann, wenn dieses »normale« menschliche Verhalten auf die Hecke der Verbote stieß, und anderseits, insofern bestimmte Gebote oder sittliche Gesetze ein Handeln gleichsam oberhalb des normalen Lebens erforderten. Diese mittlere Sphäre, weitgehend die des Berufs, der Unterhaltung, der durchschnittlichen Sozialität, war nicht böse, im Gegenteil, sie wurde in einem allgemeinen Sinn als Gottes Schöpfungswelt verstanden, in der man sich tummelte, sie war auch mit mancherlei religiösem Brauch durchsetzt, aber sie wurde auch nicht als ausdrücklich sittlich verstanden. Man sprach von den »Adiaphora«, von dem, was zwischen dem ausdrücklichen Guten und dem Bösen stand, man sah hier ein sehr breites Feld der völlig freien Wahl, des Beliebens, und wenn das gläubige Empfinden gegen diesen heidnischen Begriff protestierte – denn wie kann etwas »gleichgültig« sein, wenn Gott zugegen ist! –, so empfahl man, eine »gute Meinung« zu machen: diese Sphäre in Akten des Gebetes Gott »aufzuopfern«. Das war nicht falsch, es war sogar sehr richtig und sehr fromm, und wir sollten diese Übung beibehalten oder übernehmen. Echte »Adiaphora« ergeben sich ja sowohl aus unserem Anteil am organischen, tierischen Leben, in dem wir nicht »entscheiden«, sondern »leben« (und dazu gehört auch viel »Seelisches«), als auch aus dem Bereich der Spielfreiheit, den Gott uns geschenkt hat; auch problemlos gewordene Sitte kann den Anschein des Selbstverständlichen annehmen. Aber eine ganze Fülle von Verhaltungsweisen, die in einem früheren Gesellschaftszustand und in dem mit ihm verschwisterten Bewußtsein als gleichgültig gelten, sind heute kritisch geworden, – vor allem das gesamte wirtschaftliche, soziale und politische Verhalten, also ein breiter und wichtiger Teil des Lebens. So etwa die Berufswahl. Der junge gläubige Mensch wird heute oft scharf beunruhigt von der Frage: Welchen Beruf soll ich nach Gottes Willen ergreifen? (»Begabung« und »Neigung«, die alten Kennzeichen, reichen oft nicht aus: könnte es nicht sein, daß der Zustand der Welt etwas von mir verlangt, was gegen meine Neigung und – in Grenzen – gegen meine Begabung geht?) Die Geschäftspraxis kann heute nicht mehr nur vom »standesgemäßen« oder »brancheüblichen« Verhalten her verantwortet werden. Und so fort.

Im Hintergrund steht das Schicksal der Welt, mit dem alle diese kleinen Einzelentscheidungen mit einem Male viel enger verbunden sind als früher. Ebenso die politische Tätigkeit. Wer einmal erlebt hat, unter welchen Gesichtspunkten etwa ein politisch wacher junger Arbeiter sich zu der Entscheidung durchringt, ein bestimmtes junges Mädchen zu heiraten oder nicht zu heiraten, hat einen tiefen Eindruck von diesem neuen Zustand. Und je mehr Menschen sich in derselben Stunde der Geschichte für die »Vermassung« entscheiden (genauer: sich durch Nicht-Entscheidung von den Umständen bestimmen und treiben lassen und sich zur Vermassung verdammen), ein um so schwereres Gewicht fällt auf die Schultern derer, die sich für die Verantwortung entscheiden. Sie sind es, deren Fragen die kasuistische Ethik nicht mehr genügt. Sie spüren, daß die überlieferte Kasuistik einmal vielfach neue Elemente des Seins und Bewußtseins noch nicht berücksichtigt, daß sie zweitens viel zu wenig differenziert, viel zu grob ist, um als Schlüssel wirklich zu »schließen«, und drittens dennoch viel zu kompliziert und vieldeutig, um für den Gebrauch »in der Hand zu liegen«. Sie ist unentbehrlich als Hilfsmittel der Erkenntnis – sehr nützlich, ein Buch zu haben, in dem man nachschlagen kann! –, aber wenn ich nachgeschlagen, verstanden und beherzigt habe, ergibt sich das, was ich zu tun habe, am Ende doch aus einer unmittelbaren Konfrontierung »der Umstände«, also durchweg der beteiligten Nebenmenschen, des gegenwärtigen lebendigen Gottes, den mein Gebet in dieser Gewissensnot zu erreichen versucht, und meines eigenen Ich. Nicht als ob hier etwas überstürzend Neues geschähe! »Situationsethik« ist nicht eine neue Wissenschaft, sondern ein neuer Aspekt. Sie ist der Versuch eines neuen Verständnisses des Gewissens, als eines Dialoges zwischen dem gegenwärtigen Gott und dem »wissenden« und sich entscheidenden Menschen.

Zurück zur »Situation«. Man hat dem situativen Denken »Punktualismus« vorgeworfen; punktartiges Denken, den Verrat am allgemeinen Gesetz und am Ganzen überhaupt. »Punktuell« aber ist an der Situation weder ihr Subjekt, das in Frage gestellte und antwortend sich entscheidende Ich, noch das Moment der Zeit, der »Augenblick«, noch das Gefüge der Umstände, welche für jenes Ich und mit ihm die Situation ausmachen.

Dieses Gefüge – um mit dem dritten Punkt anzufangen – ist der Möglichkeit nach nicht begrenzt, es ist nach allen Seiten hin offen. Eine Situation wird um so wahrer und um so tiefer erkannt, je mehr bedeutsame Wirklichkeit in sie eintritt. Immer bleibt die »verstandene« Situation – und erst die verstandene ist als Situation gleichsam »fertig« – ein fragmentarischer Entwurf, gleich dem Stück Welt, das der Lichtkegel des Scheinwerfers aus der größeren Wirklichkeit herausschneidet. Und immer bleibt der Mensch, der situativ gut handeln will, beunruhigt von der Vorstellung, daß noch mehr Wirklichkeit darauf warte, hier und jetzt als bedeutsam »verstanden« und in die Situation hineingenommen zu werden. Es ist bereits eine sittliche Aufgabe und eine sittliche Leistung, die ganze Breite und Tiefe dessen, was als Situation mich anfordert, zu erkennen, »situative Phantasie« zu entwickeln. Offen zu sein für »Situationen«, das heißt für Ansprüche, die aus der Wirklichkeit auf mich zukommen, ist einer der Maßstäbe des sittlichen Ranges.

Diese bedeutsame »Wirklichkeit« ist fast immer personale Wirklichkeit. Gewiß treten auch unterpersonale Wirklichkeiten in die Situation ein, Sachen und Lebewesen, so die uns nahestehenden Tiere, deren Dasein von mir geachtet werden will, aber das hat verhältnismäßig wenig Bedeutung neben der menschlichen Sozialität. Der Mensch ist Mensch unter Menschen. Situationen werden durch Personen gebildet. Dagegen wäre es falsch, sie auf den Bereich einzuengen, der freilich ihr wichtigster ist: auf die eigentliche personale Begegnung, auf Wort und Antwort Aug' in Auge. Auch Leben, Ehre, Recht und Anspruch unbekannter Menschen können für mich im höchsten Grade situativ werden. Der Entschluß des Lokomotivführers, sich für die Reisenden seines Zuges zu opfern, kann eine echte situative Entscheidung sein, auch wenn er die Partner weder dem Namen nach noch sogar der Zahl nach kennt. Ich muß es mir leider versagen, hier eine Typologie der Situationen auszubreiten. Ich weise nur auf zwei Grenzfälle hin. Zunächst auf jene Situation Aug' in Auge, wie sie sich zwischen zwei Menschen immer wieder ergibt, in jeder ernsten Begegnung zweier Menschen, sei diese Begegnung spontan oder gar »zufällig«, oder sei sie zu einer dauernden Partnerschaft verfestigt, in der Kameradschaft, in der Freundschaft, in der Liebe, in der Ehe. Sodann auf den Grenzfall nach der anderen Seite hin: wenn die ganze Menschheit nicht als Idee, sondern als lebende Menschheit eine Situation mitbestimmt; das gilt in unserem Bewußtsein heute für jede wichtige politische Entscheidung.

Für das Denken, von dem hier die Rede ist, kann von Punktualismus vor allem deshalb keine Rede sein, weil als wichtiger, ja eigentlicher Partner Gott zugegen gedacht, gewollt, gebetet wird. Situationsethik ist gläubige Ethik. Die Abscheidung einer »philosophischen« Ethik verliert hier ihren Sinn, da sich der situativ Denkende schon im Grundansatz seiner Denkbemühung als der im Dialog Angeforderte versteht; ohne den Partner Gott ist kaum eine Situationsethik möglich. Da es das primäre Ziel seines Denkens ist, zu erfahren, was Gott von ihm will, können für den situativ Denkenden alle Überlegungen allgemeiner Art, wie sie philosophische Ethiken anstellen, nur den Charakter von Hilfsmitteln annehmen; sie bilden kein in sich geschlossenes System philosophischer Ethik.

Natürlich besteht trotzdem eine Nachbarschaft zu den sehr heiklen und schwierigen Versuchen Ungläubiger, von der »Situation« aus philosophisch zu denken und von ihr aus zum ethischen Handeln zu kommen. Diese Versuche müssen freilich scheitern. Auch das, was man »Weltanschauung« nennt, kann hier wenig helfen. Eigentliche Situationsethik, die nicht nur einen ersten Ansatz des Handelns möglich machen soll, sondern ein fruchtbares Handeln, setzt den Glauben voraus, den jüdischen oder den christlichen; sie setzt Gott voraus, der sich geoffenbart hat, der gesprochen hat und der spricht. Er ist es, der auch in der Situation und durch sie spricht. Nicht als ob das situative Verständnis eine Privatoffenbarung voraussetzte! Gott bleibt der verhüllte Gott. Der Mensch verfügt in der Situation nicht über ihn. Er steht in Furcht und Vertrauen vor ihm und sucht redlich zu fragen, was jetzt er, der verborgene Gegenwärtige, von ihm wolle.

Schon deshalb wendet sich die Situationsethik weder gegen das formulierte Gebot Gottes noch auch gegen andere Normen, in denen wir die Richtung von Gottes Willen zu erkennen glauben. Im Gegenteil: Der situativ Denkende ist dankbar für jeden Hinweis, erst recht für die Gebote, in denen Gott seinen Willen für alle und für immer, also auch für ihn und diese Stunde ausgesprochen hat. Seine Kritik wendet sich nicht gegen eine normative Ethik – als die er seine eigene Bemühung auch versteht –, sondern gegen eine kasuistische Methode, welche aus der Situation einen »Fall« machen will (statt aus dem »Fall« einen Hinweis auf ein mögliches Situationsverständnis) *und* gegen den Versuch, die Norm zu verselbständigen. Auch der Situationsethiker hält sich an die Norm als an den erklärten oder ermittelten Willen Gottes, aber er meint, sie müsse in der Situation ihres absoluten

Scheins wieder entkleidet und zum bloßen Instrument gemacht werden, damit wir, indem wir dem Gesetz gehorchen, sagen können: »Ja, Herr.«

Eine jüdische Situationsethik ist nicht nur denkbar, sie liegt sogar sehr nahe, und wir verdanken Martin Buber seit Jahrzehnten die wertvollsten Hilfen. Doch ist kein gemeinsamer Bestand als jüdisch-christliche Situationsethik denkbar: Der Glaube an den hörenden und redenden Gott ist entweder der jüdische oder der christliche Glaube. Wer als Christ Gott in der Situation sucht, sucht den Gott, der sich in Christus geoffenbart hat; für ihn ist ein situativ-gutes Handeln nur in seiner Wirklichkeit und Wahrheit möglich, im Heiligen Geiste. Es kann also nur in der Kirche geschehen. Auch sie, die unsichtbare *und* die sichtbare, ist also in der Situation gegenwärtig, ist gegenwärtige Wirklichkeit, welche die Situation mitkonstituiert, als konkrete Gemeinschaft der Gläubigen, als Autorität, als »Leib Christi«. Sie ist sakramentale Wirklichkeit, und vielseitig genug entdeckt der Gläubige immer wieder alle sieben Sakramente in seinen Situationen als konstituierende Wirklichkeiten. (Leider fehlt der Platz, das im einzelnen auszuführen; es wäre sowohl ein situatives Verständnis der sieben Sakramente als auch ein sakramentales Verständnis von Situationen zu entwickeln.)

Wenn es so ist, dann bedarf es nicht vieler Sätze, den Einwand zu widerlegen, die Situationsethik punktualisiere die Zeit, sie setze den Augenblick absolut und leugne dadurch die Vergangenheit und die Zukunft. Natürlich ist »der Augenblick«, die Gegenwart, für den situativ Denkenden das punctum saliens –, nur daß das Springen an ihm selber ist, am Menschen in der Situation nämlich. Aber die Verantwortung schließt die Vergangenheit ein. Die ausgebreitete Gegenwart, das endliche Sein des gefragten und antwortenden Menschen und das endliche Sein der beteiligten Partner, ist nichts anderes als vergegenwärtigte Vergangenheit. Es ist das, was es geworden ist; in seinem Sein und in seiner »Erinnerung« ist genau die Vergangenheit gegenwärtig, auf die es ankommt. Die Verantwortung schließt ferner die Zukunft in einem ausgezeichneten Sinne ein, denn das Handeln zielt ja auf Zukunft ab, auf die veränderte Welt, die »bessere« Welt, die vom Handeln erwartet wird (– daß die Wunde des unter die Räuber gefallenen Nächsten sich morgen schließe... –), ja auf das Reich Gottes hin als auf den Zustand, in dem Gottes Wille, der hier in einem Punkt verwirklicht werden soll, ganz und überall und immer geschehen wird. Wenn situationsethisches Denken ein gläubiges Pathos hat, dann ein eschatologisches: es denkt den Menschen als einen, der einen Weg geht auf sein Ziel zu; es denkt ihn gläubig und liebend, aber unmittelbar vor allem in der Hoffnung. Die gute Tat geschieht geradezu als Hoffnung.

Wo Gott gesucht wird, sollte es in heiliger Nüchternheit geschehen. Wo außer Gott auch Menschen beteiligt sind, und das ist ja außerhalb der Sphäre das eigentlichen Gebetslebens und der mystischen Erfahrungen durchweg so, hat die Situationsethik unbeschadet der Eschatologie, die sie trägt, erst recht einen nüchternen Zug. Sie erscheint vielen, die im »sittlichen Leben« eine Vervollkommnung ihrer selbst erstreben und sie in der Innerlichkeit suchen, als allzusehr »nach außen gewandt«. In der Tat wendet sie sich nach außen. Sie will die Welt verändern. Sie ist ja eine »soziale« Ethik; sie nimmt das dialogische Verhältnis zum Partner ernst und warnt uns davor, ihn zum Mittel des eigenen Heils zu degradieren. »Der andere« reißt den situativ Denkenden kräftig von sich selbst los. Der barmherzige Samariter hatte nicht einen frommen Blick, sondern einen ärztlichen, als er die Wunden verband. Die Situationen verstricken den Menschen in vielerlei Weltlichkeit und geben ihm mancherlei Blickarten. Darum wirken situationsethische Überlegungen oft so profan. Da sie auf den anwesenden Menschen gehen und ihn in seiner leiblichen, seelischen und geistigen Ganzheit ernstnehmen, drängen sich oft die materiellen Bedürfnisse vor, und die situative Phantasie entdeckt zuweilen auch Bedürfnisse, die weit von den sozusagen klassischen und anerkannten entfernt liegen. Die geistliche Wirklichkeit, die ein Christ auch in der scheinbar profanen Wirklichkeit erkennt, ist die Bruderschaft: Bruderschaft nicht primär als Empfindung – gehen nicht auch leibliche Brüder meist viel unsentimentaler miteinander um als etwa Freunde oder Liebespaare? –, sondern als elementare Wirklichkeit, als von Christus nicht nur verkündete sondern realisierte und in und mit ihm realisierbare Wirklichkeit. Sie und gerade sie läßt aber die Profanität stehen, in ihr verzaubert man den Hungernden nicht, sondern gibt ihm zu essen. Oder man gibt dem Kind den Klaps, der fällig ist.

Man gibt wirklich zu essen. Und wirklich den Klaps... Situationsethisches Verhalten will im Rahmen des fragmentarischen Entwurfs »den Erfolg« des Handelns. Es will, soviel es am handelnden Menschen liegt, die Rechnung *lösen*. Es will Ordnung, Harmonie, Friede. Der situativ denkende Christ weiß genau, daß er das nicht in einem definitiven und nicht in einem umfassenden Sinne erreichen kann. Seine äußere und innere Macht ist äußerst begrenzt; in einer »Situation« kann er nur äußerst begrenzt »Ordnung schaffen«, Gottes Willen tun. Freilich hat seine Tat, wenn sie richtig geschieht (also im heiligen Geist und vom heiligen Geiste) etwas mit dem vollkommenen Frieden des Reiches Gottes zu tun, und wenn er betet »Zu uns komme Dein Reich«, darf er auch an die kommenden Situationen denken, in deren rechter Erfüllung das Reich zu ihm kommt. Aber in diesem Weltalter ist das Reich Gottes nicht festzuhalten: es ist im Kommen und ist immer da, wo einer im Geiste den Willen des Vaters tut, es ist im Geheimnis »Ewigkeit und Augenblick« da, aber nicht als gesichertes und gar umfassendes Gelände. Trotzdem eignet dem situativen Wollen insofern ein optimistischer Zug, als es darauf ausgeht, zu einem kleinen Teil die Welt »in Ordnung zu bringen«, und als es darauf ausgeht, einen kleinen Schritt dem eigenen Heil entgegenzugehen.

Im großen, sozusagen geschichtsphilosophisch, ist seine Voraussetzung freilich eher pessimistisch. Die Kasuistik hat durchweg eine stillschweigende optimistische Voraussetzung; für sie sind die wirkliche gesellschaftliche Welt und das Gefüge der Normen zwei gleichsam übereinanderliegende Schichten: sie fallen durch die punktuelle Bosheit und Nachlässigkeit der einzelnen nicht zusammen (und werden in diesem Weltalter wegen der Sünde nie zusammenfallen), sie könnten aber in der richtigen und eindeutigen kasuistischen Erkenntnis und in dem klaren sittlichen Willen ohne weiteres jeweils zur Deckung gebracht werden. Ein ausgeprägtes Empfinden für die Tiefe des Geheimnisses des Bösen ist mit dieser Vorstellung durchaus vereinbar. Aber es ist eben *nur* das Böse im einzelnen und in den Zusammenrottungen böser Energien, was den sonst erkennbaren und realisierbaren sittlichen *Sinn* verdeckt oder verkennt. Die Entstehung des situativen Denkens ist an eine pessimistische Wendung des Bewußtseins geknüpft. Gewiß ist das Ganze der Gesellschaft und der Geschichte »sinnvoll«, sogar einschließlich des geheimnisvollen schrecklichen Übels – doch nur von Gott aus. Wir stehen aber nicht am Platze Gottes. Uns ist vieles verborgen. Wir verstehen den Weltverlauf nicht, und wenn wir heute in den entwickelten historischen, soziologischen und psychologischen Wissenschaften viel mehr vom Weltverlauf wissen und auch »verstehen«, so ist uns der Sinn der ganzen Unternehmung dadurch nur noch rätselhafter geworden. Früher sah man mehr wirklich Einleuchtendes, ergänzte das Fehlende, erklärte oder entschuldigte die häßlichen Lücken und Provokationen, früher hielt sich der einzelne an die leichter vestehbare Nähe, die ja oft einigermaßen in Ordnung schien, wir aber kennen zuviel von den Geschehnissen und

Zuständen der Ferne und der Vergangenheit und finden es leichtfertig, darin einen durchgängigen Sinn feststellen zu wollen. Daß das Ganze einen solchen Sinn habe, glauben wir sehr fest und vertrauend in unserem Gottesglauben, aber wir sehen es nicht mehr: wir finden uns in einem Weltganzen, das uns als ein *chaotisches* Feld erscheint, in dem wir zum *Handeln auf Sinn* hin aufgerufen sind. Freilich ergibt und bewährt sich in ihr vieles ohne weiteres und manches vor dem tieferdringenden Blick als sinnvoll: als nützlich, angenehm, fördernd, einleuchtend, tragend, bergend, heilend. Wenn es nicht immer wieder kleine und große Inseln des Sinnes gäbe, so könnten wir kaum leben; jeder hat eine Menge von Platten und Balken, auf denen er schlecht und recht steht, und mancher hat sich sogar sehr angenehm angesiedelt oder kräftig verschanzt. Aber auf das Ganze hat seit den großen Ernüchterungen der letzten anderthalb Jahrhunderte noch keiner einen Reim gewußt. Es sei denn: im Glauben.

Situatives Handeln ist in diesem Zusammenhang »Sinngebung des Sinnlosen«*. In einer »Situation« verstehe ich etwas; ich entwerfe einen Zusammenhang auf Sinn hin, auf einen Sinn hin, der von mir verwirklicht werden will. Vor dem Hintergrund des sinnlosen Ganzen artikulieren sich mir einige verstehbare Elemente zu einer Frage, die an mich gerichtet ist, zu einer »Aufgabe«, von der ich ahne, sie könne mir gestellt sein und sie sei lösbar. Indem ich sie löse, schaffe ich Sinn (= tue ich den Willen dessen, von dem alle Vernunft kommt). Indem ich das tue, bin ich sinnvolle Geschichte. Ein situatives Verhalten ist auch insofern als gläubiges Verhalten möglich, als diese »Sinngebung des Sinnlosen« auf ein Ganzes abzielt, das zwar der Erkenntnis sinnlos erscheint, dem Glauben aber als sinnvoll gesichert ist. Das ist vor allem für den politisch handelnden Menschen wichtig.

* Die Formel geht zurück auf den Kulturphilosophen Theodor Lessing (1872–1933) und seine Arbeit »Geschichte als Sinngebung des Sinnlosen« (1919).

(Vielleicht ist es gut, nebenbei zu bemerken, daß der »Situationsethiker«, das heißt der Mann, der diese Strukturen durchdenkt, keineswegs in irgendeinem Grade ein besonders situationserfüllender, also im Sinne der Situationsethik sittlicher Mensch sein müsse. Er muß es ebensowenig sein wie der Kasuist. Sicherlich öffnet oft gerade das eigene Versagen den Blick auf die Struktur. Gerade der hellsichtig Situationen erkennende, verstehende und lösende Mensch wird am wenigsten das Bedürfnis haben, die Strukturen, die er da lebt, reflektierend oder gar wissenschaftlich zu durchdenken. Situationen verstehen können, ist nicht dasselbe wie das Situative als solches durchreflektieren können. Es gibt sehr kindliche und ununterrichtete Menschen, die sich situativ großartig zu verhalten vermögen. Der esprit du coeur und der esprit de finesse spielen hier eine größere Rolle als der esprit de géométrie*. Anderseits gehört es zu dem Schicksal unserer Epoche, sehr bewußt leben zu müssen.)

Der nach außen gewandten Seite des situativen Verhaltens entspricht eine andere: Es geht in ihr um das eigene Schicksal und Heil. (Wer einen anderen tötet, wird »ein Mörder«; wer einen anderen liebt, wird ein Liebender.) Immer konnte das Sittliche so von zwei Seiten aus verstanden werden: »Tue, was du tun sollst«, und: »Werde, der du werden sollst.« Diese beiden Seiten sind nicht voneinander zu trennen. Zuweilen hat man die »innere« Seite stark isoliert, als eine Aufgabe vornehmlich der Reflexion (»Betrachtung«), methodischer Arbeit (»Aszese«) und eines religiösen Lebens im engeren Sinn des Wortes; dann erschien oft das »gute Werk« gleichfalls mehr oder weniger isoliert, als »Gabe«, »Leistung« oder – tiefer – »Frucht«. Das ist natürlich nicht falsch, im Gegenteil: es steckt die tiefe Weisheit dahinter, die Goethe in seinem Spruch von den »zweierlei Gnaden« gefaßt hat, vom »Einat-

* Die Unterscheidung stammt aus der »Pensées« Blaise Pascals.

men« und »Ausatmen«. Besinnung und Tat sind zweierlei. Die gläubige Situationsethik versucht jedoch, diese beiden Seiten näher aneinander zu bringen, ja im »entscheidenden Augenblick« möglichst in eins zu setzen. Gewiß war das »Ja« Marias eine »Frucht« nicht nur ihres Seins, sondern auch vorheriger Arbeit an sich selbst, aber man kommt dem eigentlichen Geschehen besser auf den Grund, wenn man festhält, wie sehr hier Tun und Sein zusammenfällt: wie Marias Entscheidung eine Entscheidung ihres ganzen Seins ist, ein Tun, das Sein ist, und wie durch diese Entscheidung sie selbst eine andere wird. Wenn man den Weg der Vervollkommnung und das sittliche Leben allzusehr voneinander trennt, dann besteht die Gefahr, daß dieses säkularisiert oder doch zu einem Sonderbereich isoliert wird, jenes aber spiritualisiert und gleichfalls vom Leben der Bruderschaft der Menschen isoliert wird. Das situative Denken rät den Versuch an, gut zu werden, indem man Gutes tut, und das Gute nicht als »Werk« zu tun, sondern als Liebesbegegnung mit dem Nächsten.

Es wäre eine gefährliche Überspitzung, das Leben der Menschen völlig situativ sehen und machen zu wollen. Wir atmen nicht situativ, ein großer Teil unseres Gefühlslebens ist nicht situativ, und auch in den Beziehungen zwischen den Menschen läuft vieles ab, ohne sich zu einer »Situation« zuzuspitzen. Wir haben sogar alles darauf abgestellt, die Nötigung zum Situativen zu vermeiden, alles glatt zu machen, zu regeln. Das ist zum Teil legitim und sogar von großer praktischer Bedeutung: Jede gute Ordnung nimmt uns die Last situativer Entscheidungen ab – eigentlich: um uns für neue und andere freizumachen! Zum Teil steckt darin auch Bequemlichkeit, Herzenshärte, Kontaktscheu, die Angst vor dem Dialog. Es gibt Stufen des Situativen; sie können hier nicht demonstriert werden. In der »Tugend« fällt, wenn man so will, dreierlei zusammen: eine Selbstverständlichkeit im Guten, in der das Gute nicht mehr als Entscheidung geschieht, sondern als sichere Reaktion, eine gut entwickelte situative Phantasie und schließlich Kraft und Mut zur situativen Entscheidung.

Von den äußersten Stufen des Situativen könnte man sagen, daß in ihnen Gott von mir »mein Unmögliches« fordert. Aber alle Situationen haben ein wenig von diesem Paradox. Dieses Ich, das sich da in einer Situation erkennt, ist nicht nur angefordert, sondern überfordert. Es kann das nicht tun, was Gott ihm da zumutet, – es sei denn, der Mensch wage es, im Anspringen dieses Unmöglichen ein anderer zu werden. »Der Sprung ins Dunkle« hat immer wieder als Bild des situativen Handelns gedient. Dieses »Dunkel«, dunkel für mein Auge, für das Auge dieses faktischen Ichs, ist für den Blick des Glaubens Gottes Licht, und es ist ja Gottes Geist selbst, der durch das Auge unseres Glaubens das Licht sieht. Wir springen, aber wir haben uns nur aufgetan für eine Kraft, die springt, – das Geheimnis der Gnade.

Die große Schwierigkeit, sicherlich größer als die kasuistische Ermittlung dessen, was Gott von mir will, ist die Ermittlung »meiner Unmöglichkeit«. Nimmt man die Unmöglichkeit abstrakt, so verstrickt man sich in Rigorismus, übernimmt sich, forciert das sittliche Leben, springt nur zum Schein. Wagt man zu wenig, so bleibt man stehen. Und leider ist für einen, den Gott einmal gerufen hat, jedes Stehenbleiben Rückschritt.

Situatives Sehen ist perspektivisches Sehen. Es geht auf möglichst weite Übersicht, aber auch die weiteste Sicht ist perspektivisch geordnet. Ich sehe ja von mir auch, ich suche zu verstehen, was Gott gerade *mir* und gerade *jetzt* in den Weg schickt. Dabei ist es schon ein Schritt in der richtigen Richtung, wenn ich einen Zusammenhang als eine Situation und als meine Situation verstehe; vielleicht ist das zuweilen der wichtigste Schritt. Wenn ans Licht kommen wird, daß wir Christus im Nackten nicht bekleidet haben, so wird er uns sicherlich oft die Herzenshärte verweisen, in der wir »Nein, wir wollen nicht« gesagt haben, aber vielleicht noch öfter die Herzensträgheit, in der wir den Nackten gar nicht gesehen haben: wir versagten, als es galt, eine Situation zu *entwerfen*, als es galt, einen »Fremden« als den Partner in einer Situation *zu sehen*.

Wenn der Sprung, die Entscheidung, das Ja, der Liebesgehorsam, das Tun »meines Unmöglichen« uns ändert, so wird auch unser Auge anders und also unsere Perspektive weiter werden. Wir werden bald oder sogleich eine neue Situation erkennen, die wir vorher nicht erkannt hatten, ja die wir vielleicht nicht hatten erkennen können. Vielleicht liegt hier das Geheimnis des stürmischen Voranschreitens der großen Heiligen: daß sie immer wieder Ja sagten, sofort, unverzüglich, und daß sie auf der rasch gewonnenen neuen Stufe von neuem rasch »ihr Unmögliches« sahen und sofort Ja sagten. (Wir sprechen hier nicht vom Geheimnis der Gnade, sondern sehen diese Männer und Frauen nur von der einen Seite her, von ihrem sittlichen Handeln her.) So wird verständlich, daß sich gerade die großen Heiligen am Ende ihres Lebens als große Sünder sahen: Gott hatte sie auf der Bahn ihres Unmöglichen in Perspektiven gelockt, denen wir nicht mehr folgen können, vor denen sie selbst verzagen mochten.

Das ist der große Weg. Er ist derselbe wie »der kleine Weg«. Beide Theresien sind recht geeignet, als Patroninnen des situativen Denkens verehrt zu werden. Die große Reformerin, sehr nach außen und sehr nach innen gewendet (welche die Zeit für »die Buße« und die Zeit für »das Rebhuhn« gut zu unterscheiden wußte), und die andere, die in der beharrlichen Liebe der kleinen Schritte groß geworden ist*.

* Theresia von Avila (1515–1582), Reformerin des Karmeliterinnenordens und Mystikerin, und Theresia von Lisieux (1873–1897), ebenfalls Karmeliterin, die auf dem »Kleinen Weg« eines weltabgeschiedenen, unscheinbaren Lebens Gottes Nähe suchte.

Das situative Denken arbeitet die merkwürdige Einheit von Bindung und Freiheit kräftig heraus, die für das christliche Leben kennzeichnend ist. Situationsethik ist Ethik des Gehorsams. Sie hält nicht viel von dem Guten, das man sich in »freier Wahl« aussuchen könnte, heute diese Tugend, morgen eine andere. Sie will ja, daß der Mensch sich führen lasse. Er soll nicht eine ideale sittliche Welt schöpferisch aufbauen, sondern er soll antworten auf das Wort, das Gott ihm sagte. Gewiß setzt dabei der situativ Denkende die Eigenart des eigenen Seins ins Spiel –, die eigenen Fähigkeiten und »Neigungen« sind auch Elemente von Situationen; sie kommen von Gott, und Gott wird sie benutzen wollen, ja er erfährt im gehorsamen Handeln auch eine Entfaltung und Erfüllung seines eigenen Seins. Er wartet nicht nur in einer bestimmten Richtung, sondern gleichsam nach allen Seiten hin, wie sie das »Tugendspektrum« festzuhalten sucht. Aber er rechnet doch auch immer damit, daß Gott alle diese vorweg angestellten Überlegungen durchkreuze. Er fürchtet, er könne in »seinem Möglichen« steckenbleiben und »sein Unmögliches« verpassen. (Christus hält nicht viel von dem Priester und dem Leviten, die nur »ihr Mögliches« taten, wozu Neigung, Amt und vielleicht sogar eine wertethische Überlegung über den höheren Rang des Tempeldienstes sie trieben: Christus adelt sie, weil sie sich keinen Strich durch die Rechnung machen ließen.) Wer der Situationsethik folgt, ist zwar selbst ganz im Spiel, er denkt von sich aus, aber er denkt so, um genauer gehorsam sein zu können.

Eben dadurch aber wird er frei. Etwas in ihm wird frei, er *selbst* wird frei. Wenn das gerät, was da im Dialog zwischen Gott und ihm geschehen soll, dann ist der, der er durch den Sprung (– durch »sein Unmögliches« –) erst werden soll, zugleich der, als den Gott ihn ansah, als er ihn schuf: als er ihn beim Namen rief. Indem er Gottes Willen als sittliche Tat verwirklicht, und indem er dadurch Gottes Willen in einem Augenblick an sich selbst verwirklicht, wird er nicht nur der,

der er werden soll, sondern auch der, der er im Schöpfungsgrund seines Herzens werden *will.* Er verwirklicht sich selbst, er läßt sich zu sich selbst erlösen, er wird frei.

Wenn er nein sagt und in dem Maße als er unausdrücklich oder ausdrücklich nein sagt, handelt er scheinbar sehr frei (der Ungehorsam hat ja geradezu demonstrativ den Anschein der Freiheit), aber in Wirklichkeit bleibt er gebunden: in seinem Ich, und er verstrickt sich in die Determinationen, welche der Gegenstand der positivistischen Psychologie und Soziologie sind und deshalb von manchen für das Wesen des Menschen gehalten werden. Und er gerät im äußersten Falle in die Gefahr, sich selbst völlig zu verlieren: im schrecklichen Geheimnis des Unheils.

Situation und Norm...

Im eigentlichen »Gebot« ist der Gebietende mit seiner Autorität unmittelbar Element der Situation; das gilt vor allem für Gottes Gebot, für Christi Wort, für das Gebot der Kirche; aber auch für menschliche Autorität. Dasselbe gilt für viele »Gesetze«, die in Wahrheit Gebote sind. (Wenn ein Familienvater das »Gesetz« erlassen hat: »Falls in Abwesenheit von Vater und Mutter ein Gewitter losbricht, hat das älteste anwesende Kind alle Fenster zu schließen«, so gehorcht das Kind dem abwesenden Vater durch die kasuistische Ermittlung der Pflicht hindurch. Diesem Gesetz als solchem zu gehorchen, wäre besser, als nicht zu gehorchen, die Fenster wären dann doch wenigstens zu, aber es wäre unvollkommen, wäre sklavisch; im Vollzug dessen, was das Gesetz bietet, dem Vater zu gehorchen, wäre vollkommener, wäre situativer, wäre kindlich.)

Viele Gesetze (»Naturrecht«) sprechen Folgerungen aus, die sich aus der durchgängigen Beschaffenheit eines Seins ergeben. Mord und Totschlag, die schon durch das fünfte Gebot verboten sind, wären auch unsittlich, wenn dieses Gebot in den Dekalog nicht aufgenommen wäre: das Leben jedes

Menschen ist so geartet, daß es, wo es Element einer gegebenen Situation wird, als erhaltenswert respektiert werden muß. Im Sinn der dialogischen Situationsethik ist der je Betreffende, ist »Hans« (den ich zu töten oder zu bestehlen versucht bin) die maßgebliche Wirklichkeit: sie ist in den positiven Gesetzen oder Naturrechten anvisiert, die das Leben und das Eigentum schützen.

Ein pädagogischer Sinn des Gesetzes – ein anderer als der, von dem Paulus so eindringlich spricht –, hängt hiermit zusammen: Das Gesetz macht es mir leichter, Hans' Sein zu erkennen: es vermittelt zugleich ein vorweggenommenes allgemeines Verständnis von Wirklichkeiten, die in Situationen auftreten können.

Schließlich wäre noch an jene Gesetze zu erinnern, welche den Charakter von Vereinbarungen haben, wie viele Staatsgesetze: dann sind die Partner in ihrer Vertragstreue in der Situation gegenwärtig.

Eine andersartige Freiheit des Menschen vom Gesetz kann sich in Konflikten zwischen Gesetzen zu bewähren haben. In mannigfaltiger Weise können Konflikte entstehen, die nicht immer kasuistisch, etwa durch Zurückgreifen auf Gesetzlichkeiten höherer Art, eindeutig entschieden werden können: manchmal müssen die Gesichtspunkte der Entscheidung außerhalb der Gesetzlichkeit gesucht werden –, niemals freilich kann die Entscheidung außerhalb der Verantwortung fallen! Der Mensch ist nicht allein und nicht »frei«, wenn das Gesetz versagt: Gott ist gegenwärtig.

Der Kanon der Gesetze deckt die Wirklichkeit nicht. Nur ein Teil der möglichen Wirklichkeit ist gesetzlich fixiert und fixierbar. Im Negativen reicht das Gesetz sehr weit, und es ist verhältnismäßig leicht, es durch Fortbildung und Anpassung den Veränderungen in Gesellschaft und Geschichte anzugleichen (– das berühmte Beispiel des Stromdiebstahls –), im Positiven kommt das Gesetz einerseits über verhältnismäßig wenige genaue Fixierungen und anderseits über die tiefen und wesentlichen Grundweisungen nicht hinaus, die aber eben nur Grundweisungen bleiben. Vor der Frage »Was will Gott, daß ich heute tue?« versagt der Kodex der Gesetze. (Und die Pyramide der Werte...) Eine christliche Ethik wird das Gesetz ernstnehmen, als Gebot, als formulierte Folgerung aus seiender Wirklichkeit, als Erfahrung der Geschichte. Was aber *ich tun* soll, den Gott bei seinem Namen gerufen hat, ergibt sich aus der lebensgeschichtlichen Artikulation des Liebes-Dialogs zwischen mir und den Brüdern und zwischen mir und Gott und zwischen uns und Gott. (Thomas weist der Klugheit den höchsten Rang unter den Tugenden zu, weil er ihr die Aufgabe dieser situativen Artikulation zuweist, wie Josef Pieper einleuchtend gezeigt hat*)

Es war von der Situation als von einem verstehbaren Zusammenhang die Rede und von einem menschlichen Handeln, das auf die Erfüllung der Situation ausgeht. Deshalb ist in diesen Fragmenten zu einer christlichen Situationsethik mehr vom »Guten« geredet worden als vom Bösen. Eher schon vom Fragmentarischen der Situation, vielleicht nicht genug. Darum ist noch eine Warnung vor einer allzu optimistischen Auffassung angebracht. Es handelt sich wahrhaftig nicht um eine via triumphalis. Zunächst schon nicht im äußeren Sinn, denn oft kommt das Handeln *nicht* zum »Erfolg«, es geht schief, aus vielerlei Gründen, und oft wird der Erfolg (also christlich: die wirksame Hilfe) oder auch nur der Versuch dazu bezahlt mit dem Opfer der eigenen Existenz, mit Not und Untergang, Schande und Tod. Nun ist freilich dieser Weg des Kreuzes in der eigentlichen Wirklichkeit des Reiches Gottes doch eine via triumphalis; das wird sich enthüllen, wenn dieser Christ mit dem Gekreuzigten auferstehen

* Der »Traktat über die Klugheit« des Münsteraner Philosophen (geb. 1904), der vor allem durch Arbeiten zur thomistischen Ethik bekannt wurde, erschien 1937 in Leipzig.

wird. Doch ist *unser* Weg meist gerade im Licht dieser eigentlichen Wirklichkeit ein jämmerliches Stolpern. Unsere Entwürfe sind schief und schwächlich, und wir springen zu kurz. Die Situationsethik weiß das; sie entwickelt eine Witterung vor allem für das Zurückbleiben, für das Versagen, für die Sünde der Unterlassung. Die energischen *Täter*, die guten und die bösen, machen sich selten Gedanken über das, was »die Situation« von ihnen erfordert. Auf situationsethische Spur werden vor allem Menschen kommen, die sich als Unterlassende erfahren. Die einen Weg suchen, einen wirklich gangbaren Weg, nachdem der ungeheuerliche Ruf ergangen ist, den sie vernommen haben: »Seid vollkommen wie Euer Vater im Himmel vollkommen ist.«

Das ist ein Rat? Nein, es ist ein *Ruf*, und als Ruf ist er an alle ergangen –, wie die anderen sogenannten »Räte« auch. Sie verpflichten als Rufe, als Lockungen des lieben Gottes, als die »Gesetze« des Reiches Gottes, in das wir hineingerufen werden, alle, Tag für Tag. Wir sind nicht verpflichtet, bestimmte Auslegungen und Folgerungen dieser »Räte« zu einer Lebensordnung zu verdichten und in eine Regel zu fassen, an die wir uns im Gelübde freiwillig binden. Aber man soll den großen und sichtbaren Unterschied, der zwischen der freiwillig beschworenen monastischen Ordnung und dem Leben der »Weltchristen« besteht, nicht so verstehen, als gälten »die Räte« nur in jener Lebensordnung! Sie gelten in beiden. Die Situationsethik ist auch insofern eine christliche Ethik, als sie vor dem Ernst des möglichen Dialoges zwischen Gott und dem Menschen im forum internum keinen wesentlichen Unterschied zwischen dem fixierten Gesetz und Christi Ruf zur Vollkommenheit mehr sieht: auf beide haben wir zu hören, in verschiedener Weise, aber in beiden geht es um dieselbe Frage: Was willst Du, Gott, daß ich heute für Dich und für den Bruder tue?

Wenn in diesen Fragmenten das Geheimnis der Heiligkeit nur gelegentlich berührt worden ist, so ist noch weniger deutlich das schreckliche Geheimnis des Bösen benannt worden, das uns noch tiefer und undurchdringlicher erscheint als jenes –, wenn sich auch wohl herausstellen wird, daß in Wahrheit das des Lichtes unerschöpflich ist. Wir ahnen das Böse, wenn es uns streift, wenn es in uns ist, wir spüren es sündigend im Verlust der Freiheit, des Friedens, der Heiterkeit, und wir spüren seine Last aufatmend in dem Glück, wenn es in der Versöhnung von uns genommen wird. Wie tief es ist, ahnen wir am Karfreitag. Es durchkreuzt jeden Versuch, aus der begrenzten und endlichen Dialektik der Situation eine totale Dialektik des sittlichen Fortschritts oder gar der Geschichte zu machen.

Die Situation wird um so reicher und wahrer, je mehr Wirklichkeit in sie eingeht und als Frage und Anspruch verstanden wird. Diese Wirklichkeit aber bindet den Menschen. Der Mensch wird um so freier, je unbedingter er durch diese fordernden und wartenden Wirklichkeiten hindurch dem Herrn in Liebe gehorcht, je weniger falsche Freiheit, Freiheit der Beliebigkeit, Freiheit der Wahl, ihm die Erfüllung der Situation übrigläßt. Deshalb ist die freieste Tat, die in der wahrsten Situation dem Menschen möglich ist, der Tod des Heiligen.

Gerade darum noch einmal in aller Nüchternheit: Wir verfügen nicht über Situationen, wir geraten hinein und sie kommen auf uns zu, und wir sind nicht alle und nicht immer Heilige, und wir stehen nicht immer in der Situation des Todes. Eine rein situative Existenz vor dem Tode als der äußersten menschlichen Tat, die dem Menschen möglich ist, wäre unmenschlich. Es gibt eine ganze Reihe wesentlicher menschlicher Möglichkeiten zum Teil sehr hohen Ranges, die nicht in der hier analysierten Weise »sittliche Tat« sind: die Kontemplation als die Versenkung in das Sein Gottes und seiner

Welt, das Lob Gottes und das sakramentale opus Dei, die Muße als Inbegriff des nicht-situativen menschlichen Seins, die Kunst als Spiel der Vollkommenheit in der Endlichkeit, der Humor, der Genuß vor allem auch »aneinander«, in der entfaltenden Sozialität, der Schlaf, die animalische und vegetative Existenz. Aus alledem hebt sich der Ernst des Rufes ab, von dem hier die Rede war. Indem wir freilich im Vollzug unseres ganzen Lebens einen Integrationsversuch aller dieser Möglichkeiten und Notwendigkeiten halb erleiden und halb tun, erhält doch unser ganzes Leben ein situatives Grundelement und darin seinen Ernst. Wir würden ihn nicht aushalten können, wenn wir ihn und unser Versagen vor ihm nicht einbetten dürften in ein Vertrauen auf die Barmherzigkeit des Vaters. Die Situations-Dialektik unseres Lebens sollte enden in dem Doppelruf: »Ja, Vater« und »Komm, Herr«.

Das tägliche Brot

Daß er Nahrung aufnehmen muß und darf, gehört zu den Bestimmungen des Menschen, die er mit dem Tier gemeinsam hat. Aber der Geist der Sprache wacht darüber, daß ein Unterschied gewahrt bleibt: Nur der Mensch »ißt«. Der leibliche Vorgang wird in das Ganze des Lebens eingeordnet; er vermag ein geistiger, ja ein geistlicher Vorgang zu werden. Einzelne Völker schämen sich der Nahrungsaufnahme und betreiben das peinliche Geschäft im Verborgenen. Die meisten empfinden anders; sie geben dem Essen im Ablauf des Tages einen bevorzugten Platz, regeln es durch Brauch und Sitte, erheben es zuweilen zum Fest, und viele eröffnen und schließen die Mahlzeit mit Gebet.

Die Menschen betrachten das Essen ferner als eine Sache der Gemeinschaft. Familie ist auch Tischgemeinschaft. Die Freunde versammeln sich zum gemeinsamen Mahl. Darin kann ein Bekenntnis zum Genuß des Essens liegen: man wünscht sich »guten Appetit«, man vergewissert sich, daß es allen schmeckt. Man begeht ein »Freudenmahl«. Doch vermag man auch die Notdurft des Essens gemeinsam und geistlich zu empfinden: Das Mahl ist dann die Gemeinschaft derer, die sich bedürftig wissen und in Demut dankbar erweisen.

Zur gemeinsamen Mahlzeit gehört die gemeinsame Speise. Was auf den Tisch kommt, gehört allen, die am Mahle teilnehmen. Die Speise kann als Gabe gemeinsam geworden sein: im »Gastmahl«, wo Einladende und Eingeladene unterschieden sind, sich aber eben im gemeinsamen Essen verbinden. In der Gemeinschaft des Essens ist die Wahrheit anerkannt, *daß wir die Speise einander verdanken und einander schulden.*

Die Speise ist ein Produkt gemeinsamer Arbeit. Eine besondere Innigkeit vermag eine Mahlzeit zu gewinnen, wenn die Speisenden zugleich die Arbeitenden sind. Bauer und Bäuerin, Knechte und Mägde essen gemeinsam, was sie gemeinsam mit Gottes Hilfe hervorgebracht haben, und Kinder und Gäste haben Anteil daran. Am bäuerlichen Tisch wird offenkundig, daß wir »kommunizieren«, wenn wir essen – mit Pflanze und Tier, indem wir sie uns ein-verleiben, mit Erde und Himmel, welche die Pflanze ernährt haben, mit den Arbeitenden, die ihre Lust und ihre Not bei der Arbeit hatten und ihre Überlegung und ihre Muskelkraft hingegeben haben, mit den Vorfahren, welche den Boden urbar gemacht oder erkämpft oder erarbeitet (oder gestohlen) haben, mit früheren Geschlechtern, welche die großen und die kleinen Entdeckungen und Erfindungen gemacht haben, die nun als Überlieferung die Arbeit regeln – mit der Menschheit, in deren Geschicke und Geschichte dies alles eingebettet ist, endlich mit dem »Geber alles Guten«.

Diese Zusammenhänge sind nicht nur auf dem Bauernhof sichtbar. Das Brot, das der Schuster ißt, hat der Bäcker gebacken, der des Schusters Schuhe an seinen Füßen trägt; und es ist auch nicht schwer, geistige Arbeit wie die des Lehrers oder politischen Dienst wie den der Ratsherren oder des Königs oder den Waffendienst des »Wehrstandes« in diesen Zirkel einzubeziehen: ihrer aller Beitrag steckt in dem Brot – das Brot ist ihr gemeinsames Werk. Wenn sich einer dagegen sträubt, gestohlenes Brot zu essen, so drückt sich darin die Erkenntnis aus, daß er in dem Brote den Diebstahl mitäße. Und wenn einer das Stück Brot des armen Bauern mit besonderer Ergriffenheit annimmt und ißt, so weiß er gleichfalls, warum. Das Brot ist eben nicht nur ein technisch-chemisches Erzeugnis aus gemahlenen Getreidekörnern, Salz und Wasser, sondern es ist zugleich ein Produkt der Arbeit, und zwar nicht gedachter und allgemeiner Arbeit, sondern in jedem Falle ganz bestimmter Arbeit bestimmter Personen. Auch die gesellschaftlichen Verhältnisse, in denen diese Arbeit geschah, sind jeweils bestimmte Verhältnisse zwischen bestimmten Personen, zwischen Fritz Müller und Heinrich Schulze und anderen Menschen von Fleisch und Blut, mögen es Verhältnisse der Nebenordnung oder der Unterordnung, des Zwanges oder der Freiwilligkeit sein, mögen sie für den einzelnen Fall gebildet worden sein oder mögen sie nach Sitte und Brauch oder gar nach dem Gesetz geregelt sein. Man darf sich durch den allgemeinen Charakter solcher Regelungen nicht darüber hinwegtäuschen lassen: Was sich allein in Wirklichkeit abspielt, spielt sich zwischen Fritz Müller und Heinrich Schulze ab. Jedes Stück Brot, das auf unseren Tisch kommt, ist das Ergebnis von Hunderttausenden menschlicher Handlungen, die als ein höchst verwickeltes, aber auch höchst wirkliches Geflecht zwischen der Natur und unserem Frühstückskorb vermitteln.

Wir haben bisher kein Wort vom Geld gesprochen. Es war auch nicht nötig, es verändert nichts an der Wahrheit dieser Zusammenhänge. Wohl aber vermag es sie zu verschleiern. Diese allgemeinste Ware, ursprünglich ein wertvolles und bequem teilbares Metall, ist heute die gültige Konvention, durch welche die Menschen jeden materiellen Wert und viele nichtmaterielle Werte in eine allgemeinste Form bringen und dadurch austauschbar machen. Das lenkt die Aufmerksamkeit von den bestimmten und personalen Vorgängen ab. Die Menschen haben es fertiggebracht, das Meßstipendium und den Dirnenlohn auf einen Nenner zu bringen, alles auf einen Nenner zu bringen: die Gabe Gottes und die menschliche Leistung, den Dienst und den Verrat, den Geist und den Stoff. Der Kunstgriff des Geldes ist ebenso einfach wie genial; nichts gegen das Geld: der Mensch soll klug genug sein, trotz dem Gleichmacher Geld die Unterschiede zu machen, die zu machen sind, und er kann und tut es auch, wenn er sich wahrhaft menschlich verhält. Aber das Geld ist verführerisch, nicht nur in der Praxis (weil es nämlich ein so handliches Zaubermittel ist, das »alles« verschaffen kann), sondern auch für das Denken; indem es als allgemeinstes und leerstes Gut den Sinn für die eigentliche Wirklichkeit der gesellschaftlichen Vorgänge schwächt. Schon zwischen unseren Bäcker und unseren Schuster im übersehbaren Zirkel jener kleinen Stadt tritt bald das Geld: es verdeckt ein wenig die Wahrheit, daß sie voneinander leben, indem sie einander dienen. (Oder daß sie voneinander leben, indem sie einander übervorteilen.) Erst recht verschleiert das Geld die wahren Vorgänge in der hochentwickelten Verkehrswirtschaft. Der Preis scheint neutral zu sein; eine Quantität mehr oder eine Quantität weniger ist da, wenn er steigt oder fällt. Er verhüllt in seiner Farblosigkeit, daß es, wo es um Güter und Arbeit zu gehen scheint, immer um Personen geht; das Preisgefüge (und das Lohngefüge, das auch ein Preisgefüge ist), läßt nicht auf den ersten Blick erkennen, daß es als eine Art »Rahmengefüge« lebendigen Menschen die Bahnen ihrer lebendigen Beziehungen vorschreibt. Hinter dem »Mechanismus« oder der »Gesetzlichkeit« der Preis- und Lohnverhältnisse verbergen sich Klugheit und Dummheit, Fleiß und Faulheit, Glück und Mühe der Arbeit, Macht und Machtlosigkeit, Freiheit und Zwang, Gerechtigkeit, Ausbeutung und auch das stille Liebesopfer. Der Zyniker sagt: Non olet – das Geld stinkt nicht; es duftet auch nicht, es ist geruchlos; in Wahrheit ist es menschliches Schicksal.

In den Zeiten vorwiegender Naturalwirtschaft, als das Geld noch nicht allmächtig war, hatte man es also leichter, zu verstehen, was man aß, wenn man gemeinsam am Tische saß. Es ist nicht gesagt, daß man in jenen Zeiten besinnlicher Erwägungen immer die wirkliche Wahrheit traf; man neigte zur Harmonisierung, man liebte es, die nackte Macht in Gnade umzufälschen, man zog den lieben Gott recht unbefangen ins menschliche Geschäft und oft in zweifelhafte Geschäfte hinein. Aber man unterschied doch zwischen dem süßen Brot des Rechtes und dem bittern Brot der Schmach; man witterte es, wenn Blut daran klebte. Man konnte spüren, daß Brot nicht eine chemische Wirklichkeit allein, sondern zugleich eine menschliche ist.

Die Jahrhunderte der Neuzeit haben das Bild allmählich verschoben. Jene Kreise des Wirtschaftens sind größer geworden und haben sich immer mehr miteinander verflochten; in scheinbarem Gegensatz dazu wurde der einzelne freier und beweglicher; zugleich aber erscheinen alle Wirtschaftsvorgänge als anonyme Vorgänge »naturgesetzlicher« Art und in ihrem allgemeinsten Medium, dem Geld, neutralisiert. Über alledem haben wir gründlich vergessen, was wir essen. Es paßt vortrefflich zu diesem Vergessen der realen Zusammenhänge, daß wir in der gleichen Zeit gelernt haben, das Brot als ein Endprodukt chemischer Prozesse und das Essen als einen Stoffwechselprozeß zu verstehen. Das Brot der Schande und das Brot der Ehre sind chemisch und physiologisch einander gleich geworden. Das Essen ist kein Kommunizieren mehr, es ist ein durch Kultur verfeinerter Verbrennungsvorgang. Man nimmt das Brot gemeinsam zu sich, nicht weil es eine gemeinsame Sache ist, weil es die Menschengemeinschaft selbst ist, sondern weil man es für praktisch und kurzweilig hält, in Gesellschaft zu speisen.

Inzwischen hat sich die Neuzeit vollendet. Zwei Ereignisse sind eingetreten, welche die Welt und uns völlig verändert haben. Nur haben wir sie noch nicht eigentlich zur Kenntnis genommen.

Das erste Ereignis, seit Jahrhunderten sich vorbereitend, ist die Unteilbarkeit der Menschenwirtschaft. Noch gibt es echte Winkel der Unabhängigkeit, bei Beduinen, Buschnegern und Eskimos – übrigens lange nicht bei allen. Noch gibt es Grade der Abhängigkeit, und es wird sie immer geben. Aber im großen und ganzen ist es nun doch so, daß sich ein gemeinsames »Feld« alles Wirtschaftens auf der Erde herausgebildet hat. In diesem Feld wirkt jede Tätigkeit nicht nur unmittelbar auf vieles in ihrer Nähe, sondern immer auch wesentlich auf das Ganze als Ganzes und, durch eben dieses Ganze vermittelt, wieder auf jedes Einzelne. Die Kenntnis der Tatsachen und die Kunst der Analyse sind unvollkommen, deshalb bleiben die meisten Wirkungen und Zusammenhänge unerkannt. Doch wird die Öffentlichkeit gelegentlich mit der Nase auf solche Zusammenhänge gestoßen – nicht nur, als bei uns die Brotration verkürzt wurde, weil in USA ein Hafenarbeiterstreik ausgebrochen war. Wenn man etwa einmal den Eisenpreis genau analysieren wollte, und zwar zunächst nach der Seite seiner Ursachen hin, nach den Umständen, die ihn bestimmen, nach den menschlichen Wirklichkeiten, die in ihnen und also in ihm stecken, dann aber auch nach der Seite der Wirkungen hin, der unmittelbaren und der mittelbaren, so träte der allgemeine Zusammenhang klar zutage; man könnte zeigen, wie die Bewegung, die diesen Preis bestimmt, von den Lebensregungen, den Wünschen, Interessen, Gewohnheiten und Bedürfnissen lebender Personen ausgeht und ebenso in das gelebte Leben unzähliger, ja fast aller Personen jenes ungeheuren die Erde umspannenden Feldes einmündet. In dem höheren Lohnniveau der holländischen Fabrikarbeiter vor den Kriegen, also in dem Kuchen, den sich Janwillem in Rotterdam im Gegensatz zu Hinnerk in Hamburg leisten konnte, steckte etwa unter anderem, vermittelt durch den allgemeinen Wohlstand des Landes, die ostindische billige Kuliarbeit drin. Er »aß« darin, wenn man so sagen will, die holländische Wirtschaft, aber auch seinen Staat und die Welt der Staaten überhaupt, da ja die staatlichen Verhältnisse die höheren Ordnungen jener menschlichen Beziehungen sind.

Wir nehmen Anteil an allen jenen weltumspannenden Kollektivtatsachen, wenn wir essen. Die Freiheit der Wahl zwischen Stockfisch und Schellfisch, zwischen Ausgaben für die Nahrung und Ausgaben für die Kleidung oder fürs Theater befreit uns nicht aus jenem Netz: Wir können zum Teil (sehr zum Teil) bestimmen, in welcher Masche wir steckenbleiben wollen – in jedem Fall aber bleiben wir stecken. Und es gibt keine nachdrücklichere Art, ja zu dem Ganzen zu sagen, in das wir verstrickt sind, als zu essen. Es ist die menschlichste Art, ja zu sagen, weil es ein Ja der Seele und des Leibes ist.

So essen wir gemeinschaftlich das gemeinschaftliche Schicksal der Menschengemeinde in uns hinein: ihre Not, ihren Dienst und ihre Schuld. Und können nicht entrinnen.

Es hat nicht an Versuchen gefehlt, zu entrinnen. Der Vegetarismus etwa ist ein solcher Versuch, einem Zipfel des Netzes zu entschlüpfen: der menschlichen Notwendigkeit oder Gewohnheit, das Fleisch der Tiere zu essen. Nichts gegen einen praktischen Vegetarismus, der sich der Begrenzung seiner Motive bewußt ist. Der grundsätzliche Vegetarier aber möchte einem Schicksal entwischen, das mit unserer Leiblichkeit gesetzt ist: daß wir Pflanzen und Tiere töten müssen, wenn wir leben wollen.

Ein anderer Versuch zum Entrinnen ist das Nichtwissen. Man kann leben wie Pantagruel oder Pallieter*; was kümmern einen die Ochsen und die Schweine, die man ißt? Man schlachtet sie selbst, heiß läuft das Blut über die Hand. Es ist gesund, so zu leben, man gedeiht. Die Männer mit den breiten Unterkiefern leben so – wir alle leben so, der Unterschied ist nicht so groß. Man darf ihn auch nicht in den Nerven suchen. Es geht hier nicht darum, ob man als Zartbesaiteter empfindsam oder als »kräftige Natur« gesund auf alle diese Verstrickungen reagiert – es geht hier um ihre Wirklichkeit, und darum, wie man mit ihnen fertig wird. Das Wissen ist

* Pallieter ist die Titelfigur eines Romans des flämischen Schriftstellers Felix Timmermans (1886–1947) aus dem Jahre 1916: ein lebens- und trinklustiger Bauer in ländlicher Idylle. In seinen satirisch-phantastischen Romanen »Pantagruel« (1532) und »Gargantua und Pantagruel« (1534/1564) beschrieb der Humanist und Arzt François Rabelais (ca. 1494–1553) das Leben des Riesen Pantagruel, der sich in einem langen Erziehungsprozeß von einem ungeschlachten Vielfraß zum Fürst eines utopischen Reiches wandelt.

lästig, und es wird für den modernen Menschen immer lästiger. Man muß wissen, um handeln zu können, aber wenn man »zuviel weiß«, läuft man Gefahr, jenem Tausendfüßler zu gleichen, der nicht mehr gehen konnte, weil er jeweils zu wissen versuchte, welcher Fuß an der Reihe ist. Man kann am überfeinerten Gewissen sich zugrundequälen. Aber der Ausweg aus dieser Verlegenheit ist nicht das blinde Handeln, der große Egoismus des Raubtieres oder der kleine der Hyäne oder der einfältige der Taube, die alle so richtig und so gesund leben, weil sie nicht wissen. Sondern dieser Ausweg sollte sein: weises Wissen, verantwortliches Handeln – und die Barmherzigkeit Gottes.

Das zweite Ereignis, welches die Welt verändert hat, ist eben dies: *daß wir wissen*. Daß wir nicht nur jenes erste Ereignis zur Kenntnis genommen haben, die Verflechtung der Gesellschaft zu einem einzigen Wirkungsfeld, sondern auch ein Zweites, *daß es die Menschen sind, welche die Geschichte machen, daß Gott sie durch die Menschen* macht. Wir haben die Stufen des träumenden Mittelalters und der ideologischen Neuzeit durchlaufen und leben im Zeitalter »des Bewußtseins«. Wir leben in einer Zeit, die weiß (oder doch wissen kann und wissen soll), was Ideologien sind, und daß es zu unseren wesentlichen und neuen Pflichten gehört, durch ihre Decke hindurchzustoßen und uns der sozialen Wirklichkeit bewußt zu werden, die wir sind. Früher schien es die Natur zu sein, welche die Geschichte machte (etwa wenn sie die Menschen in Könige, Adelige und Kärrner schied), oder die Geschichte selbst (nämlich die Überlieferung, die Ahnen, das vorgefundene und also heilige Faktum) oder das blinde Schicksal oder »der Geist der Zeit« oder Gott auf eine unmittelbare Art (etwa wenn er die Stände schuf und jeden Menschen in den seinen hinein). Wir haben inzwischen gelernt, daß es die Menschen sind, die miteinander und gegeneinander ihre Welt bauen, aus mächtigen guten und bösen Trieben, nach Interessen und Ideen, blind und wissend, dumm und klug, verbrecherisch, anständig und im heroischen Opfer – als Handelnde und Leidende, als Täter, Nutznießer, Mitarbeiter, Denker und Beter. Daß der Mensch ein Wesen ist, das seiner selbst und seiner Welt bewußt sein kann, ein »animal rationale«, hat er immer gewußt; desgleichen, daß er kein Robinson ist, sondern ein Sozialwesen; zum dritten, daß er verantwortlich ist. Neu aber ist die Einsicht, daß sich alles dies auch auf »das Ganze« bezieht, auf die gesellschaftliche Verfassung der Menschheit. Das bedeutet eine neue Verantwortlichkeit – eine »totale« würde man sagen, wenn nicht in alledem der Mensch so jämmerlich begrenzt und klein bliebe, wie er nun einmal ist. Nicht wir sind ja gewachsen und stärker geworden, sondern »nur« unsere Aufgabe. Die Welt ächzt und stöhnt unter dieser ungeheueren Last, welche die Europäer ihr aufgeladen haben, als sie sich emanzipierten, als sie »frei«, wissenschaftlich, technisch und kapitalistisch wurden, als sie durch alles dies die Welt in ein einziges Wirkungsfeld verwandelten, und als sie beobachteten, dachten, zu entlarven und zu wissen begannen. Diese Vorgänge sind nicht rückgängig zu machen: Wir wissen, daß wir gemeinsam für unsere Welt verantwortlich sind.

Diese Last essen wir mit, wenn wir unser tägliches Brot essen. In ihm steckt völlig wirklich und genau der Produktionszustand der Welt, ihre Ordnung und ihre Unordnung, ihr Fleiß, ihre Klugheit – und ihre Schuld. Wir verleiben sie uns ein, wenn wir essen. Wir haben neuen Grund, für unser Mahl zu danken, und neuen Grund über unser Mahl zu erschrecken: Wir sind in ihm Beschenkte, Mitarbeiter und Mitschuldige in einem. (Ist es Zeit für neue Tischgebete?)

Janwillem aus Rotterdam entzog sich dieser wahren Kollektivschuld nicht, wenn er auf seinen Kuchen verzichtete. Es war für ihn kein Ausweg, den Lohn zu verweigern oder einen Teil zurückzuzahlen. Es war für ihn kein Ausweg, seinen Posten zu verlassen: er hätte dann einen anderen annehmen müssen, der ihn auf andere Art in die gleiche Schuld verstrickt hätte. Es war für ihn keine Lösung, sich nebenher durch allerlei gute Taten und Opfer loszukaufen – es war recht und ehrenvoll, das zu tun, aber es war keine Lösung der Sache selbst.

Wohl aber war es der Anfang einer Lösung, *wenn er sich in Bewegung setzte, um die Welt zu verändern.* Dazu gehörte: sich selbst zu ändern – ein schweres Geschäft, das wesentliche Geschäft! Dazu gehörte andere zu ändern – zum Beispiel seine Kinder und seine Freunde; aber sehr groß ist der Umkreis eines Menschen nicht, der sich ändern ließe. Dazu gehörte drittens: *die Zustände zu ändern.* Die Zustände aber verändert man durch Politik. Durch mancherlei kleine Politik in Dorf und Stadt und Fabrik und in letzter Instanz durch »große Politik«, im Volk, im Staat und in der Welt. Aus der Erkenntnis der unteilbaren Welt, der Mitschuld an ihr und der Möglichkeit ihrer Änderung ergibt sich *die Pflicht zur Politik.* Keineswegs zum Krachschlagen, nicht unbedingt zur radikalen »direkten Aktion«, aber doch zur wirklichen Änderung der Welt: zu einer klugen, realistischen und verantworteten Politik.

Die Politisierung der Menschheit ist als eine Tatsache von zweifelhaftem Rang festzustellen. Jene Erkenntnis bedeutet, daß sie zugleich eine wesentliche Pflicht geworden ist. Das bedeutet eine neue Dimension der Geschichte. Der einzelne bleibt klein und schwach; er hat auch keineswegs die Verpflichtung, sich zu recken und unbedingt groß und schöpferisch zu sein. Er hat nicht die Pflicht, ein »Führer« und als solcher Subjekt der Geschichte zu werden. Aber er hat die Pflicht zum verantwortlichen politischen Zusammenwirken, nach bestem Wissen und Gewissen – und das wird meist bedeuten, daß er die Pflicht der verantworteten Gefolgschaft hat. Wenn Janwillem aber ins Kloster gehen sollte, so nähme er für sein Teil die Aufgabe mit hinein, im Sinne jener Pflicht zu beten und zu opfern; auch in dieser besonderen Berufung wäre er also nicht dispensiert.

Aber nehmen wir an, daß Janwillem nicht ins Kloster ging.

Es war der Anfang einer echten Lösung, als Janwillem sich in Bewegung setzte, jene Welt zu verändern, die ihn zwang, auf Kosten der Kulis Kuchen zu essen. (Es mag sein, daß er als gläubiger Katholik sich in Bewegung setzte, indem er sich wach und entschieden der »Katholischen Aktion«* anschloß: Es mag sein, daß er die richtige Bewegung zur richtigen Änderung der Welt in der kommunistischen Revolution zu sehen glaubte.) Es war seine Pflicht, sich in Bewegung zu setzen, sobald er begonnen hatte, zu wissen: den Tatbestand selbst und die Tatsache, daß er sich ändern läßt. Daß Janwillem, der einfache Hafenarbeiter, wissen kann und wissen muß, was Plato, Thomas, Kant und Goethe nicht gewußt haben – das ist das Neue an der Sache. Nachdem er es wußte, war es seine Pflicht, mitzuarbeiten und mitzukämpfen.

Es war der *Anfang* der Lösung, sagten wir. Es war nicht die Lösung selbst – es sei denn, daß er sich opferte, daß er sich in die Bresche warf, daß er auf der Barrikade zu sterben bereit war. Es *gibt* die Märtyrer der politischen Pflicht. Aber wenige haben eine Leidenschaft der Erkenntnis und des Opfers, die so weit reicht, und gerade diese wissen am besten, wie sehr sie zurückbleiben, solange sie leben – solange ihr Opfer nicht angenommen ist. Die Rechnung geht nicht auf, wie jede Rechnung auf dieser Welt nicht aufgeht. Wir werden aneinander schuldig – aneinander heil werden können wir nicht. (Das sah Janwillem der Christ klarer als Janwillem der Kommunist; er hätte sich dadurch aber nicht verleiten lassen sollen, matter zu kämpfen...) Auch gesellschaftiche Kollektivschuld ist nicht auszulöschen.

Es sei denn durch die Versöhnung aus der Hand des barmherzigen Gottes. Er muß zulegen, was auch in dieser politischen

* Die »Katholische Aktion« bildete seit einer Enzyklika Papst Pius XI. aus dem Jahre 1922 bis zum zweiten Vatikanischen Konzil den organisatorischen Rahmen katholischer Laienarbeit besonders im caritativen und im Bildungsbereich.

Affäre der modernen Menschheit selbst im besten Falle fehlt. Wie er seit Millionen von Jahren die Seufzer derer hört, die aneinander schuldig geworden sind, im einfältigsten Gebet der Primitiven wie in der dialektischen Betrachtung Pascals, in der Qual des Mörders, der an der Grenze der Verzweiflung um Gnade fleht, und in der Herzensnot des Heiligen, der als letzter der Sünder hinter der Fülle des Segens, den er empfing, zurückbleibt – so hört Gott nun auch die Gewissensnot derer, die überall auf der Welt mit schwacher Kraft und unter manchem Banner zusammengeschart in dem trüben Kampf um die Änderung der Welt Stellung beziehen, im Wirbel der schlechten und der guten Motive, der Raubtiere, der Nutznießer und der Kämpfer für die Gerechtigkeit. Wo immer in diesen Gigantenkämpfen der modernen Weltpolitik ein Mensch in einem Winkel seiner Seele die Solidarität und seine Mitschuld entdeckt und seinen Beitrag leisten will, da ist Gott bereit, zu ergänzen, was fehlt. Er steht gewiß den Revolutionären nahe, in diesem Jahrhundert; denen nämlich, die um der Not der anderen und um der Gerechtigkeit willen leidenschafltich die Welt zu ändern trachten.

Als Gott zu den Menschen kam, um sie zu erlösen, nahm er alles an, was menschlich ist, alles außer der Sünde. Er aß das Fleisch der Tiere, er zertrat sie auf den Pfaden, die er ging. (Denn es gehört zu der Endlichkeit des Menschen, in die er eintrat, daß er nicht auf alles achten kann.) Er gab dem Kaiser, was des Kaisers war, er trat in die Kollektivverflechtung der gesellschaftlichen Schuld ein: Er aß vom Brote der jüdischen und der römischen Ungerechtigkeit. Er wußte wohl besser als der scharfsinnigste moderne Analytiker, was er aß, wenn er vom Produkt der menschlichen Arbeit aß. Er weigerte sich nicht, zu essen. Er war kein Vegetarier. Freilich war er auch kein Politiker und kein Revolutionär, so wie er auch kein Theologe, kein Kirchenpolitiker und kein Philosoph gewesen ist. Aber als die Stunde der Theologie kam, war er in seinen Heiligen gegenwärtig; seine Stunde der Kirchenpolitik, der Philosophie kam, seine Stunde der weltverändernden Politik ist gekommen: wir leben in ihrem Beginn, in der dritten oder fünften Minute. Als er sich nicht weigerte, von der Speise der Ungerechtigkeit zu essen, bereitete er die Stunde derer vor, die sich in Bewegung setzen würden, die Welt zu verändern.

Ja, er ging in der Inkarnation so weit, daß er sich in jene Speise verwandelte. Das ungesäuerte Brot und der »Wein von der Rebe«, über die er in der Tischgemeinschaft seiner Jünger die Worte sprach: »Dies ist mein Leib« und »Dies ist mein Blut« – dieses Brot und diesen Wein hatten nicht Engel vom Himmel gebracht, sondern sie waren wie jedes Brot und jeder Wein Gottesgabe und Menschenwerk zugleich – es lag Gottes Segen darauf, es steckte ehrliche Arbeit darin, und es klebte vergossenes Blut daran. Er enthielt sich so wenig dieses Brotes, daß er es segnete, brach und jene Worte sagte, deren Geheimnis das Geheimnis der Inkarnation vollendete. Nicht nur Menschengeist hatte er werden wollen, sondern auch Menschenleib, und indem er den Weg antrat, der ihn zum Kreuze und in den Tod führte, wollte er als leibliche Speise nicht nur unter den Menschenkindern, sondern selbst in ihren Leibern sein: in ihrer ach so menschlichen Gemeinschaft des Essens und des Mahles.

Es handelt sich nicht darum, erbaulich zu reden. Es geht um Wirklichkeiten, um die Wirklichkeit der menschlichen Existenz und um die geheimnisvolle Wirklichkeit des im Sakramente gegenwärtigen Gottes. Die Kirche besteht darauf, daß die wirklichste »Substanz« des Brotes in den Leib und das Blut des Herrn verwandelt wird. Die Substanz des Brotes – das ist *auch* die in ihm vergegenständlichte soziale Struktur. Wir sind in der Substanz dieses Brotes gegenwärtig, das wir opfernd zum Altar bringen, damit es verwandelt werde. Christus nimmt es an, wie er die menschliche Natur in die Einheit seiner göttlichen Person aufnahm und wie er unsere

Not und unsere Sünde auf sich nahm. Das Brot ist unser gemeinsames Werk; unser Wert, unsere Not, unsere Schuld steckt darin. Wir wissen heute, *was* alles darin steckt – die ganze soziale Unordnung der in Fiebern sich schüttelnden Welt, vor allem unsere eigene Herzenshärtigkeit und Herzensträgheit. Man kann dieser sozialen Belastung des Brotes nicht entgehen, indem man es nach Kräften spiritualisiert, ihm Farbe, Geruch und Form des Menschenbrotes nimmt und es zur Oblate reduziert; man könnte der sozialen Belastung dieses Brotes selbst dann nicht entgehen, wenn man das Korn von den einfältigsten Klosterbrüdern in äußerster Weltferne säen, mähen, dreschen, mahlen und das Mehl von den frömmsten Klosterfrauen in strenger Klausur backen ließe. Das alles ist oder wäre recht aus dem Überschwang der Ehrfurcht – aber es wäre ein Selbstbetrug, wollte man meinen, man könnte damit das Brot, das »das Allerheiligste« werden soll, dem Zirkel der sozialen Verschuldung entziehen. Ja, man würde dadurch geradezu die Pointe verfehlen, daß es wahres menschliches Brot ist, *darauf* kommt es gerade an.

Im Sakrament, im Zeichen also, das geheimnisvoll die Sache selbst ist, die es bezeichnet, empfangen wir das Menschenbrot verwandelt zurück. Wie alle unsere Sünde hat der Menschensohn auch die soziale Schuld auf sich genommen, er trägt am Kreuz auch diese ungeheure Last; er trägt auch unsere Unterlassung, unser Zurückbleiben hinter der politischen und revolutionären Pflicht. Unsere Sünden waren rot wie Scharlach: im Mahl der Versöhnung sind wir »weiß wie Schnee«, sind wir versöhnt.

Aber nicht, um zu schlafen und zu vergessen. Versöhnte Aktivisten? Ja, versöhnte Schuldige und Aktivisten: Wie wir als Kommunizierende auch in jeder anderen Hinsicht versöhnte Schuldige sind und doch Handelnde bleiben. Das »Ite, missa est« schickt uns wie in das Leben insgesamt, so auch in das gesellschaftliche Kampffeld zurück. »Imitamini quod tractatis«: ahmet von draußen nach, was ihr hier verrichtet habt, handelt so, wie ihr nun in Christus seid – nach dieser in ähnlichen Wendungen oft vorkommenden Postcommunio-Formel* darf man die Beziehung zwischen Sakrament und Leben verstehen. Nicht das Leben macht uns würdig des Sakramentes und der Versöhnung, sondern das Sakrament und die Versöhnung machen uns fähig, zu leben. Man kann jene Beziehung als Ritterlichkeit begreifen. Die bestürzende Versöhung, die wir erfahren haben, Christus nämlich, der unsere unerträgliche Last auf sich nahm, treibt uns an und macht uns Mut, schärfer zu erkennen und entschlossener zu handeln. Er treibt uns an, uns in die Bresche zu werfen – freilich nicht blind, sondern in höchster Verantwortlichkeit und also mit dem uns zugänglichen Höchstmaß jener Besonnenheit, die man auf dem politischen Felde »Realismus« nennt.

So geht von diesem Sakrament des täglichen Brotes eine doppelte Bewegung aus: eine aktivistische Bewegung in die soziale Welt hinein, die wir aus der Unordnung zu heben berufen sind, und eine Bewegung der Hingabe an den, der uns mit sich, mit den anderen und mit uns selbst versöhnt und das ungeheuere Maß dessen zulegt, was uns fehlt. Jene Bewegung ist die Revolution, diese Bewegung ist die des Dankes, ist Eucharistie.

* Liturgische Formel, die sich in der Messe an die Eucharistie anschließt.

Die Stunde der Armut

»Es wird immer Arme unter euch geben.« Seit dem Abgrund dieses Wortes hat kein Mensch jemals sagen können, was Armut ist.
Léon Bloy.

Reich ist, wer eine Wohnung, einen Arbeitsplatz und sein Auskommen hat. Darf einer, der reich ist, über die Armut schreiben? Versteht er genügend von der Sache, auf die er sich da einläßt? Er muß nicht nur den leiblichen Hunger kennen, sondern das, was ihn zum menschlichen Hunger macht: die Dauer und Wiederholung, den Hunger von morgen und übermorgen, den vorausgefürchteten Hunger; nicht nur den Mangel, sondern den Mangel als Lebensform, die ständige quälende Reibung zwischen den einfachsten Bedürfnissen und einer Welt, die sie nicht erfüllen will. Er muß wissen, was in dem Armen vorgeht, der auf allen Türen unsichtbare Aufschriften liest. Eintritt für dich verboten, Eintritt nur für Besitzer von Geld, Eintritt nur für Menschen mit ungeflickten Anzügen, Eintritt nur für Menschen mit Einkommen, Manieren und Beziehungen, sowie für Hochstapler. (Darum sammeln sich gewisse Arme von heute an den wenigen Orten, aus denen sie nicht vertrieben werden, vor allem in den Hallen der Bahnhöfe. Wohl ihnen, wenn ihnen die Kirchentüren wirklich offen sind, und wenn sie den Weg dahin wissen.) Der Reiche, der über die Armut redet, muß die Hoffnungslosigkeit der echten Armut kennen, den stummen Blick in eine graue Zukunft. Vor allem aber den empfindlichsten Punkt der Armut: die Schande. Machen wir uns nichts vor: Die Armut *ist* eine Schande – nicht nach den geschriebenen Gesetzen der Demokratie, der Moral, der Literatur und des Christentums, sondern nach den ungeschriebenen des tatsächlichen bürgerlichen Lebens, und nur dort, wo jene geschriebenen Gesetze auch in den Herzen gelten, vermöchte der Arme auszuruhen und Stand zu fassen, wenn ihn auch dort oft die falsche Scham daran hindert. Darum halten sich die Armen an ihresgleichen.

Kennt der Reiche den Armen? Die Frage war nicht rhetorisch gemeint, und die Antwort wird wohl lauten müssen: *er kennt ihn nicht.* Allerdings ist das deutsche öffentliche Leben mit Armut so sehr durchsetzt, daß wir besser darüber Bescheid wissen als je. Auch wer über eine Wohnung, einen Arbeitsplatz und sein Auskommen verfügt, hat sie am Ärmel gestreift, hat manche ihrer Erscheinungsformen, kennengelernt. (Zeiten echten Mangels, verschlossene Türen...); wir wittern zuweilen den Geruch der Armut, wohnen Tür an Tür mit ihr, wir wissen auch (wenn wir klug sind oder Phantasie haben), daß über kurz oder lang Ereignisse eintreten können, die auch uns in Armut stürzen oder versinken lassen werden. Die Armut beunruhigt uns, sei es unsere Nerven, sei es unser Gewissen. Aber unsere elementaren Triebe der Selbsterhaltung und Sicherung sorgen dafür, daß eine unsichtbare feste Wand uns von der Armut scheidet. Wir sind hier, sie ist jenseits.

Darum ist das Kapitel über die Armut ein heikles Kapitel. Im Grunde schämt man sich vor den Armen. Man schaut ihnen ungern ins Gesicht. Denn es ist klar: wenn Armut eine Schande vor aller Welt ist, so ist Reichtum eine Schmach für das Gewissen. Wollten wir aber nicht zu den Armen sprechen, sondern zu den Reichen, so wird es nicht leichter. Es wird immer schließlich auf etwas von der Art hinauslaufen, daß sie ihr Herz öffnen sollen, daß sie umdenken sollen, daß sie Maßnahmen gegen sich selbst ergreifen sollen – lauter Zumutungen, die ihr Recht und ihre Kraft eigentlich nicht aus dem Wort, sondern aus der Tat schöpfen. Die Schriftsteller, die heute angesichts der deutschen Not und dessen, was sie verlangt, mehr als je in der Klemme stecken, verstehen jene Prediger und Priester sehr wohl, die ihr ganzes Leben lang in einer solchen unausweichlichen Schwierigkeit stehen; predigen zu müssen, was sie selbst nicht vorzuleben vermögen.

Einige Unterscheidungen

Im Begriff der Armut steckt meist ein verborgener Vergleich; ob Armut vorliegt oder nicht, wird durch Messung an einer Skala ermittelt. Australnegerstämme halten uns Deutsche von ihrem Standpunkt aus auch heute noch für außerordentlich reiche Leute: bei uns läuft ja Wasser aus der Wand, wenn wir den Krahn aufdrehen. (Wen das zu trösten vermag, den tröste es.) Doch gibt es einen *absoluten* Kern der Armut.

Von Armut in diesem elementaren Sinn kann überall dort gesprochen werden, wo es *»an den Leib geht«*, wo einer nicht imstande ist, sich auf die Dauer gegen Hunger und – in unseren Breiten – gegen Kälte zu schützen. Es handelt sich um den leiblichen Kern einer Erscheinung, die gleichwohl immer eine soziale Erscheinung bleibt: »Kein Tier ist so nackt wie der Mensch«, sagt Léon Bloy *: Immer ist es nur der Mensch, der jenes leibliche Leiden als Armut erfährt, und zwar der ganze Mensch, und das bedeutet auch, ja vor allem: der soziale Mensch.

Sind »wir« in diesem elementaren Sinn arm geworden? Nein: Es gibt eine sehr breite Schicht von Menschen in Deutschland, die weder hungern noch frieren, sich sicher fühlen, die Kinder geborgen wissen – und sich auch den Genuß nicht versagen, den eigenen Zustand befriedigt mit dem der anderen zu vergleichen. Es sind reiche Leute, mögen die meisten von ihnen, an veralteten Maßstäben gemessen, auch sogenannte kleine Leute sein, kleine Bauern, Handwerker und Geschäftsleute. Der Gepäckträger, der mit behäbigem Gesicht am Bahnhofsportal steht, wurde einmal unter die Proletarier gezählt; die Trinkgelder, die unzerstörte Wohnung und die Mitgliedskarte in der tüchtigen Innung, die

* Der französische Schriftsteller Léon Bloy gehörte zur Reformbewegung des »Renouveau Catholique«, die gegen die Dekadenz des »fin de siècle« sowie gegen positivistisches und materialistisches Denken eine geistige Erneuerung aus der christlichen Überlieferung anstrebte.

seine Privilegien sichert, machen ihn heute unter Umständen zum reichen Mann. Einen anderen Teil des Volkes quält leiblicher Hunger bis zum Hungertod, leibliches Frieren bis zum Kältetod – vor allem bis zu jenem indirekten Verhungern und Erfrieren, das sich nach außen hin als Tod durch Lungenentzündung, Typhus, Grippe oder irgendeine andere Krankheit tarnt. (Es findet sich schon immer der Bazillus, der die Liquidation übernimmt.) Zwischen diesen beiden Lagern hausen wir anderen, geborgen in einer erträglichen Wohnung, frierend nur in den wenigen Wochen der scharfen Fröste, schlecht ernährt ohne ernstliche Schädigungen, sorgenvoll nach dem Maß des Menschlichen (und etwas darüber), von vielen geliebten und gewohnten Genüssen abgeschnitten, nicht sehr frei in unseren Entschlüssen und in unserer Bewegung, doch nicht unfreier als heutzutage die meisten Menschen – *wir leben ärmlich*, doch nicht arm. Aber schon das Wort besagt, daß auch dieser unser Zustand zum Thema gehört.

Die Armut ist so vielfältig wie der Mensch. Sie sei »ein großer Glanz aus Innen«, meint Rilke, und wir glauben zu spüren, was er damit hat sagen wollen – aber wenn George Grosz eben diesen Preis der Armut in einer Zeichnung ironisiert, welche mit unerbittlich krakelndem und spitzigem Strich die erbarmungswürdige Nacktheit, Häßlichkeit und Verlorenheit entlarvt, die der Armut eigen sein kann, so wissen wir, daß auch er recht hat: es gibt sie beide, die Würde und die Schande der Armut, ihren Adel und ihre Proletarität. In einer Zeitschrift stand einmal vor vielen Jahren ein Gedicht, in dem eine proletarische Mutter die (man möchte sagen: angemaßten) Seelenleiden der feinen Leute mit den leiblichen Schmerzen derer vergleicht, die unausweichlich in das Elend gebannt sind – aber freilich zeigte gerade dieses »materialistische« Gedicht den Seelenschmerz auf, der die schärfste Not des leiblichen Schmerzes ist: der Verzweiflung der Mutter, die ihre Kinder hungern und frieren sieht und nicht helfen kann. Daneben ist viele Male die Poesie der Armut geschildert worden – häufiger in reichen Zeiten als in armen –, von Philemon und Baucis bis zu Spitzwegs Poeten in der Dachstube oder Seidels Leberecht Hühnchen*. Aber hier heißt es achtgeben. Die Porträts der Armut, die George Grosz gezeichnet hat, und die, welche Ludwig Richter in Holz schnitt, unterscheiden sich voneinander nicht nur durch den Gesichtspunkt der Zeichner, da der eine anklagte und kämpfte, wo der andere liebte und verklärte, sondern auch in der Sache selbst. Es gibt eine Armut, die als solche nur vom Bedürfnis der Reichen oder des Durchschnitts aus erscheint; in Wahrheit bedeutet sie nur ein einfacheres, bedürfnisloseres Leben, ein Leben, das unter Umständen mehr Mühe und Plage, mehr Sorge, mehr Gefahr mit sich bringt als das des reichen Nachbarn, unter Umständen aber nicht einmal das, sondern nur eine andere Art von Mühe und Plage, Sorge und Gefahr; im übrigen ist solche Armut »eingeordnet« (sozusagen als »Stand« legitimiert) und vor allem »komplett»: weil sie die ganze Fülle des menschlichen Lebens enthält oder enthalten kann. Auch das »arme, aber saubere« Stübchen im »Armenhaus«, in dem ein Witwer seine letzten Jahre verbringt (ein Bett, ein Tisch, ein Stuhl, ein Kruzifix) kann ganz »in Ordnung« sein, ja geradezu den Reiz des Idyllischen haben. Diese Armut, oft als die menschlichste Art des Menschseins gepriesen, ist eine Armut völlig anderer Art als die der feuchten Kellerlöcher in den Slums der großen alten Hafen- und Industriestädte, in denen Familien vegetieren und krepieren.

Es gibt gewiß Übergänge zwischen diesen beiden Arten der Armut, aber doch auch eine einigermaßen genaue Grenze. Entscheidend dafür ist die Frage, wie die Armut, um die es geht, im ganzen des sozialen Lebens steht, und zwar sowohl der Wirtschafts- und Gesellschaftsordnung, also der

* In seinen Erzählungen um den Lebenskünstler Leberecht Hühnchen beschrieb Heinrich Seidel (1842–1906) in biedermeierlich idyllischer Manier das kleinbürgerliche Leben der wilhelminischen Zeit.

Verteilung von Besitz und Recht und Herrschaft, als auch des geistigen Gefüges der Werte und Ideale: ob sie im Hinblick auf dieses Ganze zumutbar ist oder nicht. Auch die »zumutbare« Armut muß nicht unbedingt das letzte Wort sein, sie kann als unerwünscht bekämpft werden, und doch unterscheidet sie sich wesentlich von der Armut, die ein Skandal ist, unerträglich in jedem Sinn des Wortes, eine Wucherung am Sozialkörper und das Symptom einer schweren Erkrankung, ein Fanal der Empörung und eine schwere Last auf dem Herzen des Nachbarn, der eines hat.

Der Arme kann seine Armut annehmen oder ablehnen. Die zumutbare Armut läßt sich zum mindesten als Ausgangsstellung für den erstrebten Aufstieg annehmen, die andere wird den gesunden Menschen immer zur Empörung aufrufen. Ob diese Behauptung allerdings auch in Afrika oder in Indien gilt, ist zweifelhaft. Aber auch in Europa gibt es einen Bereich, in dem jene gesunde Empörung nicht das letzte Wort in dieser Sache hat: Es hat Menschen gegeben, welche auch die äußerste Form der Armut nicht nur anzunehmen, sondern sogar zu lieben verstanden. Um dieses äußerst aufregenden und anstößigen Sachverhaltes willen, aber auch aus manchen anderen Gründen ist es notwendig, nunmehr zu umreißen, wie der Christ zur Armut steht.

Der Christ und die Armut

Der Gott der Christen ist in einem Stall geboren worden. Das ist eine Urtatsache des Christentums. Einer der wenigen Menschen, die dem Ruf dieses Gottes bedenkenlos gefolgt sind, hat die Armut mit der stärksten Liebe, die es auf Erden gibt, geliebt: Er hat sie als Frau Armut gesehen, um sie mit der starken, treuen und stetigen Zuneigung eines Gatten lieben zu können. Merkwürdigerweise sind aber Christen auch unter denen, die von jeher einen mühseligen Kampf *gegen* die

Armut führen, und auch sie berufen sich auf das Wort, den Geist und das Beispiel ihres Gottes, und auch sie haben Recht. Versuchen wir der Sache auf den Grund zu gehen!

Die maßvolle Armut anzunehmen und zu bejahen, ist auch auf europäischem Boden kein Privileg der Christen. Die stoischen Weisen und ihre bewußten und unbewußten Nachfolger haben dieses geduldige Einverständnis gepredigt: Es schien ihnen klüger und befriedigender, der Armut nicht zu widerstehen, sondern sie anzunehmen. Je nach dem Grade ihrer stoischen Kraft vermochten sie dabei auch recht unangenehme Formen der Armut zu bewältigen, auch heute noch. Es gibt eine durch Jahrhunderte erprobte Ergebenheit der Armen, die schon manchen Reformer zur Verzweiflung gebracht hat. Die Epikuräer und ihre Nachfolger haben aus der Armut sogar einen Genuß gemacht. Allerdings eignen sich dazu nur die milderen Formen, die schon an jenes »einfache Leben« angrenzen, von dem wir meinten, es sei wahrscheinlich die menschlichste Form des Lebens überhaupt. Das eigentlich christliche Ja zur Armut unterscheidet sich wesentlich von solchen scheinbar verwandten Gesinnungen. Das tritt in aller Schärfe zutage, wo gerade die skandalöse Form der Armut bejaht wird, wie es in vielen Zügen im Leben des Franziskus von Assisi zu Tage tritt. Freilich: christlich ist alles, was aus Christus geschieht. Selbst jene epikuräische Vorliebe für die bescheidenen Freuden des kleinen Lebens, jenes Ideal des »holden Bescheidens«, um das Mörike bittet, kann christlich werden, wenn diese gute Armut als Geschenk des Vaters angenommen wird, wenn Weisheit und Vergnügen wie bei Matthias Claudius zur Dankbarkeit geläutert sind. Und das tapfere und geduldige Hinnehmen auch eines schweren Loses wird christlich, wenn es im Liebesgehorsam geschieht. Franz von Assisi, das strahlende Vorbild jener aufrichtigen, ja leidenschaftlichen Liebe zur äußersten Armut, hat gleichwohl auch diese beiden christlichen Erhöhungen der Stoa und Epikurs gekannt: Er ist auch in Geduld arm gewesen und hat auch für die Freuden der Armut gedankt. Aber so sehr sich die christliche Geduld von der heidnischen eben dadurch unterscheidet, daß sie die Geduld Christi ist (oft äußerlich unsichtbar, doch manchmal bricht das Licht auch nach außen hin durch, wenn nicht in Wort oder Handlung, dann im Antlitz – aber die Demütigen wissen selbst diesen Glanz in einfältiger Schlauheit zu verstecken), so ist doch noch eine Verwandtschaft sozusagen in der seelischen Unterlage da. In der Liebe zur äußersten Armut jedoch steht der Christ allein. Höchstens könnte er darin mit der verächtlichsten Entartung verwandt sein, einem Hang zu Schmutz und Erniedrigung, einer masochistischen Lust am Schmerz oder gar an der Demütigung (wie man sie in der Tat selbst dem heiligen Franziskus vorgeworfen hat), sei sie aus der Perversion erwachsen, also eine wahrhafte Lust am widrigen Objekt, sei sie das Ergebnis einer Verzweiflung – einer schrecklichen Versuchung, der heute viele erliegen, die aus der Bahn geraten sind und nun »unten« bleiben wollen. In der Tat werden die niedrige und die christliche Form des Willens zur Armut oft in einen Topf geworfen, praktisch von den Hochmütigen aller Zeiten, theoretisch von Nietzsche und seinen modernen Schülern. Aber die christlich gefärbte Perversion wird sich wohl von dem christlichen Heroismus unterscheiden lassen.

Es ist dem Nichtchristen schwer klarzumachen, worin diese Leidenschaft der Heiligen zur Armut (und diese heimliche Beunruhigung, die alle Christen vor ihr empfinden) eigentlich ihren Grund und ihr Wesen hat. Daß einer den Ballast des Reichtums oder eines mittleren Besitzes (der den Menschen oft noch stärker bindet) abzuwerfen sich bemüht, um für Gott frei zu sein, das ist noch verständlich. So handelt ja auch mancher Heide, um seiner Aufgabe willen. Aber Franziskus war kein Anhänger des simple life, auch nicht des einfachen Lebens um Gottes Willen. Oder vielmehr: er erschöpfte sich nicht darin. Gewiß »genoß« er auch die Freiheit, die ihm die Armut gab, die Freiheit, Gott und die Menschen lieben zu können, ungestört durch Besitzsorgen und nicht gebunden an einen Ort und eine gewöhnliche soziale Pflicht. Er hat das sogar stark betont, und er hat für seine Brüder (und gegen manche von ihnen) leidenschaftlich um diese Freiheit gekämpft. Aber er strebte weder die kleine Geborgenheit an (die vielleicht der eine oder andere seiner scheinbaren Nachfolger im Sinn hat) noch allein die äußerste Freiheit. Er war klug genug zu erkennen, daß diese äußerste Freiheit gegen die menschliche Natur ist. Gewiß drängte sein Überschwang über diese Grenzen hinaus, aber er korrigierte ihn in Demut immer wieder selbst, wenn Hunger, Kälte und Müdigkeit dann doch ein menschliches Maß von Speise, Wärme und Schlaf erzwangen. Hatte sich die menschliche Notdurft dann jenen Überschwang unterworfen, so nahm er ihr Gesetz demütig an und erhob sich aus jener Hinnahme zu neuem Überschwang des Dankes für ihre Stillung. So liebte, hungerte, aß und dankte er. Diese Spannweite eines verschwenderischen Herzens ist großartig und gewiß auch für großdenkende Heiden verständlich. Daß er aber die äußerste Erniedrigung nicht nur um der inneren und äußeren Freiheit willen ertrug, sondern daß er sich in den Kopf setzte, sie zu *lieben*, sozusagen um ihrer selbst willen zu lieben, das ist das eigentlich Erregende an seinem Verhalten.

In Wahrheit liebte er sie freilich gar nicht um ihrer selbst willen, sondern um des Kreuzes Christi willen, und so vermochte er sie zu lieben, in einer geheimnisvollen Ineinssetzung mit der geheimnisvollen Wirklichkeit des gekreuzigten Gottes. Die Stigmata wurden ihm als Siegel solcher Ineinssetzung in den Leib geprägt. Im Grunde stehen alle Christen unter diesem Ruf. Auf andere Art kann man das Leiden nicht lieben, wenn man nicht in die Perversion fallen will; auf andere Art also *darf* der Christ das Leiden nicht lieben. Der Schöpfer hat den Menschen zur Gesundheit und zum Reichtum erschaffen und ihm das Leiden nicht zum

Gegenstand der Liebe gegeben, sondern als Strafe und Prüfung auferlegt; nur im Kreuze Christi vermag der Mensch es auf eine Weise, die nicht Selbstzerstörung bedeutet, in Wahrheit zu lieben.

Wollte man diese Liebe zum Leiden (und also auch zur Armut) als eine der Grundbestimmungen des Christlichen genauer darzustellen unternehmen, so hätte man auf der einen Seite vom mystischen Leben, auf der andern vom sakramentalen Leben zu sprechen; dafür ist hier jedoch nicht der rechte Ort.

Diese höchste christliche Wirklichkeit, an welche die andere der Auferstehung gebunden ist, ist von den großen Christen leidenschaftlich ergriffen worden; auch die kleinen, soweit sie mit Recht Christen genannt werden dürfen, werden ihrer in ihren besten Stunden inne, und alle sollen in tausend großen und kleinen Schmerzen, in der Not des Todes und schließlich in der letzten heiligenden Reinigung in sie hineingeläutert werden. Dieses Geheimnis dürfen wir in unserem Zusammenhang nicht aus dem Auge verlieren, es verklärt die Armut, um seinetweillen ist sie den Christen teuer. Es handelt sich nicht um ein Geheimnis, das unzugänglich und ehrwürdig hoch über uns schwebte und uns gewöhnlichen Menschen nicht zukäme oder das sich nur in den sozusagen klassischen Stilen bestimmter hoher Prüfungen erfüllte (im Martyrium, im heiligen Schmerzenslager, in den Stunden großer Versuchungen, in mächtigen Seelenleiden); es bestimmt vielmehr auch die alltäglichen Widrigkeiten des gewöhnlichen Menschen, kleine Schmerzen, welche unansehnliche oder gar häßliche Masken tragen, Alltagssorgen, unsere heutige von Schuld, Versagen, Schäbigkeit und Kleinigkeit durchwirkte Ärmlichkeit und Armut, unsere deutsche Armut. Es ist von großer Bedeutung, das zu erkennen. Diese Armut und Ärmlichkeit soll in aller Unauffälligkeit christlich bestanden werden. Man kann sie sogar in Christus lieben, unbeschadet ihres wenig dekorativen Zustandes, einschließlich ihrer Lächerlichkeiten und Sinnlosigkeiten.

Der Kampf gegen die Armut

Und gleichwohl sind wir dabei, *sie zu beseitigen*. Wir wollen heraus aus dieser deutschen Armut, wir haben den Kampf gegen sie aufgenommen, und wir sehen es als eine christliche Pflicht an, diesen Kampf mitzukämpfen.

Widersprüche? Nein, Unterscheidungen.

Da ist zunächst der simple und doch oft übersehene Unterschied zwischen meiner eigenen Armut und der Armut anderer Leute. Mit meiner eigenen Armut kann ich in gewissen Grenzen anfangen, was ich will. Ich kann sie zum Beispiel annehmen, ich kann sie zum Beispiel lieben. Über die Armut anderer Leute kann ich nicht ohne weiteres ebenso souverän verfügen. Christus hat seine eigenen Wunden getragen und erlitten, die Krankheiten anderer Menschen hat er geheilt. Ich vermag, wenn ich es vermag, dem Beleidiger die linke Wange darzubieten, so er auf die rechte geschlagen hat, aber gleich darauf verlangt von mir der gleiche christliche Elan, daß ich dazwischen springe, wenn jener Gewalttätige einem anderen Menschen nach dem ersten Schlag den zweiten versetzen will. Es kann ja sein, daß dieser Dritte dann mein »Nächster« ist, auf mich angewiesen und mich anfordernd nicht anders, als der Mann, der zwischen Jerusalem und Jericho unter die Räuber gefallen war, auf den Vorübergehenden angewiesen war, der seinen Ruf hörte. Seine Armut kann ich nicht annehmen. Dasselbe gilt für die Menschen, die in einer anderen Weise auf mich angewiesen und deshalb meine Nächsten sind: die Frau, die Kinder, die Eltern, die Kameraden, die Landsleute. Deren harte Armut kann ich nicht »aufopfern«, das können sie nur selber tun. Mir obliegt es, sie zu lindern, sie, wenn es möglich ist, aufzuheben.

Ein zweiter Unterschied ist von großer Bedeutung. Wir haben seit einiger Zeit ein wenig in das verwickelte Gefüge der gesellschaftlichten Besitz- und Machtverhältnisse hineinzublicken gelernt. (Die Anfänge dieser Erkenntnis gehen bis in das hohe Mittelalter zurück; im Zeitalter der Reformation und der Bauernkriege beginnen sie stärker zu werden, verschwinden eine Weile und gewinnen dann in den verschiedenen kritischen Sozialtheorien der Aufklärungszeit allmählich Bedeutung; in der marxistischen und in der christlichen Kapitalismuskritik werden sie schließlich offenkundig und wirksam.) Wir wissen noch nicht viel davon, aber das, was wir wissen, genügt, um uns erkennen zu lassen, daß viel Unglück dieser Erde, das man früher vom Schicksal, von der Natur, von Gott kommend ansah, von den Menschen kommt. Ist es so, dann untersteht es der sittlichen Kritik, und dann ruft es auch nach Abstellung. Das gilt keineswegs von jedem »Mißstand«, von jeder Quelle der Armut, aber doch von vielen gesellschaftlichen Gegebenheiten, die man früher als eine »zweite Natur« ansah, aus dem Dunkel der Vergangenheit überliefert, ehrwürdig, sich langsam ändernd nach Gesetzen, die im Dunkeln wirkten. Daß wir einen Teil dieses Dunkels gelichtet haben, hat uns eine schwere Last auf die Schultern gelegt, hat uns für die gesellschaftliche Ordnung in einem früher unbekannten Maße verantwortlich gemacht – die Last, dem in Einrichtungen verfestigten Unrecht durch Änderung dieser Einrichtungen und auf zuletzt politische Weise zu wehren. (Wir drücken es bewußt negativ aus: die noch größere Forderung, das Reich der Gerechtigkeit herzustellen, ist auf Erden unerfüllbar.) Denn nach dieser wahren Achsendrehung wird aus dem Armen (– nicht aus *jedem* Armen –) der Ausgebeutete, und es ist nun nicht mehr nur die leidende Kreatur, zu der ich mich in Mitleid herabneige, sondern die sittliche Person, die Unrecht erleidet. Die gleiche Liebe, welche die Not des Armen umfing, hilft uns, dem Ausgebeuteten den Weg in die Freiheit zu finden – durch Politik aus der Liebe.

Für den Betroffenen selbst aber ergibt sich aus jener Aufhellung der Ursachen und Umstände seiner Armut nicht nur die *Möglichkeit*, ihr zu Leibe zu gehen, sondern auch das Recht dazu, nicht zuletzt durch eine Politik, welche jene Umstände zu *verändern* bestrebt ist. Die Grenzen zwischen einer solidarischen sittlichen Selbsthilfe vieler, die revolutionären Charakter annehmen kann, und jener Politik aus der Liebe sind dann fließend.

Gott hat uns den Magen nicht gegeben, daß wir hungern sollen. Wir sind in die Last und in die Lust unserer irdischen Existenz hineingestellt, damit wir sie erfüllen, nicht nur die Last, auch die Lust. Wir brauchen Speise und Trank, wir brauchen auch Kleidung und Wohnung. Wir brauchen mehr: Sicherheit – keine absolute, die gibt es nicht, aber eine maßvolle Sicherheit. Darum raffen wir nicht nur im Vorbeiziehen Früchte für eine Mahlzeit von den Bäumen, sondern eignen uns einen Vorrat zu oder gar den Baum selbst, den Acker, ein Haus. Wir sind gesellig, wir leben gemeinsam, aufeinander angewiesen, deshalb brauchen wir seit dem Verlust der paradiesischen Freiheit eine Ordnung aller dieser Dinge. Wir machen es uns »heimisch« auf dieser Erde, nicht absolut, sondern in Maßen, aber wir tun es, und wir dürfen es tun, ja wir sollen es tun. *Also sollen wir nicht arm sein.* Aus solchen elementaren Erwägungen, wie wir sie aus der »Natur« des Menschen ableiten, kamen die Sozialphilosophen zu der Erkenntnis und Verkündigung eines Rechtes auf Eigentum. Hier wurzelt das Recht auf »Reichtum«. Dieses Recht auf Eigentum umschreibt eine Sphäre der Verteidigung des Lebens gegen den möglichen Zugriff anderer. Es darf insofern »heilig« genannt werden, als es ein gottgegebenes Recht ist. Wenn Franziskus dieses Recht aufgab, so geschah das in lauterer Freiwilligkeit: es war ein Ur-Recht des Menschen in dieser Welt, das er aufgab – niemals darf ein Vorbild dazu dienen, die unheilige Armut zu rechtfertigen!

Es ist oft übersehen worden, daß das Recht *auf* Eigentum,

das ausnahmslos für jeden gilt, also auch für den Eigentumslosen, die eigentliche Wurzel des Eigentumsrechtes überhaupt ist. Es ist unzulässig, das ganze Gewicht des naturrechtlichen Beweisgrundes einzusetzen, um das Recht des Eigentums gegen den Anspruch der Eigentumslosen zu sichern. *So* hat man ja vorwiegend von der »Heiligkeit des Privateigentums« gesprochen. Oder wenn gar eine bestehende Eigentumsordnung als unantastbar hingestellt wurde, obwohl sie die Eigentumslosigkeit ganzer Gruppen zwar nicht juristisch, aber geschichtlich und tatsächlich als ihre Voraussetzung enthielt. So erging es dem Sklaventum, dem hörigen Bauerntum des Mittelalters, so erging es dem Proletariat. Wo nicht durch persönliche Schuld oder persönliches Mißgeschick, sondern durch die soziale Struktur selbst Menschen eigentumslos sind oder werden, wirkt das wahre Eigentumsrecht nicht konservierend, sondern revolutionär: es *verurteilt diese soziale Struktur*. Das ist heutzutage keine neue Erkenntnis mehr: wir haben angefangen, den Legitimismus und Positivismus auch in der Eigentumsfrage zu überwinden. Die Zerstörungen durch den Luftkrieg und die Ausweisungen haben im übrigen eine Lage geschaffen, in der es auch für sehr langsam umlernende Köpfe offenkundig geworden ist, wie fragwürdig der Anspruch des noch bestehenden Eigentums als solcher heute geworden ist. (»Dem Nackten gehört der Rock in deinem Schrank«, sagt Basilius.*)

Hier steckt ein ausgebreiteter und bereits recht gründlich durchgearbeiteter Fragenkreis; heute muß der Hinweis darauf genügen, wo der Schwerpunkt des Eigentumsrechtes liegt, wenn Eigentum und Armut einander gegenüberstehen: er liegt *auf der Seite der Armut*.

* Kirchenlehrer und Bischof im kleinasiatischen Cäsarea (ca. 330–370).

Es gibt noch einen anderen Hinweis darauf, wo dieser Schwerpunkt zu suchen ist. Das Recht der Eigentumslosen auf Eigentum (der Unbehausten auf Behausung, der Ausgestoßenen auf Heimat, der Hungrigen auf Speisung, der Dürstenden auf Tränkung, der Rechtlosen auf Sicherung) ist elementar und völlig unproblematisch; dem Christen gegenüber erscheint er als ein ebenso elementarer Liebesanspruch; Christus selbst identifiziert sich mit ihm in den Fragen des letzten Gerichtes: Ist jener Rechtsanspruch erfüllt, ist Eigentum da, hat sich also das Recht auf Eigentum in das Recht des Eigentümers verwandelt, so entsteht sogleich auch dort, wo rechtlich alles in Ordnung ist, eine christliche Problematik. Das Recht als solches ist nicht angetastet, aber es enthüllt sich sogleich nicht nur als ein vorletztes und uneigentliches Recht, das man besitzen soll, als besäße man es nicht, sondern sogar als ein nicht ungefährliches Recht. Die Gefährdung der Seele durch den Geist des Besitzes hebt keimhaft mit jeder Art von Besitz an, schon in der Kinderstube... Der Mensch hat in diesem Pilgerland »keine bleibende Stätte«. Er ist arm und ungesichert und soll arm sein: das ist seit dem Fall eine wesentliche Bestimmung; es ist so wahr wie die scheinbar gegensätzliche These, die vorhin entwickelt wurde. Der Arme im wörtlichen Sinne macht die wesentliche Armut des Menschen offenbar: er ist in dieser Hinsicht der exemplarische Mensch, eben darum ist er uns auch so unbequem. Der Reiche aber kann definiert werden als der Arme, der nicht weiß und wahrhaben will, daß er arm ist. »Es müßte ein Gemeinplatz sein« – so führen wir zum drittenmal Léon Bloy an – »daß die Reichen [weiter nichts als] *schlechte Arme* sind«. Der Mensch soll auf dieser Erde leben und also besitzen, aber ist er einmal von jenem anderen Ruf getroffen, der ihn an seine Wesens-Armut erinnert, so darf er sich nicht mehr ganz an diese Erde verlieren; er durchschreitet sie zu einer anderen

Bestimmung: Gottes Reich ist *nicht* von dieser Welt. Nun ist es freilich keineswegs der Besitz allein, der den Menschen zur »Weltlichkeit« verführt, aber der Besitz birgt in seiner greifbaren Dinglichkeit eine große Versuchung: in ihm und gerade in ihm die Sicherheit schlechthin zu suchen. Der Mensch kann seine Sicherheit in den verschiedensten Mächten suchen, in Gesetz und Ordnung, in der Tradition, in den Menschen, in einem bestimmten Menschen oder in einer bestimmten Gruppe, seiner Klasse, seiner Familie, in der eigenen Lebenskraft; fast immer vertraut er darin, wenn er auch seinen lebenden Geschöpfen mißtraut, weil sie lebendig sind, und Gewähr nur in den »Realien« und »Realitäten« sucht, im handgreiflichen Ding, im toten (und gerade dadurch scheinbar vertrauenswürdigen) Besitz, im tatsächlichen und obendrein verbrieften. Es gibt viele Götzen, aber es ist gerade der Dienst am »Mammon«, der dem Gottesdienst vor allem gegenübergestellt worden ist. Im Grunde ist es die angstgeborene Selbstbehauptung, die sich im Besitztrieb ausspricht. Die Seelenangst klammert sich an das Greifbarste. Der echte Geizige – und gerade er ist ja das Opfer einer solchen Angst – treibt das so weit, daß er das Geld als das Symbol des Besitzes dem Sachbesitz und das Gold als die Verleiblichung dieses Symbols den anderen Formen des Geldes vorzieht: Der Gott Mammon ist ein Standbild aus Gold. Auch eröffnet der Besitz den Zugang zu zwei anderen Äußerungen der angstgeborenen Selbstbehauptung, zum *Genuß*, von Gütern und Freuden jeder Art, aber auch von Menschen, und zur *Macht*, zur Macht vor allem über Menschen. Man wird sich der von Max Scheler herausgearbeiteten Unterscheidung zwischen dem »Seigneuralen« und dem »Bourgeoisen«* erinnern: Der Mensch, der sich großmütig wagt, vermag zu schenken; der

* Der Philosoph und Soziologe Max Scheler (1874–1928) entwickelte diese Unterscheidung unter Rückgriff auf Werner Sombarts (1863–1941) Schrift »Der moderne Kapitalismus« (1902) in seinem Aufsatz »Der Bourgeois« (in: Vom Umsturz der Werte, Gesammelte Schriften, Bd. 3, S. 343–361).

andere, der sich versagt, rafft und sammelt. Jenes Verfehlen der eigentlich menschlichen Bestimmung, das in dem Satz verurteilt ist: »Wer seine Seele bewahren will, wird sie verlieren«, äußert sich auf die alltäglichste Art in der Unfähigkeit zum Schenken, in der Anklammerung an den Besitz. (Manchem gutwilligen und sogar »frommen« Christen zeigt gerade diese Sprödigkeit im Schenken an, daß da etwas nicht stimmt: wie wenig er im Grunde von jenem christlichen Leichtsinn bestimmt ist, der uns in dem Gleichniswort von den Vögeln des Himmels und den Lilien auf dem Felde anempfohlen ist: es ist ein Leichtsinn, der dem Ernst des Vertrauens entspringt.)

So hat der Besitz eine doppelte Gestalt: er rettet und er verführt; er verhilft dem Menschen in dieser Leiblichkeit und in der Gesellschaft der gefallenen Natur zu seiner Verwirklichung und ist insofern *die Voraussetzung auch für das Opfer*, und er bedroht doch gerade das Herz dieser Verwirklichung, abermals das Opfer. *Beides* ist festzuhalten. Dieser Doppelwertigkeit und Doppeldeutigkeit des Eigentums entspricht eine doppelte Beziehung des Christen zu ihm, die nur ein Anwendungsbereich seiner doppelten Beziehung zur »Welt« überhaupt ist. Die paulinische Formel »Besitzen, als besäße man nicht« zeigt nur ungefähr die Richtung der Lösung an. (Sie darf zum Beispiel nicht so verstanden werden, als ob eine rein »geistige«, nämlich ideologische Loslösung bei gleichzeitiger handfester Benutzung des Besitzes genügte: das Nicht-Besitzen im Besitzen hat seine sehr praktischen Konsequenzen...)

Zudem ist der Besitz des einzelnen nicht etwas, was als für sich bestehend und vom Ganzen abgegrenzt verstanden werden könnte. (Die bürgerliche Voraussetzung, es sei so, ist durchaus eine Täuschung.) Die Wirklichkeit des Besitzes ist auf die mannigfaltigste Weise in der Entstehung, in der Verwaltung und im Verbrauch mit den anderen Gegebenheiten des wirtschaftlichen, gesellschaftlichen und politischen Feldes verknüpft, und das bedeutet zugleich leider eine Hypothek von Schuld, von der der ahnungslose christliche Bürger keine Ahnung gehabt hat. Uns beginnt auch dieser Zusammenhang als eine der Auswirkungen und vielleicht Erscheinungen der Erbschuld zu dämmern. Viel öfter als wir meinen ist Besitz an Ausbeutung gebunden. (Ein Beispiel: Es bestand ein ursächliches Verhältnis zwischen dem Grad der kolonialen Ausbeutung der Eingeborenen in Holländisch-Indien und dem Reichtum des holländischen Bürgertums im Mutterland, aber auch dem Lohnniveau, also dem täglichen Speisezettel des holländischen Arbeiters. Der Zusammenhang ist nicht bloß gedacht, sondern außerordentlich real, wenn er auch durch viele Stufen vermittelt ist; in diesem Beispiel ist er sehr leicht einzusehen, aber er gilt auch anderswo, er gilt überall.) Die Christen früherer Jahrhunderte glaubten genug getan zu haben, wenn sie in ihrem unmittelbaren Umkreis und in ihren unmittelbaren Beziehungen Unrecht vermieden, Leid stillten und darüber hinaus »ein Übriges« taten. Nicht daß sie sich darauf beschränkten, war ihr Irrtum – auch wir können, in die irdische Endlichkeit gebannt, nicht viel mehr tun als sie, nur daß wir die Politik als gleichfalls begrenztes Liebes-Mittel höhrerer Ordnung hinzugewonnen haben –, sondern darin täuschten sie sich, daß sie glaubten, damit sei nun alles in Ordnung: Sie ahnten nicht, wieviel Schuld etwa in dem Preis eines Tuchballens mitverwirklicht war, den sie auf der Messe kauften (und wie sie unter Umständen diese Schuld vermehrten, wenn sie den Preis drückten ...). Wir beginnen es nun zu wissen, wie tief wir alle miteinander auf eine tragische und unaufhebbare Art in dunkle Geschichten verwickelt sind, und wieviel Unterdrückung fremden Lebens in unserem Lebenswillen steckt, der doch anderseits nicht nur »erlaubt«, sondern geboten ist. Das macht viele Christen schwermütig und trennt ihr Empfinden ein für alle Male von dem behaglich-illusionären Lebensgefühl der Jahrhunderte des bürgerlichen Aufstiegs. Die aktive Politik solcher Christen ist von diesen Erkenntnissen mitbestimmt.

Es ist wichtig, dies festzuhalten: diese Entlarvung der bürgerlichen Täuschung von der dinglichen und isolierten Natur des Eigentums, des Reichtums und also auch der Armut. Es ist wichtig, die Kapitalismuskritik, die zur ehrenvollen Tradition des christlichen, vor allem des katholischen Denkens gehört, zu einer Kritik der bürgerlichen Existenz voranzutreiben. Nicht, als ob sie als solche unmenschlich wäre! Im Gegenteil: sie ist gerade auch in ihren Gefährdungen sehr menschlich – aber sie ist nicht die ideale Existenz, als die sie sich selber aufgefaßt hat. Der Bürger, der so lange in Europa als Prototyp des Christen galt, ist in Wahrheit auf eine besondere Weise persönlich mit dem Besitz, mit der »Welt« verknüpft: er ist in einem außerordentlichen Grade gefährdet.

Franz von Assisi hat das gewittert. Er spürte, wie gefährlich sich das Ja zur Welt, das auch der Christ spricht und sprechen soll, zu verfestigen drohte, als in den Städten die bürgerliche Welt und in den Seelen der bürgerliche Geist heranwuchs. Er setzte dem neuen Reichtum seine neue Armut entgegen. In seiner eigenen Lebensform und in der, die er seinem Ersten und Zweiten Orden gegen viele Widerstände immer wieder zu geben sich bemühte, sagte er der Welt im Überschwang der Liebe ab. Die schrecklichste Armut wurde in dieser geistlichen Verwandlung zum strahlenden Reichtum. Aber so wenig er darin etwas Außerordentliches sah, sondern »nur« die schlichte wörtliche Nachfolge des Herrn, zu der ja alle Christen aufgerufen sind, so begann er doch die Pflichten derer anzuerkennen, die »in der Welt« lebten. Diese »Welt« war im wesentlichen die der italienischen Städte, und die Menschen, die er im Auge hatte, waren Stadtbürger. Es wurde an dieser Stelle schon einmal darauf hingewiesen, wie wichtig in diesem Zusammenhang seine Gründung des »Dritten Ordens«* war, es ist unvermeidlich, daß in einer

* Im Aufsatz »Marxismus in christlicher Sicht«, in: Sozialismus oder Restauration, Gesammelte Schriften, Bd. 5, S. 163. Den Dritten Orden der

Abhandlung über die Armut abermals davon die Rede sein muß. Die Gründung war ein Unternehmen von weltgeschichtlicher und zugleich kirchengeschichtlicher Bedeutung – der Versuch, die bürgerliche Existenz christlich aufzufassen. Es genügte Franziskus nicht, daß die Weltlichen das geschuldete Nein im Opfer verdinglichten und gleichsam außer sich setzten, er bestand darauf, die paulinische Formel in der christlichen Existenz auch des Bürgers zusammenzuhalten: hier liegt wohl der christlich-geschichtliche Sinn des Dritten Ordens. Sein Weg, der den aus der Emanzipation des Reichtums geborenen großen Abfall verhindert hätte, ist nicht gegangen worden. Zu wenige haben sich für ihn entschieden, und es ist nicht mehr auszumachen, ob es so sein mußte, oder ob der franziskanische Weg eine echte geschichtliche Möglichkeit gewesen ist.

Die zweite franziskanische Stunde?

Inzwischen ist der andere Weg zu Ende, nicht nur in Deutschland, wenn auch noch nicht überall in der Welt. Der Reichtum ist zerschlagen, die bürgerliche Existenz verteidigt ihre Rückzugsstellungen. Der Stolz des Menschen, der durch individuellen Besitz und individuelle Leistung existierte, ist gebrochen. In der Armut des deutschen Volkes, unmittelbar nach dem Zusammenbruch des Faschismus, der eine bürgerliche Verzweiflungstat gewesen ist, wird diese weltgeschichtliche Tatsache am deutlichsten spürbar. Also schlägt abermals, zum zweiten- und gewiß zum letztenmal, die

Franziskaner (nach dem Ersten Orden der Franziskanerbrüder und dem Zweiten der Klarissinnen, die beide monastisch leben) bildet die weltliche Gemeinschaft der Ordensbrüder und -schwestern, die in ihren Familien und Berufen weiterleben und dort franziskanische Spiritualität und Lebensweise praktizieren. Vgl. dazu auch Walter Dirks' Anmerkungen zum Dritten Orden, in: Walter Dirks: Die Antwort der Mönche, Olten 1968[3], S. 177-181.

Stunde des Franz von Assisi. Sie schlägt diesmal am Ende der bürgerlichen Epoche wie damals an ihrem Anfang. Wir dürfen den Unterschied nicht überhören: Franz sprach damals nicht eigentlich zu den Armen, er sprach vor allem zu den Reichen. Er predigte weniger den Armen, mit der Armut christlich fertig zu werden, als den Reichen, mit dem Reichtum christlich fertig zu werden, nämlich durch Armut – durch radikale Armut oder durch den ernsthaften Geist der Armut. Heute würde er auch und vielleicht zuerst den Armen zu predigen haben, aber er würde auch den neuen Reichtum ansprechen, unseren Reichtum, der nicht mehr der stolze und selbstbewußte junge Reichtum des bürgerlichen Aufstiegs, sondern ein Reichtum der Verteidigung und der ängstlichen Sicherung ist. Werden wir diese Stimme hören?

In dieser Sicht der Dinge rückt die Armut auch geistig dahin, wohin der Krieg sie im materiellen Sinn gerückt hat: in den Mittelpunkt unserer Zeit. Sie ist zunächst eine Grund-Tatsache, mit der wir uns abzufinden haben, eine Last, die wir abzuarbeiten haben. Sie ist zugleich ein Geschenk, für das wir, wenn wir es vermögen, zu danken haben. Und sie ist schließlich ein Element unserer geistigen Existenz, das wir nicht mehr loslassen, ja das wir gegen gewisse Versuchungen werden verteidigen müssen.

Die eigene Armut gilt es anzunehmen. Wir sollen die Bombe endlich annehmen, die uns im Jahre 1944 das Haus zerstörte. Auflehnung vertrotzt oder vergiftet; Einverständnis löst und stärkt. Aber die Bombe kam, kann man annehmen, fast wie ein Blitzschlag – kann ich aber auch den Ausweisungsbefehl annehmen, und alles das, was er mit sich brachte, die Flucht, den Verlust aller Habe, der Arbeit und der Arbeitsmöglichkeit, des Ansehens, der Zukunft? Auch die Demütigungen, die einem hierzulande, wenn man nur Neubürger ist, aufgebürdet werden? Dergleichen kann man in der Tat schwer von Menschen und Völkern annehmen – nicht von Bauern, Bürgermeistern und Ministern, von Deutschen, Polen und Russen, sondern nur von Gott, und tatsächlich kann nur eine entschlossene Annahme aus seiner Hand das Gift entfernen, das ihn und die Gesellschaft lähmt, und den Getroffenen wieder handlungsfähig machen, gerade auch zum guten Kampf *gegen* die Armut, sowohl für sich selbst wie für die Mitarmen. Es gehört zu den Fragen, die über unser Schicksal entscheiden, ob sich unter den Millionen von neuen Armen, die unter uns sind, genügend viele finden, die diese Läuterung wahr und tief an sich zu vollziehen bereit sind. Diese neuen Armen stehen in anderen Versuchungen als die Reichen: in denen, die aus dem Verlust der tragenden Ordnungen kommen, in den Versuchungen des Zerfalls; sie leben im Angesicht des Hasses, des Neides, des Mordes und wie die Dämonen der Armut alle heißen mögen. Die neuen Enteigneten, Heimatlosen und Rechtlosen werden diese Versuchungen nur dann bestehen, wenn sie die Armut geistlich annehmen. Auch die Armut soll man haben, als hätte man sie nicht. Nur wenn man sie nicht haben will, ist man ihr in aller bedrückenden und ängstigenden Macht verfalllen und bleibt in ihrer Gewalt; wenn man sie aber haben will, so ist jemand da, der sie tragen hilft.

Jemand, der sie tragen hilft... Damit ständen wir wieder am Anfang. Denn wer anders soll die Last der Armut als Abgesandter des Wirklich-Tragenden tragen helfen als der, der es wagt, den Armen die Zumutung zu machen, sie möchten geduldig sein! Geduld darf nur predigen, wer selber ob der Armut der anderen ernsthaft ungeduldig ist. Die Deutschen bilden sich ein, daß sie alle arm geworden seien. In Wahrheit pressen ihnen die Dämonen des Eigentums das Herz zusammen. Sie sind daran, das Heil ihrer Seele zu verspielen – und den bisher geretteten Besitz dazu, denn ein solches Gefälle führt unweigerlich zur Revolution. Jede schenkende Tat lokkert die verhängisvolle Verhärtung. Es ist jedesmal wie der Durchbruch der Freiheit und Erlösung, wenn irgendwo ohne Geste das Selbstverständliche geschieht: daß wir miteinander teilen. Aber dieses Handeln nach dem Beispiel Sankt Martins allein würde die Katastrophe nicht abwenden. Die eigentliche Lösung kommt aus gleichem Geiste, ist aber politischer Natur: längst ist der heilsame Entschluß des deutschen Volkes fällig, die Armut als ein *gemeinsames* Schicksal anzunehmen, der Entschluß zum ehrlichen Lasten*ausgleich*, seine feierliche gesetzliche Festlegung und dann seine nicht überstürzte, sondern vernünftig-planmäßige, aber ehrliche Verwirklichung.

Es gehört zu den Häresien des ursprünglichen Sozialismus, zu glauben, der Mensch könne auf Erden das Reich Gottes – »Reich der Freiheit« heißt es im ursprünglichen Marxismus – als Ordnung der Gesellschaft verwirklichen. Deshalb wollen wir uns hüten, das System der deutschen oder europäischen Armut (das mehr oder weniger sozialistisch sein wird) mit der Gemeinschaft der Kinder Gottes gleichzusetzen. Der europäische Sozialismus wird leider wahrscheinlich keineswegs franziskanisch sein, anderseits werden wir ihn nicht auf skandalöse Armut der Eigentumslosen aufheben und ihnen das Maß von Konsumgütern und den Anteil an den Produktionsgütern verschaffen, der einigermaßen ihrem Anteil an der Produktion selbst entspricht, so soll er zugleich auch die gemeinsame Armut des Ganzen beheben: er soll als Wirtschaftsordnung funktionieren: er soll *Wohlstand* schaffen, Wohlstand sogar für *alle**. (Dieses Ziel steht *nicht* im Gegensatz zu jenem Wort Christi, das wie kaum ein anderes mißbraucht worden ist: daß wir allezeit Arme unter uns haben werden; man muß es nur genau genug lesen.) Jener Wohlstand ist das natürliche Ziel der menschlichen Arbeit, halten wir es fest. Es mag sogar sein, daß der Sozialismus eines Tages imstande sein wird, Reichtum zu schaffen: die Erde hat ja

* Unter der eingängigen Formel »Wohlstand für alle« propagierte der spätere Wirtschaftsminister Ludwig Erhard (1897–1977) ab 1947 die neoliberale Konzeption der Sozialen Marktwirtschaft.

mehr zu bieten, als es uns in dieser Zeit oft ziemlich sinnloser Schwierigkeiten erscheinen will. Dann wäre es gut, wenn wir uns geradezu freiwillig dazu entschlössen, einen Rest der Armut festzuhalten: ein einfaches Leben. Doch spricht jede menschliche Erfahrung dagegen, daß viele Menschen solche Wahrheit aufbringen werden. Auch liegt jene Zeit in weiter Ferne, jedenfalls außerhalb des Bereiches unserer heutigen Entscheidungen. Um so mehr gilt für die nächste Zukunft: *Eine zumutbare einfache Existenz, gegründet auf einem Dienst im und am Ganzen, und Freiheit und Muße mit Maß hineingewebt* – das ist nicht das christliche Ideal, aber es ist das menschliche, das wir am Horizont dieser Zeit als höchsterreichbaren allgemeinen Zustand erstreben dürfen. Freilich stünde auch dieser Zustand in mancherlei Versuchung und unter dem Gericht, und auch ihn hätten wir zu erfüllen, als erfüllten wir ihn nicht. Solange wir aber noch nicht einmal soweit sind, sondern die nackte Armut zu sozialisieren haben, bedarf es nicht weniger dringend als im dreizehnten Jahrhundert *einer Schar von Menschen, welche die Armut franziskanisch auffassen, unter den Armen und den »Reichen«*. Sie müssen denen die Waage halten, welche von der äußersten Armut in den Abgrund der Verzweiflung gestürzt worden sind oder sie im Geiste des Reichtums ingrimmig erdulden; sie müssen den Sauerteig der sozialistischen und der christlichen Bewegungen sein, die daran sind, durch die Neuordnung der gesellschaftlichen Beziehungen die skandalöse Armut zunächst in eine zumutbare und dann in ein bescheidenes Leben zu verwandeln. Diese Menschen, ob sie nun selbst arm oder »reich« sind, haben die doppelte Aufgabe, durch ihr Beispiel die Armen zu ermutigen und den »Reichen« ein Stachel der Unruhe zu sein. Die Welt bedarf ihrer. Sie bedarf der *franziskanischen Armut* – und ihrer geistlichen Geschwister: des *Friedens* und der *Freude*.

Der revolutionäre Heilige
Bruder Franz und seine Spiritualität

»Spiritualität« sollten wir nicht einfach als anspruchsvolleres Ersatzwort für Frömmigkeit, Religiosität, Glaubensleben oder ähnliche Begriffe verwenden. Es sind, wie mir scheint, zwei Bedeutungen zu unterscheiden. Spiritualität absolut genommen (zu übersetzen, wenn auch nicht zu ersetzen durch »Geistlichkeit«) bezeichnet etwa einen hohen Grad lebendigen, vor allem aber auch bewußten Glaubens, einen hohen Grad von Ergriffenheit durch den Heiligen Geist und das ebenso intensive Ergreifen des Lebensstoffes auf Vergeistlichung hin. Das Wort läßt sich in dieser Bedeutung nicht in der Mehrzahl gebrauchen. Solche Spiritualität als Eigenschaft oder Zustand ist Franz in ihrem höchsten Grad zuzuerkennen, dem Erleuchteten und Glaubenden, dem Freuderfüllten und Büßenden, dem Liebenden und Leidenden. Franz war ein ganz und gar geistlicher Mensch, von der Kraft des göttlichen Geistes jede Stunde berührt – übrigens ein erstaunliches Beispiel der Verbindung von rationaler und beredter mit schweigender, kontemplativer, ja mystischer Spiritualität. Er war ein Spiritualer in der primären Bedeutung dieses Wortes.

In der anderen Bedeutung läßt sich das Wort Spiritualität, weil relativer Art, durchaus in die Mehrzahl setzen. Wir verstehen dann besondere Anordnungen der Elemente darunter, aus denen sich konkretes geistliches Leben zusammensetzen kann. Wenn das Wort auch in dieser Bedeutung auf den Heiligen Geist verweist, so ist weniger sein spontanes Wirken gemeint, sondern eine bestimmte Ausprägung des von ihm bewirkten Glaubens und Lebens, eine bestimmte Anordnung der Motivationen, der Inhalte, der Aspekte und der Akzente, die das Glaubensleben bestimmen. Frömmigkeitsstil besagt etwas Ähnliches, aber der Begriff »Stil« wird als allzu ästhetisch und allzu fixiert der Dynamik geistlichen Lebens nicht gerecht.

Die erste Schwierigkeit, auf die wir hier in Sachen Franz von Assisi stoßen, ist seine eindeutige Absicht, eben nicht etwas Bestimmtes zu wollen, das aus vielen Möglichkeiten ausgewählt ist, sondern das Allgemeine am Christentum. Dieser Impuls ist vielfach belegt; die erste verlorengegangene Regel der Brüdergemeinschaft bestand ja ausschließlich aus Worten Jesu, die den Evangelisten entnommen waren. Eine Nachahmung Jesu, wie sie ursprünglich stärker als seine Nachfolge gewesen zu sein scheint, werden wir im allgemeinen nicht ohne Bedenken ansehen. Konkrete Nachfolge verlangt ja von verschiedenen in bestimmten inneren und äußeren Situationen lebenden Menschen immer andere Verhaltensweisen und Tätigkeiten, als Jesus selbst sie in seiner Funktion und in seiner Stunde gelebt hat. Die Verengung, die möglich wäre, wenn es bei bloßen Nachahmungen Jesu bleiben sollte, wurde aber bei Franz nach den ersten Stufen seiner sogenannten »Bekehrung« im Ernst der Nachfolge überwunden. Seine schwierige Frage in der Übergangsperiode des Suchens lautete nun nicht mehr: Wie soll ich sein, wenn ich sein will wie Jesus?, sondern: Was soll ich tun? Seine Antwort war dann allerdings wieder nahe an der Nachahmung: Ich soll das tun, was Jesus getan hat; in Armut leben und Jünger um mich sammeln, um sie auszusenden, um die frohe Botschaft der Befreiung zu verkünden. Seine Grenze fand dieser Versuch in Jesu Sohn-Gottes-Anspruch. Ihm begegnete er mit seiner eigenen demütigen Selbsteinschätzung. Es steckt Naivität in jenem Impuls; fast alle historischen Unähnlichkeiten werden großzügig übersehen. Eine Konsequenz: dieser Franz, der nichts Besonderes wollte, sondern das christlich Selbstverständliche, wollte dies weder für sich allein noch für den Kreis seiner Jünger allein, sondern für jedermann – für alle, für alle Christen, ja für alle Menschen der ganzen Welt. Sie sollten nicht etwa Franziskaner werden, sondern ganz einfach Christen, nämlich Brüder in der Jesus-Nachfolge.

Franz hätte von dem Anspruch, eine besondere Spiritualität zu entwickeln, aus zwei Gründen nichts wissen wollen: weil er nur das für alle gültige Allgemeine wollte und weil er dieses Allgemeine nicht anders als ganz unmittelbar leben, also nicht unterscheidend systematisieren wollte. So habe ich mich damit abzufinden, daß Franz von Assisi mein Thema abgelehnt hätte. Er hätte mir brüderlich klargemacht: Zerbrich dir nicht den Kopf über meine Spiritualität, sondern lies auch du, was in der Schrift steht, und tue, was du gelesen hast. Aber Franz von Assisi hat sich in der Frage des Besonderen und des Allgemeinen getäuscht. Das Christentum hatte eine elfhundertjährige Geschichte hinter sich, die teils von seinen eigenen jüdisch-evangelischen Impulsen, teils aus der Verarbeitung römischer, griechischer, orientalischer, germanischer Kulturelemente zu einem reich gegliederten Universum vieler Besonderheiten geworden war. Die Christenheit ließ sich durch keinen einzelnen Jesus-Nachfolger in dem Geschäft stören, an diesem dichten Gewebe weiterzuspinnen, dieses Seelen- und Kultur- und Machtsystem fortzusetzen. So geriet das Allgemeine doch wieder in die Rolle des Besonderen, des Außerordentlichen, wie man es in Ordensgemeinschaften zu kanalisieren gelernt hatte. Hatte Franz recht mit der selbstverständlichen Annahme, das Einzigartige, das er lehre und lebe, sei der Kern des Christenwesens selber, so sorgten die Christen und die Mächtigen dafür, daß ein Teil- oder gar Randphänomen daraus wurde – als höchst respektables und segensreiches Franziskanertum: es ist leider nicht zum Zentrum der christlichen Neuzeit geworden.

Franz hatte insofern ahnungslos ein revolutionäres Herz, als er die ungeheure Tradition von den Paulusbriefen bis ins ausgebildete Mittelalter als gewichtlos beiseite schob. Doch äußerte sich diese naive Radikalität nicht in einer revolutionären Attitüde, da er das für ihn relevante Ergebnis dieser Tradition, soweit es ihm als offizielle Kirche begegnete, ohne Murren akzeptierte: den Papst und den Klerus, das Dogma und die Volksfrömmigkeit, so wie er sie vorfand. Er setzte auf Jesus, aber da Petrus von diesem legitimiert worden war, mußte die Rechnung mit dem Papst aufgehen. In genialer Souveränität lebte er das Unerhörte im Rahmen des kirchlichen Status quo, ohne an diesem Widerspruch zu zerbrechen; er wuchs daran, indem er lange schweigend darunter litt. Doch brach er bei guter Gelegenheit dieses Schweigen in einer an die ganze Kirche und auch den Papst gerichteten erregten und erregenden Bußpredigt. Man merkt an gelegentlichen Äußerungen, daß er nicht allzuviel vom Klerus seiner Zeit hielt, aber seine Jünger sollten auch die schwächsten Priester verehren, denn sie seien Diener Gottes. So kam es zwar zu Einzelschwierigkeiten zwischen der Stufenpyramide der Geistlichen und den durch halb Europa schweifenden predigenden Laien- und Priesterbrüdern, nicht aber zu einem totalen Konflikt.

Nach dem Gesetz des Anfangs

Wenn Franziskus das theologische, philosophische, politische und kirchenpolitische Geschehen eines Jahrtausends übersprang und da anfing, wo auch Jesu Jünger angefangen hatten, wird man an das erinnert, was Guardini das »Gesetz des Anfangs« genannt hat: ist eine Struktur in Gefahr, so kann sie in vielen Fällen aus einer neuen Rückbesinnung auf ihren Anfang gerettet, nämlich erneuert werden. Dazu bedarf es ferner des Aggiornamento*, der Verarbeitung der Gegenwart. Jener berühmte Traum, der Innonenz III. bewogen

* Vgl. Anmerkung S. 115.

haben soll, seine Zurückhaltung gegenüber dem in den Vorzimmern wartenden Armen aus Assisi aufzugeben, drückt den objektiven Sachverhalt aus: Der arme Franz stützt und rettet die vom Einsturz bedrohte Kirche des Papstes. Indem Franz nicht zu den Traditionen, Büchern und Statuen griff, sondern zum Evangelium, tat er das Rettende. Genauer: die Kirche hätte sich retten können, hätte sie sich in ihrem Gang durch die weitere Geschichte an ihm orientiert. Indem Franz seinen Zeitgenossen den Weg zum Evangelium freilegte, sie auf diesen Weg zu locken suchte, außerordentlich eifrig, aber niemals eifernd, sicherte er das Kostbarste und Gefährdetste jenes tausendjährigen Riesenbaus: das Vertrauen auf den Vater, wie es der Sohn den Brüdern anbietet.

Ein ganz und gar revolutionäres Herz, dessen radikalem Verlangen nur die direkte Jesus-Nachfolge genügt, souveräne Relativierung der Geschichte, aber selbstverständliche Annahme des hierarchischen und dogmatischen Rahmens der Kirche: das sind Voraussetzungen seiner Spiritualität. Das Franziskusporträt von Cimabue* in der Unterkirche von San Francesco in Assisi beherrscht die Buchumschläge der populären Franziskusliteratur seit den zwanziger Jahren. Darin äußert sich eine Korrektur, die schon unsere Väter an der Franziskusvorstellung des 19. Jahrhunderts vorgenommen haben. Franz ist nicht mehr der naturselige Bruder Immerfroh, der mit den Vögeln spricht und den bösen Wolf von Gubbio zähmt. Wir haben besser gelernt, legendäre Züge von realen Kenntnissen zu trennen; vor allem haben wir aber – sicherlich auch unter dem Einfluß der eigenen harten Erfahrungen der Zeit seit dem Ersten Weltkrieg – die andere Seite dieses Mannes entdeckt, den Büßer, der auf dem nackten Boden schlief, der als Sterbender selber nackt auf diesem Boden liegen wollte – kein harter Mann, ein sanfter vielmehr, aber

* Aus Florenz stammender Maler (ca. 1240/45–1302), hauptsächlich in Rom und Pisa tätig.

einer, der seine Kindlichkeit in einem harten Leben durchhielt. Wir sehen in der Stigmatisation nicht mehr wie früher eines der vielen Wunder, die dem großen Heiligen begegnen, sondern die Annahme eines unbeirrbaren Willens, Jesus von Nazareth ähnlich zu werden. Sollte aber einer meinen, nun vom Ende her den fröhlichen Bruder, den Spielmann des lieben Gottes, für einen Irrtum der Romantik schlechthin zu halten, so mag ihn belehren, daß Franz den Dank- und Lobgesang über alle Schöpfung, den wir den Sonnengesang nennen, nicht in den Jahren vor der Stigmatisation gedichtet hat, sondern nach ihr – den ganzen Gesang, nicht nur den Lobpreis auf den Bruder Tod, den er in seiner letzten Krankheit hinzufügte.

Das, was zwischen diesen beiden Polen der Freude und der Buße liegt, macht im einzelnen seine Spiritualität aus. Die Stichworte liefert er selbst, am schlichtesten in seinem »Lob der Tugenden«: Noch vor jener leuchtenden Freude, die er zu predigen nicht aufhört, ist seine auffallendste Orientierung, wie uns allen klar ist, die Armut. Er lebt sie, er liebt diese seine Lieblingsschwester und preist sie, er macht sie für seine Jünger zur strengen Pflicht. Sie scheint so sehr zu dominieren, daß man geneigt ist, zwei andere Eigenschaften von ihr aus zu verstehen: die Keuschheit und die Demut.

Wo individual-psychologisch die Wurzel der strahlenden Reinheit ist, die Franz umgibt, ist schwer zu sagen. Sie hat nichts mit einer Ablehnung der Frau zu tun. Zwar weist er die Jünger in einer Strenge an, gemäß der Tradition im Umgang mit Frauen behutsam zu sein, aber nach der heiligen Klara und neben ihr hat die Römerin aus dem Haus der Frangipani* eine wichtige positive Funktion in seinem Leben. Franz hält sich wohl auch in diesem Punkt schlicht an Jesus, dem er auch in der Unbefangenheit einer Ehelosigkeit ähn-

* Jakoba von Settesoli, eine reiche römische Witwe, mit der Franziskus in enger Verbindung stand.

lich wird, die nichts Leibfeindliches hat. Man wird diese Keuschheit spirituell auch von der Vorstellung der Kindlichkeit her verstehen können, doch bleibt wohl die Armut entscheidend. Als freiwilliger Verzicht auf ein großes geschöpfliches, gesellschaftliches und persönliches Gut wird der Zölibat ja auch heute verstanden, soweit er spirituell verstanden wird. Auch die Demut wird von Franz durchweg aus der Armut, nämlich der Kleinheit begründet, nicht etwa umgekehrt. Er macht sich nicht klein, weil er demütig sein will, sondern er ist demütig, indem er sich in ehrlicher und subjektiver Wahrheit als klein weiß.

Sinn des Gehorsams

Der Gehorsam schließlich hat wenig mit den Pyramiden von Autoritäten zu tun, in denen er sonst eine wohldefinierte Rolle spielt. Zwar wird in der Regel nicht anders als viel später beim Gründer des Jesuitenordens der Papst als der genannt, dem die Brüder an erster Stelle Gehorsam schulden, nach ihm dem Priester als Diener Gottes. Aber als die Haltung der Unteren vor den Oberen ist abgesehen von jener Annahme der kirchlichen Hierarchie diese Tugend hier keineswegs definiert – schulden doch die einzelnen einander Gehorsam, auch und gerade die Höheren den Niederen, und Franz selber übt sie gegenüber dem Wort des Jüngers. Es ist offenbar mehr an ein Hören, an ein Eingehen auf den anderen gedacht als an die disziplinäre und institutionelle Funktion dieser Tugend. Dadurch ist sie hier nicht eine der sogenannten sekundären Tugenden, sondern eine primäre. Heute würden wir, wenn wir von den skurrilen Gehorsams- und Demutsproben absehen, von Einfühlung in den anderen oder von zwischenmenschlicher Sensibilität und Dialogfähigkeit sprechen. Mit der Armut, der Aufgabe der Selbstbehauptung, hängt schließlich der hohe Stellenwert des Friedens zusammen. Auch die knappste der erhaltenen Regeln gebietet den Jüngeren, jedes Haus mit dem Friedensgruß zu betreten. Andererseits begründet der Friede nun auch wieder die Armut.

Die schlagende Antwort auf das Ansinnen, doch aus Realitätssinn wie die anderen Mönchsgruppen einen ganz bescheidenen Besitz vorzusehen: Wer etwas besitzt, muß es verteidigen, also kämpfen; das aber werden die Jünger Jesu niemals; diese Antwort ist mehr als eine geschickte Replik; sie ist eine Aussage über die Beziehung zwischen Armut und Friede, die Gewicht hat: um des Friedens seines Herzens willen will Franz besitzlos sein. Zwei Haltungen, die heute für unsere Zukunft auf dieser Erde entscheidend sind, lassen sich also aus dem Tugendkanon des Heiligen unmittelbar ablesen: wie vom Gehorsam die Sensibiltät, so hier die Solidarität als Wille zum Frieden.

Hier ist auch von der Freiheit zu sprechen. Um frei für Gott und für die Nächsten zu sein, schafft Franz alle Hindernisse beiseite, auf die einfachste Methode: Indem er die Selbstbehauptung aufgibt. Wir stehen hier wohl nahe am Geheimnis der persönlichsten Spiritualität des Heiligen. Ist Jesus von Nazareth der Mensch, der nichts für sich ist, ist er dadurch als Mensch geradezu definiert, so will Franz ihm in diesem Kern seines Wesens ähnlich werden. Der Ort, der hier erreicht wird, ist der Ort des uneingeschränkten Vertrauens, und damit der Ort der höchsten Freiheit und des tiefsten Friedens...

Politische Konsequenzen

Ich habe bisher ausgeklammert, was mich und uns als die Zeitgenossen der heutigen Welt besonders interessiert: die Beziehung solcher Spiritualität zur gesellschaftlichen und politischen Realität. In die Armutsbewegung der Katharer und vor allem der Waldenser* scheint sich die Figur und das Lebenswerk des heiligen Franz zunächst mühelos einzuordnen. Es sind dieselben gesellschaftlichen Zustände, auf die sowohl jene Bewegungen, die ich nicht ohne Not verketzern möchte, als auch die franziskanische Bewegung Antworten gewesen sind. Aber es war eine andere, spontanere und zugleich loyalere Antwort, die Franz gab. Er wußte nicht, was er sozusagen »gesellschaftspolitisch« tat. Er wußte nicht, wie genau diese Antwort als christliche Antwort die Realität seines Jahrhunderts traf. Er sah ins Gesicht der von ihr geprägten Menschen und in ihr Herz. Darum findet sich bei ihm keine strukturkritische Theorie, und doch können wir hinterher die Richtigkeit, die Aktualität, die Produktivität dieser Antwort erkennen. Das hohe Mittelalter, das seinem Jahrhundert folgte, hat sie nicht akzeptiert. Im Gegenteil: noch nach der Armut des heiligen Franz gipfelte eine andere Frömmigkeit in den großbürgerlichen Domen der hochgotischen Zeit, abermals ein Triumphalismus wie der herrscherliche der großen christlichen Kaiser und Päpste, wenn auch viel spiritueller als der spätere herrische des Barock.

Die Frage, ob und inwieweit der Sänger der heiligen Schöpfung, der Büßer und Stigmatisierte durch diese Beziehung zu seiner Zeit gar ein politischer Heiliger gewesen ist, möchte ich erst nach einem doppelten Umweg beantworten; zunächst mit einer Bemerkung zur Naturliebe des heiligen Franz. Sie ist als Liebe zur unmittelbaren Schöpfung Gottes ein Teil seiner Spiritualität gewesen, von der bisher noch nicht die Rede war. Franziskus, der Mann aus Umbrien, kam

* Religiöse Reformbewegungen des 12. Jahrhunderts, die von der Kirche als Ketzer verfolgt wurden. Die Lehre der Katharer trägt stark gnostische und manichäische Züge; sie suchten durch strenge Askese die als böse interpretierte Welt zu überwinden. Die Waldenser, ursprünglich eine Laienpredigerbewegung, die für die Reform der Kirche eintrat, radikalisierten sich unter dem Einfluß der Katharer (und der kirchenlichen Verfolgung) und verwarfen Lehrautorität wie Hierarchie der Kirche, Sakramente und Heiligenverehrung, sowie Ablaß, Eid, Zehnt, Kriegsdienst und Todesstrafe.

aus der lateinischen Tradition, die durchaus urban gewesen war; sie hatte mit der Natur wenig anfangen können, soweit sie nicht durch nützlichen Ackerbau und ästhetischen Gartenkult dem städtischen Leben angenähert und dienstbar gemacht worden war. Franziskus hat in der zweiten Periode italienischer Stadtkultur, in einer der jungen Bürgergemeinden lebend, eine Versöhnung mit der Natur erfahren; er hat sie nicht in romantischer Distanz glorifiziert, sondern in seine Friedensmission aufgenommen.

Wir dürfen uns daran erinnern, daß man seinerzeit Papst Paul VI. vorgeschlagen hat, das Heilige Jahr 1975, das als Jahr der Versöhung proklamiert worden war, auch und vor allem der Versöhnung mit der Erde zu weihen. Der Vorschlag ist nicht gehört worden. Versöhnung mit der Erde: das ist eine faszinierende Parole angesichts der schrecklichen Erkenntnisse, die wir über die Ausbeutung und Zerstörung der Erde in den nachfranziskanischen Jahrhunderten erst neuestens wieder gewonnen haben. Den ersten Schritt zur Versöhnung mit der Erde hat – vorahnend oder ahnungslos, wir wissen es nicht – Franz von Assisi getan.

Vielleicht ist es an dieser Stelle angebracht, in einem zweiten Umweg im Umweg eine Skizze der Entwicklung zu zeigen, die viele Katholiken aus meiner Generation von den zwanziger Jahren unseres Jahrhunderts an erlebt haben. Ich denke vor allem an den Teil der katholischen Jugendbewegung, dem ich angehörte. Wir haben ganz und gar als Franziskaner angefangen. Wandernd, wenn auch nicht zu zweien, so doch in kleinen Gruppen, singend und spielend, durchaus auch mit missionarischen Absichten, wenn auch nicht mit dem Wort predigend – bekleidet zwar nicht mit der Schäferkutte, sondern mit farbkräftigen Kitteln, jedenfalls aber nicht mit den Kleidern der abgelehnten Bourgeoisie, bedürfnislos bis hin zur Askese als Verzicht auf Alkohol und Tabak und gute Schlafstätte unterwegs, fromm, und zwar auf schlichte Frömmigkeit bedacht. Sogar barfuß sind wir zeitweise gelaufen. Die drei schlesischen Priester unserer Anfänge verkündeten ausdrücklich eine franziskanische Spiritualität, und einen von ihnen nannten wir den Spielmann Gottes. Die andere Seite des Franziskus, die des Büßers, trat zurück: Das franziskanische Jugendreich, das wir suchten, war ganz von der Freude bestimmt – übrigens in Jahren, in denen es sehr arm und kämpferisch in Deutschland herging, 1919 und in den anschließenden Jahren.

Darüber wuchsen wir gründlich hinaus. St. Benedikts Ära begann. Wir entdeckten die Liturgie, verehrten sie und suchten für sie lebendige und zeitnahe Formen. Doch waren auch andere, noch stärkere franziskusfremde Einflüsse am Werk. Hermann Hefeles »Gesetz der Form« und Carl Schmitts »Römischer Katholizismus und politische Form«, sodann Franzosen wie Bloy und der jüngere Bernanos, Deutsche wie Hugo Ball und Theodor Haecker, Engländer wie Belloc und Chesterton legten uns einen formbewußten Kultur-Katholizismus nahe, den wir dem kommunen weltlichen und protestantischen Liberalismus der Zeit trotzig entgegensetzten*.

* Die Arbeit des katholischen Historikers und Literaturwissenschaftlers Hermann Hefele (1885–1936) erschien 1919 in Jena. Der Staatsrechtler Carl Schmitt (1888–1985) formulierte eine dezisionistische Theorie des Politischen, von der aus er später zur Legitimiation der nationalsozialistischen Diktatur gelangte. »Römischer Katholiszismus und politische Form« erschien 1923 in Hellerau. Zu Léon Bloy vgl. Anmerkung S. 240. Der Schriftsteller Georges Bernanos (1888–1948) gehörte zur Reformbewegung des »Renouveau Catholique«, als politischer Pamphletist unterstützte er die faschistische »Action Française«. Hugo Ball (1886–1927) gehörte zu den Gründern des Dadaismus in Zürich; später wandte er sich dem Katholizismus zu. Der Schriftsteller und Kulturkritiker Theodor Haecker (1879–1945) übersetzte u. a. Sören Kierkegaard und John Henry Newman ins Deutsche. Der britische Schriftsteller Hilaire Belloc (1870–1953) verfocht in seinen Werken kompromißlos einen katholischen Standpunkt. Gilbert Keith Chesterton (1874–1936) wurde vor allem durch seine Kriminalgeschichten um Pater Brown bekannt, in denen er humorvoll die Überlegenheit des Katholizismus gegenüber rationalistischem Denken darstellte. Gemeinsam ist allen Autoren die Ablehnung der modernen bürgerlichen Gesellschaft und der Gegenentwurf eines entschieden katholischen Systems.

Ich fürchte, wir waren damals sehr katholisch, aber nicht christlich genug, und jedenfalls weit weg vom Armen von Assisi. Wir waren angesteckt – wir wußten es nicht – von einem kulturell-spirituellen, auch ästhetischen katholischen Triumphalismus.

Dann setzte ein breiter Prozeß der Auseinandersetzung mit der nicht-christlichen Geistigkeit und der Fülle ihrer Theorien ein, auch mit der sozialen, gesellschaftlichen und politischen Wirklichkeit selbst, und jeder von uns ist seinen Weg gegangen, durch Familie, Beruf und Politik dann in der vorkonziliaren Unruhe und durchs Konzil, durch den westdeutschen Wiederaufbau und die Gegensätze, die sein Ergebnis sind – bis zu dem Schock hin, der vom Club of Rome durch die Erkenntnis der Grenzen des Wachstums und der Gefahr der Selbstzerstörung der Erde in uns allen erregt wurde.

Nach der großen Expansion

Und siehe: Da stehen wir am Ende eines 50 Jahre langen Weges wieder beim heiligen Franz. Er hat die Folgen dessen gewittert, was mitten im Mittelalter in den ersten Äußerungen der Periode, die man Hochmittelalter nennt, begonnen hat – die großen Expansionen, die an die große Emanzipation gebunden waren, unter anderem das Zeitalter dessen, was wir Kapitalismus nennen, der Gewinnmaximierung. Ratlos in dem Versuch, den Ertrag der Emanzipation – mehr Freiheit und Selbstbestimmung des Menschen – in der tödlichen Krise der Expansion zu retten, beginnen einige unter anderem Rat beim Armen von Assisi zu suchen. Wir spüren, daß die Weltlage entscheidende Konsumverzichte verlangen wird; wir spüren, daß die Umverteilung des Besitzes und der Chancen in der unteilbar gewordenen Welt von uns auch personalisiert werden muß, in einer Haltung des Verzichtes und der inneren Freiheit vom Besitz- und Machtwillen. Für sie kennen wir außer dem Jesus von Nazareth selbst kein klares Vorbild als Franz von Assisi.

Nun klingt die Frage, ob und inwieweit in solchen Zusammenhängen Franz nicht etwa geradezu ein politischer Heiliger gewesen sei, nicht mehr so ganz befremdend. In einem unmittelbaren Sinn war er es sicher nicht. Auch die Armut, der Verzicht auf den Rausch und die Ehre des Kampfes, auf den Reichtum, den Status, die wachsende Macht seiner Gesellschaftsschicht hat mindesteens zwei Dimensionen, und für sein Bewußtsein war die unpolitische, persönliche, die entscheidende: abzunehmen, damit Christus zunehme. Doch seine Brüder vom Dritten Orden, seine christlichen Weltleute hätten ja nicht nur ihr Familienleben, ihre Arbeit und ihre Berufsgeschäfte im Geiste Jesu erneuern sollen, sondern auch ihr politisches Regiment in den Städten und Fürstensitzen, ihre »Wirtschaftspolitik«, »Sozialpolitik«, »Innenpolitik« und »Außenpolitik«. Nur die Wörter für diese Dimensionen der Politik sind ja neu. Diese Christen hätten als Statthalter Christi, um mit Johannes zu reden, einander »die Tränen abgewischt von ihren Wangen«; sie wären aus Feinden und Gegnern Freunde und in ihren politischen Entscheidungen solidarisch geworden. Insofern sich Franz, gleichsam in einer Wiederholung des frühchristlichen »Irrtums« der unmittelbaren Naherwartung, über die Härte des Widerstandes nicht nur in den bösen, sondern auch in den »guten« Christen täuschte, war das Franziskanertum »nur« eine eschatologische Korrektur. Immerhin: Das war es. Doch wirkte es insofern tatsächlich eher apolitisch. Die Vorstellung einer Politik erneuerter Herzen blieb dem Franziskanertum ebenso fremd wie dem Paulus und der ganzen Kirche.

Mußte es so kommen? Ich erinnere noch einmal an jenes überlieferte Wort des Franziskus, als er die Besitzlosigkeit seiner Brüder mit dem Argument verteidigte: daß sie kämpfen, nämlich verteidigen müßten, wenn sie Besitz hätten. Das wirft ein eigenartiges Licht auf einen anderen Satz: »Alle Geschichte ist die Geschichte von Klassenkämpfen« – die Klassen der Reichen und Wohlhabenden, der Armen und Bettler sind ja in der einfachsten Dimension durch das Maß an Besitz charakterisiert. Franz hätte 1847 im Zeitalter des Frühkapitalismus wohl keine Hemmungen gehabt, auch und gerade den Besitz oder Nichtbesitz an industriellen Produktionsmitteln, den Gegensatz des Kapitals und der Proletarität, als Hindernis für den Frieden zu begreifen. Seine Politik gegen ein System von kampferzeugenden Besitzstrukturen ist indirekt: Er zerstört den Reichtum nicht und führt nicht die Sache der Armen, aber er stemmt den Reichtum aus den Angeln: Er bestreitet radikal dessen Anspruch durch seine und seiner Jünger radikale Armut. Hier wird jene Entäußerung, ohne ihren geistlichen Sinn in der Bruderschaft Jesu zu verlieren, zugleich politisch: als klares Nein zu einer gesellschaftlichen Umwelt, ausgesprochen durch die eigene Existenz.

Zielrichtung: Das Geld

Die Zielrichtung dieses Generalangriffs ist – bei Licht besehen – sogar noch genauer bestimmt. Franziskus lehnt den Besitz nicht völlig ab; er verwirft die Kutte nicht – er gestattet sogar zwei, wenn auch nur eine Kapuze; er erkennt den Unterschlupf an – mag er auch nicht ins Grundbuch eingetragen werden dürfen – ebenso wie einen bescheidenen Vorrat an Lebensmitteln, schon um hungernde Gäste und Brüder speisen zu können. Aber unerbittlich verwirft er eine bestimmte Form des Eigentums: das Geld. Nicht einmal anrühren darf es der Bruder, er soll darauf treten, es anspucken, wenn er es auf dem Boden findet. Arbeit erlaubt er den Bettelmönchen, handwerkliche, sogar den Besitz von Werkzeugen, bezeichnenderweise nicht aber Lohnarbeit. Nur Naturalien dürfen sie annehmen. Offenbar hat er etwas gespürt, was in der Luft lag, und darin liegt ein Element indirekter Politik. Seine Zeit war auch die Zeit des aufblühenden Großhandels, und ganz in seiner Nähe entstanden in der Lombardei die ersten Banken; die Bankiers wurden noch lange Lombarden genannt, und auch der Lombard-Zins erinnert an diese Herkunft. Hier und damals nahm der Reichtum, welcher der Seele und dem Frieden immer gefährlich ist, eine neue Gestalt an – eine andere Gestalt, als sie der Reichtum an Boden, Häusern, Nahrungsmitteln, Gerät, Kleidern, Gold und Schmuck gehabt hatte. Scheinbar war das Geld oder gar das Bankkonto abstrakter als jene anderen Reichtümer, in Wahrheit aber konkreter, nämlich penetranter, flüssiger, vollkommener: Der neuartige Reichtum drohte viel tiefer in die Seelen einzudringen und sie zu unterjochen als der frühere handfestere – man könnte fast sagen: unschuldigere – Besitz an Land, Gut, Gold. Nach Vorstufen in Rom und im Hellenismus war der früheste Kapitalismus zum ersten Male wieder eine Wirtschaft, in der das Geld nicht nur eine sekundäre Umtauscherleichterung war, ein objektives allgemeines Maß verschiedener materieller Werte, sondern in der es sich zu verselbständigen begann und um seiner selbst willen gewollt wurde. Das alte kirchliche Zinsverbot konnte sich dagegen nicht durchsetzen.

Der aufgehobene Reichtum

Im Grunde war Franziskus mehr ein Heiliger des aufgehobenen Reichtums als ein Heiliger der Armen. Auch hier zeigt sich seine Aktualität in unserer auf den Reichtum gestellten Zeit. Nicht als ob es nicht auch die Katharer ernstgemeint hätten mit den christlichen Begründungen ihres Armutsideals, aber erst Franz brachte die Bewegung in ihre eigene Tiefe, weil er selbst ein Reicher war. Erbe eines Handelsunternehmens; er verneinte als solcher das Kapital in sich selbst, erst durch Regression in das Rittertum, dann vorwärts durch die

Armut. Als er sie annahm, »um zum Frieden zu kommen«, hat er ein geschichtliches Programm aufgestellt. Sein Versprechen ist noch nicht eingelöst.

Kann es je eingelöst werden? Die Aussichten sind schlecht in der Weltpolitik. Die Weltsituation ist so offen wie eh und je – wenn nicht offener als je. Wir Kinder der mächtigen Provinz Bundesrepublik sind darüber bestens informiert, haben aber wenig Instinkt für das Kommende. Nicht einmal die drei großen potentiellen Weltmächte sind als definitive Größen in eine Kalkulation der Zukunft einzusetzen. Wie weit ist jede einzelne dieser Mächte als gefestigt anzusehen, wie weit als irritierbar oder wandlungsfähig? Wie weit sind sie als defensiv einzuschätzen, wie weit als expansiv oder gar aggressiv? Wird der unter unseren Augen entstehende Euro-Kommunismus vom wohlbekannten Russo-Kommunismus weiter abdriften oder wird er, wenn es ernst wird, sich ihm wieder anschließen? Wird diese Frage des europäischen Kommunismus eine Randfrage bleiben oder die Kernfrage unseres Kontinents werden? Wie werden die hundert Stücke der dritten Welt zwischen Ostasien und Südafrika sich auf die materiellen und ideologischen Offerten jener drei Mächte oder auch Europas einlassen? Zu welchen Blockbildungen unter den Blockfreien wird es kommen? Welchen Weg wird der südamerikanische Kontinent einschlagen? Ich übergehe die aktuellen Krisenherde im Nahen Osten, in Südafrika, in Irland. Bundesbürger, die in einer so dynamischen Welt größter Spannungen auch zwischen reich und arm in der Illusion der Beständigkeit ihres Systems leben – wie werden sie sich orientieren, wenn jene Illusion zerbrechen wird?

Die armen spirituellen Franziskaner unter uns werden es schwer haben, die schlichte Jesus-Wahrheit mit verantworteten politischen Optionen vieler Art zu verbinden. Doch das wird ihnen nicht erspart bleiben. Schaffen sie das auf die Dauer nicht, so wird die intensive Beschwörung des heiligen Franz nur eine Erinnerung bleiben.

Heilig durch Politik: Jeanne d'Arc und Nikolaus von der Flüe

Politische Heilige, gibt es die? Heilig im schmutzigen Geschäft, geht das? Und wenn es sie gibt: sind sie nachahmenswert, bedeuten sie etwas für uns? Hat uns die französische Nationalheilige Jeanne d'Arc zum Beispiel noch etwas zu sagen – muß sie nicht sogar den Zeitbewußten unter den Franzosen verdächtig werden in einer Gegenwart, in der die nationalstaatliche Souveränität eher ein Hindernis für große rettende Maßnahmen geworden ist? Ich wage, provozierend, zwei Gegenthesen. Die erste: Es gibt Christen, die nicht nur in der Politik oder trotz der Politik, sondern durch Politik heilig geworden sind. Die zweite: Eine von ihnen ist Jeanne d'Arc, vorbildlich auch heute noch, und zwar nicht wegen ihres offenkundigen französischen Spezialpatriotismus, sondern trotz ihm. Die Formel, die ihr Werk und unsere Aufgabe verbindet, ich verrate sie, ohne sie schon zu begründen, heißt »helfende Ordnung«, Darüber und über mein zweites Beispiel später mehr. Jetzt zunächst die Erinnerung an Johannas Leben. Wir sollten es nicht mit den Augen Schillers sehen, der sie als »Jungfrau von Orleans« auf seine Bühne gestellt hat, viel eher mit den Augen Bernard Shaws, der sein Stück »Die heilige Johanna« genannt hat; am besten aber halten wir uns an die beiden großen Dokumente ihres Lebens: die vortrefflich überlieferten Protokolle über ihre beiden Prozesse.

Ein Bauernkind war sie, geboren 1412 in einem lothringischen Dorf, zu einer Zeit, die man den Herbst des Mittelalters genannt hat. Damals lastete auf Frankreich der »Hundertjährige Krieg«, in dem die englischen Könige das Land für sich gewinnen, und die Franzosen sie heraushalten wollten. Als 17jährige griff sie, durch Visionen angetrieben, in diesen Krieg ein, gab ihm eine entscheidende Wende, wurde aber gefangen, starb nach kurzen anderthalb Jahren militärisch-politischer Tätigkeit auf dem Scheiterhaufen, verurteilt in einem kirchlichen Prozeß, der von den Engländern angezettelt worden war und beherrscht wurde. Als nach ihrem Tod die französische Sache gesiegt hatte, wurde sie in einem zweiten Verfahren natürlich rehabilitiert. Zwei Prozesse also, aber – Gerechtigkeit hin, Gerechtigkeit her – in beiden funktionierten jedenfalls die umständlichen juristischen Methoden jener Zeit; es wurden zahlreiche Zeugen ausführlich vernommen, und da in beiden Prozessen alles sorgsam protokolliert wurde, ist der Fall Jeanne d'Arc besser belegt als das Leben vieler ihrer Zeitgenossen: Die Protokolle machen uns unabhängig von den Legenden. Die haben sich natürlich schon zu Lebzeiten um die auffallende Erscheinung der kriegerischen Jungfrau gerankt; sie war ja für die einen eine Hexe, für die anderen eine Heldin, für wieder andere eine Heilige.

Ein Kind unter Kindern im Dorf, ist sie ohne Schule aufgewachsen, und lesen und schreiben hat sie niemals gelernt. Im kinderreichen Elternhaus half sie mit, wie es üblich und nötig war; vor allem die Schafe hatte sie zu hüten. Das alles kann man sich ohne Mühe vorstellen. Aber idyllisch war es nicht. Was sich nämlich nicht von selbst versteht, ist der Krieg. Er war weniger ein Ereignis als ein Zustand. Immer wieder zogen Soldaten durch Johannas Heimat, französische und fremde, Engländer, Burgunder, mehr Soldateska als Truppenteile disziplinierter Heere. Die eigenen Leute waren oft nicht weniger schlimm als die Engländer oder die Burgunder oder die Leute eines mit dem König verfeindeten Herzogs. Das war eine seltsame Mischung von Krieg und Bürgerkrieg. Sogar zwischen Nachbardörfern war oft Streit. Johanna kannte nichts anderes: Als sie zum ersten Male auf die Situation aufmerksam wurde – sie war 13 Jahre alt –, zog sich der bauernfressende Krieg schon 87 Jahre dahin. Man wird ihr sehr viel Schreckliches aus Großvaters und Urgroßvaters Tagen erzählt haben – das wird ihre Erregung über das, was sie mit eigenen Augen sah und selbst erlebte, gesteigert haben. Als sie als 17jährige aufbrechen wollte, um den schwächlichen, faulen und genießerischen König an seine Aufgabe zu erinnern, berief sie sich auf den heiligen Michael, den Patron Frankreichs und des Könighauses Valois, auf einen als mächtig geltenden Engel also, und auf zwei weibliche Märtyrer aus frühester Zeit, die Bauernpatronin Margareta und die heilige Katharina, die für junge Mägde zuständig war und auch wegen ihrer Reinheit verehrt wurde. Durch sie, durch diese drei, habe sie von Gott selber Aufträge empfangen, die sie gegen alle Widerstände erfüllen müsse. Sie riß von zu Hause aus, drängte sich einem Schloßhauptmann auf, der sie zum König bringen mußte, und las diesem erfolgreich die Leviten. Es ist klar, daß vor allem die Militärs mit dem sympathischen, aber unnahbaren jungen Weib, so attraktiv und schlagfertig es vor ihnen stand, zunächst nichts anfangen konnten: ein Kind fast, das nichts von Strategie und Taktik verstand, anfangs nicht einmal richtig reiten konnte, ein Mädchen obendrein in einer Männerwelt. Aber gerade diese Männer waren am ehesten gewonnen, als sie Johannas Elan und ihrem entschiedenen Rat die ersten erfolgreichen Scharmützel verdankten. Dann wurden Siege daraus, das belagerte Orleans wurde befreit – eine entscheidende Wende – und schließlich setzte Johanna ihren Willen durch und führte den zögernden König nach Reims zur Krönung. Sie wußte wohl, daß nur ein durch Salbung legitimierter König das französische Volk und seine Großen einigen konnte. Aber sie glaubte auch an die Macht der Salbung im Namen Gottes.

Das Geheimnis ihrer Wirkung? Sicherlich die großartige und unbefangene Sicherheit, mit der sie ihre Sendung erfüllt hat. Sie trug Männerkleider, ritt immer wieder an der Spitze der angreifenden Soldatentrupps, war im übrigen ungeniert und fast kumpelhaft fröhlich, ein anziehendes junges Geschöpf. Es scheint so gewesen zu sein, daß ihre kraftvolle Unschuld in der männlichen Umgebung keine Lüsternheit aufkommen ließ. Zu den rührendsten Zügen, die sich aus den Zeugenaussagen des zweiten Prozesses ergeben, gehört die scheue Verehrung, die junge Männer ihr entgegenbrachten. Die Engländer haßte sie nicht, sie stand ihren Verwundeten bei; sie wollte sie nur nicht da sehen, wo sie nicht hingehörten. Um so mehr haben die Engländer sie gehaßt, sie verdarb ihnen das Konzept.

Als sie trotz ihrer Siege in die Hand ihrer Feinde fiel, machten diese ihr durch käufliche kirchliche Instanzen den Prozeß; sie galt als Hexe und Ketzerin. Das Verfahren war grausam. Die Haft unter der Aufsicht rüpelhafter englischer Soldaten setzte ihr zu. Die Verhöre waren quälend. Für die Brillanz vieler ihrer Antworten hatten ihre Feinde wenig Sinn; ihre schlagfertigen Aussprüche, die ebensoviel Intelligenz wie solide Frömmigkeit hätten verraten können, ließen sie kalt. Als man ihr ernsthaft und drastisch das Feuer androhte, widerrief sie weinend und wurde zu lebenslänglichem Kerker begnadigt. Am nächsten Tag widerrief sie den Widerruf: sie gehorchte ihren Stimmen, sie gehorchte Gott. In den Flammen verzieh sie ihren Peinigern. Ihr letztes Wort: Jesus. Das war 1431; sie war 19 Jahre alt.

Als dann der Krieg trotz diesem Rückschlag gewonnen war, beantragten ihre Verwandten die Wiederaufnahme des Verfahrens. Der Papst ordnete sie an. Es lag aber natürlich auch sehr im Interesse des Königs und Frankreichs, sie zu rehabilitieren. 25 Jahre nach ihrem Tod wurde feierlich ihre Unschuld festgestellt – in einem nicht weniger sorgfältig protokollierten Prozeß. Später galt sie lange Zeit hindurch mehr als Nationalheldin denn als Heilige der Kirche. Als sie 1909 seliggesprochen und 1920 heiliggesprochen wurde, in kirchlichen Prozessen, spielte die Politik ebenso mit wie bei den beiden Prozessen des 15. Jahrhunderts. Der Vatikan hatte Gründe, freundlich zu den Franzosen zu sein. Viel Interessenpolitik um einen lauteren Menschen – zwischen 1431 und 1920. Natürlich gilt Johanna auch heute vielfach noch als die Heilige Frankreichs oder gar des französischen Nationalismus, aber ich würde sie Ihnen nicht so nachdrücklich vorstellen, wenn ich sie nicht ganz anders verstünde.

Nun zur Deutung, zu der Frage, ob Jeanne d'Arc meine These belegen kann. Zunächst: Gab es unter den Heiligen, unter denen also, die in ihrer Lebensgeschichte aus der Kraft des Glaubens und der Gnade Gottes Willen offenbar ganz oder in einem ungewöhnlichen Grade erfüllt haben und dadurch vorbildlich geworden sind, überhaupt auch politische Heilige? Ich möchte unter ihnen nicht Amtsträger, etwa Könige und Staatskanzler sowie solche Politiker verstehen, die nicht in ihrer noch so gut erfüllten Arbeit heilig geworden sind, sondern durch andere Qualitäten, etwa durch ihre Frömmigkeit oder Mildtätigkeit, ich denke nur an die, die durch Politik selbst heilig geworden sind. So gehören also die vielen heiligen Könige nicht hierher, aber auch Thomas Morus nicht, der ein vortrefflicher Staatskanzler gewesen ist, aber nicht dadurch, sondern durch sein Martyrium für seine Gewissensfreiheit heilig geworden ist. Erst recht gehören die nicht dazu, die aus politischen Gründen heilig gesprochen worden sind, obwohl sie es kaum verdienen, und auch Jeanne d'Arc darf man nicht damit belasten, daß Rom den Franzosen mit ihrer Seligsprechung und Heiligsprechung zweimal einen Gefallen hat tun wollen.

Es gibt in ihrem Fall noch andere Einwände. Die Stimmen zum Beispiel, auf die sie sich berufen hat, machen sie verdächtig. In meiner Deutung waren es aber Erscheinungen, durch die im Herzen der jungen und ungebildeten Frau, die in einer hierarchischen Männerwelt nicht die geringste dem System entsprechende Vollmacht hatte für das, was sie als ihre Aufgabe erkannte: ihre plastische Phantasie erschuf sich diese Legitimation durch die Erscheinungen, die zwischen Gottes Willen und ihren Einsichten und Plänen vermittelten. Heilig ist sie nicht geworden, indem sie Erscheinungen hatte, sondern indem sie tat, was sie als Gottes Willen erkannt hatte.

Das eben, was sie dem König und den Großen des Reiches vorschlug und selbst durchsetzte, war übrigens in erstaunlichem Maße genau das politisch Richtige. Hätte beispielsweise ein weiser Muselman vom Typ der Freunde des Hohenstaufen Friedrich II. den Franzosen einen Rat geben können, etwa auf einem fliegenden Teppich herbeischwebend; er hätte genau das geraten, was Johanna ins Auge gefaßt hatte: die Franzosen durch die Königssalbung zu einigen, die Krönungskirche zurückzuerobern, dann die Engländer zum Abzug aus Frankreich zwingen.

Ein zweiter Einwand könnte hier ansetzen: Ist sie nicht in der magischen Vorstellung des Mittelalters steckengeblieben, als sie auf den König und auf seine Salbung setzte? Der Muselman hätte erwidern können: Ich glaube ja auch nicht an den Zauber, aber da alle daran glauben und du selbst daran glaubst, so ist dein Plan durchaus realistisch – führe ihn getrost aus. Der dritte Einwand: Kann es gut sein und kann es zur Heiligkeit führen, daß Johanna als französische Nationalistin gelebt und gehandelt hat? Natürlich war sie in dieser Hinsicht ein Kind ihres Landes und ihrer Zeit, aber wenn es darauf ankam, die Bauern und Bürger in den Dörfern und Städten Nordfrankreichs des hundertjährigen Krieges von der Landplage zu befreien, den durchziehenden und plündernden Soldaten aller Sorten, dann war als rettende Instanz im Herbst des schwindenden Mittelalters der Kaiser sehr weit, ohnmächtig und unerreichbar und nicht weniger der Papst. Da die Grafen und Herzöge nicht nur nicht die Fähigkeit hatten, die Lage ins Gute zu wenden, sondern kräftig an dem Unsinn mitwirkten, ahnte oder spürte Johanna, daß nur das unterm König geeinte Frankreich, das neue gerade entstehende nationale Prinzip, die politische Ordnung werden könne, die den Armen und Bedrängten helfen könne. Der Nationalstaat als helfende Ordnung: Das war in der Tat im Zerfall der mittelalterlichen Doppelmonarchie und der mittelalterlichen feudalen Sozial-Pyramide das, was ich als die

»helfende Ordnung« zu verstehen vorschlage. Das war nun freilich ganz anders geworden, als Rom im ausgehenden 19. Jahrhundert und dann 1920 dem nationalistischen Frankreich die Seligsprechung und die Heiligsprechung geschenkt hat. Aber dafür kann Johanna nichts. Seit dem Beginn des vorigen Jahrhunderts hat der Nationalstaat seine absolute Geltung und damit seine Unschuld verloren – im 15. Jahrhundert und für Frankreich war es das Richtige.

Aber wird man zur Heiligen, wenn man das Richtige tut? In gewisser Hinsicht ja. Es kommt auf die Gründe und auf die Motive an. Jeannes Mutter hat das Motiv ihrer Tochter im zweiten Prozeß eindeutig bezeugt: »Es erbarmte sie des Volkes!« Sie hat da fast einen im Evangelium überlieferten Satz über Jesus von Nazareth zitiert: und in der Tat ist ja das Erbarmen mit den Bedürftigen ein entscheidendes jesuanisches Motiv. Das Dorfmädchen in Domremy blickte nicht weg, sondern erbarmte sich. Sie war deshalb bereits eine Heilige, als sie noch nicht die Kraft und die Gnade des Martyriums für ihren Glaubens- und Liebesgehorsam empfangen hatte.

Die Franzosen allerdings – ich habe es ihnen einmal in Paris in einer großen öffentlichen Veranstaltung vorgeschlagen* – täten gut daran, diese Heilige nicht in ihr Land einzuschließen, sondern mit nach Europa zu nehmen, sie weniger als Heilige der Nation denn als Heilige der helfenden Ordnung zu verstehen.

Ich stelle nun meinen zweiten politischen Heiligen vor: Nikolaus von der Flüe. Er war ein Bauer aus dem urschweizerischen Obwalden, der mit der Autorität des Büßers und Mystikers seinen Schweizer Landsleuten in einer höchst prekären politischen Situation den rettenden und weiterführen-

* Bei einem Vortrag anläßlich der »Woche der katholischen Intellektuellen« in Paris im Mai 1950. Der Vortrag, »Die Gnade setzt die Geschichte voraus«, ist abgedruckt in: Frankfurter Hefte, 5. Jg., Heft 6, Juni 1950, S. 585–589.

den Rat geben konnte: auch er hat seine Heiligkeit nicht gegen die Welt und unsere Aufgaben in ihr, sondern im Dienst an seiner Heimat erworben.

Nikolaus von der Flüe

Jeanne d'Arc ist 1412 geboren, Bruder Klaus 1417, nur fünf Jahre später. Dennoch waren sie nicht eigentlich Zeitgenossen; als Jeanne verbrannt wurde, war Klaus ein 14jähriger Junge in einem entlegenen Schweizer Dorf. Zu der Zeit da er als Büßer aus der normalen Existenz eines Schweizer Bauern heraustrat und sein zweites Leben begann, lag die Geschichte der kriegerischen Jungfrau schon fast 4 Jahrzehnte zurück. Aber Klaus muß von ihr gehört haben – hatte sie doch nicht nur mit den Engländern zu tun, sondern auch mit derselben Macht, gegen die sich die Eidgenossen zu wehren hatten: mit Burgund. Dieses Herzogtum, das damals eine reiche spätmittelalterliche höfische Kultur entwickelt hatte, war ein glanzvolles Zwischenreich zwischen den Deutschen und den Franzosen – von uns Nachgeborenen fast vergessen. Als sich die Schweizer 1476 und 77 mit diesen Burgundern in den Schlachten von Grandson, Murten und Nancy siegreich herumschlugen, hat man in der Schweiz gewiß auch von der fabelhaften Jungfrau gesprochen, die denselben Feind bekämpft hatte, und Klaus wird davon gehört haben: er war ein wohlunterrichteter Zeitgenosse.

Es ist nicht ganz leicht, sich davon zu überzeugen, daß er in der Tat wohl unterrichtet und in seiner Art geradezu ein gebildeter Mann war. Kann man sich aus der Ferne in die sensible und kühne Jungfrau verlieben, in ein prächtiges ebenso kindliches wie reifes Geschöpf, so ist Nikolaus von Flüe ein Mann zum Fürchten, fremdartig über unser Verständnis hinaus, ein Mann, der als einzige Kleidung einen rauhen Bauernrock trug, barhaupt und barfüßig auch bei Regen und bei

Schnee, ein Analphabet, der in seiner einsamen Holzzelle am Hang einer tiefen Schlucht ohne Bücher und fast ohne Bilder auskam, aber auch ohne alles Gerät, denn wer nichts zu sich nimmt als am Sonntag das Heilige Sakrament, braucht weder Napf noch Löffel. Er schlief auf dem hölzernen Fußboden oder auf einer Bank, einen Holzklotz oder einen Stein als Kissen unter dem Haupt. Und dieses Haupt konnte seine Besucher zum Zittern bringen: abgemagert, wildbärtig, brennende Augen über einem hageren Leib.

Da wir über eine politische Glanzleistung zu sprechen haben, die man dem Waldbruder kaum zutraut, wäre von seinem Büßerleben, seinen täglichen Betrachtungen des Leidens Jesu, von den mittelalterlichen Zügen in seiner Existenz nicht viel zu reden, so könnte man meinen. Doch ist ihm nicht allein, aber auch dadurch die Autorität zugewachsen, aus der er so außergewöhnlich nüchtern und vernünftig hat raten und handeln können.

Ein Büßer also und Politiker – doch habe ich noch ganz andere Dinge von ihm zu berichten, ganz und gar Normales. Nikolaus war bis zum fünfzigsten Lebensjahr ein tüchtiger Landwirt in einer Bauernrepublik; er liebte seine Frau – ein bewährter Zeuge nannte sie noch nach der Trennung eine »säuberliche Frau mit einem frischen Angesicht« und hatte zehn Kinder mit ihr, fünf Jungen und fünf Mädchen. Das ist übrigens keineswegs Legende; sein Leben ist kaum weniger genau bekannt als das der Jungfrau, und was ich Ihnen berichte, ist gut beglaubigt. Er erbte ein Haus, das noch heute steht, in Flüeli über Sachseln unterm Brüning-Paß, und er baute für seine große Familie ein zweites.

Diese beiden Holzhäuser, Zeugen sowohl der mittelalterlichen Bautechnik als auch eines großen Mannes aus alter Zeit, kann man sehen und betreten. Ich kann es jedem, der an den Sarner See kommt, nur sehr empfehlen, hineinzugehen. In der Bauerndemokratie hatte Nikolaus mehrfach Ämter inne, so das des Richters; einmal war er sogar der Sprecher seines Kantons beim Schweizer Bund. Er, der fromme Christ, der eine besondere Verehrung zum Priesterstand hatte, hat sich nicht gescheut, im Namen seiner Dorfgemeinde mit dem eigenen Pfarrer zu prozessieren, der zu sehr auf seinen materiellen Vorteil aus war. (Vergleicht man das mit Johannas Tätigkeit, so spürt man den Unterschied nicht nur aus der Zeitdifferenz von 50 Jahren, sondern auch aus dem demokratischen Vorsprung der Schweizer vor den Franzosen jenes Jahrhunderts.) Die oberste Stellung eines Heimatkantons, das Amt des Landammanns, ist ihm angetragen worden: er hat es abgelehnt. Ehrgeiz war ihm offenbar fremd. Auch als Soldat hat er sich nicht vorgedrängt, hat es aber zum Hauptmann gebracht. Er war wohl kein typischer Soldat; so hat er sich öfter von den Kameraden zurückgezogen um zu beten, und den Feind hat er nach dem Kampf schonend, ja liebevoll behandelt. Im Kampf selbst war er nicht zimperlich, sondern eben ein gestandener schweizer Mann jener Tage, der seine Pflicht tat.

Auch in Friedenszeiten, in jenem sehr normalen Leben zwischen der Viehzucht, der Familie, der Kirche und der Landgemeinde fiel er hie und da wenn auch nicht aus der Rolle, so doch ein wenig auf, etwa wenn er für Stunden die Einsamkeit suchte. Er gehörte dennoch zu den angesehensten Männern in der Gemeinde und im Kanton.

Um so mehr befremdete es seine Mitbürger, als er eines Tages ohne ersichtlichen Grund seine Familie verließ. Ursprünglich wollte er nach Straßburg, wo er sich den sogenannnten Gottesfreunden anschließen wollte, einer mystischen Bewegung. Nach einigen Tagen ruhelosen Wanderns und einer heimlichen Nacht im Kuhstall des eigenen Hauses baute er sich in jener Schlucht, der Ranft, nahe dem Weiler in dem er wohnte, eine primitive Hütte. Als die Erregung im Dorf sich gelegt hatte und man nach Jahresfrist begriffen hatte, daß es ihm ernst war, hat ihm die Gemeinde zwei kleine übereinanderliegende Zellen gebaut; aus der oberen konnte er durch ein kleines Fenster in die etwas später für ihn gebaute Kapelle auf den Altar schauen. Er war nun, so nannte man damals in der Schweiz die Einsiedler, ein »Waldbruder«.

Natürlich ist seine Flucht aus der Familie bis auf den heutigen Tag umstritten gewesen. Seine Frau hatte ihm nur zögernd die Zustimmung zur Trennung gegeben, seine ältesten Söhne waren lange über ihren Vater erbost. Aber als er freundlich blieb, ihre Besuche annahm und sie in allen möglichen Angelegenheiten weiterhin liebevoll und klug beriet, waren sie schließlich wie alle Welt davon überzeugt, daß Nikolaus weder ein Spinner noch ein Heuchler noch ein Verräter am anständigen Christenleben war, sondern mit Gottes Gnade ein ganz besonderer Mensch, eben ein Waldbruder. Daß er es war und daß er so war wie er war, sprach sich nicht nur im Kanton herum, sondern in der ganzen Schweiz, zu der damals erst acht, dann 13 Kantone gehörten, die sogenannten 13 alten Orte. Man sprach sogar im Süden des benachbarten Reiches, dem die Schweiz damals gerade noch angehörte, und in Rom am päpstlichen Hof von dem Mann, der offenbar jahrelang ohne Nahrung leben konnte.

Nikolaus konnte sich an vielen guten Besuchern erfreuen und mußte sich viele andere vom Halse halten. Manchmal hielten ihm seine Dorfgenossen unerwünschte Besucher vom Leibe. Er hatte einen geistlichen Freund, der ihm half, seine Existenz theologisch zu deuten, und einen Nachahmer, einen Waldbruder jenseits der Schlucht, der aber vergeblich auch seine Nahrungslosigkeit nachzuahmen suchte. Seine Besucher empfanden vor der ernsten Gestalt zunächst Scheu, aber er, der schon wegen seiner Nahrungslosigkeit als ein lebender Heiliger galt, war keineswegs unnahbar, sondern freundlich, in den Fragen der eidgenössischen Welt und im christlichen Glauben wohl beschlagen, in seinen Antworten nicht so schnippisch wie zuweilen Johanna, aber oft schlagfertig genug und immer präzis. Ein Ratgeber war er, dem man höhere religiöse Weisheit und zugleich Lebensklugheit zutraute.

Selbst Behörden wie der Rat von Konstanz und die Berner Herren haben ihn aufgesucht, um sich von ihm politisch beraten zu lassen. Der gute Rat aber, der ihn über seine Zeit hinaus berühmt gemacht hat, ist mit einer schweren innerschweizerischen Krise verbunden. Die Vertreter der acht Orte, die zu Stans nahe dem Vierwaldstätter See zusammengekommen waren, stritten sich heftig über vielerlei, vor allem aber über die Frage, ob man die Städte Freiburg und Solothurn als neunte und zehnte »Stände« – so hießen die Kantone – zum Bund zulassen solle. In beiden Städten sprach man damals französisch – heute ist Solothurn deutschsprachig, Freiburg geteilt. Die bäuerlichen Urkantone, die schon mit den Städten Luzern, Zürich und neuerdings Bern ihre Schwierigkeiten hatten, wehrten sich also nicht nur gegen weiteres Übergewicht der Städte, sondern auch gegen das fremde welsche Element.

Es ging um eine Existenzfrage der Schweiz, und die Erregung war denn auch so groß, daß die wehrhaften Eidgenossen jeden Augenblick mit Schwertern aufeinander loszuschlagen drohten: Ein Bürgerkrieg zwischen Bauern und Städtern stand vor der Tür, der den eidgenössischen Bund gefährdet hätte. Da kam ein einzelner, der über diese verhängnisvolle Zuspitzung der Lage verzweifelt war, auf die Idee, den Bruder Klaus einzuschalten. Er ritt zu ihm und empfing von ihm einen langen Brief, der in Stans in der Tat alles wendete. Die Autorität des Heiligen muß entscheidend mitgesprochen haben, aber man nahm auch seinen Rat selbst offenbar überzeugt an, reichte einander die Hand zum Frieden und ließ sich von einem Entwurf der Schweizer Dinge überzeugen, der bis zu den napoleonischen Kriegen als ein Grundgesetz gegolten hat; es ist zwar im einzelnen nicht ohne böse Folgen oft verletzt, aber niemals preisgegeben worden. Im Grunde wirkt es noch in das Bewußtsein der heutigen Schweizer nach.

Der Text des Briefes ist nicht überliefert, aber sein Inhalt ist aus zeitgenössischen Berichten und durch den Vergleich mit Briefen des Heiligen bekannt. Er sprach sich für die Aufnahme der beiden Orte aus, warnte aber vor raschen und weitgehenden Vergrößerungen, verwarf die schlimme Gewohnheit der Schweizer Offiziere, Pensionen von den Machthabern außerhalb der Schweiz anzunehmen, und der Bauernsöhne, sich als sogenannte Reisläufer an fremde Heerführer zu vermieten. Er bejahte die Landesverteidigung, verwarf aber Eroberungskriege. Er lieferte den Eidgenossen die erste Formel für die bis heute geltende Neutralität des Landes. Das Leitmotiv seiner Ratschläge war der Friede. Ein protestantischer Historiker hat soviel von der realen Wirkung jenes Rates gehalten, daß er den katholischen Heiligen neben den historischen Kern der Rütli-Legende und die Reformationen Zwinglis und Calvins stellte. Er rühmte Nikolaus als dritten Gründer-Vater der Eidgenossenschaft. Im Jubiläumsjahr 1981 erinnerte sich auch die offizielle Schweiz der Ereignisse von 1481, die man das »Stanser Verkommnis« nennt.

Jeanne d'Arc und Nikolaus haben beide je eine konstruktive Realpolitik durchgesetzt. Wenn bei Jeanne d'Arc die Heiligkeit dieser Realpolitik durch ihr jesuanisches Motiv »mich erbarmet des Volkes« und durch ihren Märtyrertod beglaubigt ist, dann bei Klaus nur durch den außerordentlichen geistlichen Ernst, der ganz dem Leiden und Sterben Jesu zugewandt war, aber den politischen Kopf und das patriotische Herz nicht verwirrte: Der Büßer mischte sich in die Politik ein, in dem er vernünftigen Rat gab. Es ist kein Zufall, daß nach dem Zweiten Weltkrieg sein Name bei den süddeutschen Katholiken in hoher Geltung stand – als wir nichts stärker ersehnten als den Frieden. Damals habe auch ich meine erste Wallfahrt zu den Häusern in der Flüe und zu der Zelle und Kapelle in der Ranft gemacht.

Zur Reform des § 218*

Die Sozialdemokratie hätte es sich leichter machen können, wenn sie ihr Reformprogramm nicht mit der Absicht »belastet« hätte, den Abtreibungs-Paragraphen zu verbessern. Die unmittelbar betroffene Schicht wird der Partei kaum nennenswerte zusätzliche Stimmen bringen. Die SPD muß damit rechnen, daß sie vor allem in der katholischen Bevölkerung Widerstände erweckt und das im letzten Jahrzehnt lokkerer gewordene Bündnis der katholischen Kirche mit der CDU/CSU neu gefestigt wird. Auch wer dem Minister Jahn** in der Sache nicht folgen kann, wird ihm also keine taktischen parteipolitischen Absichten unterstellen dürfen.

Ebensowenig nobel aber wäre es, ihm zu unterstellen, er sei gleichgültig gegenüber Sittlichkeit und guter Sitte, nachgiebig gegenüber denen, die keine Grenzen ihrer Bequemlichkeit oder Genußsucht anerkennen; er weiche das Fünfte Gebot auf, durch das Gott den Schutz des menschlichen Lebens den Menschen selbst anvertraut hat. So leicht kann es sich die politische, ideologische oder religiöse Opposition

* Walter Dirks' Beitrag erschien in der Broschüre »Katholiken zur SPD-Politik«, herausgegeben von der Sozialdemokratischen Wählerinitiative anläßlich des Bundestagswahlkampfs 1972. Die von der sozialliberalen Koalition geplante Reform des § 218 sah eine generelle Freigabe des Schwangerschaftsabbruchs in den ersten zwölf Wochen vor. Während die neue Frauenbewegung über diese Fristenregelung hinaus die völlige Abschaffung des Abtreibungsparagraphen forderte, setzten vor allem katholische und christdemokratische Kreise eine massive Kampagne gegen das Reformvorhaben in Gang und forderten die Beibehaltung der strafrechtlichen Verfolgung von Abtreibungen außer bei medizinischer Indikation. Der § 218 wurde zum hochemotionalisierten Wahlkampfthema. Nachdem der Bundestag sich im Juni 1974 für die Fristenlösung entschieden hatte, erklärte sie das Bundesverfassungsgericht bald darauf für verfassungswidrig. 1976 trat dann eine Neufassung des § 218 in Kraft, die einen Schwangerschaftsabbruch nur bei medizinischer, eugenischer, kriminologischer oder sozialer Indikation erlaubt.

** Gerhard Jahn (geb. 1927) war von 1969 bis 1974 Bundesjustizminister.

gegen die SPD nicht machen. Das Problem ist gerade in unserer reichlich fragwürdigen Gesellschaft nicht zu lösen. Nicht der Versuch, durch eine menschlichere Abwägung der Lebensinteressen *aller* Betroffenen und durch praktische Maßnahmen der besten Lösung etwas näher zu kommen, ist anzuprangern; moralische Kritik verdient vielmehr eine Gleichgültigkeit, die eine Verbesserung durch bequemes Festhalten am bestehenden Gesetz verhindert oder die ständige Wiederholung des absoluten Prinzips, durch die man dem Dialog ausweicht – noch schärfer die Hoffnung, dadurch parteipolitische Vorteile zu gewinnen.

Die Schwangerschaftsunterbrechung aufgrund der sogenannten »medizinischen Indikation« ist vom Gesetz erlaubt, von den Ärzten praktiziert und allgemein auch von der Kirche gebilligt: Das Leben der Mutter soll den Vorzug haben, wenn es durch zukünftiges, unfertiges menschliches Leben ernsthaft gefährdet ist. Dieses Beispiel ist nicht das einzige, das uns zeigt, wie auch im Blick der katholischen Moraltheologie ein scheinbar absolutes Prinzip relativiert werden kann und muß.

Die Exegese möchte schon längst das großartig einfache Gebot: »Du sollst nicht töten« durch eine viel heiklere Formel ersetzen: »Du sollst nicht morden«. Was aber ist »töten«, was ist »morden«? Fahrlässige Tötung ist kein Mord; Tötung in Notwehr ist kein Mord; Massentötungen im Kriege gelten nicht als Morde; in vielen Ländern (und von manchen Moraltheologen) wird die Todesstrafe nicht nur nicht für Mord gehalten, sondern für heiliges Recht. Die katholische Kirche hat so großzügig und so gleichgültig Tötungen, die wir als Morde ansehen müssen, geduldet, früher zum Teil sogar selber praktiziert, daß wir von ihr, daß also wir Katholiken von uns selbst Behutsamkeit fordern müssen, wenn es heute um eine schwierige Neuabgrenzung zwischen zu duldender Tötung einerseits und Mord andererseits geht.

Behutsamkeit ist nicht Gleichgültigkeit. Die Frage, um die

es geht, ist ernst, und eine Kirche, die selbstkritisch und durch sorgfältiges Argumentieren ihre geschwächte Autorität wiederherzustellen beginnt, kann und darf auch darauf rechnen, daß sie ernsthaft angehört wird.

Eine solche Rücksicht auf die Kirche ist allerdings auch demokratisch; denn obwohl die Kirche für den Staat und die Gesellschaft keineswegs als bindende Autorität anerkannt werden kann, spricht sie doch für einen – nicht genau auszumachenden – Teil der Bevölkerung. Darin liegt die Berechtigung ihres Anspruchs, zugleich aber auch dessen Grenze. Die Kirche verbietet beispielsweise absolut die Lüge und rechnet auf die Beichte der Sünder, wird aber kein staatliches Verbot der Lüge fordern. Sie muß beginnen, auch in Sachen § 218 zwischen ihrer eigenen Beurteilung und der Frage zu unterscheiden, was andersdenkenden Staatsbürgern in Hinsicht auf die Straffälligkeit zuzumuten ist.

Natürlich ist auch diese freiwillige und einsichtige Einschränkung ihrer eigenen Autorität auf den Bereich derer, die auf sie im Glauben hören, nicht ohne Grenze: es kann der Punkt kommen, wo die Kirche zum »Widerstand« aufrufen muß. Leider hat sie diesen Punkt im Dritten Reich selten erkannt, und in der Sache, von der wir reden, ist jedenfalls auf keinen Fall die Grenze erreicht, an der sie ihre Gläubigen zur Obstruktion auffordern muß. Sie kann und muß ihnen verkündigen, daß die Appelle Christi größere Opfer verlangen, als es der Staat tut. In der Konsequenz dieser Überlegung liegt das, was auch der Staat selbst würdigt: weder eine Mutter noch ein Arzt darf zu einer Abtreibung gezwungen werden, die gegen ihr Gewissen geht.

Eine Unterscheidung zwischen katholisch-sittlicher und staatlich-juristischer Norm bedeutet aber keineswegs, daß die traditionelle kirchliche Moral ohne weiteres in Ordnung wäre. Die Katholiken stehen in dieser Sache vor zwei verschiedenen Problemen. Sie haben auch ihre eigenen konventionellen sittlichen Normen sorgfältig zu überprüfen.

Uns interessiert in diesem Zusammenhang aber mehr das zweite Problem: die Frage nämlich, was sie den anderen Gruppen in der Gesellschaft und dem Staat als strafrechtliche Norm zugestehen wollen oder sollen oder müssen. Es ist sonderbar, daß jene Unterscheidung zwischen Moral und Strafrecht eine so geringe Rolle in der Diskussion spielt. Schon die Zehn Gebote fordern den Menschen stärker an als der Staat es kann und darf. Die Nachfolge Christi wird immer die Norm nicht nur der Gesetze, sondern auch der innersozialen Solidaritäten übersteigen. Die Kirche hat das Gestz der pluralen Demokratie inzwischen in vielen Fragen zu respektieren gelernt, so in der der konfessionellen Erziehung; sie kann nicht im Bereich des Sexuellen und der mit ihm eng verbundenen Grenzfragen des Lebensschutzes darauf bestehen, ihre Wahrheit anderen Gruppen aufnötigen zu wollen. Sie muß jene anderen Meinungen respektieren, und das heißt im Stadium der Meinungsbildung zunächst: mit ihnen sachlich zu diskutieren bereit sein.

Die sozialen Tatbestände sollten nach so langer Diskussion als bekannt vorausgesetzt werden können. Kurze Hinweise auf die innere oder äußere Not- oder Zwangslage betroffener Mütter müssen genügen: der ledigen im allgemeinen, soweit sie nicht in der Lage sind, den gesellschaftlichen Vorurteilen Widerstand entgegenzusetzen, der Kinder-Mütter im besonderen; der vergewaltigten Frauen, der Mütter, deren Leben ernstlich gefährdet ist; derjenigen schließlich, die mit Sicherheit auf schwere Mißbildungen rechnen können. Gerade an ihnen wird der Unterschied klar, was das Gesetz und was gegebenenfalls das Evangelium uns an heroischer Opferliebe zumuten will; andererseits werden auch sie nicht nur an ihre eigenen Empfindungen, sondern auch an die Lebenschancen des ungeborenen Kindes denken müssen. Schon für den moralischen und nicht erst für den Bereich staatlichen Rechts hat man nicht vom positiven Extremfall auszugehen, sondern von zumutbaren moralischen Motivationen und Fähigkeiten normal existierender Menschen. Wer die Not und oft Verzweiflung solcher Mütter nicht kennt, beweist schon dadurch seine Gleichgültigkeit und wird auch für Argumentationen über Lösungsmöglichkeiten wenig Verständnis aufbringen. Jedermann hat lesen können, welche gefährlichen Schäden diese Frauen, wenn sie sich zu Schwangerschaftsunterbrechungen entscheiden oder überreden lassen, durch die Eingriffe von Dilettanten und Kurpfuschern (»Engelmacherinnen«) erleiden können. Das Trauma, das nach jedem, auch einem legalisierten Eingriff eintreten kann, wird oft durch Umstände solcher Art (lange Suche nach dem »Helfer«, Heimlichkeit, geringe Schonung) noch verstärkt. Bei engen Wohnungsverhältnissen und angesichts der Unmöglichkeit, den Ort zu wechseln, ist die Gefahr besonders groß, daß Unbeteiligte »etwas machen«, – damit die Gefahr der Erpressung. Daß es Frauen gibt, die, oft unter dem Einfluß der Väter, bedenkenlos abtreiben oder abtreiben lassen, daß insbesondere Frauen aus gutgestellten Kreisen Wege finden, die gesundheitliche Risiken solcher Eingriffe auf ein Minimum beschränken (nicht nur durch die berühmte Reise nach London, sondern schon durch sorgfältige Information, aber auch durch die Bezahlung sachkundiger Personen) ist unbestreitbar; aber das wäre im Vergleich zum eigentlichen sozialen Problem ohne Gewicht, wenn nicht eben jeder Vergleich schon die Ungerechtigkeit anklagte, die in unseren sozialen Zuständen fixiert ist. Sie beginnt schon damit, daß jene vom »Schicksal« – und das heißt in diesem Fall durchweg: von der Gesellschaft – weniger begünstigten Frauen aus den verschiedensten Ursachen geringere Chancen haben, sich durch Verhütung der Empfängnis von vornherein vor unerwünschter Schwangerschaft zu sichern.

Daß die Aussicht, unentdeckt zu bleiben, kein zwingendes Argument gegen die Strafbarkeit strafwürdiger Taten ist, kann man und muß man zugeben: niemand wird den Diebstahl straffrei machen, weil nur ein geringer Teil der Ladendiebe erwischt wird. Was Abtreibungen betrifft, so nimmt die geringste Schätzung für die Bundesrepublik 80000 Fälle im Jahr an, die höchste mehrere Millionen Fälle, in denen die Täterinnen oder Täter nicht erkannt werden; man wird 400000 bis zu einer Million ansetzen können. Selbst daß also nur jeder tausendste Fall aufgeklärt wird, würde nicht ohne weiteres nahelegen, die Strafbarkeit aufzuheben, wenn es sich um ein »normales« aus »normalen« Beweggründen begangenes Vergehen oder Verbrechen handelte. Was das gegenwärtig geltende Recht zum Skandal macht, ist die Verbindung mehrerer Umstände: der extremen Notlage der meisten Täterinnen und vieler Täter, also eine sehr spezifische Motivation, die hier besonders eindeutige Mitschuld der Gesellschaft und jene geradezu groteske Dunkelziffer. Ist die Gesellschaft weder Willens noch in der Lage, die von ihr mitbedingte und mitverursachte Struktur rasch genug zu ändern, kann sie weder ausreichend helfen noch einigermaßen gleichmäßig strafen, so spricht alles dafür, im ohnehin unzugänglichen Kernbereich dieser Vorgänge die Strafbarkeit mindestens so lange aufzuheben oder zu modifizieren, bis die Motivationen eindeutig als sozialwidrig, die Taten als vermeidbar und die Tatbestände als genügend aufklärbar gelten können.

Diese Argumentation spricht zunächst für die Fristenlösung, deckt allerdings leider auch die Fälle, in denen kein zu respektierendes Motiv vorliegt. Der Reform-Entwurf des Justizministers sieht eine Indikationslösung vor, und die Mehrheit seiner Partei hat sich ihm gegen eine starke Minderheit angeschlossen. Im Falle der Reform des § 218 machen es die Schwierigkeiten des Gegenstandes geradezu unwahrscheinlich, daß die Meinungen eines einzelnen genau auf den vorgelegten Kompromiß hinauslaufen. Wäre das der Fall, so geschähe es sozusagen zufällig. Der Ernst des Gegenstandes erfordert Wahrhaftigkeit. So hat der Autor in dieser Publikation zwei Aufgaben: seine eigene Meinung ehrlich darzulegen und sodann zu begründen, daß ihm und warum ihm der vorgelegte Kompromiß als solcher annehmbar erscheint.

Doch ist zunächst noch eine Klärung fällig, die von größter Bedeutung für den Katholiken wie für jeden anderen ist, der sich an einem Sittengesetz zu orientieren sucht. Alle Überlegungen über die Fristenlösung und die Indikationslösung und über alle ihre Details werden gegenstandslos, wenn die Tötung jeder Art menschlichen Lebens unter das Verbot des 5. Gebotes fällt, also als Ungehorsam gegen den Willen Gottes oder gegen die jeweils als absolute sittliche Instanz angesehen werden muß. Daß allerdings dieses Verbot nicht als absolut aufgefaßt wird, sondern Ausnahmen kennt, wurde schon angedeutet. Mindestens die Tötung in Notwehr kann als eine solche Ausnahme gelten. Indem man sie anerkennt, setzt man eine Abwägung der Güter voraus: der Preis, den man durch eine Duldung der Tötung des Aggressors bezahlt, gilt als geringer als der Wert des angegriffenen Lebens. Schon hier ist allerdings gegen alle kaltherzigen Menschen festzustellen, daß eine Tötung, wenn sie gerechtfertigt werden kann, alles andere als unproblematisch ist. Auch der, der mit Recht tötet, nimmt damit einen Teil der Schuldverstrickung auf sich, in der die Menschheit lebt. Ein Beispiel: Der Versuch, Hitler zu töten, der von den Verschwörern, wie man weiß, sehr lange und sehr sorgfältig moralisch durchdacht, durchlitten, auch im Gebet vor Gott getragen worden ist, war dadurch gerechtfertigt, daß es galt, ein menschliches Monstrum an der Fortsetzung seiner Verbrechen zu hindern; trotzdem hätte jeder der Verschwörer sein Leben lang die Tat als eine Last besonderer Art zu tragen gehabt. Das darf niemals vergessen werden, wenn von der Tötung menschlichen Lebens im Mutterschoß die Rede ist. Die Rechnung geht in keinem Fall glatt auf. Ob man diesen Sachverhalt als »Tragik« oder als »Schuldverstrickung« deutet: bagatellisieren darf man auch diesen Eingriff ins menschliche Leben jedenfalls nicht.

Die Reform des Paragraphen setzt voraus, daß man in der

Bewertung der verschiedenen Stufen des menschlichen Lebens Unterschiede macht. Hier liegt der schwierigste Punkt: einerseits unter dem Eindruck des Mißbrauchs, den die Nationalsozialisten mit dem Begriff des »lebensunwerten Lebens« getrieben haben, anderseits für das allgemeine und für das christliche, speziell das katholische Moralbewußtsein. In früheren Jahrhunderten allerdings, als die Kirche lehrte, daß Gott zu einem bestimmten Zeitpunkt das noch seelenlose Leben durch einen besonderen Schöpfungsakt mit der menschlichen zur Personalität bestimmten »Seele« begabt habe, war die Frühabtreibung erlaubt. Die kirchliche Praxis beruhte also auf der »Fristenlösung«. Aber die biologische Wissenschaft erkannte allmählich, daß es zwischen dem Leben der menschlichen Eltern und der menschlichen Kinder keinen sozusagen unmenschlichen oder gar »toten« Zwischenzustand geben kann. Schon die Eier im Eierstock der Frau, schon der Same im Hoden des Mannes ist sozusagen »halbes« potentielles, aber bereits spezifisch »menschliches Leben«. Niemand wird allerdings die Verschwendung, welche die Natur auf dieser Vorstufe treibt, als »Tötung« bezeichnen. Die kurze Periode, in der die Chromosomensätze des Mannes und der Frau bereits vereinigt sind, in der das dadurch entstandene menschliche Leben aber noch nicht »eingenistet« ist, ist die erste Stufe wahren menschlichen Lebens, noch nicht allerdings »individuellen« Lebens, da noch nicht entschieden ist, ob ein einziger Mensch entstehen wird oder ob sich Mehrlinge bilden.

Eine weitere Stufe reicht von dieser Fixierung des Individuums (oder bei Mehrlingen der Individuen) bis zu der Zeit, da der »Fötus« auch außerhalb des Mutterleibes lebensfähig bleibt. Die Grenze dieser Periode ist nicht eindeutig erkennbar – die medizinische Technik hat sie erheblich verschoben. Überhaupt ist diese Aufteilung eines kontinuierlichen Prozesses auf »Stufen« nicht ohne Künstlichkeit, anderseits aber für die Praxis von größter Bedeutung. Entscheidend ist, ob die Moral überhaupt solche Stufen des Lebens berücksichtigen kann. Die Kirche, die sie früher vorausgesetzt hat, qualifiziert heute die Tötung eines menschlichen Individuums, welcher Stufe auch immer, als »Mord«. Ihre Haltung in Zukunft hängt davon ab, ob sie ungeachtet aller bitteren Konsequenzen bei dieser Auffassung bleibt oder ob sie dort, wo von einer »Güterabwägung« die Rede sein kann, Unterschiede zu machen bereit ist; besser: Unterschiede anerkennen muß.

Es wird jedem Christen schwer sein – unabhängig davon, wieweit er die Meinung anderer Gruppen in der Gesetzgebung berücksichtigen muß – für sich selbst moralisch Klarheit zu schaffen. Wenn in den Kirchen im Fall der medizinischen Indikation das Leben der Mutter höher gewertet wird als das des Kindes, ist das bereits »Güterabwägung« in dem Sinne, daß Stufen-Unterschiede anerkannt werden? Argumentiert man, das Leben der Mutter sei gesellschaftlich eindeutig wertvoll, das des Kindes – welcher Stufe auch immer – noch nicht, so könnte man damit der Frage einer eigentlichen Stufen-Unterscheidung noch ausweichen; aber so gestellt, ließe sich die Bewertung auch umdrehen: das Leben der Mutter ist begrenzt und wird bald zu Ende sein, im Fötus steckt die Chance einer großen nicht nur individuellen Zukunft, sondern auch weiterer Fortpflanzung des Menschengeschlechts. In Wahrheit kann man annehmen, daß der neuen Haltung der Moraltheologen (und des geltenden Gesetzes) doch eine Güterabwägung zugrunde liegt, welche jene »Stufen« des Lebens berücksichtigt.

Das moralische Bewußtsein der Menschheit und eben auch das der Katholiken steht vor der Frage, ob es darüber hinaus in dieser Hinsicht umzulernen bereit ist oder an der absoluten Gleichsetzung jeder Stufe menschlichen Lebens festhalten will. (Dann muß allerdings die medizinische Indikation auch fallen oder als eine völlig systemwidrige Ausnahme gelten). Anders ausgedrückt: Ist die Abtötung der Leibesfrucht immer »Mord« oder ist sie eben wegen der Ungleichheit der

Stufen in gewissen Fällen eine »Tötung«, die in der Güterabwägung wie manche andere Tötung als erlaubt angesehen werden kann. Ich selbst neige der Meinung zu, daß die modifizierte Rückkehr zu der alten kirchlichen Moral, die mit der fragwürdigen Begründung durch jenen vorausgesetzten »zweiten« Schöpfungsakt Gottes tatsächlich solche Unterschiede gemacht hat, verantwortet werden kann: dieselbe Biologie, welche durch die Einsicht in die untrennbare Einheit von Leib und Seele und in die bruchlose Kontinuität menschlichen Lebens, durch die großartige Einsicht, daß dieses Leben durch die unendliche Lebenschance der Chromosomen unendlich weitergegeben werden kann, der Kirche jene rigorose Haltung nahegelegt hat, hat uns auch im wachsenden Maße erlaubt, Stufen der Menschwerdung zu unterscheiden. Sie werden durch die Fortschritte der Biologie allmählich noch klarer werden. Dabei wird vor allem wohl an die Ausbildung des Gehirns und des Rückenmarks zu denken sein.

Mir scheint, daß wir Katholiken und unsere Moraltheologen hier vor einem Lernprozeß stehen, der in aller Nüchternheit und Sorgfalt durchgestanden werden muß. Die sozialen und individualen Folgen eines unterschiedslosen Tötungsverbotes sind so schrecklich, daß uns die Realitäten selbst nahelegen, ja zwingen, jene Unterschiede anzuerkennen. Sie werden in vielen einzelnen Fällen auch dann von Bedeutung bleiben, wenn nicht nur eine gründliche Aufklärung über die Verhütung ungewollter Kinder (»verantwortete Elternschaft«), sondern auch eine ökonomisch und sozial gründlich veränderte Gesellschaft die Versuchung oder die Nötigung zur Abtreibung in sehr hohem Maße verringern sollte. In einem solchen Falle wäre dann allerdings eine »Reform der Reform« in umgekehrter Richtung durchaus diskutabel, eine erneute Verschärfung des heute zu mildernden Gesetzes.

Indikationslösung oder Fristenlösung? Mindestens ein gemischtes System ist schon deshalb wünschbar, weil, wie schon einmal gesagt, besonders im Fall einer medizinischen und genetischen Indikation der entscheidende Tatbestand möglicherweise erst später erkennbar wird als zu dem Zeitpunkt, den die Fristenlösung als Grenze setzt. Anderseits wird auch die Indikationslösung in diesem Fall ein Moment von Fristenlösung enthalten, weil man sie sehr selten oder kaum für die letzten Stufen der Entwicklung akzeptieren wird. Eine Tötung fünf Minuten vor der Geburt mag sich medizinisch als notwendig erweisen, aber man wird dann nicht mehr von »Abtreibung« und vernünftigerweise auch nicht von der »Tötung der Leibesfrucht« reden können, sondern so ehrlich sein müssen, von der Tötung eines Menschen zu reden. Dieses Grenzbeispiel zeigt wieder einmal, wie fließend die Übergänge sind, wie heikel das Problem ist, wie schwierig das Urteil ist, – wie wenig die Rechnungen aufgehen.

Abgesehen von den eben erwähnten Sonderfällen der späterkannten Indikationen halte ich persönlich die Fristenlösung für die bessere. Sie hat einen schweren Nachteil: sie ermutigt die Leichtfertigen und läßt sie straffrei, obwohl ihre Tat moralisch verwerflich sein mag. Aber die riesige Dunkelziffer gerade der die Fristenlösung betreffenden Frühabtreibungen nimmt diesem Nachteil etwas von seiner objektiven Bedeutung. Der Einwand, daß in der Fristenlösung die Güterabwägung als das rationale Prinzip der Entscheidung wegfalle, ist keineswegs überzeugend. Bei Indikationslösungen haben Fremdinstanzen (der Arzt, der Gutachter, Gutachterkollegien – im Grunde der Staat) die Abwägung vorzunehmen und die Entscheidung zu fällen; die Fristenlösung weist diese Aufgabe den unmittelbar Beteiligten zu, mit der gesetzlichen Auflage, vorher die vorgesehene Beratung in Anspruch zu nehmen. Das ist eine andere, aber, wie mir scheint, bessere Konsequenz des Prinzips der Güterabwägung; es selbst kommt dadurch keineswegs außer Geltung: es wird nur einer anderen Instanz überlassen. Die Mutter (oder ihre Umgebung) sind allerdings – das spricht dagegen – »Interessenten«, aber und das spricht wiederum entschieden dafür – sie sind auch Interessenten im positiven Sinn, sowohl als Betroffene wie als Bestinformierte, dann vor allem, wenn zur unersetzbaren eigenen Erfahrung und Abschätzung aller Lebensumstände die Beratung hinzukommt.

Diese Beratung werden nach einer Übergangsfrist die werdenden Mütter sehr viel bereitwilliger in Anspruch nehmen, wenn der Gang zum Berater, zum Arzt oder zur Beratungsstelle nicht einer Selbstanzeige gleichkommt (»Ich überlege, ob ich etwas tun soll, was mir möglicherweise ein Verfahren und Strafe einbringt«), sondern strafrechtlich folgenlos bleibt, gleichgültig, wie der Rat lautet und ob er befolgt wird oder nicht. Das ergibt eine ganz andere Vertrauensbasis. In vielen Fällen wird diese Beratung (die unter dem geltenden Gesetz meist vermieden wird) die Frau ermutigen, das Kind auszutragen, und zugleich die »begleitenden Maßnahmen« in Bewegung bringen können, die der Frau später und dauernd helfen sollen. Ferner wird die Intimsphäre durch ein Gespräch mit einem Berater viel weniger gefährdet als durch die Beanspruchung eines Tribunals oder einer verbindlich entscheidenden vom Staat bestimmten Person. Ich gebe offen zu, daß bei der Bildung dieser meiner Meinung unter anderem auch ein durch viele Erfahrungen gestützter Mangel an Vertrauen zur sachlichen und menschlichen Qualität vieler vom Staat beauftragter ärztlicher oder richterlicher Instanzen mitgewirkt hat. Ein höheres Durchschnittsniveau des Staates und der Gesellschaft im allgemeinen, der Ärzte und Richter im besonderen würde es jedem leichter machen, jene Güterabwägung und die darauf begründete Entscheidung staatlich eingesetzten Instanzen zu übergeben. Auch die Bereitschaft, fremden Einblick in die Intimsphäre zu gewähren, wäre dann größer. Was aber die Kirche Jesu Christi betrifft, deren Evangelium von Grund auf darauf verzichtet, den Willen Gottes, sein Liebeswerben um den menschlichen Menschen durch

Strafandrohungen und mit staatlichen Mitteln wirksam zu machen, so steht es ihr besonders schlecht an, dem Staat oder gar seinem Strafrichter eine Entscheidung, die so sehr in die personale und intime Sphäre fällt wie diese, eher zuzuweisen als der Einsicht und dem Gewissen der unmittelbar Beteiligten. Was unmittelbar nach der Empfängnis geschieht, könnte und sollte dem Richter entzogen und der Einsicht und dem Gewissen der Beteiligten überlassen bleiben. Ich halte das nicht nur für eine praktikablere, sondern auch für eine »saubere«, nämlich den Gesamtumständen angemessenere Lösung als den niemals realisierbaren Versuch, die Vorgänge in diesem Bereich vor den Prätor zu bringen, sie zu »publizieren«.

Das stärkste Argument gegen die allein geltende Indikationslösung scheint mir die soziale Indikation zu sein. Der Fall, auf den sie sich bezieht, ist, so wie die Dinge liegen, an sich der wichtigste unter allen Fällen. Es sind soziale Verhältnisse, welche gerade diejenigen Mütter, die unsere Solidarität am stärksten beanspruchen können, auf den Gedanken bringen, ihr an sich im mütterlichen Instinkt erwünschtes oder doch jedenfalls nicht von vornherein abgelehntes Kind nicht zur Welt zu bringen. Aber hier gerät sowohl die Mutter als auch die Gesellschaft in eine unerträgliche Lage. Wenn man von der wenig überzeugenden Vorstellung abgeht, auch diese Entscheidung einem einzelnen Arzt anzuvertrauen, der ein trefflicher Gynäkologe sein mag, aber weder ausgebildete soziale Instinkte noch Kenntnisse hat, der weder über psychologische noch soziologische Kompetenz und der schon gar nicht über die prognostischen Daten und Erkenntnisse verfügt, welche die Lebenschancen des potentiellen Menschen, um den es geht, auch nur im groben abschätzen kann, dann muß man an ein Gutachterkollegium aus Ärzten, Psychologen, Soziologen und vielleicht Prognostikern denken. Sie sollen den Todesspruch fällen oder freisprechen, – was sehr oft bedeutet: Mutter und Kind zu schweren Risiken zu verurteilen. Welche Barbarei, daß die Mutter sich vor diesem Gericht enthüllen soll, sich ihm aufdecken, ihre sozialen Verhältnisse und ihre Empfindungen. Welche Zumutung für das Kollegium selbst! Entscheiden sie: Du darfst töten, denn die Verhältnisse, sie sind nicht so, dann müßten sie eigentlich sofort aufstehen und auf die engagierteste Art mit der radikalen Veränderung dieser Verhältnisse beginnen. Hier tritt die Gesellschaft durch die von ihr bestellte Instanz zugleich als potentielle Anklängerin, als Richterin und – falls sie Tötungserlaubnis gibt – als Henkerin auf.

Aus diesem Zustand können wir auf keine Weise rasch herauskommen. Erkennt man seine bittere Realität an, so entsteht tatsächlich der Zwang zum gesellschaftsverändernden Engagement, zugleich aber die Pflicht, dieses barbarische Verfahren aufzuheben. Das aber ist nur möglich, wenn die Gesellschaft (und das sind wir...) den Betroffenen selbst die Möglichkeit der Selbstabschätzung, der Selbstentscheidung und der Selbsthilfe geben: durch die Fristenlösung. Auf den Streit, wo die Fristengrenze liegen sollte, gehe ich hier nicht ein. Ergänzt werden müßte sie, wie gesagt, durch behutsame Indikationslösungen jenseits der Frist.

Der Justizminister hat einen anderen Entwurf vorgelegt: die gegenwärtige Fassung einer Indikationslösung. Der Politiker hat es mit politischen Realitäten zu tun. Er braucht Mehrheiten. Es war nicht zuletzt die Rücksicht auf die Kirchen und auf die Ärzte, die den Minister dazu gebracht hat, nicht die Fristenlösung vorzusehen, sondern von vornherein eine sodann nach langen Verhandlungen gemäßigte Indikationslösung. Ich halte sie nicht für gut, aber sie ist viel besser als der unveränderte § 218. Es ist den Christen, die sie wie ich nicht für vollkommen halten, zuzumuten, sie um der Realisierbarkeit willen zu akzeptieren; es ist denen, die sie für nicht moralgemäß halten, zuzumuten, sie in der pluralen Gesellschaft aus Rücksicht auf andere Meinungen zuzugestehen: sie ist in jedem Fall besser als der status quo. Hätte ich nicht auch viele andere Gründe, als Staatsbürger und als Christ nicht die CDU / CSU oder eine andere Partei, sondern die SPD als eine Partei vorzuziehen, die am ehesten meinen Überzeugungen entspricht: die Reform des § 218 bestätigt mich darin.

In dieser Welt gehen wenige Rechnungen glatt auf. Die Frage ist, wessen Not uns Jesus von Nazareth, der sich mit dem Bedürftigsten identifiziert sehen wollte, in solchen Fällen besonders ans Herz legen will. Sie ist heikel genug und kaum eindeutig zu beantworten. Aber sie ist jedenfalls christlicher gestellt als die Berufung auf das Fünfte Gebot des mosaischen Gesetzes, das so viele Ausnahmen kennt, oder gar auf ein ohnehin fragwürdiges naturrechtliches Prinzip.

Gibt es einen christlichen, einen katholischen Pazifismus?

Wenn es wahr ist, daß es einen lebendigen Gott gibt, vor dessen Angesicht der Christ sein Leben lebt und seine Entscheidungen fällt, dann ist schon der profane Pazifismus für den Christen ein christlicher Pazifismus. Wer als Christ aus der Not der vom Krieg gepeinigten Welt die Aufgabe abliest, an die Stelle der kriegerischen Willkür eine Friedensordnung zu setzen, der empfängt diese Aufgabe von Gott und hat ihre Erfüllung vor Gott zu verantworten. Im Gehorsam vor der Forderung Gottes, die durch die Wunden der vom Krieg gequälten Menschen ebenso deutlich zu ihm spricht, wie sie durch die Wunden des unter die Räuber gefallenen Juden zu dem Samariter sprach, wird der profane politische Pazifismus zu einem christlichen Pazifismus.

Das ist die entscheidende Formel für den christlichen Pazifismus, daß er als profaner Pazifismus im Gehorsam und in der Liebe geschieht. Daß der Christ bei der inhaltlichen Begründung seines Systems sich dabei dort, wo der Liberale von der höchsten Idee des Menschen spricht, auf die Grundweisungen des Gottesgebotes von Sinai und die Ausrichtung, die Christus dem menschlichen Leben gegeben hat, berufen kann, und der Katholik dazu auf das Motiv des corpus christi mysticum, – das widerspricht jener Grundformel nicht. Das alles bestand zwei christliche Jahrtausende lang. Es wird aber erst für die Gestaltung der großen politischen Ordnungen fruchtbar in dem Augenblick, da der Christ die Kriegsordnung als eine an ihn und seinesgleichen gerichtete Frage und Aufgabe erfährt, die ihn zur Antwort und zur Lösung zwingt. Heute gibt es da kein Ausweichen mehr, und heute erst hat das fünfte Gebot diesen konkreten Sinn: den Krieg zu beseitigen und die europäische Ordnung aufzubauen.

So ist der katholische Pazifismus ein Teil der allgemeinen pazifistischen Front. Er arbeitet gemeinsam mit anders fundierten Gruppen gegen den Krieg und für eine friedliche Rechtsordnung, die das leisten soll, was der Krieg schon lange nicht mehr leisten kann. Hat der katholische Pazifismus auch in den Argumenten dieser Arbeit viel gemeinsames Gut mit den anderen Gruppen, so ist im praktischen Ziel kaum ein Unterschied festzustellen, und gemeinsam und allen gleich ist auch die Wirklichkeit, innerhalb derer die Arbeit sich vollzieht, – die geistige, die wirtschaftliche und die politische Wirklichkeit von heute, das Erbe eines militaristischen Jahrhunderts und eines verlorenen Krieges. Friedensarbeit kann nur wirksam sein, wenn sie *realistisch* ist, wenn sie sich nicht in frommen Wünschen und Deklamationen erschöpft, sondern den Stoff anpackt, den es umzuformen gilt, die Wirklichkeit von heute. Deshalb ist der Pazifismus eine politische Bewegung, der katholische nicht weniger als der neutrale.

Er wird die Tagespolitik aufmerksam verfolgen und sein Wort dazu sagen müssen. Er wird sich an der Diskussion über die Gestaltung des neuen friedlichen Europas, an der Erarbeitung der überstaatlichen Rechtsordnung für Europa und die Welt beteiligen und die Kämpfe um ihre Verwirklichung mitkämpfen müssen.

Das ist der eine Gesichtspunkt der katholischen pazifistischen Arbeit. Aber eine dauernde politische Befriedung der Welt hat eine Stärkung des in ihr wirkenden Friedens*willens* zur Voraussetzung. In der Begründung dieses Willens zum Frieden liegt das besondere Element des *katholischen* Pazifismus. Der katholische Pazifismus möchte von sich sagen können: caritas Christi urget me: Die in uns wirkende Liebe Christi selber ist es, die uns zum Pazifismus zwingt. Die katholischen Pazifisten wissen, daß sie keine Apostel sind und ehrlicherweise dies große Wort nicht uneingeschränkt von sich sagen können. Aber sie möchten, daß das Friedensgebot

Christi, ja sein geistiges und sakramentales Wirken selbst der alles beherrschende, alle anderen Motive sich einordnende, alle Hemmungen besiegende lebendige Antrieb der pazifistischen Arbeit sei. Daß sie berechtigt sind, für diese ihre Arbeit im weltlich-politischen Feld solche Motive zu beanspruchen, daß ihre Arbeit vor der Kirche nicht sektiererisch, sondern legitim ist, – das hat die Friedenspolitik und das Friedensprogramm der letzten Päpste gezeigt. Die katholischen Pazifisten tun in ihrer konkret-politischen Arbeit nichts anderes, als dies Programm in die politische Gegenwart hineinzutragen. Sie müssen immer gründlicher und immer tiefer wissen und spüren, weshalb sie Pazifisten sind, damit auch in ihre politische Arbeit, die oft so oberflächenhaft ist, die wirkenden Kräfte des Glaubens und der Gnade einströmen, ihr Wort glaubwürdig machen und ihre Arbeit, die immer wieder vom Geist des Schematismus und der Schablone bedroht ist, immer wieder erneuern.

Nun gibt es aber eine religiös argumentierende Front gegen den Pazifismus in der Kirche. Man kann etwa von der »Verwechslung von Nächstenliebe und allgemeiner Menschenliebe« lesen. Man liest: »Christus als waffenloser, wehrloser, nur mit reiner Liebe erfüllter Geist. Der Krieg ist die Sünde gegen die allgemeine Menschenliebe, Christus das Vorbild dieser Tugend. Ein gerechter Krieg ist nach dieser Ansicht unmöglich. Jeder Krieg ist Mord... Die Kirche... wird immer zum Frieden mahnen, sie will den Frieden, sie wird das Grauen des Krieges beklagen, aber sie wird niemals die Möglichkeit des gerechten Krieges bestreiten. Sie glaubt an die Folgen der Erbsünde und nicht, daß der Mensch mit allgemeiner Menschenliebe schon ein guter Mensch wird.« Wird der katholische Pazifismus von dieser Darstellung getroffen?

Da in der Schöpfung und in der Erlösung jeder Mensch unser Nächster ist, ist die »allgemeine Menschenliebe« eine notwendige Konsequenz der Nächstenliebe. Die Nächstenliebe verliert nichts von ihrer Konkretheit, wenn sie sich auf eine große Zahl und auf alle Menschen erstreckt. Der Gegensatz, der da gemeint ist, existiert nicht zwischen konkret und allgemein, sondern zwischen »Gefühl« und »Liebe«, zwischen unverbindlichen Nervenwallungen und aktivem Selbsteinsatz. Diese Feststellung ist wichtig: es ist ein beliebter Trick, den katholischen Pazifisten ein ethisch belangloses (wenn auch immer noch nicht verbotenes) Menschheits*gefühl* vorzuwerfen, nur weil sie die Nächstenliebe nicht auf den Volksgenossen beschränken, sondern nach der Forderung Christi auch auf den Volksfeind, ja auf alle von den Wunden des Krieges geschlagenen und bedrohten Menschen ausdehnen. Ein zweiter Trick besteht darin, das ethisch belangslose Menschheitsgefühl ohne weiteres gleichzusetzen mit einer bestimmten häretischen Anthropologie, oder mit der Leugnung der Erbsünde oder mit einer allein auf den Wert des Menschlichen zurückgeführten Ethik. Ein weiterer Trick besteht darin, aus einer Kriegsgegnerschaft, die sich auf den Krieg der Gegenwart bezieht, zu folgern, man leugne die Möglichkeit eines »gerechten Krieges«. Die katholischen Pazifisten sind aus konkretester Nächstenliebe gegen den Krieg der Gegenwart, den sie in concreto für ethisch unhaltbar halten, vor allem gegen den letzten und den nächsten Krieg. Man argumentiert aber dauernd so, als seien sie gegen die heldenmütige Verteidigung Europas gegen die Mongolen des Jahres 1241, bekümmerten sich um Dorfprügeleien bei den Buschmännern und wollten in Proklamationen Kriege des Jahres 3000 verbieten. Da sie durch äußerste Anstrengungen eine sinnlose und verfluchte Katastrophe verhindern wollen, ruft man ihnen zu, sie leugneten die Erbsünde.

Der Katholik wird sich darüber klar sein, daß ein Pazifismus, der auf einer grundsätzlichen Verwerfung des Gewaltprinzips beruht, ein irriges Weltbild zur Voraussetzung hat. Gewalt ist nicht nur tatsächlich in der Welt, sondern wesentlich und notwendig. Schon zur Garantierung des *Rechts*, das trotz der Erlösung noch die normale sittliche Basis der gesellschaftlichen Beziehungen geblieben ist, ist Gewalt unentbehrlich. Von dieser Anerkennung des Gewaltprinzips, zur Durchsetzung des Rechtes und in der Notwehr, kam die Kirche zu der Anerkennung der Möglichkeit des »gerechten Krieges«. Auch der katholische Pazifismus steht auf diesem Boden.

Die Frage aber, ob etwa unter den heutigen Verhältnissen ein Teil der Voraussetzungen für den gerechten Krieg für alle Fälle fehle und ob also etwa heute *jeder* Krieg zu bekämpfen sei, ist weit schwieriger zu beantworten. Diese Frage führt ja vom Grundsätzlichen fort in die Fülle der Realitäten, die richtig gesehen und in Beziehung gebracht werden wollen. Es ist nicht recht zu begreifen, daß man gegenüber der radikalen These der katholischen Pazifisten moraltheologische Bedenken anführt. Es handelt sich hier doch um Anwendungen der beiderseitig – von Pazifisten und Nichtpazifisten – anerkannten moraltheologischen Grundsätze auf die Wirklichkeit, und die Meinungsverschiedenheiten darüber, ob etwa beim heutigen Stande der Kriegstechnik die Nichtkombattanten genügend gesichert seien, ob heute das Mittel der Kriegsführung noch im richtigen Verhältnis zum Kriegsziel stehe, ob heute der Sieg der gerechten Sache noch in etwa mit einiger Sicherheit erhofft werden könne, – diese Meinungsverschiedenheiten liegen doch nicht mehr auf dem Gebiet der moraltheologischen Grundsätze, sondern sind Tatbestandsfragen. Einwendungen gegen die radikale These der Ablehnung jedes heutigen Krieges können nur gegen die ihr zugrunde liegende Auffassung von den Realitäten des modernen Krieges gehen, nicht gegen irgendwelche moraltheologische Doktrinen. Man kann aber gegen diese These – soweit sie das betrifft, was man heute »Krieg« nennt, die bewaffnete Auseinandersetzung zwischen modernen Staaten, – nichts Triftiges einwenden. Faktisch erscheint heute ein »gerechter Krieg«

unmöglich. Das gilt auch für den Verteidigungskrieg. Einem nüchternen und verantwortungsvollen Beurteiler der Lage wird auch im Falle eines feindlichen Angriffs der »passive Widerstand« immer als das bei weitem aussichtsreichere, als das viel mehr im wohlverstandenen Interesse des eigenen angegriffenen Landes liegende Mittel erscheinen als der Krieg der Flugzeuge und Gase. Gewiß können wir nicht alle Situationen, welche die Zukunft bringen wird, voraussehen. Gewiß sind einer schweifenden Phantasie Fälle denkbar, wo sich eine bewaffnete Aktion als vernünftig und geboten erweisen mag. Wenn plötzlich Millionen von Negern mit Äxten und Jagdgewehren Europa sollten plündern wollen, wäre es sicherlich erlaubt und notwendig, sie mit geeigneten Mitteln daran zu hindern: aber solche Möglichkeiten sind zunächst Phantasiegebilde; die Kriege in der abendländisch zivilisierten kapitalistischen Welt aber *drohen in der wirklichen Welt*, und schließlich formulieren wir unsere Aktionsprogramme nicht nach allen etwa denkbaren Möglichkeiten, sondern nach den uns erreichbaren und uns angehenden Realitäten.

Im Kampf gegen den Krieg

Lücken in der Lehre der Kirche

Von den neueren Veröffentlichungen zur Gefahr der Vernichtung der Menschheit durch einen atomaren Krieg trägt eine den Titel »In letzter Stunde«*. Er erinnert an ein Wort des Papstes Paul VI.: »Es eilt!«. Die letzten Päpste haben in wachsendem Maße die Christen und die Menschheit »gegen die Geißel des Krieges« zum Kampf aufgerufen, von Benedikt XV. und Pius XI. an über Johannes und Paul bis zum jetzigen Papst. Er hat in seiner Weihnachtsansprache die Nuklearwaffen geradezu geächtet, und er hat seit London und Buenos Aires auch den konventionellen Krieg entschieden verurteilt. Nicht alle regionalen Katholizismen, nicht alle Bischofskonferenzen, nicht alle Laien-Vertretungen der Weltkirche nehmen das genügend ernst. Das hängt unter anderem mit bestimmten Lücken im kirchlichen Bewußtsein, im Weltbild der Theologen, in den politischen Theorien zusammen. Diese Defizite können hindern, verzögern oder schwächen, was der Geist in dieser kritischen Weltstunde von den Christen erwartet, – und auf was übrigens auch die nichtchristlichen Friedenskämpfer solidarisch Anspruch haben. Deshalb wird es nützlich sein, solche Lücken aufzuspüren. Es geschieht nicht, um Personen anzuklagen, sondern um Vorstellungen und Begriffe zu reinigen, so daß sie in den Dienst dessen gestellt werden können, was getan werden muß. Und das muß, soll es getan werden, zunächst gedacht werden.

Es handelt sich, spitzt man die Frage zu, um eine Lücke im Verständnis der Geschichte, um ein Defizit an politischer Theorie. Diese Feststellung könnte um so mehr verwundern,

* Der von Walter Jens herausgegebene Sammelband (München 1982) enthält Beiträge u. a. von Heinrich Albertz, Erhard Eppler und Eugen Kogon.

als die katholische Kirche in dem Rufe steht, sich sehr auf Politik zu verstehen. Sie hat es in ganzen Jahrhunderten fertig gebracht, sich als die eine der großen geschichtlichen Institutionen gegenüber der anderen, dem Reich, zu etablieren, damals, als Kaiser und Päpste die höchsten Autoritäten der Christenheit und der Menschheit waren; im Ringen um den Vorrang kam für Zeiten der Papst sogar über den Kaiser. Die Kirche ist in den späteren Jahrhunderten am Ball geblieben. Da wir von Krieg und Frieden zu sprechen haben, unterlasse ich es, zu beschreiben, daß sich die Methoden und Tendenzen des Einflusses in wachsendem Maße auf die innere Politik der Staaten bezogen haben; Stichworte dafür: die Schulpolitik, die Familien-Politik, die Abtreibungs-Gesetzgebung.

Dennoch tut die Kirche sich schwer damit, überhaupt zu verstehen, was im Innersten Politik ist. Eine der Ursachen: die Kirchenleitungen haben in den neueren Zeiten nur widerwillig jene demokratische Grundwelle akzeptiert, durch welche die heutigen Zeitgenossen sich als selbständige Träger ihres politischen Daseins verstehen, ja: als eigentliche Träger der Geschichte. Die Kirche hat allzu lange die Politik als ein selbstverständliches Privileg der Fürsten, ihrer Helfer und der politischen Eliten angesehen. Sie sieht den Staat, seine Repräsentanten, etablierte Ordnungen; aber sie hat keine rechte Beziehung zum Phänomen der geschichtlichen Bewegung entwickelt, ja, zur Bewegung selbst als einer neu erkannten geschichtlichen Realität. Das Defizit bezieht sich vor allem auf zukunftsbezogenes Bewußtsein und auf ein Handeln, das sich Ziele setzt, das auf Veränderung der Verhältnisse abzielt. Eine objektive Ratlosigkeit, die von subjektiver großer Sicherheit verdeckt sein mag, tritt besonders deutlich zu Tage im Verhältnis der Kirche zu zwei Bereichen, der Sozialbewegung, die auf die Veränderung der wirtschaftlich-sozialen Beziehungen der Menschen gerichtet ist, und eben, das ist unser Thema, auf die Friedenspolitik, auf den Kampf gegen den Krieg. Das gilt, obwohl sie sich diesen Fragen durchaus stellt, mahnend und warnend; nur: es geschieht oft in allzu großer Ferne von den Strategien der Verwirklichung.

Den armen Leuten und den wachen Intellektuellen Lateinamerikas wird die revolutionäre Gewalt mit Hinweis auf die Friedensbotschaft der Bergpredigt und auf das Wort des Apostels Paulus »Seid untertan der Obrigkeit« verboten; anderseits nehmen zwar nicht alle offiziellen Sprecher der Kirche, aber gerade bei uns viele die Gewalt, die im Gleichgewicht des Schreckens zur Institution geworden ist, zunächst einmal hin, ja sie erklären sie sogar zur einzig soliden Friedenssicherung.

Nicht alle offiziellen Sprecher der Kirche reden so, sagte ich. Gerade die Päpste haben solche Abhängigkeit vom Status quo der politischen Mächte überwunden, und zwar in wachsendem Maße.

Aber während der Papst die Atomwaffe ächtet und im Falkland-Krieg auch den konventionellen Krieg, während in den Vereinigten Staaten eine Gruppe von Bischöfen die Konsequenzen daraus zu ziehen beginnt*, würdigt das Zentralkomitee der deutschen Katholiken** die friedenssichernde Macht der Nato positiv und schließt dabei ausdrücklich das nukleare Vernichtungspotential ein.

Eines darf man allerdings vom Papst nicht erwarten: daß er selbst eine politische Strategie entwirft, die das Ziel einer

* Im November 1982 veröffentlichte die Konferenz der katholischen Bischöfe der USA den zweiten Entwurf eines Hirtenbriefes zu Krieg und Frieden, indem sie nicht nur den Einsatz atomarer Waffen, sondern auch die Drohung mit diesen als unmoralisch angriffen. (In deutscher Sprache ist der Entwurf veröffentlicht als Pax-Christi-Arbeitspapier unter dem Titel »Die Herausforderung des Friedens: Gottes Verheißung und unsere Antwort«, Frankfurt/M. 1982) Einige Bischöfe gingen sogar noch weiter; sie verurteilten auch die Herstellung und den Besitz von Atomwaffen und beteiligten sich an Protestaktionen bis hin zum Boykott des für Rüstungsausgaben verwendeten Steueranteils.

** Das Zentralkomitee der deutschen Katholiken, 1952 gegründet, koordiniert die Arbeit der katholischen Laienorganisationen und nimmt als deren Sprecher auch öffentlich Stellung zu politischen und sozialen Fragen.

atomwaffenfreien Welt konkret erreichen will, oder daß er sich gar an den Kämpfen und Risiken beteiligt, die aus einer solchen Strategie hervorgehen würden. Es ist wichtig, diesen Unterschied in den Blick zu nehmen. Wenn man ein von der Kirche verkündetes Ideal verwirklichen will, – und auf die Verwirklichung kommt doch alles an –, dann muß man gesellschaftliche Kräfte organisieren, die für diese Verwirklichung gewonnen werden können, und die zu kämpfen bereit sind; man kann sodann nur in einer möglichst reifen Strategie der Veränderung diese selbst erreichen. Jede Strategie und jede Taktik kann fehlschlagen, – und der Papst und die Bischofsgemeinschaft müssen es scheuen, mit Recht, sich und die Sache der Kirche in solche Niederlagen zu verwickeln. Das ist verständlich.

Das aber hat eine wichtige Voraussetzung – oder: müßte eine wichtige Folge haben. Die Laien-Christen sind zu ermutigen, solche Strategien der Verwirklichung selber zu wagen. Doch Papst und Bischöfe haben die Existenz und Notwendigkeit der politischen Strategie noch kaum in ihr Bewußtsein, in ihr Weltbild aufnehmen können.

Warum dieses Defizit? Zwei Antworten auf diese Frage liegen nahe.

Die erste setzt ein hierarchisches Selbstbewußtsein der Bischöfe und des Papstes voraus. (Die evangelischen Autoritäten sind da in einer etwas anderen Lage.) Der Bischof Ulrich ritt zwar auf dem Pferd seinen wehrhaften Augsburgern voran, als er in der Schlacht auf dem Lechfeld im Jahre 955 die Ungarn daran hindern wollte, weiterhin dort zu sein, wohin sie in der Tat nicht gehörten, aber er trug dabei kein Schwert, sondern nur das Kreuz. Blut darf im Heiligtum nicht fließen. Ein magisches Blut-Tabu mag damals mitgespielt haben. Heute ist es gewiß kaum noch wirksam. Aber auch ein ausgesprochen sakramentales Verständnis des Bischofsamtes, wie es heute noch gilt, läßt verstehen, daß sich die katholischen Apostel Jesu Christi selbst dann nicht »mit Blut beflecken«

wollen, wenn sie den Kampf, in dem Blut fließen könnte, an sich als guten Kampf billigen, ja wenn sie ihn auf ihre unblutige Weise sogar mitkämpfen.

Die Bischöfe, so empfindet man, haben sich »herauszuhalten«, nicht nur wenn es sich um Blut handelt, sondern auch um vieles andere mehr, was zum »schmutzigen Geschäft« der Politik gehört. Vor allem enthalten sie sich der nicht von der Tradition gesicherten verändernden Aktion und Strategie und von deren Risiken. Im Grunde ist es die »Entscheidung«, die Wahl zwischen zwei Möglichkeiten, welche die Bischöfe scheuen, wenn es nicht gerade die Entscheidung für etwas sehr Bewährtes ist. Natürlich kennen sie die Entscheidung zwischen Heil und Unheil, zwischen Gut und Böse. Aber sie tun sich schwer mit den Entscheidungen in der Geschichte, wenn diese nicht als eindeutig gut erkennbar sind. Das aber können geschichtliche Entscheidungen selten sein. Oft sind beide Wege, beide Möglichkeiten einer Alternative je in ihrer Art »gut«, oft sind beide problematisch, meist ist jede von ihnen mit einem speziellen Risiko belastet.

Die zweite Antwort betrifft auch nichtkatholische christliche Kirchenführer und Kirchenleitungen, die ihr Amt nicht im besonderen Maße als »sakral« verstehen.

Die Kirchenleitungen, die sich auf die apostolische Autorität berufen, auf das also, was Jesus von Nazaret den Zwölfen aufgetragen hat, sind in der Tat nicht dazu da, in der Evolution und Geschichte der Menschheit besonders produktiv zu sein. Es gibt eine Menge von tief menschlichen Tätigkeiten, etwa auch die der Kunst und anderer unmittelbarer Hervorbringungen der Phantasie, aber auch der Wissenschaft, der Philosophie, die nicht aus der besonderen kritischen Prophetie des Jesus von Nazaret leben, sondern aus der Natur des Menschen, also aus dem Willen des Schöpfers, der den Menschen die Fähigkeit verliehen hat, das Abenteuer der Geschichte zu wagen, – den Menschen und nicht den Christen allein.

Der besondere Bund, den er sehr spät – heute wissen wir: mehr als zwei Millionen Jahre nach der Geburt des Menschen – erst mit Abraham, dann durch Jesus mit dem ersten und dem zweiten Gottesvolk geschlossen hat, ist eine Antwort auf das schöpferische Wort der Kultur: Subjekte dieser Kultur, Subjekte der Geschichte aber sind die Menschen als Geschöpfe Gottes. Jesu Werk, das die Kirche fortführen will und soll, ist nicht von derselben Art. Es ist weder ein schöpferisches Kulturwerk noch ein politisches Werk. Es ist kein ursprüngliches »Wort« der Menschheit, die sich selber lebt, sondern es ist eine Ant-Wort auf die bereits vorgefundene Kultur, und zwar zunächst auf den Zustand der Menschen im Volk Israel zu Abrahams Zeiten bei dessen Bildung, zur Zeit Jesu unter der Römerherrschaft, sodann auf die hellenistische Welt, zu der jene kleine Kulturprovinz gehörte, schließlich auf alle späteren und zukünftigen von den Menschen schöpferisch und nachahmend geschaffenen Äußerungen der Kultur und Geschichte, dies im Zeichen von Nachfolge, also im Zeichen des Salzes und des Sauerteiges. Die Bergpredigt, die in der Tat kein pazifistisches Programm enthält, ist jedoch eine antwortende Korrektur jeder politischen Struktur und als Leitstern jedes Handelns eine Vision, die des Reiches Gottes. Die christlichen Pazifisten, wenn sie es recht machen, bemühen sich, nicht in der Nach*ahmung* Jesu Christ – der Imitatio Christi –, sondern in seiner Nach*folge* die politische Welt, in der sie leben, zu kritisieren und zu verändern, im Lichte jener Vision.

Man darf hinzufügen: ohne den nichtchristlichen Partnern im Geschäft der Weltveränderung diese Vision selbst aufzuzwingen.

Nun sind aber die Kirchenleitungen nicht Christen wie wir alle. Sie sind es natürlich auch, getaufte und geheiligte Sünder nämlich, aber ihr besonderes Amt gibt ihnen darüber hinaus eine Sonderstellung. Sie fassen, und das ist ganz legitim, diese Sonderstellung positiv auf, suchen sie rein zu erhalten und kräftig zur Wirkung zu bringen. Sie rechnen mit Recht auf die Achtung der Gläubigen vor ihrem Amt. Dieses Sonderamt hat jedoch auch negative Folgen. Wer nicht mitkämpfen kann, wer die Risiken der politischen Entscheidungen, die Risiken der Geschichte nicht auf sich nehmen will oder darf, wer seinen Kopf nicht hinhalten will, der hat an einer besonderen Würde des Menschen nur einen begrenzten Anteil: an der Würde des Geschichtsträgers. Er mag dispensiert sein, aber das, wovon er sich glaubt enthalten zu müssen oder tatsächlich enthalten muß, ist eine große humane Sache: der konkrete Kampf um Gerechtigkeit und Frieden, die Aufgabe der Geschichte schlechthin. Die Bischöfe können sich wegen ihrer speziellen Sendung nicht als Mitte der Kirche fühlen, – die ist in Wahrheit dort, wo die unbekannten Heiligen unserer Tage leben. Die Apostel Jesu Christi existieren als solche außerhalb der Normalität des Christenlebens: sie verhalten sich sozusagen exzentrisch zum Kirchenvolk, um dessentwillen das ganze Kirchenwesen da ist.

Diese Verschiedenheit wird nach der täglichen Erfahrung der letzten Jahre in unserem Land selten klar gesehen. Vom Bundeskanzler * bis zur Frankfurter Allgemeinen Zeitung und an vielen Orten dazwischen wird von der Aufgabe »*der* Kirche« auf gesellschaftlichem Gebiet, etwa in der Friedenssicherung, mit großer Selbstverständlichkeit so gesprochen, als ob es diese Unterscheidung zwischen den Zuständigkeiten und Verantwortlichkeiten der Kirchenleitungen und denen des nicht für die Leitung verantwortlichen Kirchenvolkes nicht gäbe.

Man geht von der falschen Voraussetzung aus, es gebe in der Nachfolge des Mannes, der in der Bergpredigt zu uns gesprochen hat, eine Kirche, in der die Leitungen *für* die Mitglieder sprechen könnten. Sie sind aber nicht dazu da, für uns zu sprechen, sondern *zu* uns, nicht *für* uns auch in unseren weltlichen Angelegenheiten, sondern *zu* uns im geistlichen.

* Der Bundeskanzler hieß zu diesem Zeitpunkt (August 1982) noch Helmut Schmidt.

Sie, die eine Lehre oder auch Ideologie der Ehe in der Hand haben, entscheiden dennoch nicht mit, wenn diese Ehe wirklich und ernsthaft passiert, wenn Hans nämlich die Grete freit; Bischöfe und Pfarrer sind in dieser zuweilen prekären Frage, die große Lebenskonsequenzen hat, als Amt sogar weniger zuständig als jeder gute verständige Freund der beiden, der ihnen raten kann. So haben die Amtsträger auch bei unseren Strategien wenig mitzureden. Sie sind ausgeschlossen davon, sie sind dispensiert, aus weniger guten, aber auch aus sehr guten Gründen. Ich wäre mißverstanden, wenn ich nicht darum bitten würde, daß sie uns brüderlich beistehen. Sie dürfen und sollen sogar mehr tun: sie sollen uns ermutigen, unser Werk zu tun, ausdrücklich, aber in der Weise, daß sie uns für unser Geschäft selbst freigeben, für das Geschäft, das wir Geschichte nennen: nicht zuletzt für unser heutiges Geschäft: die Menschheit vor der Selbstzerstörung zu retten.

Johannes Paul II. hat in Lateinamerika gesagt, was er sagen durfte, mußte, sollte. Freigegeben für ihre eigenen Strategien und Kämpfe hat er die Gläubigen jenes Kontinentes dagegen nicht. Er hat sie nicht ermutigt, auch den Streit um die Strategie untereinander nicht zu scheuen, die nun einmal zur Sache gehört. Auf die »Politiker« wies er hin, wenn es um die Verwirklichung ging. Als ob Geschichte eine Angelegenheit für Fachleute wäre!

Als wenn für die wichtigste Aufgabe in gegenwärtiger Situation, für die Sammlung, Organisation und Stärkung politischer Bewegungen und Kräfte, für den Entwurf einer Strategie, für die Beziehung jener Kräfte auf diese Strategie »die Politiker« der heutigen Staaten und Parteien geeignet und zuständig wären!

In der Friedensfrage, ich deutete es schon an, steht es besser. Mindestens das römische Amt gibt der Friedensbewegung grünes Licht, begrüßt die Bildung und Sammlung von Kräften, welche die Unbeweglichkeit der Giganten und der von ihnen abhängenden Institutionen, Staaten und Parteien brechen wollen. So hat das Amt auch Verständnis für den Entwurf neuer und verschiedener Strategien zur Friedenssicherung. Hier ist es einmal so, daß die oberste Leitung der katholischen Kirche den kämpfenden Laien näher ist als die deutsche Institution, die sich als Sprecherin dieser Laien versteht, sie aber auf einen bestimmten Weg festlegen will.

Wenn von christlicher Antwort auf die Herausforderung des Krieges die Rede ist, darf man von einem weiteren Fortschritt sprechen: vom stillen Absterben der Lehre vom gerechten und ungerechten Krieg. Sie hatte Bedingungen für einen gerechten Krieg aufgestellt, so eine legitime Obrigkeit,

einen guten Grund, als der keineswegs nur der der Verteidigung genannt wird,

ein vernünftiges Verhältnis zwischen dem Ziel – dem Sieg – und den Mitteln des Krieges,

den ernsthaften Versuch, dieses Ziel zunächst ohne Krieg zu erreichen,

die Aussicht auf Erfolg des kriegerischen Weges,

den Schutz der Nichtkämpfer.

Diese so handfest und vernünftig aussehende Lehre enthielt und enthält im Kern jedoch jenes Defizit, das ich als partielle Geschichtsblindheit beschrieben habe. Es handelt sich ja um eine Lehre, die sich um die allgemeine und je um die besondere Funktion, die der Krieg als gewaltsame Konfliktlösung gehabt hat, gar nicht kümmert, sondern das System der Kriege als selbstverständlich voraussetzt und dadurch billigt. In der Struktur, die wir »Krieg« genannt haben, in die Frage nach seinem Sinn oder Unsinn, dringt hier die Stimme des Evangeliums nicht ein. Darin äußert sich sowohl eine Fremdheit gegenüber dem politischen Geschäft wie ein verkennen des geschichtlichen Prozesses selbst, der menschlichen Stufe der Evolution. Als de Vitoria* und andere im 17. Jahrhundert

* Der spanische Dominikanermönch Francisco de Vitoria (ca. 1483–1546) gilt als Begründer des modernen Völkerrechts.

aus aristotelischen, frühchristlichen und scholastischen Ansätzen die beschriebene klassische Theorie zu Ende formulierten, bezogen sie sich unkritisch auf die Gewohnheiten des frühneuzeitlichen Systems, das sich aus dem zerfallenen Reich herausbildete, in dem zuerst der Krieg der Fürsten und Kabinette, dann der beginnenden modernen Staaten, später der Nationen unbezweifelte Selbstverständlichkeit war. In die damals entstehende Staatsrechts-Lehre fügte sich die katholische Theorie fast nahtlos ein, indem sie das bestehende System akzeptierte und nur kasuistisch die Fälle eingrenzte, in der ein konkreter Krieg als offenbar unsittlich oder aber als »sittlich erlaubt« erscheinen konnte. Zwar ist kein einziger Krieg bekannt geworden, dessen Ausbruch durch die Wirkung dieser Theorie verhindert worden ist, im Gegenteil: viele schlechte sind damit gerechtfertigt worden; zwar hat auch der Bischof des Kriegsdienstverweigerers Jägerstätter* unter Berufung auf die klassische Theorie den katholischen Rebellen, der Hitlers Krieg mit Recht als schweres Unrecht erkannt hatte, zur Kapitulation bringen wollen.

Aber im Grund ist hier eine Theorie daran gescheitert, daß sie unter den verschärften Umständen der Atomkriegsgefahr, aber auch schon der imperialen Großkriege sich als realitätsfremd erwiesen hat. Sie ist in ihren Grenzen gar nicht unvernünftig, aber sie kann nicht wirksam sein, sie greift nicht. Es war ein bedeutender Augenblick der aktuellen Kirchengeschichte: Johannes Paul II. hat in Buenos Aires diese Lehre preisgegeben. Er argumentierte nicht mehr kasuistisch, sondern stellte sich der geschichtlichen Situation selbst. In ihm hat sich die Kirche der Geschichte gestellt.

* Der katholische Landwirt Franz Jägerstätter (1907–1943) verweigerte aus christlicher Überzeugung den Kriegsdienst in der deutschen Wehrmacht und wurde dafür hingerichtet. Der Bischof seiner Diözese hatte zuvor vergeblich versucht, Jägerstätter von seiner Entscheidung abzubringen. Er hielt ihm vor, solcher Widerstand sei nutzlos und widerspreche zudem der christlichen Gehorsamspflicht gegen den Staat.

Doch wirkt noch heute in der Diskussion über die Friedenssicherung und die Bergpredigt jenes Status-quo-Denken nach, als Kapitulation der Christen vor den Tatsachen. Der Schaden dürfte zuerst in der konstantinischen Zeit eingetreten sein. Jesus, der tatsächlich kein Revolutionär war (aber auch kein Bankdirektor, kein Bischof und kein Oberkirchenrat) hat in der Tat nicht die Veränderung der politischen Zustände gepredigt. Er, der nicht über die Köpfe der Menschen seiner Zeit und Region hinweggepredigt hat, sondern sie immer genau im Auge hatte, war genauso wie seine Zuhörer von der Realität der Rechts- und Machtordnung des römischen Reiches überzeugt, zu der es in keiner Weise eine Alternative gab; diese war nicht einmal vorstellbar. Paulus hat daraus die Formel abgeleitet: seid untertan der Obrigkeit. Was dann weder im 4. Jahrhundert noch auch später genügend bedacht worden ist, war die schlichte Tatsache, daß durch Konstantin nun Christen selber Obrigkeit zu werden begannen. »Seid untertan der Obrigkeit«, – das konnte ja nun nicht bedeuten, sich selber untertan zu sein. Die Formel war nun ungeeignet geworden, das eigentliche politische Problem zu beantworten.

Zum erstenmal in der Geschichte hätte die Frage zentral werden müssen, wie bin ich christlich Obrigkeit? Da wäre das Wort Jesu aktuell geworden, das Matthäus überliefert hat: »Ihr wißt: Die Herrscher der Völker schalten und walten über sie, und ihre Großen nutzen ihre Macht gegen sie aus. Bei Euch aber ist es nicht so.« Aktuell wäre die Frage geworden: Was habe ich als Kaiser, Senator, General mit dem römischen Reich, seinen und meinen Möglichkeiten anzufangen, die nun in meine Hand gegeben sind? Der Heide Augustus, der kurz vor Christi Geburt die Ara Pacis errichtet hat, den Altar des Friedens – kein Götterbild stand auf seinem Tisch –, ist dieser Frage näher gewesen als das christliche Establishment der Jahrhunderte des absterbenden Hellenismus, der Völkerwanderung, des Mittelalters. Soviel Nobles in einzelnen Christen gerade auch im Mittelalter gelebt worden ist:

ihr Staatssystem blieb heidnisch-römisch und heidnisch-germanisch. Das Schwert war seine Legitimation. Religiös allerdings blieb dieses System, ja es wurde um das Maß noch heiliger, als der Christus-König den Göttern Roms und Jupiter selbst und ebenso Wotan an Heiligkeit überlegen war. Nur menschlicher, nur evangelischer wurde es kaum, ja, der Schwertglaube, der Schwertkult, setzte sich als ein wesentliches Kulturprinzip der mittelalterlichen Welt durch und blühte trotz den stummen Protesten des Benediktus und den lauten Appellen des Franziskus. Der Gottesfriede, Treúga Dei* genannt, war eine christliche Korrektur dieses Systems, aber dieser Friede war zeitlich und räumlich begrenzt, und er ist am Ende des Mittelalters ausgestorben. Die Rufe der Bergpredigt, die man heute so oft auf die Innerlichkeit begrenzen will, sind zwar aus dem genannten Grund nicht ausgesprochen politische Appelle, durchaus aber auch soziale und wirtschaftliche. Man muß sie aus der gewichtigen Tatsache deuten, daß christliche Liebeshilfe durch Solidarität und durch Politik eine Möglichkeit geworden ist, die erst im 4. Jahrhundert entstand und vorher nicht vorstellbar, nicht einmal denkbar war.

Die Frage ist nicht, wie Jesus über die Politik gedacht hat, sondern wie heute ein christlicher Demokrat, der ja nun inzwischen seit der bürgerlichen Emanzipation selber schon als Wähler ein Stück Obrigkeit geworden ist, in der Nachfolge Christi denken sollte. Nachfolge ist nicht Nachahmung, schon gar nicht Nachahmung auch und gerade der historischen Begrenzungen Jesu von Nazaret. Der Begriff Nachfolge setzt vielmehr andere Weg-Umstände und auch andere Füße, nämlich andere Menschen mit anderem Bewußtsein und anderen Pflichten und Aufgaben voraus. Darum hat Je-

* Die Treúga dei, der Waffenstillstand Gottes, verbot im Mittelalter unter Androhung von Kirchenstrafen an Festtagen alle Fehden und bewaffneten Händel.

sus, als er uns den Heiligen Geist verhieß, uns eine Kraft angekündigt, die über die Provinz Judäa und über das Jahrhundert seiner Tage hinaus wirken wollte, den Heiligen Geist. Er hat von ihm gesagt, daß er uns besser sagen könne, was wir zu tun hätten als er selbst. Er gebietet uns, den Appell der Bergpredigt immer wieder aufs Neue zu hören, ihn in gegenwärtige Wirklichkeit umzusetzen.

Unter dieser Voraussetzung sollte unter uns endlich das undifferenzierte Reden vom Auftrag »der Kirche« aufhören, auch vom Wort »der Kirche« zu unseren Kriegsängsten. »Die Kirche« hat mehrere Erscheinungsweisen. Die Kirche ist ganz gewiß der Papst, ist die Bischofskonferenz, sogar auch eine nicht so fraglos legitimierte Autorität wie die des Zentralkomitees. Die Kirche ist aber auch in den glaubenden, getauften und gefirmten Gliedern der Menschheitsfamilie, in den christlichen Bürgern gegenwärtig, nicht nur in ihren isolierten Herzen, sondern auch in ihren gemeinsamen Aktionen, in solidarischen Arbeitnehmern, in Volks- und Staatsbürgern, die für den Frieden zu kämpfen bereit sind. Die Einheit der Tischgenossen Jesu ist von solcher Differenzierung nicht berührt, sie sollte stärker, leidenschaftlicher, konkreter werden, als sie es bisher ist.

Aber der Heilige Geist, der den Amtsträgern sagen soll, was sie zu tun und zu sagen haben, und ihnen auch sagen wird, was nicht ihres Amtes ist, sollte nicht behindert werden, wenn er den originären Geschichtsträgern helfen will, den atomaren Selbstmord zu verhindern und friedlichere Ordnungen auszudenken und auszukämpfen. Sie sollen und sie dürfen uns nicht in den Arm fallen.

Ehe, Eucharistie, Sozialismus

Die Zusammenstellung ist befremdend. Das mag mich gereizt haben, sie mir einfallen zu lassen. Aber es war mir ernst dabei. Als ich die drei Begriffe als »Grundpositionen« meines Lebens oder ähnlich bezeichnete, steckte eine überlegte Selbst- und Zeit-Analyse dahinter. Das war vor einer Reihe von Jahren. Inzwischen bin ich gelegentlich danach gefragt worden, wie ich das damals gemeint hätte, aber auch: ob ich heute daran festhielte?

Ehe: ein Verzicht auf Möglichkeiten zugunsten der Verwirklichung

Natürlich habe ich meine eigene Ehe im Sinn, die bestimmte, geschlossen am 28. August 1941 mit M., geb. O. Und natürlich meine ich zugleich die Struktur Ehe, die für meine Existenz konstitutiv geworden ist. Und – nicht ganz so natürlich – meine ich einige Momente dieser Struktur mit, die allgemeiner sind, die man aber an ihr und gerade an ihr »festmachen« kann.

Ich habe nicht vor, ein intimes Geständnis abzulegen und registriere darum nur. Der ich vierzig Lebens- und also zwanzig Mannesjahre ohne Ehe ausgekommen bin: ich kann mir die meine, seitdem es sie gibt, so wenig aus meiner Existenz wegdenken, daß ich sagen muß: es gäbe mich nicht, wenn uns nicht diese Ehe geschenkt worden und gelungen wäre. Das muß genügen, um die spezielle, die einmalige Bedeutung und »Leistung« meiner Partnerin für unsere Ehe anzudeuten.

Ich weiß, wie altmodisch das klingt, wofür ich hier eintrete. Die Ehe gilt als eine von vielen Möglichkeiten erotisch-sexueller Partnerschaft, und nicht einmal als die problemloseste. Sie ist vielleicht, so konzediert man, besser für die Kinder, die sie hervorbringt, vielleicht – auch aus demselben Grund – nützlich für die Gesellschaft; aber der Spontaneität, Freiheit und Fülle der erotischen und sexuellen Energien und allgemeiner der freien Entfaltung der eigenen Möglichkeiten, so argumentiert man, ist sie eher hinderlich. Das lasse ich dahingestellt: ich werde kein anthropologisch-soziologisches Material und auch keine irgendwie, etwa mosaisch oder christlich begründete Norm dagegen anführen, sondern im Grunde nur meine Erfahrung. Die Entscheidung für die Ehe, für die Dauer-Bindung, war zugleich in der Tat die Entscheidung zwar nicht gegen die Spontaneität und Fülle der erotisch-sexuellen Dimensionen – eher das Gegenteil –, wohl aber gegen die unendliche Fülle der möglichen Partnerbeziehungen und für diese eine: ein *Verzicht auf Möglichkeiten zugunsten der Verwirklichung*.

Insofern deckt die Struktur »Ehe« auch manche andere Entscheidung vergleichbarer Struktur ab: die Annahme gegebener genetischer, biographischer, zeitgeschichtlicher Voraussetzungen, das Bekenntnis zu einer Beschränkung, die zwar der Zukunft gegenüber offen ist, aber doch auch als definitiv akzeptiert wird. Sich zur Ehe entschließen, heißt auch: Stand gewinnen, einen begrenzten, aber eigenen Stand, heißt: in der fließenden Geschichte und im unbegrenzten Raum eine Wahl zu treffen, um sich zu realisieren. Ist es für den heranwachsenden Menschen gut, sich zwar nicht ganz, aber kräftig zu »entwurzeln«, sich loszureißen, sich zu befreien, so bedeutet die Ehe den Beginn einer schöpferischen (nämlich eigenen) Verwurzelung.

Eheleute – weiß man es? – sind Freunde. Der eheliche Eros vermittelt zwischen ihrer Sexualität und ihrer Freundschaft, die Freundschaft aber mehr als der Sexus trägt das Schwere und das Leichte, den Werktag und das Fest, Erinnerung und Erwartung, Schicksal und Freude, die Minute und das Jahr. Eheleute sind Freunde, die sich nicht zu trennen brauchen. Es ist ein großer Entschluß, ein großherziges Wagnis, mich auf den ehelichen Freund und diesen auf mich festzulegen, aus Vertrauen. Ehe ist die Dauerprobe der Freundschaft. Auch der eheliche Widerspruch, vor allem der Grundwiderspruch zwischen der Selbstliebe und der Hingabe und der andere zwischen der Einsamkeit und der Gemeinschaft, der Konflikt um alles, was es geben kann, die erodierende Zeit auch bilden den Stoff für eine ständige Arbeit, in der sich die Freundschaft Ehe hält, bestätigt, erneuert.

Der negativen Abgrenzungen gegen die Fülle der Möglichkeiten (flüchtiger Bindungen und Kontakte, »Erfahrungen«, Abenteuer, Ausbrüche) entspricht eine positive Erfahrung. Die ausschließliche Bindung selbst ist fähig, die erotisch-sexuelle Dimension weit und tief (und sogar abenteuerlich) zu erschließen. Daß Eros und Sexus eingebunden sind in vieles andere, in die Konstellation zweier Biographien, Temperamente, in viele Umstände, Möglichkeiten und Begrenzungen, Begabungen und Defizite, das nötigt allerdings zu Verzichten, ein für alle Mal und immer wieder; aber die Verbindungen zu diesen trans-erotischen und trans-sexuellen Gegebenheiten machen die Erotik und Sexualität selbst nicht kleiner, sondern reicher und »gründlicher«: Sie gründet sie in alle Dimensionen der Existenz hinein. Sich tief in die Augen zu schauen, erstaunt und offen für eine groß empfundene Zukunft, das ist keineswegs ein Privileg der Verliebten oder der jäh Liebenden; Philemon und Baucis kennen diesen Blick, und sie erneuern ihn, in einer langen wendungsreichen Geschichte, die ihre Überraschungen hat. Es ist ein lebenslanges Abenteuer, die eigene Seelen- und Geisteslandschaft dem Partner und die des Partners sich selbst zu erschließen; genauer: es ist eine lebensgeschichtliche Erfahrung, die das Abenteuer einschließt. Eros und Sexus profitieren davon. Ich denke, daß nicht die Roués, die Lebemänner zuständig und sachverständig für Erotik und Sexualität sind, sondern nach langer Ehe der Ehemann und die Ehefrau.

Sich zur Ehe bekennen, heißt dann natürlich auch, die erotische und sexuelle Dimension selbst ernstzunehmen. Man braucht das in einer Gesellschaft, in der uns die Zerstörung mancher Tabus und der Kommerz sexbesessen machen wollen, nicht laut zu sagen, wohl aber in der anderen Richtung: den Erben der tödlichen Sexfeindschaft der christlichen Kirchen. Die erotisch und sexuell ausgelebte reife Ehe steht eben gegen zwei Fronten. Solange ein Papst nicht überzeugt von der Lust in der Ehe sprechen kann, wird man es ihm nicht abnehmen, wenn er vor der Lüsternheit in der Ehe warnt: wenn es die gibt, hat man sie nicht von der Zuwendung und Hingabe, sondern von der voll bejahten Lust abzugrenzen.

Ich halte – wieder eine andere Front – viel von dem »kleinen Unterschied«, von dem biologischen und dem Insgesamt vieler anderer Unterschiede zwischen Mann und Frau. Es muß zu denken geben, daß die Evolution der Pflanzen- und Tierwelt die männlich-weibliche biologische Polarität sehr früh erfunden hat. Machisten und Patriarchen haben ihn ausgebeutet, als sie die Herrschaft der Männer, der Väter und der Männerbünde etablierten. Die Frauen haben also recht, wenn sie den Aufstand proben. Auch soll alles erschlossen werden, was in gemeinsamer Menschlichkeit gefunden und entwikkelt werden kann. Zärtlichkeit schlechthin sollte als menschliche Eigenschaft gelten. Doch Männlichkeit und Weiblichkeit sollten geschätzt und entwickelt werden, aber anders als bisher. Es ist ja tatsächlich viel von dem, was man lange bösen oder guten Willens als »Wesensbestand«, als »Natur« des einen und des anderen Geschlechtes ausgegeben hat, in Wahrheit ein Produkt von Herrschaft und ein Petrefakt der Geschichte. Was in den Unterschieden, die feststellbar sind, je zur »Natur« gehört, was zur Geschichte, ist aber keineswegs auszumachen. Ja, es wird niemals auszumachen sein; denn der Mensch ist untrennbar sowohl Natur wie Geschichte und wird immer auch Geschichte bleiben. Wir sollten uns weder an die angeblich ewigen noch an neu entdeckte Fixierungen von Männlichkeit und Weiblichkeit halten, sondern in beiden Geschlechtern menschlichere Menschen werden, die menschlicher mit ihrer Geschlechtlichkeit umgehen. Dann werden eine neue Männlichkeit und eine neue Weiblichkeit entstehen, wohl zu unterscheiden. Aber auch dann werden das neue Verständnis und das neue Verhältnis nicht endgültig, sondern der Zukunft gegenüber offen sein. Nicht nur dieser berühmte kleine Unterschied, aus dem soviel Lust, Glück und Menschlichkeits-Erneuerung durch Zeugung und Geburt kommen, sondern auch viele andere subtile Unterschiede machen Spaß, Freude, Erkenntnislust: sie sollten unbefangen ausgelebt werden, im öffentlichen Bewußtsein und in der Experimentierstube Ehe.

Ein anderer Aspekt: Wenn ein Mann und eine Frau, die einander lieben, ihr »Verhältnis« dauernd machen, einander heiraten oder gar »sich ver-heiraten« wollen, dann geht sie das nicht allein an, sondern, davon bin ich tief durchdrungen, die Eltern, die Brüder und die Schwestern, die Freunde und Freundinnen, die Nachbarn; die Gesellschaft, – sogar den Staat. (Nebenbei: Ich habe es damals nicht mitgemacht, als, nicht ohne den Blick auf den verhaßten Nazi-Staat, vor allem aber unter dem Einfluß der kirchlichen Erneuerung die katholischen Brautleute sich über das Standesamt lustig machten.) Gewiß, wenn man in einem akuten oder zeitgeschichtlichen ernsten Konflikt mit der etablierten Gesellschaft und dem herrschenden Staat lebt, kann man in die Lage kommen, dem Nachbarn und der Polizei sagen zu müssen: was geht's euch an? Aber das ist eine Ausnahmesituation. Für mich jedenfalls war es ein Vorzug, ein Gewinn an Lebensbeziehung, an Lebenstiefe, als wir unserer natürlich-normalen Beziehung die gesellschaftlich-normale Form gaben. Der Nazi-Beamte, der uns traute, stand da nicht für Adolf Hitler, sondern für einige tausend Jahre Sozialität und Staatlichkeit.

Wenn Zweigeschlechtlichkeit und Fruchtbarkeit, bedeutende Natur-Konstanten, in zwei Geschichtssubjekten vermenschlicht, nämlich personalisiert sind, dann geben diese im Standesamt und vor dem Altar ihre auf Dauer angelegte Bindung der Geschichte zu Protokoll. Das ist, so finde ich, der Würde des Menschen, der Gesellschaft, der des Staates und der der Geschichte angemessen.

Daß die Ehe »auf Dauer angelegt« sein sollte, wird heute am nachdrücklichsten bestritten. Bei uns war es nicht nur die katholische Sozialisation – die auch –, sondern auch das transzendente Moment in der Liebesbeziehung, die uns das als selbstverständlich erscheinen ließ. Das ist natürlich nicht immer so. Natürlicher ist es, daß es der Überschwang ist, der auf Dauer besteht, – Nietzsches »Lust«, die »Ewigkeit« will. Die urnatürliche Zweierbindung, die sich dem Evolutionsstand entsprechend personalisiert hat, intensiviert sich auf ein Zusammen für immer hin. Gut, wenn man daran nie irre wird.

Aber natürlich gehen Ehen kaputt. Und das darf nicht das Ende zweier Biograhpien sein. Die Ehe, die ich preise, bleibt zerbrechlich, und wenn sie irreparabel zerstört ist, gilt fast nichts mehr von dem, was ich über sie – nicht als Rechtsgestalt, sondern als Lebensgestalt – gesagt habe. Übrig bleibt nach dem Bruch, daß eine reife Sittlichkeit je bestimmte bleibende Verantwortlichkeiten, große oder kleine, anerkennen wird. Natürlich hat von vornherein eine Ehe eine größere Haltbarkeits-Chance, wenn die Scheidung völlig außerhalb des Erwartungshorizonts der Brautleute steht. Aber das ist eine allzu pragmatische und heute nicht mehr plausible Begründung; es geht einfach nicht mehr: die Scheidung ist als Möglichkeit in unserem Bewußtsein. Den ernsthaften Willen aber, zusammenzubleiben, »bis der Tod uns scheidet«: das möchte ich allen gönnen, die dazu fähig sind, nicht aus jener pragmatischen Überlegung, sondern weil dieser Wille zu einer Beziehung gehört, die alle Dimensionen des Daseins ausloten will.

Steht die Eucharistie, das wird noch zu zeigen sein, unter anderem auch konkret für das Ja zu »den anderen« – den Wahl-Gefährten und den Zufälligen in der Versammlung –, steht »der Sozialismus« für das Ja zu »allen anderen«, so steht die Ehe für das Ja zu »dem anderen« (zu der anderen), und dieser eine bestimmte andere vertritt nicht nur sein Geschlecht, sondern auch die Menschheit. Die Ehe ist ein Extrem-Modell für das Verhältnis, das ich zum anderen Einzelnen haben soll, durchweg latent, aber abrufbar. Der Ehepartner ist der Nächste schlechthin: der, der meiner sehr bedarf. Die Ehe ist die Nagelprobe. Hier ist mir der andere ständig und überall »nahe«. Ist er nicht ein Mitgefangener im Kerker, dann ist er der Partner schlechthin. Ich habe die Menschheit mitgeheiratet, als ich, ein männliches Subjekt dieser Menschheit und ihrer Geschichte, mit einer Person des ergänzenden Geschlechts vor den Standesbeamten und vor den Altar trat.

(In Klammern: Das alles muß nicht sein. So stark der Grundbestand der Zweigeschlechtlichkeit dahin zu weisen scheint: er hat die Autonomie des einzelnen Menschen nicht außer Kraft gesetzt, und die Plastizität des Menschen befähigt ihn, auch außerhalb der Ehe, ja auch außerhalb von Zweier-Beziehungen erotisch-sexueller oder freundschaftlicher oder anderer Art zu existieren: als »Zölibatär«, als »Single«, oder in Gruppen. Ob die damit gegebenen Verzichte durch äußere Umstände erzwungen oder ob sie frei bejaht sind: es geht auch ohne Ehe. Sowohl Partnerbeziehungen anderer Art, die homoerotische, aber auch die nicht-erotische eingeschlossen, wie die Einsamkeit sind menschliche Lebensformen, die ihr Recht und ihre Würde haben. Sie können sich auch der Gesellschaft und der Geschichte gegenüber bewähren. Ich habe in diesen Überlegungen die Ehe nachdrücklich gewürdigt, aber ich wollte nicht eine Übersicht menschlicher Lebensformen vorlegen, sondern eine »Grundposition« meiner Existenz verständlich machen.)

Und die Kinder? Ja: Schon in jener Stunde vor dem Beamten und dem Priester waren sie da, und inzwischen sind sie groß (und drei haben selber Kinder). Ich finde es großartig, daß wir imstande sind, Menschen zu machen. Die Ehe ist als Struktur menschlicher Normalität zugleich notwendig auf »Familie« hin angelegt. Joseph Antz*, ein großer offener katholischer Pädagoge, sagte mir einmal – es war auf der Kaiserstraße in Frankfurt, man konnte in ihr noch plaudernd zu Fuß gehen –: »Das war um 1890, – als Sie erst noch nur in der Liebe ihrer Eltern existierten« (elf Jahre vor meiner Geburt). Die Bischöfe sagen es anders, aber was richtig an ihrem Ansatz ist, hat mein Freund Antz damals besonders schön gesagt. Was die Anthropologen, Soziologen und andere über das Verhältnis von Ehe und Familie, Ehe und Generation sagen, ermittelnd oder normierend, hat in denen, die es erleben, die es er-lieben, eine ganz andere Farbe, die der Zärtlichkeit und zugleich der Evidenz. Warum scheuen wir so vor dem Normalsten des Normalen zurück: daß die männlich-weibliche Liebe Kinder will? Warum können wir nicht glauben, daß in diesem Sachverhalt kein Trick der Natur oder Trick der Bischöfe formuliert wird, sondern die Geschichte in der Evolutionsstufe Zärtlichkeit? Kinder sind keineswegs ihr Zweck. Sie ist auch um ihrer selbst willen, um der menschlichen Erfüllung willen da. Aber daß Kinder die Frucht von Zärtlichkeit sein sollten und können, das dürfen wir uns weder ausreden noch miesmachen lassen. Ich kann nicht anders, als diese Erfahrung wie alle anderen ehelichen Erfahrungen von Herzen unseren Priestern und der Kirche zu gönnen.

* Joseph Antz (1880–1960) leitete bis 1933 die Pädagogische Akademie Bonn, für die er auch Walter Dirks als Lehrbeauftragten zu gewinnen versuchte.

Ja, höre ich, ja, aber... Gewiß, die Aber, so scheint mir, kenne ich auch, alle. Die Aber kennen auch unsere jungen Menschen sehr gut. Sie sollten sich diese Aber nicht wegideologisieren lassen. Schön wäre es, wenn sie sich darüber das Ja nicht nehmen ließen.

Das Sakrament der Eucharistie

Soll ich begründen, weshalb die Eucharistie zu den Grundpositionen gehört, so geht das nicht ohne eine fragwürdige Verbindung von theologischen Abkürzungen und sehr persönlichen Erfahrungen.

Die lange Geschichte meines Umgangs mit dem »Leib des Herrn« kann ich hier nicht erzählen. Sie begann vor 75 Jahren, als der kleine dicke Dechant Z. eine schneeweiße reine runde Scheibe, in gotisches Gold gefaßt, unter dem brokatenen Himmel durch die Straßen trug: Böllerschüsse, Glockenläuten, Bläserchoräle, kleine weißgekleidete Mädchen mit Kränzchen im Haar, der Duft der ermattenden Büsche am Straßenrand. Die Geschichte war von ihrem ersten Höhepunkt vor 70 Jahren an, der »Erstkommunion«, auf Strecken aufregend, den Kopf und das Herz beanspruchend und erhitzend, auf Strecken langweilig; aber immer wurde das, um was es jeweils ging, als wichtig, ja als zentral empfunden.

Heute geht es mir (und wohl auch anderen) auch in diesem Punkt »ums Ganze«. Natürlich geht es auch um »Liturgie«, vielleicht, je nach der Begriffsabgrenzung, sogar um »Kult«; es geht auch noch um andere religiöse Beziehungen und Vorgänge, aber im Grunde geht es um den Grund: um Gott.

Vorausgesetzt ist – heute – die Ferne, die Abwesenheit, die Unzugänglichkeit Gottes. Nach der Erosion eines religiösen Verhältnisses, das sich als »dialogisch« verstanden hat, das Gebet als Gespräch zwischen der eigenen Person und dem personalen Gott, stellte sich für viele heraus: nichts geht mehr, es sei denn, ich hielte mich an Jesus von Nazaret, den Menschen, der ganz von Gottes Geist erfüllt war. In dieser seiner Einzigartigkeit, wie immer man sie verstehe, ist er für uns, so scheint es mir, der einzige Schlüssel zum Geheimnis Gottes, der aufschließt. (Mir fällt der Schluß von Reinhold Schneiders »Winter in Wien« * ein – und vieles andere.) Er ist die Information über Gott, und er ist der Erweis Gottes: das »Wort« Gottes. Unergründlich ist Gott zu jeder Zeit; im Zeitalter des Nihilismus ist seine Unzugänglichkeit radikal zutagegetreten; es ist nicht Auschwitz allein, aber es ist auch Auschwitz und der miserable Zustand der angeblich von ihm geschaffenen und geleiteten Welt, der sich zwischen ihn und uns gestellt hat. In dieser Gottesnot hat nur ein Argument Bestand: der, den Johannes »das Wort« nennt. Das halte ich fest, wenn ich nun vom Sakrament seiner Gegenwart spreche.

Sakrament heißt Zeichen, Geheimnis, Zeichen des Geheimnisses, und es heißt Eid, Bund. Gottes Geheimnis ist angezielt, wenn die Verbündeten sich versammeln, um am Geheimnis des Wortes Anteil zu nehmen. Im Ursakrament Christus (Zeichen, Geheimnis, Bund) wird uns Gott zugänglich. Die zweite Dimension dieses Ur-Sakramentes ist die Kirche: als die Geschichts-Wirklichkeit seiner Freunde und als deren geschichtliches Weiterleben. Das Sakrament Kirche bietet uns »Sakramente« im Plural an, zwei oder (katholisch)

* Die Erfahrungen von Grausamkeit in der Natur, von Gewalt zwischen den Menschen und der nicht mehr mögliche Glaube an einen liebenden Gott stehen im Mittelpunkt der Tagebuchaufzeichnungen, die Reinhold Schneider (1900–1958) wenige Monate vor seinem Tode niederschrieb (Winter in Wien. Aus meinen Notizbüchern 1957/58, Freiburg 1958). Am Ende seiner Zweifel und Verzweiflung steht die Konfrontation mit dem gekreuzigten Jesus: »Beten über den Glauben hinaus, gegen den Glauben, gegen den Unglauben, gegen sich selbst, einen jeden Tag den verstohlenen Gang des schlechten Gewissens zur Kirche – wider sich selbst und wider eigenes Wissen –: solang dieses Muß empfunden wird, ist Gnade da; es gibt einen Unglauben, der in der Gnadenordnung steht. Es ist der Eingang in Jesu Christi kosmische und geschichtliche Verlassenheit, vielleicht sogar ein Anteil an ihr: der Ort vor dem Unüberwindlichen in der unüberwindlichen Nacht.«

sieben, die Artikulationen des Sakramentes Kirche in Grundsituationen des menschlichen Lebens hinein. Dazu gehören das Initiationssakrament Taufe (mit der Firmung), die Ehe als Sakrament der Zweigeschlechtlichkeit. Sie alle bilden das Grund-Sakrament Kirche, die aus dem Ur-Sakrament Christus, dem Zeichen Gottes, entsteht. Das Sakrament der Versammlung und des Mahles aber ist das regelmäßige, das praktische, das alltägliche und vor allem sonntägliche; in dieser Funktion (und nicht in ihr allein) vertritt die Eucharistie auch die Taufe, die Salbung zum Tode und alle Sakramente der Tradition. Sie werden sozusagen in den Sonntag hinein allgegenwärtig. Sie nährt auch die sakramentale Ehe, macht diese in erster Annäherung zu einer Veranstaltung zu dreien, in weiterer zu einer Veranstaltung des Bundes und seiner Geschichte.

Ist es so, dann ist die Eucharistie wie die Ehe ein Vehikel der Realisierung, der Konkretisierung. Was in unserer Gesellschaft und Geschichte nur im Zeichen und als Zeichen real werden kann, die Fülle der »religiösen« Möglichkeiten, der Heils-Möglichkeiten, konkretisiert sich auf diese Stunde in der unendlichen Zeit und in der artikulierten Geschichte, auf deren bestimmten Raum auf der Erdkugel und im Kosmos.

Hier, – ja, was geschieht hier? Zunächst die Verwirklichung eines Zeichens: eines Mahles. Jesus Christus hat an dieses Zeichen die Verheißung seiner »Gegenwart« geknüpft. Das nimmt sich ungeheuerlich aus, aber man muß es im Zusammenhang mit einer allgemeinen Verheißung sehen: »Wo zwei oder drei in meinem Namen beieinander sind, da bin ich mitten unter ihnen«. Warum soll ich diese Verheißung weniger real verstehen als die, für die man das Wort »Real-Präsenz« geprägt hat? Ja, in gewisser Hinsicht kommt Jesu reale Absicht definitiver ans Ziel, wenn zwei oder drei in seinem Namen einander oder andere wirklich lieben, als wenn sie sich im Zeichen des Mahles seiner realen Gegenwart versichern. Auch im Vollzug des Sakramentes zielt das Zeichenhafte auf die wirkliche Liebe der wirklich Versammelten ab: darin steckt das Geheimnis der Gegenwart genauso real wie in der Gegenwart des Herrn im Zeichen. Gewiß, ich sehe den Unterschied zwischen den beiden verheißenen Gegenwarten. Er ist allerdings sehr schwer zu fassen. Aber entscheidender als der Unterschied ist das Gemeinsame in ihnen und ihr Grundverhältnis: die im »Leben« ist nicht für die sakramentale da, wohl aber diese für jene.

Aber »Fleisch« und »Blut«? Realer als real geht nicht. Nicht der Leichnam Jesu von Nazaret, physikalisch und biologisch, ist anwesend, sondern er selbst. Fleisch und Blut sollte man parallel zu der Formulierung verstehen, die Johannes wählte, als er schrieb: »Das Wort ist Fleisch geworden«: die Pointe »Fleisch« meint nicht die Materialität, sondern die geschichtliche Konkretion. Der wirkliche Jesus ist da, der historische aus Nazaret, der wirkliche Christus, nicht seine Idee oder sein Auftrag, er selbst. Worin? In der Hostie und im Wein vom Weinstock? Gewiß, aber primär, das haben uns die Schriftgelehrten unserer Zeit erneut beigebracht, im Mahl, im Mahl der Glaubenden, hoffentlich der Liebenden, im Mahl des Bundes.

Da bin ich gern, – in der Mitte (in der Liebe), wenn auch leider nur im Zeichen: großartig diese Verheißung, aber wenig ist sie – und nur das Zeichen bleibt skeletthaft übrig –, wenn sie nicht in der Liebe zunächst der Anwesenden, sodann in der Liebe des Werktags erfüllt wird.

Erinnerung und Vorschein

Jesus, der lebende Garant Gottes, ist nicht mehr unter uns. Man hat ihn umgebracht, und als er auferweckt war von den Toten, ist er fortgenommen worden: er sitzt – man muß heute leider sagen: sehr weit weg – »zur Rechten des Vaters«. Er hat das Seinige getan, und obendrein den »Geist« gesandt.

Er soll uns alles lehren, was er einige Dutzend Monate lang in Judäa und Galiläa gelehrt hat, sogar besser, als er selbst es fertiggebracht hat. Wir existieren also keineswegs im Zeitalter Jesu Christi, sondern in dem dessen, der – im westkirchlichen Verständnis – »ex patre filioque procedit«: der vom Vater und vom Sohne ausgeht. Man kann die Größe und die Grenze der Eucharistie nicht würdigen, wenn man nicht eben davon ausgeht. Jesus von Nazaret ist fort, aber der Vater (und er selbst) vermitteln uns den Geist Gottes, der nicht umsonst der »Tröster« heißt: er tröstet uns nicht zuletzt über die Abwesenheit Jesu.

So bleibt Erinnerung: »Gedächtnis des Todes und der Auferstehung«, des »Blutes«, das vergossen wurde, und des Lebens-Sieges über den Tod. Und es bleibt Hoffnung: das Liebesmahl nimmt das »himmlische Hochzeitsmahl« vorweg, die Vollendung des Bundes. In dieser Ein-Ordnung ist die Größe und ist die Grenze der Eucharistie deutlich genug gekennzeichnet. Wenn ihr in Liebe beim gemeinsamen Essen und Trinken dessen gedenkt, der nicht mehr bei euch ist und der wiederkommen und alles vollenden wird, auch dann ist er – große Gabe! – »mitten unter uns«. Die Konsequenz ist lange nicht klar genug erkannt worden. Wie Jesus selbst, sieht man von den Abschiedsreden bei Johannes ab, kaum von sich selbst spricht, auch im Vaterunser nicht, das wir beten sollen, sondern nach zwei Richtungen von sich wegweist: auf den Vater und auf die Brüder, vor allem auf den Bedürftigsten, so weist auch die Eucharistie von sich weg. Nicht nur im Text der katholischen Messe, sondern auch im Evangelium selbst ist das Mahl, das Jesus mit den Jüngern hält, in einen Gottesdienst eingebettet: das Pascha-Mahl, und wie jeder Gottesdienst wendet sich auch die Eucharistie-Feier immer wieder zum Vater. »Gedächtnis«: das heißt auch, mit der Schrift umgehen, sie lesen, sie ernstnehmen, die Worte Jesu (und seine beredten Taten), die wir leider nicht selber hören können, wenigstens in den Aufzeichnungen in höchstmöglicher

Intensität aufnehmen, verarbeiten. (Das Evangelium gehört zur Eucharistie-Feier.) Diesem seinem Wort und ihm selbst sollen wir nachfolgen. Vorwegnahme des Hochzeitsmahles: das heißt, ihn nicht nur erwarten, sondern ihm entgegengehen, die Heils-Zukunft Schritt für Schritt in die Gegenwart hineinholen, durch Nachfolge. Die Eucharistie findet also nicht in »Wandlung« und »Kommunion« allein statt, sondern mündet im Gotteslob, in der Schriftlesung, in der Bereitschaft zur Nachfolge, in der Offenheit gegenüber dem Gott in uns, dem Geist.

Ist die Welt vollendet, so wird es kein Sakrament mehr geben. Die Eucharistie ist »nur« das Sakrament der Anwesenheit Jesu Christi in seiner Abwesenheit. Sieht man das nicht so, unterschlägt man die Abwesenheit, so gerät man, ich habe es erfahren, in Träume und Ideologien hinein. Die aber reichen nicht aus, wenn wir den Weg des Lebens Stunde für Stunde gehen: sie machen vielleicht »fromm«, aber sie drängen uns aus der realen Geschichte der Menschheit heraus.

Zwei Orte

Wir feiern die Eucharistie sonntäglich, manchmal auch werktäglich, in unseren Kirchen. Früher habe ich mir solche ausgesucht, die mir gefielen, die für mich ergiebig zu sein schienen, wegen des guten Raumes, des guten Vollzugs, des guten Predigers, der guten Gemeinde. Allmählich hat sich herausgebildet, daß ich das Bedürfnis nach zwei verschiedenen Orten habe, in denen doch dasselbe geschieht. Aber während das, was ich bisher schrieb, wenn auch aus meiner Erfahrung, so doch sozusagen für immer gesagt sein sollte, gilt das Folgende wohl nur für unsere Zeit.

Wir leben in einer Kirche, die man als »Volkskirche im Übergang« bezeichnen kann. Die regional fixierte Kirche, in die man hineingeboren (und dann natürlich auch hineingetauft) und hineinsozialisiert wird, wird und muß sich einerseits durch die Weiterführung der Säkularisierung, anderseits durch die Erneuerung des Glaubens selbst in eine andere Gestalt verwandeln. Die kann niemand voraus wissen: sie wird sich ergeben, je nachdem, wie wir den Weg gehen werden. Jetzt aber existiert beides: die Volkskirche und der Übergang. So sehr liegt mir der Übergang am Herzen, daß ich das lebhafte Bedürfnis habe, Kommendes, Ersehntes vorwegzunehmen in der Wahl-Gemeinschaft der Gleichgesinnten, der Unruhigen, der Offenen, der Sehnsüchtigen, der Kommilitonen. Was auch immer an »Religion«, an »Christentum«, an Innerlichkeit und Aktivismus in mir ist (in uns, muß ich sagen), mag es im Leben, in der Praxis sich äußern, wo und wie es will, kulminiert sakramental in der Eucharistie-Feier der Freunde. (In einem Wohnzimmer, auf »Treffen«, irgendwo – kürzlich auf Burg Rothenfels –, in Basis-Gemeinden, in klösterlichen Heimaten.) Aber ich habe das Gefühl, daß ich den Boden unter den Füßen verlieren werde, wenn ich diese Erinnerung und Hoffnung nicht auch in der Volkskirche feiern dürfte, wo sie sich als solche manifestiert, vor allem in der Ortsgemeinde.

Zwei Aspekte stehen da im Vordergrund. Einmal hat uns hier nicht die »Wahl« zusammengeführt, Sympathie, Gleichartigkeit, sondern da sitzen die, mit denen ich auch sonst zusammenlebe, die Nachbarn, die Ortsgenossen (die Orts-Schicksals-Genossen...), die Freunde (sie auch), aber auch der Feind, Sympathische und Unsympathische. Das ist nicht nur eine Nagelprobe, sondern in sich in Ordnung und gut, – so normal, wie die Ehe normal ist. Die Mahl-Gemeinschaft führt hier die Altersgenossen zusammen, die verschiedenen Generationen, die Kinder, die Liebenden, die Eheleute, die Randgestalten und die armen Angesehenen. Sie alle sind ausgespannt zwischen dem Gedächtnis an den Karfreitag, an Ostern und an Pfingsten in Jerusalem und der Vollendung der Geschichte: sie alle sind – sakramental – dazwischen ausgespannt, und von dieser Stelle aus gerufen zu lieben, heute und morgen. Das ist eine andere Gemeinschaft als die der Geist-Verwandten, aber ich bedarf auch ihrer. Schon deshalb, weil ich auch weltlich recht kräftig der Nachbarn bedarf, wie sie meiner. (Ich lebe auf dem Dorfe...)

Der andere Aspekt: In der Ortsgemeinde erfahre ich unmittelbarer die reale Gegenwart der existierenden Kirche, der Volkskirche unseres Jahrhunderts, eingebettet in die des Erdkreises, Produkt der zweitausendjährigen Geschichte der Jünger Jesu. (In diesem Zusammenhang kann ich auch die lateinische Messe akzeptieren oder die slawische oder griechische der Orthodoxen: die Kirche ist ja zugleich die je konkrete Versammlung und anderseits das Insgesamt aller Versammlungen auf dem Erdkreis.) Doch erfahre ich sonntäglich auch den schmerzlichen Verzicht auf die anderen, die Abwesenden: auf die Christen der Reformation und des Ostens, auf die Israeliten, auf die Gläubigen aller Religionen. Auch ihre peinliche Abwesenheit ist ein Aspekt der realen Kirche Gottes.

Das revolutionäre Sakrament

Ist das Mahl als Ganzes und sind deshalb auch seine traditionellen Elemente Brot und Wein unser durchaus konkretes, heutiges Mahl, eben »unser Mahl«, so ist es in seinem sakramentalen Vollzug zugleich das Mahl der Versöhnung: durch Christus und den Geist mit dem Weltgrund und mit allen Geschöpfen. Aber das Brot und der Wein (und alles andere: unser eigener Leib, unser Herz) sind Brot und Wein und Leib und Herz nicht nur aus unserer Schöpfung, sondern auch aus unserer Sünde. Gerade das Greifbarste an dem kommunikativen Vorgang, Brot und Wein, macht auch das greifbar. Wir bringen hier nicht nur Geschöpfe Gottes und Produkte des Fleißes der Landleute zum Altar, sondern auch »Waren«, Produkte des gesellschaftlichen Prozesses, Verdinglichungen, in denen unser gesellschaftliches Versagen steckt, Ausbeutung oder – nicht weniger schlimm – Unterlassung von Sorgfalt, Solidarität und Liebe. Solange wir aristotelisch, scholastisch und vulgär im Brot und im Wein physikalische Substanzen nebst ihren Akzidenzien gesehen haben, war diese Einsicht verdeckt. Aber den Waren-Charakter dieser Dinge und damit die Erkenntnis, daß in ihnen gesellschaftliche Zustände, Machtverhältnisse, Gewalt und Unterlassung der Gegenaktion materialisiert und kommerzialisiert sind, kann man nicht außer Acht lassen, nachdem diese realen Zusammenhänge nun einmal entdeckt worden sind, als Einsichten, die jedem, nicht nur dem Marxisten, zugänglich sind. Da nützt es nicht das Geringste, wenn das Korn von frommen Klosterbrüdern gesät und geerntet, die Hostien von heiligmäßigen Nonnen gebacken worden sind. Diese Sonderanfertigungen entlassen uns nicht aus dem gesellschaftlichen Zusammenhang, in dem unser tägliches Brot steht, und selbst wenn in diesen Kloster-Produkten nichts speziell Böses realisiert worden wäre, so bleiben doch wir als Geschichtssubjekte schuldig, wenn wir zum Mahle treten. Erfahren wir aber die Zusage der Versöhnung: wie sollten wir aus der Kirche treten können, als wenn nichts passiert wäre! (»Weiß wie frisch gefallener Schnee« sind wir, so hat man uns gesagt, in diesem Sakrament geworden.) Die Eucharistie ist durch solche unausweichliche wahre Erkenntnis ein politisches Sakrament geworden, – wie auch die Taufe und die Firmung, wie auch die Ehe. Wöchentlich einmal beunruhigt es uns, mobilisiert es uns zur Analyse der Gesellschaft, zur Strategie ihrer Veränderung, zum je nächsten Schritt, zu den Verbündungen, die damit gegeben sind. Der erste Schritt wird meistens unpolitisch sein: wenn wir zu Hause angekommen sind. Aber auch die politischen sind unbedingt gefordert.

Ist es so (oder ähnlich so), dann brauche ich nicht darzulegen, daß die Eucharistie in meinem geistlichen und weltlichen Bewußtsein für vieles andere steht. Nicht zuletzt für die so schwierig gewordene Gottes-Beziehung, als artikuliertes Gebet. Oft ist ihr Vollzug spröde, oft ist sie nur in Stücken lebendig zu halten. Aber sie ist so konkret und sie ist so regelmäßig wie die Ehe, »normal« für die außerordentlich anormale Existenz eines Zeitgenossen, der zwischen Gott und der Welt, seiner eigenen Behaglichkeit und dem Elend der Mitmenschen sehr fragwürdig seinen Weg sucht, zwischen Dank und Buße, zwischen Not und Trost, Reflexion, Meditation und Aktion. Ein Zeichen und mehr: es steht für vieles, in etwa für alles.

Sozialismus – nicht in Konkurrenz zum Christentum

Es besteht Anlaß, wenn auch, wie ich meine, kein ausreichender Grund, die dritte Position, zu der ich mich bekannt habe, für eine Marotte zu halten, an der ich ein halbes Jahrhundert lang stur festgehalten hätte, blauäugig, ein Spinner. Auf den nächstliegenden Einwand, der Sozialismus sei doch sowohl in Schweden wie in den real existierenden Ost-Ländern, in Jugoslawien und vor allem im Ostblock, gründlich widerlegt, ist zu antworten: er kann gar nicht widerlegt sein, es hat ihn noch nicht gegeben. Er bleibt eine Konzeption für unsere Zukunft. Im Zusammenhang zum ersten und zweiten Teil dieser Feststellungen ist nicht der Sozialismus schlechthin mein Thema, sondern die gewiß befremdende These, er sei für mich ein »Existential«, das dem der Ehe und der Eucharistie entspreche. Repräsentiert die gelebte Ehe die konrete Erfüllung und Eingrenzung des personalen Lebens in zweigeschlechtlicher Existenz, dann »Sozialismus« das politische Verständnis unserer Geschichtsstunde, das Engagement in unserer Region Europa und in unserer Epoche des geschichtlichen Prozesses. Der Sozialismus bezeichnet für mich das Ziel und die Strategie des politischen Handelns in unserer

Epoche und in unserer Region: Konkretisierung und »Festlegung« politisch, wie Ehe personal und Eucharistie geistlich.

Nun gibt es zur Zeit allerdings nicht einmal eine einigermaßen geschlossene oder auch nur einheitlich strebende sozialistische »Bewegung«, sondern nur Bruchstücke, die aus ehemaligen dynamischen Bewegungen entstanden sind, immobile Institutionen und immobile Parteien. Es müssen also von vornherein zwei Bedingungen erfüllt sein, wenn sich die Treue zur Sache und zum Wort nicht endgültig als nostalgische Marotte erweisen soll: Vitalisierungen, also wohl auch krisenhafte Erschütterungen, die den Immobilismus des Status quo widerlegen und untergraben, und als Antwort darauf die Erneuerung alter und die Bildung neuer Kräfte einer Bewegung, die sich als sozialistisch versteht, mit altem und neuem Pathos, mit neuen und alten Emotionen, mit alten und neuen Erfahrungen. Als Bereich solcher Erschütterungen und Bewegungen kann ich mir nicht die provinziellen Kleinräume der gegenwärtigen Staaten vorstellen, aber auch nicht die viel zu große Welt mit den gewichtigen Unterschieden der Großräume von kontinentalem oder fast kontinentalem Ausmaß. Wohl aber sind sie im Bereich unserer Handlungsmöglichkeiten vorzustellen: in Europa. Auch die bisherigen Ansätze seiner Integration können ja kaum weitergeführt werden, wenn nicht eine originär-europäische Bewegung neue Tatsachen schafft. Das sind große Perspektiven, – ich wage sie nur noch unter der Voraussetzung zu vertreten, daß wider die Resignation oder Verzweiflung, die von unseren gegenwärtigen Erfahrungen gespeist werden, Sinn-Verwirklichung erhofft werden kann, mag sie als Vertrauen in die Evolution oder in die Geschichte oder in die Vernunft oder in den heiligen Geist begründet sein. Wenn es mit uns gut ausgehen, wenn es mit uns weitergehen soll, dann wird es im europäischen Raum sozialistisch gut ausgehen oder weitergehen, das ist nicht eine ideale Prognose, sondern eine These.

Sprachlich steht dieser Proklamation der Umstand im

Wege, daß die Nachsilbe »ismus« durchweg theoretische oder ideologische Richtungen nennt, also gerade nicht konkrete Gestalten. Auch »Sozialismus« kann natürlich so verstanden werden: als eine vom Begriff des Sozialen abgeleitete Theorie oder Ideologie, in Konkurrenz etwa zum Liberalismus oder Individualismus oder Personalismus oder Kollektivismus oder Kommunismus. In dem besonderen Fall, der hier vorliegt, ist man jedoch durch den Sprachgebrauch gedeckt, wenn man das ismus-Wort ausnahmsweise als einen »Namen« verwendet: als den Namen für eine bestimmte historische Bewegung, eine von ihr entworfene elementare Strategie und ein einigermaßen bestimmtes Ziel. Ich jedenfalls gebrauche das Wort so, und zwar für eine von der europäischen Arbeiterbewegung vor 140 Jahren eingeleitete politische Bewegung, welche die entwickelte europäische Industriegesellschaft, die sie voraussetzt, politisch so organisieren will, daß sie den Bedingungen der Humanität entspricht, – daß sie ein »menschliches Antlitz« gewinnt. Sozialismus ist dann nicht primär eine Weltanschauung oder eine Theorie, wie etwa der Marxismus eine Weltanschauung oder aber eine Theorie sein kann, sondern der Entschluß zu einem Gefüge von Handlungen, zwar nicht zu einem System von Handlungen und Handlungsweisungen, sondern zum gerichteten Handeln in einer offenen und vor allem der Zukunft gegenüber offenen Gesellschaft. Ohne große Schwierigkeiten ließen sich zwar nicht ihre Strategie, aber einige ihrer konstituierenden Momente auf die nordamerikanische Gesellschaft (einschließlich Kanada), wohl auch auf die australische übertragen, nicht dagegen auf die mittel- und südamerikanischen, die afrikanischen und die asiatischen Gesellschaften. Wenn das Wort dort verwendet wird, dann nur in einem analogen Sinn, vergleichsweise. Doch kann natürlich keiner einen Musterschutz für es beanspruchen, sondern nur für den historisch-konkret gefüllten Komplex von Vorstellungen, den er so nennt.

Für mich als Christen steht dieser Begriff, eben dadurch, daß er historisch-konkret gefüllt ist, nicht in Konkurenz zum Christentum. Er bezeichnet durchaus ein »weltlich Ding«. Er ist durchaus nicht unmittelbar am »Heil«, sondern am »Wohl« der Menschen unserer Region orientiert. (Wird dieses mit dem absoluten Heil gleichgesetzt, so ergeben sich totalitäre Entstellungen.) Anderseits hat auch die Dimension des menschlichen Wohls, auf die sich der Sozialismus bezieht – die gesellschaftliche und politische Ordnung der Produktion –, wie jedes konkrete Wohl mit dem Christentum viel zu tun; der Christ soll ja jeweils das konkrete Wohl der anderen, mit denen er konkret verbunden ist, wollen: das sagt ihm Jesu Appell zur Nächstenliebe. Ist Solidarität die Moral der beteiligten Interessenten, insofern ihre eigenen Interessen von denen der anderen abhängen und umgekehrt, so schuldet der Christ dem, der seiner Solidarität bedürftig ist, eben diese Solidarität in der Liebes-Zuwendung. (Braucht er dringend Brot, gebe ich ihm Brot, braucht er dringend meine Solidarität, so habe ich auch sie ihm zu geben.) Insofern wird für den Christen, der einen konkreten Sozialismus als helfende Ordnung erkannt hat, das Engagement heilsrelevant.

Dieselbe Verbindung ergibt sich, wenn wir nicht moraltheologisch denken, sondern geschichtlich. Der Christ geht in der Geschichte dem Heil entgegen: durch Nachfolge, – durch Nächstenliebe. Insofern kann das weltlich Ding »Sozialismus« durchaus etwas mit der Verheißung zu tun haben, daß »Gott jede Träne abwischen wird von eurem Antlitz«. Das Reich Gottes, das Jesus verkündet, fängt ja in unserer Welt und Geschichte an. Wie das weltlich Ding »Ehe« vermag das politische Engagement auf diese Weise sakramentalen Rang zu gewinnen: einen Anteil am Geheimnis des Bundes. Der »religiöse Sozialismus« hat ein Gefühl für solche Zusammenhänge gehabt, hat sie jedoch nicht immer genau genug bestimmt.

Grenzt man den Sozialismus aber unbeschadet der geistlichen Qualität, die er gewinnen kann, als weltlich Ding von anderen weltlichen Dingen ab, so möchte ich seine Struktur mit der des Entschlusses der Eidgenossen vergleichen; als sie mit dem Herrschaftssystem der mittelalterlichen Feudal-Organisation brachen, wollten sie im Bereich der bäuerlichen Alpenkantone einen eigenen Weg gehen, wie ihn dann nach dem Hinzutritt der ersten Städte Bruder Klaus* in seinem Brief nach Stans nach- und vorgedacht hat. Was er schrieb, war keine Ideologie, schon eher eine Charta, aber eine, die sich auf bestimmte Räume und Zeiten bezog und präzise Vorstellungen der Neben- und Unterordnungen, der Rechte und Pflichten vorsah: ein politisches Projekt. Und auch dieses Projekt setzte eine Bewegung voraus, proklamierte ein Ziel und enthielt eine Strategie. Der Sozialismus steht also nicht in Konkurrenz zu anderen weltanschaulichen, etwa philosophischen oder religiösen Weltentwürfen oder Daseinsinterpretationen. Diese können allerdings durchaus verschiedene und verschieden leichte oder schwere Zugänge oder Hindernisse des Zugangs zu ihm in sich haben. Weder als Bewegung noch als Zielvorstellung noch als Strategie lebt Sozialismus ja im luftleeren Raum; erst recht stehen die bewußten Interessen, die in der industriellen Gesellschaft unserer Tage und unserer Region vorhanden sind, mehr oder weniger in bestimmten Beziehungen zu ihm; die in ihnen existierenden Gruppen, heute keineswegs mehr mit dem fabrikarbeitenden Proletariat identisch, kommen als faktische und potentielle Träger der Bewegung und Aktion, als faktische oder potentielle Gegner, als neutral einzustufende Dritte in der sozialistischen Strategie in Betracht.

* Vgl. den Aufsatz »Heilig durch Politik: Jeanne d'Arc und Nikolaus von der Flüe«, S. 278 ff. in diesem Band.

Der »dritte Weg«

Da ich nicht einen Sozialismus in irgendeinem Sinn zu rechtfertigen habe, sondern meine biographische Bindung an ihn als eine der Grundpositionen meines Lebens, habe ich auch den allgemeineren Rahmen zu skizzieren, in dem ich das zu tun versucht habe. In meiner Jugend wirkte sich der aristotelisch-thomistische Grundsatz aus, der Mensch sei einerseits »Person«, anderseits ein »zoon politikon«: ein gesellschaftlich-politisches Lebewesen. Aus dem judenchristlichen Erbe stammen zwei weitere Momente. Der erste: Der Mensch ist ein geschichtliches Wesen; er lebt nicht als Funktion von Prinzipien, auch nicht determiniert, sondern indem er einen Weg geht, – die Risiken, so die der Sackgassen, eingeschlossen. Auch die Völker hatten ihre Geschichte, doch beginnen diese in eine von uns neu erkannte Geschichte der Menschheit einzumünden. Wir haben diese Geschichte, deren Alleinsubjekte wir keineswegs, dessen Teilsubjekte wir durchaus sind, zu verantworten. Sie fällt nicht mit der Geschichte des Heils zusammen, hat aber mit ihr möglicherweise negativ, möglicherweise positiv ebenso zu tun, wie unser privates Handeln mit unserem persönlichen Heil. Das zweite jüdisch-christliche Moment, eng mit diesem verwandt, ist das prophetische: Wir sind nicht nur aus Solidarität, sondern auch um des Heiles willen zur Kritik des Bestehenden und zum Exodus aus ihm berufen, – zur Veränderung der Gesellschaft. Die Neuzeit brachte die Erkenntnis der faktischen Gesellschaft hinzu, durch ihre soziologischen Theorien. Der Marxismus zeigte uns die reale Gewalt der Interessen, ihre Vermachtung, die Klassenkonflikte, sodann speziell die Entfremdung, die der konsumierende und der produzierende Mensch durch eine technische und kapitalistische Produktion erfährt, die durch den Willen zur Gewinnmaximierung bestimmt ist, darunter lange Zeit auch die radikale Entfremdung, welche die »Proletarier« zu erdulden hatten: unvergeßlich. Wenn ich

Einsichten solcher Art mit einer Tatbestands-Aufnahme der Gesellschaft unserer Epoche und unserer Region verbinde, dann ergibt sich das Ziel, die Bewegung, die Strategie, die ich Sozialismus nenne.

Was dabei unsere »Epoche« ist, versteht sich von selbst; außer den Konstanten und Variablen der gemischten Produktionsverhältnisse, in denen die Großindustrie dominant geworden ist, sind die beiden Weltkriege und ihre Folgen Grundtatbestände. Die »Region« bestimmt ihre Grenzen durch die Vergleichbarkeit der Produktionsverhältnisse. Für die helfende Strategie sind die ohnehin problematisch gewordenen National-Staaten zu klein, ist die Welt zu groß. (Von der Ostflanke unserer Region läßt sich nur sagen, daß wir die vom Sieg der Alliierten, vor allem der Russen bestimmte Grenze akzeptieren müssen, solange die Ost-Gesellschaft selbst sie nicht in Frage stellt.) So stellt sich das historische »konservative« Europa zugleich annähernd als Zone gleicher Produktionsverhältnisse heraus. (Man mag eine Kernzone zwischen Hamburg, Wales und Mailand oder Rom, zwischen Bordeaux und Berlin-West von einer Randzone zwischen Lissabon und Stockholm, Schottland und der Ägäis unterscheiden.) Wenn die Strategie konkret sein soll, muß sie auf die so gegebene Region bezogen werden. Die europäische Aufgabe heißt Sozialismus, die sozialistische Aufgabe heißt Europa. Ohne ihre Integration verliert die Perspektive ihre latente Energie. Die großen Probleme des Ostens und des Westens, des Nordens und des Südens sind anderer Struktur: hier sind nicht Souveränitäten neu zu bestimmen, sondern gestörte Beziehungen zu ordnen.

Ich möchte für den Sozialismus eine Kennzeichnung nennen, die auch andere Positionen für sich in Anspruch nehmen: er ist der »dritte Weg« zwischen der Marktwirtschaft, wie sie vom Wirtschaftsminister der Bundesrepublik im bemerkenswert unschuldigen Bewußtseins-Zustand vertreten wird, und dem von der Oktober-Revolution Lenins in die

Welt gebrachten »Bolschewismus«, dem wir, abweichend von dem Sprachgebrauch der ersten Marxisten, auch die Bezeichnung »Kommunismus« zu geben pflegen. Die Bezeichnung »Kommunismus« charakterisiert den Primat eines Staates, der von einer etablierten politischen Klasse beherrscht wird und sich auf das Kollektiv beruft; die Bezeichnung »Bolschewismus« bezieht sich eher auf die Konstellation der Entstehung dieses Systems, auf das Unternehmen Lenins, die aus einer Analyse der westeuropäisch-kapitalistischen Gesellschaft gewonnene Zielvorstellung in günstiger Stunde auf eine viel weniger entwickelte Gesellschaft zu übertragen und – im Widerspruch zum dialektischen Grundsatz seines Denkens – durch Täuschung und Gewalt durchzubringen. (In Polen sucht sich zur Zeit der sozialistisch-kommunistische ursprüngliche Entwurf Lenins durchzusetzen.) Der Sozialismus, den ich im Auge habe, steht also in Konkurrenz einerseits zu einer Konzeption, die außerhalb unserer Gesellschaft eine mächtige weltpolitische Wirklichkeit ist, der es aber bisher nicht gelungen ist, sich bei uns in nennenswertem Grade zu befestigen, anderseits zu einem Komplex von Interessen, Mächten, Ideen, Ideologien in unserer Gesellschaft selbst. »Sozialisten«, Kapitalisten und Bürger eines breiten Spektrums von Positionen, die weder das eine noch das andere sind, leben, fühlen, denken, handeln im Bereich unserer Region in Gemengelage.

Als Grundkräfte sind – zunächst nur in der BRD – die Bewegungen und Institutionen des historischen Sozialismus, der neuen christlichen Links-Impulse, der Gewerkschaften, in hohem Maße der primär nicht sozialökonomisch, sondern ökologisch orientierten Alternativen anzusehen. Der historische Sozialismus ist aber in die Sozialdemokratie und die linkssozialistischen Gruppen gespalten, und jener wiederum innerhalb der SPD in die sozialen Demokraten und die Sozialisten, der entschiedenere »Sozialismus« in die DKP, andere K-Gruppen und »heimatlose Linke« sehr verschiedener Prägung. Sie alle sind in hohem Grade an den Status quo fixiert: als seine Mitträger oder als seine Opponenten. Die gegenwärtige Parteienstruktur entspricht nicht mehr den in ihr vertretenen politischen Zielvorstellungen; mit Lockerungen alter Bindungen und neuen Verbindungen ist aber ohnehin zu rechnen; es scheint eine dynamischere Periode bevorzustehen, nicht zuletzt durch den wachsenden Einfluß »grüner« und »alternativer« Vorstellungen, auch neuartiger Gruppierungen in neuer Situation und mit neuem Bewußtsein, auch von Randgruppen. In ähnlicher Weise sind auch in den anderen Nationalstaaten der Region die gesellschaftlichen und politischen Kräfte nur in Ansätzen auf eine europäische Dimension des Sozialismus, auf eine sozialistische Konzeption Europas vorbereitet. Die Verwirklichung setzt voraus, daß die Grenzen der europäischen Staats-Gesellschaften durchlässig werden und daß sich die getrennten Erben des historischen Sozialismus aufeinander zubewegen, ebenso die Sozialisten ihrer Art und die sozialorientierten Christen. Dieser Prozeß wird nur vor neuerkannten Aufgaben aufgrund einer realistischen Analyse der europäischen Gesellschaft, ihrer Machtstrukturen, ihres Bewußtseins, ihrer dringenden alten und neuen Bedürfnisse in Gang kommen.

Sozialistische Zielvorstellung

Inzwischen und immer haben die, die sich zur sozialistischen Bewegung im allgemeinsten Sinn des Wortes rechnen und sich also von einer sozialistischen Zielvorstellung bestimmen lassen, zugleich auch viele Notwendigkeiten wahrzunehmen, die in solcher Gemengelage der Staat (bei uns: Bund, Länder, Gemeinden) und die bestehende Gesellschaft wahrzunehmen haben, um »über die Runden zu kommen«, um alles das zu tun, was zu tun Sache der öffentlichen Gewalt und der handelnden Gesellschaft ist. Sie haben also in mehreren

Zeitdimensionen gleichzeitig zu planen und zu handeln. Außer den mannigfaltigen Interessen und Bedürfnissen vieler gesellschaftlicher Gruppen ist dabei der historische Grundsatz unserer europäischen Gesellschaft auszufüllen, wie er sich seit der Französischen Revolution durchzusetzen begonnen hat: Wir leben nicht nur im Einflußbereich der großen und kleinen Bourgeois, sondern auch im Staatswesen des citoyen, in repräsentativen Demokratien, in Republiken oder republikanischen Monarchien; wir wenden das Mehrheitsprinzip und das der Gewaltenteilung an; wir haben darüber hinaus bei uns im Land eine regional-föderative Macht- und Kompetenzverteilung, dazu sehr geringe Ansätze des basisdemokratischen Prinzips und des Räteprinzips. Wir verstehen das Bewußtsein unserer Gesellschaft pluralistisch. Aus allen diesen Gründen ist uns die Verkürzung auf den raschen Kampf und Sieg, von dem die ersten Sozialisten träumten, nicht erlaubt.

Die Erfahrung, daß es sich so verhält, hat zwei Gegensätze der älteren sozialistischen Bewegung gegenstandslos gemacht. Wir haben nicht mehr wie die Marxisten der Zeit vor dem ersten Weltkrieg zwischen Orthodoxie und der Häresie des »Revisionismus« zu wählen; der orthodoxe Marxismus selbst verlangt heute die ständige neue Analyse der real existierenden Gesellschaft, also die ständige Revision. Wir stehen nicht mehr prinzipiell in der Versuchung, die Revolution an den Reformismus zu verraten; in jener Gemengelage ist das »revolutionäre« Ziel, die Vorstellung einer kräftig veränderten Gesellschaft, in unserer Region und Epoche situationsgemäß vor allem durch konkrete Reformen zu erreichen, – gestützt allerdings und kontrapunktiert durch Veränderungen eines Bewußtseins, das an jenem revolutionären Ziel festhält.

Im übrigen läßt sich dieses Ziel nicht genau beschreiben. Wie der Zustand sein wird, den die Sozialisten eines Tages als die annähernd erreichte Erfüllung ihrer Hoffnungen akzeptieren werden, kann erst in einem Prozeß geklärt werden, dessen Fortgang in jeder seiner wichtigen Phasen neu bestimmt werden muß. Die Marxisten – dialektisch denkend – und die Christen – demütig denkend – könnten sich darin einig sein, daß sich in der Geschichte nichts überspringen, nichts definitiv planen läßt. Jedes in einer Analyse begründete Handeln und die Reaktion der anderen darauf verändern das Feld des Handelns und nötigen dadurch zu neuer Analyse. (Es schallt immer anders aus dem Wald heraus, als man hineinruft.)

Vom »Ziel« läßt sich negativ allenfalls sagen, daß die Sphäre der Produktion ebenso von der Herrschaft von Menschen über Menschen befreit sein soll wie die Sphäre des Staates. Die Demokratisierung der Produktion mag in zwei Richtungen verwirklicht werden, in der »Verstaatlichung« der unteilbaren Entscheidungen oben und in der Vergesellschaftung der Entscheidungen an der Basis: ein Staatssozialismus und ein Räte-Sozialismus mögen einander durchdringen. Voraussetzung (und Ergebnis) wird das Überwiegen eines Bewußtseins sein, das diese Humanisierung der Produktionsverhältnisse, diese Vermenschlichung unserer Zivilisation als sinnvoll ansieht, sie entschieden will.

Ich habe absichtlich in konventionellen Begriffen gesprochen: Es gehört zur sozialistischen Option, daß die Verbundenheit mit der historischen sozialistischen Bewegung nicht geleugnet, sondern gewollt und gepflegt wird. Es wird vorausgesetzt, daß die Veränderungen der gesellschaftlichen, sozialen und staatlichen Strukturen gewaltlos geschehen werden. Ihr gegenwärtiges Gefüge ist ja in hohem Maße störungsempfindlich. Gewaltsames kann geschehen, aber es kann nicht mehr gewollt werden: eine Chance und eine Herausforderung für Christen, die Grundhaltung, aber auch die Methoden des Handelns betreffend. Bis zu einem gewissen Grade werden die Änderungen in Umschlägen von Quantität in Qualität bestehen. (Die Ausdehnung der paritätischen

Mitbestimmung über den Montanbereich hinaus wäre zum Beispiel ein solcher Schritt: unmittelbar quantitativ, in seiner Konsequenz aber qualitativ.)

Wenn nicht das Gewicht von Argumenten sinnvoll erscheinen läßt, was ich dargelegt habe, dann wird der Eifer dieser Argumentation vielleicht wenigstens plausibel machen, warum ich meinen Kopf und mein Herz an die Konzeption Sozialismus gesetzt habe.

Zum Schluß nenne ich noch ein Motiv, das für mich wichtig war und ist. Die Neuzeit etwa von Descartes an, besonders aber das 19. und damit auch unser Jahrhundert, haben die Welt aus der Existenz des Bürgers heraus gesehen und erklärt (des Besitzes, der Besitzmehrung, der Warenproduktion, der Konkurrenz...); Karl Marx, der im übrigen privat möglicherweise weder ein Held noch ein Heiliger und nicht einmal so etwas wie ein guter »Sozialist« gewesen ist, hat von Ausgebeuteten aus gedacht: sein Weltbild entworfen. Das halte ich für seine eigentliche Leistung. So zu denken, erscheint mir sowohl wahrer, mehr dem Tatbestand des Seins und Sollens entsprechend, wie ihn ein menschlicher Mensch heute erfährt, als auch näher an der Perspektive Jesu von Nazaret.

Ehe, Eucharistie, Sozialismus: personales Leben, Glauben und Geschichte, – das wären diese drei, – nicht eine System-Trias, sondern eine, die sich aus der personalen Einheit eines Zeitgenossen ergibt, der sich im Umgang mit seiner Welt nicht verschwenden, sondern – sich begrenzend – verwirklichen wollte und will.

Quellennachweis:

Katholizismus und Nationalsozialismus, in: Die Arbeit (Berlin), 8. Jg., Heft 3, März 1931, S. 201–209

Zur theoretischen Situation der christlichen Arbeitnehmer, in: Die Arbeit (Berlin), 9. Jg., Heft 11, November 1932, S. 687–695

Das politische Defizit des deutschen Katholizismus, Vortrag, in: Hubert Cancik (Hrsg.): Religions- und Geistesgeschichte der Weimarer Republik, Düsseldorf 1982, S. 17–30. (Für diesen Band überarbeitet.)

Das gesellschaftspolitische Engagement der deutschen Katholiken seit 1945, in: Frankfurter Hefte, 19. Jg., Heft 11, November 1964, S. 761–773

Kann die Kirche demokratisch werden?, in: Frankfurter Hefte, 24. Jg., Heft 7 und 9, Juli, September 1969, S. 469–476, S. 637–647

Was auch die Heiden tun, in: Walter Dirks: Das Schmutzige Geschäft? Die Politik und die Verantwortung der Christen, Olten / Freiburg 1964, S. 11–39

Über Christen, Rundfunkvortrag, Norddeutscher Rundfunk, 10. Mai 1970

Gottesglaube und Ideologiekritik, in: Hans Jürgen Schultz (Hrsg.): Wer ist das eigentlich – Gott?, München 1969, S. 220–231

Wie erkenne ich, was Gott von mir will?, in: Frankfurter Hefte, 6. Jg., Heft 4, April 1951, S. 229–244

Das tägliche Brot, in: Frankfurter Hefte, 3. Jg., Heft 9, September 1948, S. 826–835

Die Stunde der Armut, in: Frankfurter Hefte, 2. Jg., Heft 6, Juni 1947, S. 541–556

Der revolutionäre Heilige – Bruder Franz und seine Spiritualität, in: Süddeutsche Zeitung (München), 9. / 10. Oktober 1976

Heilig durch Politik: Jeanne d'Arc und Nikolaus von der Flüe, Rundfunkvortrag, in: Walter Dirks: Die Samariter und der Mann aus Samaria, Freiburg 1985, S. 116–126

Zur Reform des § 218, in: Sozialdemokratische Wählerinitiative (Hrsg.): Katholiken zur SPD-Politik, Bonn 1972, S. 6–15

Gibt es einen christlichen, einen katholischen Pazifismus, in: Walter Dirks: Erbe und Aufgabe, Frankfurt/M. 1931, S. 175–179

Im Kampf gegen den Krieg, Rundfunkvortrag, Westdeutscher Rundfunk, 17. August 1982

Ehe, Eucharistie, Sozialismus, in: Frankfurter Hefte, 36. Jg., Heft 4 und 5, April, Mai 1981, S. 31–40, S. 49–55

Inhalt

Walter Dirks

Gesammelte Schriften

In acht Bänden

Band 1 Republik als Aufgabe

Band 2 Gegen die faschistische Koalition

Band 3 Feuilletons im Nationalsozialismus

Band 4 Sozialismus oder Restauration

Band 5 »Sagen, was ist«

Band 6 Politik aus dem Glauben

Band 7 Die unvollendete Aufklärung

Band 8 Für eine andere Republik

Ammann Verlag